Juristische Fall-Lösungen

Köhler/Alexander
Fälle zum Wettbewerbsrecht

Fälle zum Wettbewerbsrecht

von

Dr. Helmut Köhler
o. Professor an der Universität München
Richter am OLG München a. D.

und

Dr. Christian Alexander
o. Professor an der Universität Jena

2., neu bearbeitete Auflage

Verlag C. H. Beck München 2012

www.beck.de

ISBN 978 3 406 63264 8

Wilhelmstraße 9, 80801 München
Druck und Bindung: Druckhaus Nomos
In den Lissen 12, 76547 Sinzheim

Satz: Druckerei C. H. Beck Nördlingen
(Adresse wie Verlag)

Gedruckt auf säurefreiem, alterungsbeständigem Papier
(hergestellt aus chlorfrei gebleichtem Zellstoff)

Vorwort

Das Ziel der Fallsammlung besteht auch in der zweiten Auflage darin, das Wettbewerbsrecht im konkreten Fall anzuwenden und dabei zu vertiefen. Die Fälle bilden zugleich eine Ergänzung zu den aktuellen Lehrbüchern.

In der Neuauflage sind Rechtsprechung und Schrifttum durchgehend aktualisiert und ergänzt. In vielen Lösungen ist zudem der Einfluss der UGP-Richtlinie noch stärker berücksichtigt. Fall 18 wurde um eine zusätzliche Frage erweitert. Darüber hinaus enthält die Fallsammlung zwei neue Fälle (Fall 19 und 20).

Die Mehrzahl der Fälle beruht auf Prüfungsaufgaben, die so oder in abgewandelter Form im ersten juristischen Staatsexamen oder in der Universitätsprüfung gestellt wurden. Wie bei jeder Fallsammlung profitiert derjenige Leser am meisten, der zunächst selbst eine Lösung versucht. Kritik und Anregungen sind stets willkommen.

München/Jena, im Januar 2012

Helmut Köhler
(h.koehler@jura.uni-muenchen.de)

Christian Alexander
(ls-alexander@uni-jena.de)

Inhaltsverzeichnis

Abkürzungsverzeichnis

ABl.	Amtsblatt der EU/EG
AEUV	Vertrag über die Arbeitweise der Europäischen Union
a. F.	alte Fassung
Anh.	Anhang
Art.	Artikel
Aufl.	Auflage
BayGO	Bayerische Gemeindeordnung
BayStrWG	Bayerisches Straßen- und Wegegesetz
Begr.	Begründung
BGB	Bürgerliches Gesetzbuch
BGH	Bundesgerichtshof
BGHSt	Entscheidungen des Bundesgerichtshofs in Strafsachen (Band und Seite)
BGHZ	Entscheidungen des Bundesgerichtshofs in Zivilsachen (Band und Seite)
BKartA	Bundeskartellamt
BRAO	Bundesrechtsanwaltsordnung
BT	Bundestag
BT-Drs.	Bundestags-Drucksache
BVerfG	Bundesverfassungsgericht
BVerfGE	Entscheidungen des Bundesverfassungsgerichts (Band und Seite)
BVerwG	Bundesverwaltungsgericht
BVerwGE	Entscheidungen des Bundesverwaltungsgerichts
ders.	derselbe
dies.	dieselbe, dieselben
Drs.	Drucksache
EG	Bezeichnung des entsprechenden Artikels des Vertrages zur Gründung der Europäischen Gemeinschaft gemäß der Nummerierung nach der Fassung durch den Amsterdamer Vertrag
EGBGB	Einführungsgesetz zum Bürgerlichen Gesetzbuch
EGMR	Europäischer Gerichtshof für Menschenrechte
EMRK	Europäische Konvention für Menschenrechte
Erw.	Erwägungsgrund/Erwägungsgründe
EU	Europäische Union
EuGH	Gerichtshof der Europäischen Gemeinschaften/ der Europäischen Union
FahrlG	Fahrlehrergesetz
FTG	Bayerisches Gesetz über den Schutz der Sonn- und Feiertage (Feiertagsgesetz)

GebrMG	Gebrauchsmustergesetz
GeschmMG	Geschmacksmustergesetz
GG	Grundgesetz der Bundesrepublik Deutschland
GmbH	Gesellschaft mit beschränkter Haftung
GRUR	Gewerblicher Rechtsschutz und Urheberrecht (Jahr und Seite)
GRUR-RR	Gewerblicher Rechtsschutz und Urheberrecht, Rechtsprechungsreport (Jahr und Seite)
GRUR Int.	Gewerblicher Rechtsschutz und Urheberrecht – Auslands- und Internationaler Teil (Jahr und Seite)
GWB	Gesetz gegen Wettbewerbsbeschränkungen
HGB	Handelsgesetzbuch
i. S. d.	im Sinne der/des
i. V. m.	in Verbindung mit
JuSchG	Jugendschutzgesetz
KG	Kammergericht; Kommanditgesellschaft
lit	litera
m. w. N.	mit weiteren Nachweisen
MarkenG	Markengesetz
NJW	Neue Juristische Wochenschrift (Jahr und Seite)
NJWE-WettbR	NJW-Entscheidungsdienst Wettbewerbsrecht (Jahr und Seite)
NJW-RR	NJW-Rechtsprechungs-Report Zivilrecht (Jahr und Seite)
Nr.	Nummer
PAngV	Verordnung zur Regelung der Preisangaben (Preisangabenverordnung)
PatG	Patentgesetz
RegE	Regierungsentwurf
Rn.	Randnummer
Rspr.	Rechtsprechung
RStV	Rundfunkstaatsvertrag
S.	Seite; Satz
s. o.	siehe oben
s. u.	siehe unten
sog.	sogenannte
SortG	Sortenschutzgesetz
StGB	Strafgesetzbuch
StPO	Strafprozessordnung
str.	streitig
st. Rspr.	ständige Rechtsprechung
s. u.	siehe unten
TMG	Telemediengesetz

UGP-Richtlinie .... Richtlinie 2005/29/EG über unlautere Geschäftspraktiken
UKlaG .... Gesetz über Unterlassungsklagen bei Verbraucherrechts- und anderen Verstößen (Unterlassungsklagengesetz)
UrhG .... Urheberrechtsgesetz
UWG .... Gesetz gegen den unlauteren Wettbewerb

VGH .... Verwaltungsgerichtshof
vgl. .... vergleiche
VO .... Verordnung

WuW .... Wirtschaft und Wettbewerb (Jahr und Seite)
WuW/E .... WuW-Entscheidungssammlung zum Kartellrecht

z. B. .... zum Beispiel
ZPO .... Zivilprozessordnung
ZWeR .... Zeitschrift für Wettbewerbsrecht (Jahr und Seite)

Literaturverzeichnis

C. Ahrens	*C. Ahrens*, Wettbewerbsrecht, 2006
Ahrens	*Ahrens,* Der Wettbewerbsprozess, 6. Aufl., 2009
Beater	*Beater,* Unlauterer Wettbewerb, 2011
Bechtold	*Bechtold,* GWB, 6. Aufl., 2010
Berlit	*Berlit,* Wettbewerbsrecht, 8. Aufl., 2011
Boesche	*Boesche,* Wettbewerbsrecht, 4. Aufl., 2011
Ekey	*Ekey,* Grundriss des Wettbewerbs- und Kartellrechts, 3. Aufl., 2009
Emmerich	*Emmerich,* Unlauterer Wettbewerb, 8. Aufl., 2009
Emmerich/Sosnitza	*Emmerich/Sosnitza,* Fälle zum Wettbewerbs- und Kartellrecht, 6. Aufl., 2011
Fezer/*Bearbeiter*	*Fezer,* Lauterkeitsrecht: UWG, 2. Aufl., 2010
Gloy/Loschelder/Erdmann	*Gloy/Loschelder/Erdmann,* Handbuch des Wettbewerbsrechts, 4. Aufl., 2010
Götting	*Götting,* Wettbewerbsrecht, 2005
Götting/Nordemann/ *Bearbeiter*	*Götting/Nordemann,* UWG Handkommentar, 2010
Haberstumpf	*Haberstumpf,* Wettbewerbs- und Kartellrecht, Gewerblicher Rechtsschutz, 4. Aufl., 2008
Harte/Henning/ *Bearbeiter*	*Harte-Bavendamm/Henning-Bodewig,* Gesetz gegen den unlauteren Wettbewerb, 2. Aufl., 2009
Hasselblatt	*Hasselblatt,* Münchener Anwaltshandbuch Gewerblicher Rechtsschutz, 3. Aufl., 2009
Köhler/Bornkamm/ *Bearbeiter*	*Köhler/Bornkamm,* Gesetz gegen unlauteren Wettbewerb, 30. Aufl., 2012
Hönn, Klausurenkurs	*Hönn,* Klausurenkurs im Wettbewerbs- und Kartellrecht, 5. Aufl., 2010
Hönn, Examens-Repetitorium	*Hönn,* Examens-Repetitorium Wettbewerbs- und Kartellrecht, 2. Aufl., 2009
Immenga/Mestmäcker/ *Bearbeiter*	*Immenga/Mestmäcker,* Wettbewerbsrecht, Bd. 1, Teilbd. 1: EG; Bd. 1, Teilbd. 2: EG; Bd. 2: GWB, 4. Aufl., 2007
Jestaedt	*Jestaedt,* Wettbewerbsrecht, 2007
juris-PK/*Bearbeiter*	*Ullmann,* juris-Praxiskommentar UWG, 2. Aufl., 2009
Langen/Bunte/ *Bearbeiter*	*Langen/Bunte,* Kommentar zum deutschen und europäischen Kartellrecht, 11. Aufl., 2010
Lettl	*Lettl,* Wettbewerbsrecht, 2009
MünchKommUWG/ *Bearbeiter*	*Heermann/Hirsch,* Münchener Kommentar zum Lauterkeitsrecht, 2006

Nordemann	*Nordemann,* Wettbewerbs- und Markenrecht, 11. Aufl., 2011
Palandt/*Bearbeiter*	*Palandt,* Bürgerliches Gesetzbuch, 71. Aufl., 2012
Peifer	*Peifer,* Lauterkeitsrecht, 2011
Piper/Ohly/Sosnitza/ *Bearbeiter*	*Piper/Ohly/Sosnitza,* Gesetz gegen den unlauteren Wettbewerb, 5. Aufl., 2010
Säcker/Wolf	*Säcker/Wolf,* UWG und Markenrecht in Fällen
Schwintowski	*Schwintowski,* Wettbewerbs- und Kartellrecht (PdW), 4. Aufl., 2007
Teplitzky	*Teplitzky,* Wettbewerbsrechtliche Ansprüche und Verfahren, 10. Aufl., 2011

1. Teil. Übersichten

1. Verstoß gegen § 3 UWG

Unzulässigkeit unlauterer geschäftlicher Handlungen

Unzulässigkeit gemäß § 3 Abs. 3 UWG i. V. m. Anhang	**Unzulässigkeit gemäß § 3 Abs. 1 UWG**	**Unzulässigkeit gemäß § 3 Abs. 2 S. 1 UWG**
1. geschäftliche Handlung (§ 2 Abs. 1 Nr. 1 UWG) 2. gegenüber Verbrauchern (§ 2 Abs. 2 UWG i. V. m. § 13 BGB) 3. Tatbestände des Anhangs („Schwarze Liste“)	1. geschäftliche Handlung (§ 2 Abs. 1 Nr. 1 UWG) 2. Unlauterkeit – Konkretisierung durch die Beispielstatbestände der §§ 4 bis 6 UWG – ungeschriebene Tatbestände der Unlauterkeit 3. Eignung, die Interessen von Mitbewerbern, Verbrauchern oder sonstigen Marktteilnehmern spürbar zu beeinträchtigen	1. geschäftliche Handlung (§ 2 Abs. 1 Nr. 1 UWG) 2. gegenüber Verbrauchern (§ 2 Abs. 2 UWG i. V. m. § 13 BGB) 3. Verstoß gegen die fachliche Sorgfalt (§ 2 Abs. 1 Nr. 7 UWG) 4. Eignung zur spürbaren Beeinträchtigung der Fähigkeit des Verbrauchers, sich auf Grund von Informationen zu entscheiden

2. Verstoß gegen § 7 UWG

Unzumutbare Belästigungen

I. Geschäftliche Handlung (§ 2 Abs. 1 Nr. 1 UWG)

II. Unzumutbare Belästigung

- stets unzumutbare Belästigungen gemäß § 7 Abs. 2 UWG
- vom angesprochenen Marktteilnehmer erkennbar nicht gewünschte Werbung gemäß § 7 Abs. 1 S. 2 UWG
- Sonstige Fälle der unzumutbaren Belästigung gemäß § 7 Abs. 1 S. 1 UWG

3. Unterlassungsanspruch

I. **Verstoß** gegen § 3 UWG (→ Übersicht 1.) oder § 7 UWG (→ Übersicht 2.)

II. **Begehungsgefahr**

Zuwiderhandlung hat noch nicht stattgefunden	**Zuwiderhandlung hat bereits stattgefunden**
Erstbegehungsgefahr („Zuwiderhandlung … droht")	*„Wiederholungsgefahr"*
Zuwiderhandlung hat noch nicht stattgefunden	**Zuwiderhandlung hat bereits stattgefunden**
vorbeugender Unterlassungsanspruch (§ 8 Abs. 1 Satz 2 UWG)	Verletzungsunterlassungsanspruch (§ 8 Abs. 1 Satz 1, 2. Alt. UWG)
grundsätzlich Nachweis erforderlich	tatsächliche widerlegliche Vermutung

III. **Anspruchsberechtigung** → Übersicht 8.

IV. **Anspruchsverpflichtung** → Übersicht 9.

Rechtsfolge: Der Unterlassungsanspruch ist gerichtet auf Unterlassung der beanstandeten Handlung. Er erstreckt sich nicht nur auf die konkrete Verletzungsform, sondern auch auf „im Kern gleiche" Verletzungshandlungen.

4. Beseitigungsanspruch

I. **Verstoß** gegen § 3 UWG (→ Übersicht 1.) oder § 7 UWG (→ Übersicht 2.)

II. **Widerrechtlicher Störungszustand**

III. **Fortdauer der Störung**

IV. **Anspruchsberechtigung** → Übersicht 8.

V. **Anspruchsverpflichtung** → Übersicht 9.

Rechtsfolge: Der Beseitigungsanspruch ist gerichtet auf die Beseitigung der noch andauernden Störungsfolgen. Die zur Beseitigung geforderten Maßnahmen müssen geeignet, zumutbar und verhältnismäßig sein.

5. Schadensersatzanspruch

I. **Verstoß** gegen § 3 UWG (→ Übersicht 1.) oder § 7 UWG (→ Übersicht 2.)

II. **Verschulden:** Vorsatz oder Fahrlässigkeit; bei Verantwortlichen von periodischen Druckwerken nur Vorsatz (§ 9 S. 2 UWG)

III. **Anspruchsberechtigung** → Übersicht 8.

IV. **Anspruchsverpflichtung** → Übersicht 9.

Rechtsfolge: Der Schadensersatzanspruch ist gerichtet auf Ersatz sämtlicher aus der unlauteren Handlung entstandenen Schäden. Es finden die §§ 249 ff. BGB Anwendung.

Bei Verstößen gegen §§ 3 Abs. 1, 4 Nr. 9 sowie §§ 3 Abs. 1, 4 Nr. 11 i.V.m. den §§ 17–19 UWG sind die **Grundsätze der dreifachen Schadensberechnung**[1] anwendbar:
– Schadensersatz in Höhe der fiktiven Lizenzgebühr (Lizenzanalogie)
– Schadensersatz durch Herausgabe des Verletzergewinns
– Schadensersatz in Höhe des konkret entstandenen Schadens

6. Gewinnabschöpfungsanspruch

I. **Verstoß** gegen § 3 UWG (→ Übersicht 1.) oder § 7 UWG (→ Übersicht 2.)
II. **Verschulden:** Vorsatz
III. **Gewinnerzielung**
IV. **Zu Lasten der Abnehmer**
V. **Vielzahl von Abnehmern**
VI. **Anspruchsberechtigung** → Übersicht 8.
VII. **Anspruchsverpflichtung** → Übersicht 9.

Rechtsfolge: Der Gewinnabschöpfungsanspruch ist gerichtet auf die Herausgabe des erlangten Gewinns an den Bundeshaushalt.

7. Anspruch auf Aufwendungsersatz für Abmahnkosten

I. **Abmahnung**
II. **Berechtigung** der Abmahnung: Die Abmahnung ist jedenfalls dann nicht berechtigt, wenn ein Unterlassungsanspruch nicht (mehr) besteht oder die Abmahnung i.S.v. § 8 Abs. 4 UWG missbräuchlich ist.
III. **Erforderlichkeit** der Aufwendungen
IV. **Anspruchsberechtigung** → Übersicht 8.
V. **Anspruchsverpflichtung** → Übersicht 9.

Rechtsfolge: Der Anspruch auf Aufwendungsersatz umfasst sämtliche Kosten, die im Zusammenhang mit der Abmahnung entstanden sind.

8. Anspruchsberechtigung
(die Gläubiger der wettbewerbsrechtlichen Ansprüche)

	Abwehransprüche	**Schadensersatzanspruch**	**Gewinnabschöpfungsanspruch**
Mitbewerber (§ 2 Abs. 1 Nr. 3 UWG)	§ 8 Abs. 3 Nr. 1 UWG	§ 9 S. 1 UWG	(–)

[1] Vgl. dazu die gesetzlichen Regelungen in § 139 Abs. 2 PatG, § 24 Abs. 2 GebrMG, § 14 Abs. 6 MarkenG, § 97 Abs. 2 UrhG, § 42 Abs. 2 GeschmMG und § 37 Abs. 2 SortG.

	Abwehransprüche	Schadensersatzanspruch	Gewinnabschöpfungsanspruch
Verbände zur Förderung unternehmerischer Interessen	§ 8 Abs. 3 Nr. 2 UWG	(–)	§ 10 Abs. 1 i.V.m. § 8 Abs. 3 Nr. 2 UWG
Qualifizierte Einrichtungen gem. § 4 UKlaG	§ 8 Abs. 3 Nr. 3 UWG	(–)	§ 10 Abs. 1 i.V.m. § 8 Abs. 3 Nr. 3 UWG
Industrie- und Handelskammern sowie Handwerkskammern	§ 8 Abs. 3 Nr. 4 UWG	(–)	§ 10 Abs. 1 i.V.m. § 8 Abs. 3 Nr. 4 UWG

9. Anspruchsverpflichtung
(die Schuldner der wettbewerbsrechtlichen Ansprüche)

	Abwehransprüche	Schadensersatzanspruch	Gewinnabschöpfungsanspruch
Verletzer (Täter, mittelbarer Täter)	(+)	(+)	(+)
Mittäter	§ 830 Abs. 1 BGB	§§ 830 Abs. 1, 840 Abs. 1 BGB	(+)[2]
Teilnehmer (Anstifter, Gehilfen)	§ 830 Abs. 2 BGB	§ 830 Abs. 2 BGB	(+)[3]
Juristische Person für Organe und Repräsentanten	§§ 31, 89 BGB analog	§§ 31, 89 BGB analog	§§ 31, 89 BGB analog
Unternehmensinhaber	§ 8 Abs. 2 UWG	§ 831 BGB: Haftung für Verrichtungsgehilfen	§ 831 BGB: Haftung für Verrichtungsgehilfen

2 Mittäter können nur auf Abschöpfung des jeweils von ihnen erzielten Gewinns in Anspruch genommen werden. §§ 830 Abs. 1, 840 Abs. 1 BGB finden keine Anwendung.

3 Teilnehmer können auf Gewinnabschöpfung nur in Anspruch genommen werden, wenn der erzielte Gewinn ganz oder teilweise bestimmungsgemäß bei ihnen verbleibt.

2. Teil. Fälle

Fall 1. Das Bräustüberl

Sachverhalt

Die Brauerei M-GmbH betreibt in Bad Endorf/Oberbayern das Lokal „Bräustüberl", das von dem Angestellten F geführt wird. Nach Eröffnung des Konkurrenzlokals „Oberwirt" gehen die Umsätze des „Bräustüberls" stark zurück. Der Geschäftsführer der M-GmbH, G, fordert daher F auf, „sich etwas einfallen zu lassen", sonst müsse man das Lokal aufgeben. F weist daraufhin den Kellner R an, vor dem Lokal – ohne sich als Mitarbeiter des Lokals erkennen zu geben – gezielt Fußgänger anzusprechen und zum Lokalbesuch mit dem Hinweis zu animieren, man esse im „Bräustüberl" besser als beim „Oberwirt". R tut dies auch mit einigem Erfolg.

Dem Inhaber des Lokals „Oberwirt", K, kommt dies zu Ohren. Er fordert über seinen Rechtsanwalt die M-GmbH sowie G, F und R auf, dafür Sorge zu tragen, dass diese Art von Werbung künftig unterbleibe, und zu diesem Zweck eine strafbewehrte Unterlassungserklärung abzugeben. Da diese Abmahnung erfolglos bleibt, erhebt K über seinen Rechtsanwalt beim zuständigen Gericht gegen alle Abmahnungsadressaten Klage mit dem Antrag, die Beklagten zu verurteilen, das Ansprechen von Passanten auf offener Straße zu Werbezwecken und die Werbung mit der Äußerung, man esse im „Bräustüberl" besser als beim „Oberwirt", zu unterlassen.

Die Beklagten tragen vor, das Ansprechen von Passanten sei nicht rechtswidrig, da sich bisher noch kein einziger Passant beschwert habe. Die Äußerung, man esse im „Bräustüberl" besser als beim „Oberwirt", entspreche ihrer Überzeugung und sei von der Meinungsfreiheit gedeckt. Außerdem bringen sie folgende Einwendungen vor: F weist darauf hin, dass er bloßer Angestellter und kein Unternehmer sei. R beruft sich darauf, er hafte nicht, weil er lediglich einer arbeitsvertraglichen Weisung nachgekommen sei. G ist der Auffassung, er hafte nicht, weil er die fragliche Werbemaßnahme nicht veranlasst habe. Die M-GmbH bringt vor, sie hafte deshalb nicht, weil G mit der Sache nichts zu tun habe und ihr das Verhalten von F und R nicht zuzurechnen sei, zumal sie beide sorgfältig ausgesucht und ständig überwacht habe. Außerdem habe sie mittlerweile das „Bräustüberl" geschlossen.

Der Bayerische Hotel- und Gaststättenverband e. V., ein Zusammenschluss von mehreren tausend Hoteliers und Gastwirten zur Förderung des Gastgewerbes, erfährt von dem laufenden Prozess. Da er zum Schutz seiner Mitglieder grundsätzlich gegen nach seiner Auffassung vorliegende Wettbewerbsverstöße bayerischer Hoteliers und Gastwirte außergerichtlich und gerichtlich vorgeht, reicht er gegen die M-GmbH eine gleich lautende Unterlassungsklage bei demselben Gericht ein.

Vermerk für die Bearbeiter: In einem Gutachten sind in der vorgegebenen Reihenfolge folgende Fragen zu prüfen:

1. Steht K der behauptete Unterlassungsanspruch gegen F, R, G und die M-GmbH zu?

2. Ist die Klage des Bayerischen Hotel- und Gaststättenverbandes e.V. zulässig und begründet?

Gliederung

Lösung

Frage 1: Unterlassungsansprüche gegen F, R, G und die M-GmbH

A. Unterlassungsanspruch des K gegen F

K könnte von F Unterlassung der beanstandeten Maßnahmen verlangen, wenn ihm ein Unterlassungsanspruch gemäß § 8 Abs. 1 S. 1, 2. Alt. UWG zusteht. Die Werbemaßnahme enthält zwei Komponenten, die jeweils eigenständig daraufhin zu überprüfen sind, ob sie als unzulässig zu beurteilen sind: Zum einen geht es um das gezielte Ansprechen von Passanten (unter I.), zum anderen um den Hinweis auf die bessere Essensqualität (unter II.). **1**

I. Gezieltes Ansprechen der Passanten

1. Verstoß gegen § 7 UWG

Zu prüfen ist, ob ein Verstoß gegen § 7 UWG vorliegt. **2**

a) Geschäftliche Handlung (§ 2 Abs. 1 Nr. 1 UWG)

Voraussetzung ist zunächst, dass eine geschäftliche Handlung vorliegt. Nach der Legaldefinition des § 2 Abs. 1 Nr. 1 UWG ist geschäftliche Handlung „jedes Ver- **3** halten einer Person zugunsten des eigenen oder eines fremden Unternehmens vor, bei oder nach einem Geschäftsabschluss, das mit der Förderung des Absatzes oder des Bezugs von Waren oder Dienstleistungen oder mit dem Abschluss oder der Durchführung eines Vertrags über Waren oder Dienstleistungen objektiv zusammenhängt". Das Ansprechen der Passanten durch R auf Veranlassung des F dient der Förderung des Absatzes der im „Bräustüberl" angebotenen Leistungen und erfolgt damit zugunsten eines fremden Unternehmens, nämlich das der M-GmbH. Es liegt daher eine geschäftliche Handlung vor.

b) Verstoß gegen § 7 Abs. 1 S. 1 UWG

4 Das gezielte Ansprechen von Passanten auf offener Straße, um sie zum Besuch des Lokals zu animieren, könnte eine unzumutbare Belästigung im Sinne von § 7 Abs. 1 S. 1 UWG sein. Ein Verstoß gegen § 7 Abs. 1 S. 2 UWG scheidet dagegen aus, weil nicht erkennbar ist, ob ein Passant ein Ansprechen nicht wünscht.

Eine geschäftliche Handlung ist als Belästigung anzusehen, wenn sie dem Empfänger aufgedrängt wird und sie bereits wegen ihrer Art und Weise unabhängig von ihrem Inhalt als störend empfunden wird.[1] Maßgeblich ist der durchschnittlich empfindliche Marktteilnehmer (vgl. § 3 Abs. 2 S. 2 UWG).[2] Ob die Belästigung als unzumutbar anzusehen ist, ergibt sich aus einer Abwägung der Interessen des Werbenden und des oder der von der Werbemaßnahme Betroffenen.[3]

Die Rechtsprechung hat in der Vergangenheit das gezielte individuelle Ansprechen in der Öffentlichkeit grundsätzlich als unlauter angesehen,[4] ist jedoch in neuerer Zeit zu einer differenzierenden Betrachtung übergegangen. Danach ist zu unterscheiden, ob der Werber als solcher erkennbar ist oder nicht. Wendet sich der Werber, ohne eindeutig als solcher erkennbar zu sein, einem Passanten zu, wird sich dieser in der Regel, einem Gebot der Höflichkeit folgend, nicht von vornherein ablehnend oder abweisend verhalten. Darin liegt ein unlauteres Erschleichen von Aufmerksamkeit.[5] Anders verhält es sich hingegen, wenn der Werber als solcher ohne Weiteres erkennbar ist. Denn die Kontaktaufnahme zu Werbezwecken ist für den Passanten in solchen Fällen in aller Regel nicht überraschend und unvermeidbar. Er hat fast immer die Möglichkeit, sich einem Gespräch ohne große Mühe durch Nichtbeachtung des Werbenden oder eine kurze abweisende Bemerkung oder Geste zu entziehen. Etwas anderes gilt nur dann, wenn dies nach den gegebenen Verhältnissen (z. B. in einer engen Straße) nicht möglich ist oder wenn der Werbende einen erkennbar entgegenstehenden Willen des Angesprochenen missachtet, etwa indem er diesen am Weitergehen hindert oder ihm folgt. In solchen Fällen ist die Anwendung des § 7 Abs. 1 S. 2 UWG geboten.[6] Diese Unterscheidung der Rechtsprechung verdient Zustimmung, weil sie zu einem angemessenen Ausgleich der Interessen des werbenden Unterneh-

[1] *BGH* WRP 2011, 1054 Rn. 17 – Kreditkartenübersendung; Köhler/Bornkamm/*Köhler*, § 7 Rn. 19; Piper/Ohly/Sosnitza/*Ohly*, § 7 Rn. 25.

[2] Köhler/Bornkamm/*Köhler*, § 7 Rn. 21.

[3] Köhler/Bornkamm/*Köhler*, § 7 Rn. 22; Fezer/*Mankowski*, § 7 Rn. 27 ff.; Piper/Ohly/Sosnitza/*Ohly*, § 7 Rn. 26; Harte/Henning/*Ubber*, § 7 Rn. 20.

[4] *BGH* GRUR 2004, 699, 700 – Ansprechen in der Öffentlichkeit I m. w. N.

[5] *BGH* GRUR 2005, 443, 444 – Ansprechen in der Öffentlichkeit II; *BGH* GRUR 2004, 699, 701 – Ansprechen in der Öffentlichkeit I.

[6] *BGH* GRUR 2005, 443, 445 – Ansprechen in der Öffentlichkeit II.

mens und den von der Werbung betroffenen Passanten führt. Denn dem Unternehmen wird dadurch die Präsenz in der Öffentlichkeit nicht übermäßig erschwert und andererseits erhalten die Passanten die Möglichkeit, selbst darüber zu entscheiden, ob sie der Werbung aus dem Weg gehen wollen oder nicht. Erst wenn den Passanten diese Wahlmöglichkeit verwehrt wird, liegt eine unlautere geschäftliche Handlung mit der Folge einer unzumutbaren Belästigung vor.

Das Ansprechen der Passanten erfolgt in unmittelbarer Nähe zum Lokal, sodass der Werbecharakter möglicherweise erkennbar sein könnte. Allerdings ist davon auszugehen, dass R, entsprechend der Anweisung seines Chefs, sich nicht als Mitarbeiter des Lokals zu erkennen gegeben hat. Daher liegt eine unzumutbare Belästigung im Sinne von § 7 Abs. 1 S. 1 UWG vor.

2. Verstoß gegen § 3 UWG

a) Unzulässigkeit gemäß § 3 Abs. 3 UWG

Des Weiteren ist fraglich, ob das Ansprechen der Passanten gegen § 3 Abs. 3 UWG i. V. m. dem Anhang verstößt. **5**

aa) Geschäftliche Handlung (§ 2 Abs. 1 Nr. 1 UWG)

Eine geschäftliche Handlung ist gegeben (s. o.). **6**

bb) Gegenüber Verbrauchern

Die Handlung erfolgt gegenüber Verbrauchern (§ 2 Abs. 2 UWG i. V. m. § 13 BGB). **7**

cc) Tatbestand der Nr. 23 des Anhangs zu § 3 Abs. 3 UWG

Zu den stets unzulässigen geschäftlichen Handlungen gegenüber einem Verbraucher gehört nach Nr. 23 des Anhangs „das Erwecken des unzutreffenden Eindrucks, der Unternehmer sei … nicht für Zwecke seines Geschäfts, Handels, Gewerbes oder Berufs tätig". R und F sind zwar nicht Inhaber des Unternehmens, aber gleichwohl nach § 2 Abs. 1 Nr. 6 UWG als Unternehmer im Rechtssinne anzusehen, da sie im Namen oder Auftrag des Unternehmensinhabers handeln. Da R auf Veranlassung des F gegenüber den Passanten den unzutreffenden Eindruck erweckt, er wäre als Privatmann und nicht für Zwecke „seines" Geschäfts tätig, d. h. des Geschäfts, für das er arbeitet, ist der Tatbestand der Nr. 23 erfüllt und es liegt ein Verstoß gegen § 3 Abs. 3 UWG vor. **8**

b) Unzulässigkeit gemäß § 3 Abs. 1 UWG

Weiter ist zu prüfen, ob auch ein Verstoß gegen § 3 Abs. 1 in Betracht kommt. Diese Generalklausel wird durch die Beispielstatbestände der §§ 4 bis 6 UWG konkretisiert. **9**

aa) Geschäftliche Handlung (§ 2 Abs. 1 Nr. 1 UWG)

Eine geschäftliche Handlung liegt, wie bereits geprüft, vor (s. o.). **10**

bb) Unlauterkeit

(1) § 4 Nr. 1 UWG (Unangemessener unsachlicher Einfluss)

Das Ansprechen könnte als eine unangemessene unsachliche Einflussnahme gemäß § 4 Nr. 1 UWG unlauter sein. Die von dem Ansprechen ausgehende Belästigung **11** stellt zwar eine unangemessene unsachliche Beeinflussung dar. Sie ist aber nicht so stark, dass dadurch die Entscheidungsfreiheit der Verbraucher spürbar beeinträchtigt werden könnte.

(2) § 4 Nr. 3 UWG (Verschleierung des Werbecharakters)

12 Nach § 4 Nr. 3 UWG handelt unlauter, wer den Werbecharakter von geschäftlichen Handlungen verschleiert. Das ist hier der Fall, da R auf Veranlassung des F beim Ansprechen der Passanten nicht deutlich macht, dass sein Handeln den Zweck hat, für das Unternehmen zu werben.

cc) Spürbarkeit

13 Ob eine getarnte Werbung i. S. d. § 4 Nr. 3 UWG geeignet ist, die Interessen von Marktteilnehmern spürbar zu beeinträchtigen, hängt von den Umständen des Einzelfalls ab.[7] Das Ansprechen der Passanten ist geeignet, die Kaufentscheidung der Verbraucher zu beeinflussen, weil sie der scheinbar neutralen, objektiven Auskunft des R in der konkreten Situation, nämlich in der Nähe des Lokals, durchaus Glauben schenken und sich spontan zum Betreten des Lokals entschließen können. Daher ist eine spürbare Beeinträchtigung der Interessen der Verbraucher und damit gleichzeitig der Mitbewerber zu bejahen.

3. Zwischenergebnis

14 Das Ansprechen der Gäste vor dem Lokal verstößt gegen § 7 Abs. 1 S. 1 UWG, gegen § 3 Abs. 3 i. V. m. Nr. 23 des Anhangs und gegen § 3 Abs. 1 i. V. m. § 4 Nr. 3 UWG.

II. Hinweis auf besseres Essen im „Bräustüberl"

15 Zu prüfen ist, ob der Hinweis auf das bessere Essen im „Bräustüberl" gegen § 3 UWG verstößt.

1. Verstoß gegen § 3 UWG

a) Unzulässigkeit gemäß § 3 Abs. 1 UWG

16 Da eine Unzulässigkeit nach § 3 Abs. 3 UWG nicht in Betracht kommt, ist zu prüfen, ob der Hinweis auf das bessere Essen im „Bräustüberl" gemäß § 3 Abs. 1 UWG unzulässig ist.

aa) Geschäftliche Handlung (§ 2 Abs. 1 Nr. 1 UWG)

17 Der Hinweis dient der Förderung des Absatzes von Waren und Dienstleistungen des „Bräustüberls" und ist damit eine geschäftliche Handlung.

bb) Unlauterkeit

18 Die Generalklausel des § 3 Abs. 1 UWG wird durch die Beispielstatbestände der §§ 4 bis 6 UWG konkretisiert. Es ist daher zu prüfen, ob der Hinweis gegen die §§ 4 bis 6 UWG verstößt.

(1) § 6 Abs. 2 UWG (Unlautere vergleichende Werbung)

19 Dazu müsste die Äußerung als eine unlautere vergleichende Werbung anzusehen sein.

---

[7] Vgl. Köhler/Bornkamm/*Köhler*, § 3 Rn. 139.

(a) Vorliegen einer vergleichenden Werbung (§ 6 Abs. 1 UWG)

Es müssen die Voraussetzungen einer vergleichenden Werbung vorliegen. Gemäß § 6 Abs. 1 UWG ist vergleichende Werbung jede Werbung, die unmittelbar oder mittelbar einen Mitbewerber oder die von einem Mitbewerber angebotenen Waren oder Dienstleistungen erkennbar macht. **20**

(aa) Begriff der Werbung

Die Regelungen zur vergleichenden Werbung in § 6 UWG beruhen auf den Vorgaben der Richtlinie 2006/114/EG über irreführende und vergleichende Werbung. Vergleichende Werbung und ihre Zulässigkeit müssen daher stets im Lichte der Vorgaben des Gemeinschaftsrechts beurteilt werden. Methodisch geschieht dies im Wege der richtlinienkonformen Auslegung des nationalen Rechts. Dementsprechend ist auch der Begriff der Werbung im UWG richtlinienkonform auszulegen. Nach der Definition des Art. 2 lit. a der Richtlinie 2006/114/EG ist Werbung „jede Äußerung bei der Ausübung eines Handels, Gewerbes, Handwerks oder freien Berufs mit dem Ziel, den Absatz von Waren oder die Erbringung von Dienstleistungen, einschließlich unbeweglicher Sachen, Rechte und Verpflichtungen, zu fördern". **21**

Der Hinweis des F dient dem Ziel, Kunden für einen Besuch des Wirtshauses zu gewinnen, mithin zielt das Ansprechen der Fußgänger auf eine Förderung des Absatzes von Waren und Dienstleistungen der M-GmbH und ist damit als Werbung anzusehen.

(bb) Mitbewerber

Mitbewerber ist gemäß § 2 Abs. 1 Nr. 3 UWG jeder Unternehmer, der mit einem oder mehreren Unternehmern als Anbieter oder Nachfrager von Waren oder Dienstleistungen in einem konkreten Wettbewerbsverhältnis steht. Allerdings ist der Mitbewerberbegriff in § 6 UWG richtlinienkonform am Maßstab der Richtlinie 2006/114/EG auszulegen. Dazu hat der EuGH entschieden, dass Mitbewerber jeder Unternehmer ist, der Waren oder Dienstleistungen anbietet, die „in gewissem Grad" mit denen des Werbenden austauschbar sind.[8] „Bräustüberl" und „Oberwirt" bieten gleichartige und damit auf jeden Fall austauschbare Waren und Dienstleistungen an, sind also auf dem gleichen sachlich relevanten Markt tätig. Es ist auch anzunehmen, dass beide Gastwirtschaften nicht weit voneinander entfernt liegen und somit den gleichen räumlich relevanten Markt betreffen. **22**

F ist zwar nicht selbst Mitbewerber, jedoch fördert er ein fremdes Unternehmen, sodass danach zu fragen ist, ob zwischen dem geförderten Unternehmen und dem betroffenen Unternehmen ein konkretes Wettbewerbsverhältnis besteht.[9] Das ist hier der Fall. Demgemäß sind die Inhaber von „Bräustüberl" und „Oberwirt" als Mitbewerber im Sinne von § 2 Abs. 1 Nr. 3 UWG anzusehen.

(cc) Erkennbarmachen

Ein Mitbewerber wird erkennbar gemacht, wenn die Äußerung eine Identifizierung ermöglicht. Die Aussage muss daher so deutlich auf einen oder mehrere Mitbewerber gerichtet sein, dass ein nicht ganz unerheblicher Teil der angesprochenen Ver- **23**

---

[8] *EuGH* GRUR 2007, 511 Rn. 28, 32, 47 – De Landtsheer/CIVC.

[9] Vgl. *BGH* GRUR 1997, 907, 908 – Emil-Grünbär-Klub.

kehrskreise sie als vom Vergleich Betroffene ansieht oder sich ihm eine Bezugnahme förmlich aufdrängt. Diese Voraussetzungen sind erfüllt, weil ausdrücklich auf den „Oberwirt" hingewiesen wird und die Aussagen auf dessen gastronomische Leistungen gemünzt sind. Es liegt daher ein unmittelbares Erkennbarmachen eines Mitbewerbers vor.

(dd) Erfordernis eines Vergleichs

24 Vergleichende Werbung setzt einen Vergleich voraus.[10] Dafür genügt es aber, wenn sich aus der Werbung ergibt, dass sich unterschiedliche, aber hinreichend austauschbare Produkte des Werbenden und des Mitbewerbers gegenüberstehen. Dies ist hier der Fall.

(b) Unlauterkeit der vergleichenden Werbung (§ 6 Abs. 2 UWG)

25 § 6 Abs. 2 UWG regelt die Fälle, in denen eine vergleichende Werbung unlauter ist.

(aa) § 6 Abs. 2 Nr. 2 UWG (Eigenschaftsvergleich)

26 Gemäß § 6 Abs. 2 Nr. 2 UWG muss sich der Vergleich objektiv auf eine oder mehrere wesentliche, relevante, nachprüfbare und typische Eigenschaften beziehen. Diese Vorschrift soll dem Adressaten der vergleichenden Werbung ermöglichen, den Vergleich nachzuvollziehen, um eine informierte Entscheidung zu treffen.

Gemäß § 6 Abs. 2 Nr. 2 UWG muss der Vergleich objektiv auf wesentliche, relevante, nachprüfbare und typische Eigenschaften (oder den Preis) der verglichenen Waren oder Dienstleistungen bezogen sein. Eigenschaften sind die unterschiedlichen Merkmale einer Ware oder Dienstleistung.[11] Maßgebend ist, ob der angesprochene Verkehr aus der Angabe eine nützliche Information für die Entscheidung erhalten kann, ob er dem Erwerb der angebotenen Ware oder Dienstleistung nähertreten soll.[12] Dass man im „Bräustüberl" besser isst als beim „Oberwirt", ist eine Aussage über die Qualität der jeweils angebotenen Leistungen und betrifft damit eine Eigenschaft.

Nach bisherigem Verständnis wurde ein Eigenschaftsvergleich als objektiv angesehen, wenn die Auswahl der zu vergleichenden Eigenschaften und der Vergleich selbst vom Bemühen um Sachlichkeit und Richtigkeit getragen und geeignet ist, dem Verbraucher nützliche Informationen zu geben.[13] Nach Auffassung des EuGH zielt das Merkmal der Objektivität hingegen im Wesentlichen darauf ab, Vergleiche auszuschließen, die sich aus einer subjektiven Wertung ihres Urhebers und nicht aus einer objektiven Feststellung ergeben.[14] Maßgebend ist danach für das Vorliegen eines objektiven Eigenschaftsvergleichs, ob die in der vergleichenden Aussage gezogene Schlussfolgerung von den zu Grunde liegenden Tatsachenbehauptungen gedeckt und somit objektiv nachvollziehbar ist.[15]

---

10 Vgl. *BGH* WRP 2012, 77 Rn. 18 – Coaching-Newsletter m.Anm. *Köhler.*

11 Köhler/Bornkamm/*Köhler,* § 6 Rn. 104; *Lettl,* § 6 Rn. 48.

12 BGHZ 158, 26ff. = GRUR 2004, 607, 611 – Genealogie der Düfte; *BGH* GRUR 2005, 172, 174 – *Stresstest;* Harte/Henning/*Sack,* § 6 Rn. 134.

13 MünchKomm-UWG/*Menke,* § 6 Rn. 132; Piper/Ohly/Sosnitza/*Ohly,* § 6 Rn. 50; Harte/Henning/*Sack,* § 6 Rn. 151.

14 *EuGH* GRUR 2007, 69 Rn. 46 – LIDL Belgium/Colruyt.

15 Köhler/Bornkamm/*Köhler,* § 6 Rn. 118.

Diesen grundlegenden Erfordernissen wird die Werbeaussage jedoch nicht gerecht. Die Behauptung, man esse im „Bräustüberl" besser als beim „Oberwirt", enthält lediglich eine subjektive Wertung, die keinen Hinweis auf objektivierbare Kriterien zur Beurteilung enthält. So kann sich die Bewertung „besser" auf die Qualität der Speisen, den Service, das Umfeld usw. beziehen. Ob man bei einem Gastwirt „besser" als bei einem anderen Gastwirt speist, wird zudem jeder Besucher aus seiner subjektiven Sicht ganz unterschiedlich beurteilen. Die vergleichende Werbung ist daher unlauter im Sinne von § 6 Abs. 2 Nr. 2 UWG.

(bb) § 6 Abs. 2 Nr. 5 UWG (Herabsetzung oder Verunglimpfung)

Des Weiteren könnte eine Herabsetzung oder Verunglimpfung des Mitbewerbers 27 vorliegen. Herabsetzen meint die sachlich nicht gerechtfertigte Verringerung der Wertschätzung durch abträgliche Tatsachen oder Werturteile. Verunglimpfen ist eine gesteigerte Form der Herabsetzung durch Verächtlichmachen in Gestalt eines abträglichen Werturteils ohne sachliche Grundlage.

Ob der Vergleich die Leistungen des Mitbewerbers herabsetzt, ist zweifelhaft. Durch die Verwendung des Komparativs „besser" wird in erster Linie die eigene Leistung hervorgehoben. Dass zugleich die Leistung des Konkurrenten „abgewertet" wird, liegt in der Natur der Sache und begründet für sich genommen noch keine Herabsetzung. Würde man dies anders sehen, bestünde die Gefahr, dass jeder Hinweis auf die Vorzüge der eigenen Leistung zugleich eine (unlautere) Herabsetzung der Konkurrenz darstellen würde und eine solche Aussage damit unzulässig wäre. Dies widerspricht aber dem Schutz der informierten Entscheidung, weil auf diese Weise die Verbreitung nützlicher Informationen im Wettbewerb verhindert würde.

(2) § 4 Nr. 7 UWG (Herabsetzung und Verunglimpfung)

§ 4 Nr. 7 UWG ist nicht anwendbar, da insoweit § 6 Abs. 2 UWG die speziellere 28 Vorschrift darstellt und die Zulässigkeit vergleichender Werbung abschließend regelt.[16]

cc) Spürbarkeit

Ob bei einer unzulässigen vergleichenden Werbung eine eigenständige Spürbar- 29 keitsprüfung geboten ist, wird unterschiedlich beurteilt.[17] Die Frage kann jedoch offen bleiben, weil die Spürbarkeit hier zu bejahen ist. Der Verstoß ist spürbar, weil mit der unlauteren vergleichenden Werbung die Interessen des Mitbewerbers und der Verbraucher erheblich beeinträchtigt werden. Ein Unternehmen muss zwar kritische Äußerungen über seine eigenen Leistungen hinnehmen, doch müssen diese Äußerungen stets auf nachvollziehbaren Tatsachen beruhen. Hier aber kam es dem F gerade darauf an, die Leistungen des „Oberwirts" durch unbelegte Werturteile herabzusetzen. Zugleich beeinträchtigt der Werbevergleich die Informationsinteressen der Verbraucher.

b) Zwischenergebnis

Die Aussage, man esse im „Bräustüberl" besser als beim „Oberwirt", ist gemäß § 3 30 Abs. 1 UWG unzulässig.

16 *BGH* WRP 2012, 77 Rn. 17 – Coaching-Newsletter; Köhler/Bornkamm/*Köhler*, § 4 Rn. 7.7; Piper/Ohly/Sosnitza/*Ohly*, § 6 Rn. 17.

17 Dazu Köhler/Bornkamm/*Köhler*, § 6 Rn. 19f.

2. Ergebnis

31 Es liegt ein Verstoß gegen § 3 UWG vor.

III. Wiederholungsgefahr

32 Für das Vorliegen der gemäß § 8 Abs. 1 S. 1, 2. Alt. UWG erforderlichen Wiederholungsgefahr streitet nach der ständigen Rechtsprechung eine tatsächliche widerlegliche Vermutung.[18] Dies muss auch für das Handeln von Angestellten zugunsten ihrer Arbeitgeber gelten. Jedenfalls wird die Wiederholungsgefahr dadurch begründet, dass (auch) F bestreitet, das Ansprechen von Passanten sei wettbewerbswidrig (sog. Berühmung).[19] Da F keine strafbewehrte Unterlassungserklärung abgegeben hat, wurde die Vermutung der Wiederholungsgefahr nicht ausgeräumt. Die zwischenzeitliche Schließung des Lokals genügt insoweit nicht, weil der Geschäftsbetrieb jederzeit wieder aufgenommen werden könnte.[20]

IV. Anspruchsberechtigung des K

33 Gläubiger des wettbewerbsrechtlichen Unterlassungsanspruchs ist u. a. gemäß § 8 Abs. 3 Nr. 1 UWG jeder Mitbewerber. K ist – wie bereits geprüft – Mitbewerber. Er ist daher anspruchsberechtigt.

V. Anspruchsverpflichtung des F

34 Als Verletzer ist F anspruchsverpflichtet. Er kann sich nicht mit Erfolg darauf berufen, dass er lediglich Angestellter und kein Unternehmer ist. Dass das UWG auch die Angestellten eines Unternehmers grundsätzlich haftbar macht, ergibt sich zwingend aus der Regelung des § 8 Abs. 2 UWG sowie aus der weiten Unternehmerdefinition des § 2 Abs. 1 Nr. 6 UWG, die auch Mitarbeiter einbezieht. Diese Vorschrift knüpft an unzulässige Handlungen von Mitarbeitern an und gibt „auch", also zusätzlich, einen Unterlassungsanspruch gegen den Inhaber eines Unternehmens. Daraus folgt, dass das Bestehen eines Unterlassungsanspruchs gegen den Angestellten vorausgesetzt wird.

VI. Ergebnis

35 Ein Unterlassungsanspruch gegen F ist gegeben.

B. Unterlassungsanspruch des K gegen R

36 Wiederum kann sich ein Unterlassungsanspruch aus § 8 Abs. 1 S. 1, 2 Alt. UWG ergeben.

[18] Siehe nur *BGH* GRUR 2002, 717, 719 – Vertretung der Anwalts-GmbH; zu den Einzelheiten: Köhler/Bornkamm/*Bornkamm,* § 8 Rn. 1.33; *Teplitzky,* Wettbewerbsrechtliche Ansprüche und Verfahren, Kap. 6 Rn. 9 f.

[19] Vgl. dazu Köhler/Bornkamm/*Bornkamm,* § 8 Rn. 1.18 ff.

[20] *BGH* GRUR 2001, 453, 455 – TCM-Zentrum; Köhler/Bornkamm/*Bornkamm,* § 8 Rn. 1.40.

I. Geschäftliche Handlung (§ 2 Abs. 1 Nr. 1 UWG)

R hat eine geschäftliche Handlung zugunsten eines fremden Unternehmens vorgenommen. Daran ändert es nichts, dass er damit nur einer Anweisung des F nachgekommen ist. Denn dies ist der Regelfall beim Handeln von Mitarbeitern. 37

II. Anspruchsverpflichtung als Gehilfe

An sich hat R in seiner Person alle Tatbestandsmerkmale des Verbots verwirklicht, so dass er nicht bloß als Gehilfe, sondern als Täter haftet. Dass er auf Grund einer internen Weisung handelte, ändert an seiner Verantwortlichkeit nichts. Seine Tätigkeit beschränkte sich auch nicht auf bloße technische Ausführungshandlungen (wie z. B. Plakatkleben), bei denen man erwägen könnte, von einer persönlichen Verantwortlichkeit abzusehen. 38

III. Ergebnis

R ist ebenfalls zur Unterlassung verpflichtet. 39

C. Unterlassungsanspruch des K gegen G

Gegen G könnte sich ein Unterlassungsanspruch aus § 8 Abs. 1 S. 1, 2. Alt. UWG bzw. aus § 8 Abs. 1 S. 2 UWG ergeben. Im Unterschied zu F hat G keine konkrete Weisung zu einem bestimmten Tun erteilt, sodass es an einer adäquaten Verursachung des Wettbewerbsverstoßes fehlen könnte. Letztlich kann es aber dahingestellt bleiben, ob man eine psychisch vermittelte Kausalität unter dem Gesichtspunkt bejahen könnte, dass sich F zu einem derartigen Handeln „herausgefordert" fühlen durfte. Denn jedenfalls hätte G spätestens dann durch eine Gegenweisung eingreifen können und müssen, als er durch die Abmahnung von der Kundenwerbungsmaßnahme des F erfahren hatte. Aufgrund seiner Stellung als Geschäftsführer der GmbH wäre ihm dies möglich und zumutbar gewesen. Durch sein Untätigbleiben bzw. Bestreiten des Vorwurfs der Wettbewerbswidrigkeit trug er dazu bei, dass – was der Sachverhalt offen lässt – entweder das Ansprechen von Passanten fortgesetzt wurde (dann Fortsetzung des wettbewerbswidrigen Tuns) oder jedenfalls eine entsprechende Gefahr der Fortsetzung dieses Tuns begründet wurde (Erstbegehungsgefahr). In letzterem Falle wäre ein sog. vorbeugender Unterlassungsanspruch i. S. v. § 8 Abs. 1 S. 2 UWG gegeben. 40

Ergebnis: Ein Unterlassungsanspruch gegen G ist sonach zu bejahen. 41

D. Unterlassungsanspruch des K gegen die M-GmbH

Wiederum wäre ein Unterlassungsanspruch auf § 8 Abs. 1 S. 1, 2. Alt. UWG zu stützen. 42

I. Zurechnung des Verhaltens von F

Die M muss sich das wettbewerbswidrige Verhalten von F (und des R) nach § 8 Abs. 2 UWG zurechnen lassen, da F und R ihre Mitarbeiter sind und die Zuwiderhandlung in ihrem Unternehmen begangen haben. Die Wiederholungsgefahr ist bei 43

M als Unternehmerin zu vermuten. Die zwischenzeitliche Schließung des Lokals beseitigt die Wiederholungsgefahr nicht, weil der Geschäftsbetrieb jederzeit wieder aufgenommen werden könnte (s. o.). Grundsätzlich kann die Wiederholungsgefahr nur durch Abgabe einer strafbewehrten Unterlassungserklärung beseitigt werden.

II. Zurechnung des Verhaltens von G

44 Die M-GmbH muss sich das pflichtwidrige Verhalten des G als ihres gesetzlichen Vertreters (§ 35 Abs. 1 GmbHG) zwar nicht nach § 8 Abs. 2 UWG, wohl aber nach § 31 BGB analog zurechnen lassen. Denn Handlungen der Organe gelten als eigene Handlungen der juristischen Person, sodass kein Raum für eine Anwendung des § 8 Abs. 2 UWG besteht.

Soweit man daher einen Unterlassungsanspruch, sei es in Gestalt des Verletzungsunterlassungsanspruchs oder in Gestalt des vorbeugenden Unterlassungsanspruchs gegen G bejaht, ist dieser Anspruch auch gegen die M-GmbH begründet. Was die beim vorbeugenden Unterlassungsanspruch erforderliche Erstbegehungsgefahr angeht, wurde sie auch durch die Schließung des Lokals nicht beseitigt, da aufgrund der „Berühmung" weiterhin die Gefahr derartiger Werbemaßnahmen bei Neuaufnahme eines Gaststättenbetriebs besteht.

III. Ergebnis

45 Es besteht damit auch ein Unterlassungsanspruch gegen die M-GmbH.

Frage 2: Klage des Bayerischen Hotel- und Gaststättenverband e.V.

A. Zulässigkeit der Klage

46 Die Klage des Verbandes müsste zulässig und begründet sein.

I. Zuständiges Gericht

47 Die Klage ist nach dem Sachverhalt bei dem zuständigen Gericht (§§ 13, 14 UWG) erhoben worden.

II. Klagebefugnis

48 Die Zulässigkeit der Klage setzt voraus, dass der Verband klagebefugt (= prozessführungsbefugt) ist. Die Klagebefugnis des Verbands könnte sich aus § 8 Abs. 3 Nr. 2 UWG ergeben. Diese Vorschrift regelt nach h. M. nicht nur die Anspruchsberechtigung, sondern auch die Klagebefugnis, sog. „Doppelnatur".[21] Der Verband ist, wie sich aus dem Namenszusatz „e. V." ergibt, ein rechtsfähiger Verein. Er dient der Förderung des Gastgewerbes und somit der Förderung gewerblicher Interessen. Da er mehrere tausend Hoteliers und Gastwirte zu Mitgliedern hat, gehört ihm auch „eine erhebliche Zahl von Unternehmern" an, die Waren oder Dienstleistungen

[21] *BGH* GRUR 2005, 689, 690 – Sammelmitgliedschaft III m. w. N.; Harte/Henning/*Bergmann,* § 8 Rn. 261; Fezer/*Büscher,* § 8 Rn. 195.

gleicher oder verwandter Art, hier die Abgabe von Speisen und Getränken, auf demselben Markt, hier im Raum Bayern, vertreiben. Aufgrund der Größe des Verbands ist davon auszugehen, dass er nach seiner Ausstattung tatsächlich in der Lage ist, seine satzungsmäßigen Aufgaben der Verfolgung gewerblicher Interessen tatsächlich wahrzunehmen. Ein wichtiges Indiz dafür ist, dass der Verband generell gegen einschlägige Wettbewerbsverstöße außergerichtlich und gerichtlich vorgeht. Die Zuwiderhandlung berührt ferner auch – wie bereits oben geprüft – die Interessen der Mitglieder.[22] Die Klagebefugnis ist daher zu bejahen.

III. Einrede der Rechtshängigkeit (§ 261 Abs. 3 Nr. 1 ZPO)

Der Zulässigkeit der Klage steht auch nicht die Einrede der Rechtshängigkeit entgegen. **49** Die in § 8 Abs. 3 UWG aufgeführten Personen und Verbände haben einen Unterlassungsanspruch aus eigenem Recht, den sie unabhängig vom Willen des unmittelbar Verletzten geltend machen können.[23] Es handelt sich bei dem zweiten Prozess um verschiedene Parteien und Ansprüche, mithin um zwei verschiedene Streitgegenstände.

IV. Allgemeines Rechtsschutzbedürfnis

Der zweiten Klage fehlt auch nicht das allgemeine Rechtsschutzbedürfnis. Denn das **50** Rechtsschutzbedürfnis ist regelmäßig selbst dann noch gegeben, wenn es im Erstprozess bereits zu einem rechtskräftigen Unterlassungstitel gekommen ist. Umso mehr ist es zu bejahen, wenn der erste Prozess noch gar nicht entschieden ist. Denn es ist objektiv ungewiss, welchen Ausgang dieses Verfahren nehmen wird und ob der Kläger tatsächlich aus dem Titel vollstrecken wird.

V. Rechtsmissbrauch (§ 8 Abs. 4 UWG)

Die Geltendmachung des Anspruchs durch den Verband erscheint auch nicht miss- **51** bräuchlich. Denn da der Verband aus grundsätzlichen Erwägungen heraus gegen einschlägige Wettbewerbsverstöße vorgeht, ist nicht anzunehmen, dass der Prozess lediglich dazu dient, der Beklagten Kosten aufzubürden.

B. Begründetheit

Die Klage ist, wie die Prüfung zu Frage 1 bereits ergeben hat, begründet, weil gegen **52** sämtliche Beteiligte lauterkeitsrechtliche Unterlassungsansprüche bestehen.

C. Ergebnis

Die Klage ist zulässig und begründet. **53**

---

[22] Vgl. dazu auch *BGH* WRP 2011, 1593 Rn. 51 – Creation Lamis.

[23] Eine Einschränkung gilt nur dann, wenn ausschließlich die Interessen eines bestimmten Mitbewerbers betroffen sind. Dies ist hier aber nicht der Fall vgl. Köhler/Bornkamm/*Köhler,* § 8 Rn. 3.5; *BGH* WRP 2011, 1593 Rn. 51 – Creation Lamis.

Fall 2. Die Autoglasreparaturen

Sachverhalt

Die A-GmbH betreibt einen Reparaturservice für Autoglasscheiben. Bei der überwiegenden Zahl der in ihrer Werkstatt ausgeführten Reparaturen handelt es sich um Schadensfälle, deren Kosten von Kfz-Versicherungen übernommen werden. Die Kunden müssen bei der Reparatur lediglich für die Kosten in Höhe der im Versicherungsvertrag regelmäßig vereinbarten Selbstbeteiligung aufkommen, während die Kosten der Reparatur im Übrigen von der jeweiligen Kfz-Versicherung getragen werden. Um mehr Kunden zu gewinnen, bietet die A-GmbH einen Preisnachlass von 50 Prozent auf die Selbstbeteiligung an. Sie wirbt hierfür mit Werbeanzeigen folgenden Inhalts: „Bei Windschutzscheiben- und Heckscheiben-Austausch gewähren wir einen Preisnachlass von 50% auf ihre Selbstbeteiligung von 150,00 €, Sie sparen also 75,00 €".

Die V-AG ist ein Versicherungsunternehmen. Zu den von der V-AG angebotenen Leistungen gehören Kfz-Versicherungen. Sie hält das Gewähren der Vergünstigung durch die A-GmbH und die entsprechende Werbung für unzulässig und möchte dagegen vorgehen. Zur Begründung verweist die V-AG auf die Allgemeinen Kraftfahrtversicherungsbedingungen (AKB). Darin heißt es in § 7 Abs. 1: „Der Versicherungsnehmer ist verpflichtet, alles zu tun, was zur Minderung des Schadens dienlich sein kann". Die V-AG ist der Ansicht, es handele sich bei der Rabattgewährung auf die Selbstbeteiligung um ein betrügerisches Verhalten zu Ihrem Nachteil. Die Kunden würden durch die Höhe des Preisnachlasses dazu veranlasst, bei der Abrechnung des Schadens gegenüber ihrer Versicherungsgesellschaft die Gewährung des Preisnachlasses zu verschweigen. Außerdem würden sie veranlasst, ihre Fahrzeuge bei der A-GmbH reparieren zu lassen, ohne zu prüfen, ob die Reparatur von anderen Betrieben möglicherweise günstiger ausgeführt werde. Von dem Geschehen erfährt auch die Wettbewerbszentrale, die ebenfalls gegen die Praktiken der A-GmbH vorgehen möchte.

Vermerk für die Bearbeiter: In einem Rechtsgutachten, das auf alle vom Sachverhalt aufgeworfenen Rechtsfragen eingeht, sind in der vorgegebenen Reihenfolge die folgenden Fragen zu beantworten:

1. Können die V-AG und die Wettbewerbszentrale von der A-GmbH die Unterlassung des Anbietens des Preisnachlasses und der Werbung für den Preisnachlass verlangen?
2. Können die V-AG und die Wettbewerbszentrale den Ersatz der Aufwendungen für eine Abmahnung verlangen, wenn sie die A-GmbH abmahnen und zur Abgabe einer strafbewehrten Unterlassungserklärung auffordern?

Gliederung

Lösung

Frage 1: Unterlassungsansprüche der V-AG und der Zentrale gegen die A-GmbH

A. Anspruch der V-AG gegen die A-GmbH auf Unterlassung

I. Wettbewerbsrechtlicher Unterlassungsanspruch

1 Ein Unterlassungsanspruch könnte sich aus § 8 Abs. 1 S. 1, 2. Alt. UWG ergeben. Da Ansprüche aus § 8 Abs. 1 UWG gemäß § 8 Abs. 3 Nr. 1 UWG nur Mitbewerbern zustehen, ist vorab zu klären, ob die V-AG im Verhältnis zur A-GmbH überhaupt als Mitbewerber anzusehen ist.

Mitbewerber ist gemäß § 2 Abs. 1 Nr. 3 UWG jeder Unternehmer, der mit einem oder mehreren Unternehmen als Anbieter oder Nachfrager von Waren oder Dienstleistungen in einem konkreten Wettbewerbsverhältnis steht. Grundsätzlich stellt die Rechtsprechung keine hohen Anforderungen an das konkrete Wettbewerbsverhältnis.[1] Es ist ausreichend, wenn die Unternehmen auf dem gleichen sachlich und räumlich relevanten Markt tätig werden.[2] Im Absatzwettbewerb wird von einem konkreten Wettbewerbsverhältnis zwischen Unternehmen ausgegangen, wenn Unternehmen gleiche oder gleichartige Waren oder Dienstleistungen innerhalb desselben Abnehmerkreises abzusetzen versuchen mit der Folge, dass die beanstandete geschäftliche Handlung das andere Unternehmen (Mitbewerber) beeinträchtigen, das heißt in seinem Absatz behindern oder stören kann.[3]

Legt man diese Kriterien zugrunde, dann sind – selbst bei großzügiger Betrachtung – die A-GmbH und die V-AG nicht auf dem gleichen relevanten Markt tätig. Die A-GmbH bietet Autoglasreparaturen an, die V-AG dagegen Versicherungsleistungen. Dass die V-AG möglicherweise durch die Praktiken der A-GmbH nachteilig betroffen ist, begründet für sich genommen keine Mitbewerbereigenschaft.

2 **Ergebnis:** Da die V-AG nicht als Mitbewerber anzusehen ist, kann sie Ansprüche aus § 8 Abs. 1 UWG nicht mit Erfolg geltend machen.

II. Bürgerlichrechtlicher Unterlassungsanspruch

3 Zu prüfen ist, ob sich ein Unterlassungsanspruch aus §§ 1004 Abs. 1 S. 2 analog, 823 Abs. 2 S. 1 BGB i.V.m. § 263 StGB ergeben kann. § 263 StGB ist zwar ein Schutzgesetz im Sinne von § 823 Abs. 2 S. 1 BGB.[4] Jedoch erfüllen das Ankündigen oder das Gewähren des Preisnachlasses weder den Tatbestand des Betruges (§ 263 Abs. 1 StGB) noch den Tatbestand des versuchten Betruges (§§ 263 Abs. 2, 22, 23 StGB). Ein Betrug zu Lasten der V-AG könnte nur durch die bei der V-AG Versicherten begangen werden, wenn sie den Preisnachlass gegenüber der Versiche-

[1] *BGH* GRUR 2004, 877, 878 – Werbeblocker; BGHZ 168, 315 Rn. 16 – Kontaktanzeigen.
[2] *BGH* GRUR 2007, 1079 Rn. 18 – Bundesdruckerei; *BGH* GRUR 2001, 78 – Falsche Herstellerpreisempfehlung.
[3] *BGH* GRUR 2007, 1079 Rn. 18 und 22 – Bundesdruckerei; *BGH* GRUR 2011, 82 Rn. 19 – Preiswerbung ohne Umsatzsteuer; krit. Köhler/Bornkamm/*Köhler*, § 2 Rn. 97a.
[4] BGHZ 57, 137, 138.

rung verschweigen.[5] In Betracht kommt daher allenfalls eine versuchte Anstiftung zum Betrug, die als solche jedoch nicht strafbar ist.[6]

III. Ergebnis

Ein Unterlassungsanspruch ist weder aus dem UWG noch aus dem BGB gegeben. **4**

B. Anspruch der Zentrale gegen die A-GmbH auf Unterlassung

Ein Unterlassungsanspruch der Zentrale gegen die A-GmbH kann sich aus § 8 **5** Abs. 1 S. 1, 2. Alt. UWG ergeben.

I. Verstoß gegen § 3 UWG

Ein Unterlassungsanspruch setzt einen Verstoß gegen § 3 oder § 7 UWG voraus. **6** Hier kommt nur ein Verstoß gegen § 3 Abs. 1 UWG in Betracht. Dazu müsste eine unlautere geschäftliche Handlung vorliegen, die geeignet ist, die Interessen der Mitbewerber, der Verbraucher oder der sonstigen Marktteilnehmer spürbar zu beeinträchtigen.

1. Unzulässigkeit gemäß § 3 Abs. 1 UWG

Da eine Unzulässigkeit gemäß § 3 Abs. 3 UWG nicht in Betracht kommt, ist zu **7** prüfen, ob eine Zuwiderhandlung gegen § 3 Abs. 1 UWG vorliegt. Die Generalklausel des § 3 Abs. 1 UWG wird durch die Beispielstatbestände der §§ 4 bis 6 UWG konkretisiert.

a) Geschäftliche Handlung (§ 2 Abs. 1 Nr. 1 UWG)

Nach der Definition des § 2 Abs. 1 Nr. 1 UWG ist als geschäftliche Handlung jedes **8** Verhalten einer Person zugunsten des eigenen oder eines fremden Unternehmens vor, während oder nach einem Geschäftsabschluss anzusehen, das objektiv mit der Förderung des Absatzes oder des Bezuges von Waren oder Dienstleistungen oder mit dem Abschluss oder der Durchführung eines Vertrages über Waren oder Dienstleistungen zusammenhängt.

Bei der Werbung für den Preisnachlass handelt sich um eine geschäftliche Handlung, weil die Maßnahme darauf gerichtet ist, den Absatz von Dienstleistungen der A-GmbH zu fördern. Auch das Gewähren des Preisnachlasses stellt eine geschäftliche Handlung dar, weil damit der Absatz von Reparaturleistungen der A-GmbH gefördert wird. Der Preisnachlass wird zwar erst nach Vertragsschluss gewährt, nämlich aufgrund eines Werkvertrages über die Reparatur der Autoscheiben, doch erfasst der Begriff der geschäftlichen Handlung nach dem eindeutigen Gesetzeswortlaut auch Verhaltensweisen bei Durchführung eines Vertrages.

---

[5] Ob es tatsächlich zu solchen Betrugsfällen gekommen ist, lässt sich dem Sachverhalt nicht entnehmen und darf daher nicht unterstellt werden.

[6] Vgl. § 30 Abs. 1 i. V. m. § 12 Abs. 1 StGB.

b) Unlauterkeit

aa) § 4 Nr. 11 UWG (Rechtsbruch)

9 Gemäß § 4 Nr. 11 UWG handelt unlauter, wer einer gesetzlichen Vorschrift zuwiderhandelt, die auch dazu bestimmt ist, im Interesse der Marktteilnehmer das Marktverhalten zu regeln.

(1) § 263 StGB

10 § 263 StGB ist zwar eine Marktverhaltensvorschrift, weil diese Bestimmung (auch) Marktteilnehmer vor betrügerischen Verhalten im Wettbewerb schützt.[7] Dass § 263 StGB darüber hinaus vor jeglichen sonstigen Fällen des Betruges schützt, steht der Annahme einer Marktverhaltensregelung nicht entgegen, da es genügt, wenn die Vorschrift auch im Interesse der Marktteilnehmer das Marktverhalten regelt. Der Rechtsbruchtatbestand setzt aber grundsätzlich die Erfüllung aller Tatbestandsmerkmale der betreffenden gesetzlichen Vorschrift voraus. Da der Betrugstatbestand nicht verwirklicht wurde (s. o.), kommt Unlauterkeit unter dem Aspekt des Rechtsbruchs nicht in Betracht.[8]

(2) § 7 Abs. 1 AKB

11 Ein Verstoß gegen § 7 Abs. 1 AKB stellt keinen Rechtsbruch im Sinne von § 4 Nr. 11 UWG dar. Denn erstens handelt es sich bei den AKB um privatautonome Bestimmungen und damit nicht um gesetzliche Vorschriften.[9] Zweitens gelten die AKB nur zwischen den Parteien des Versicherungsverhältnisses und entfalten daher keine Wirkung gegenüber der A-GmbH.

bb) § 4 Nr. 4 UWG (Transparenzgebot bei Verkaufsförderungsmaßnahmen)

12 Gemäß § 4 Nr. 4 UWG müssen bei Verkaufsförderungsmaßnahmen, unter anderem Preisnachlässen, die Bedingungen für ihre Inanspruchnahme klar und eindeutig angegeben werden (Transparenzgebot). Zu den Bedingungen der Inanspruchnahme gehören die Voraussetzungen, die erfüllt sein müssen, damit der Kunde die versprochene Vergünstigung erlangen kann. Der Begriff ist weit zu verstehen und bezieht sich nicht nur auf die Berechtigung der Inanspruchnahme, sondern auch auf die Modalitäten.[10]

Gegen die Werbung der A-GmbH bestehen jedoch keine Bedenken. Insbesondere bringt die Werbung klar zum Ausdruck, dass sich die Gewährung des Rabatts (nur) auf die Kosten der Selbstbeteiligung bezieht und die Gewährung des Preisnachlasses in Höhe von 50 Prozent bei einer Selbstbeteiligung von 150,00 € erfolgt. Ob bei einer Selbstbeteiligung in anderer Höhe der gleiche oder ein anderer Preisnachlass gewährt wird, ist unerheblich. Denn der Werbende muss nicht bereits in der Werbung sämtliche Bedingungen angeben.

cc) § 4 Nr. 1 UWG (Unangemessener unsachlicher Einfluss)

13 Fraglich ist, ob eine Beeinträchtigung der Entscheidungsfreiheit durch eine unangemessene unsachliche Einflussnahme vorliegt. Eine solche Einflussnahme könnte unter mehreren Gesichtspunkten in Betracht kommen:

---

7 *BGH* GRUR 2008, 530 Rn. 8, 11 – Nachlass bei der Selbstbeteiligung; *OLG Frankfurt* GRUR-RR 2006, 414, 415; Köhler/Bornkamm/*Köhler*, § 4 Rn. 11.179; Piper/Ohly/Sosnitza/*Ohly*, § 4 Rn. 11/88.

8 Anders *OLG Frankfurt* GRUR-RR 2006, 414, 415.

9 Zum Begriff des Gesetzes vgl. Art. 2 EGBGB.

10 *BGH* WRP 2010, 237 Rn. 13 – Solange der Vorrat reicht; Köhler/Bornkamm/*Bornkamm*, § 4 Rn. 4.9; juris-PK/*Seichter*, § 4 Nr. 4 Rn. 22 ff.

(1) Höhe des Preisnachlasses

Unbedenklich ist das Gewähren eines Preisnachlasses, und zwar auch in Höhe von 50 Prozent der Selbstbeteiligung (75,00 €). Das Werben mit Preisnachlässen ist grundsätzlich zulässig. Denn die Anlockwirkung, die von einer besonders günstigen Preisgestaltung ausgeht, ist gewollte Folge des Wettbewerbs.[11] Allenfalls dann, wenn von der Vergünstigung eine derart starke Anziehungskraft ausginge, dass die Rationalität der Nachfrageentscheidung auch bei einem verständigen Verbraucher vollständig in den Hintergrund träte, könnte der Tatbestand des § 4 Nr. 1 UWG erfüllt sein.[12] Der beworbene Rabatt ist aber nicht derart hoch, dass dadurch die Verbraucherentscheidung unangemessen unsachlich beeinflusst würde. **14**

(2) Wahrung der Interessen Dritter

Eine unangemessene unsachliche Beeinflussung durch eine Rabattgewährung kann nach der Rechtsprechung aber dann vorliegen, wenn der Marktteilnehmer bei seinen Entscheidungen auch die Interessen Dritter zu wahren hat. Soweit ein Versicherungsnehmer die Interessen des Versicherers wahrzunehmen hat, kann das Versprechen eines Vorteils zu seinen Gunsten den Tatbestand des § 4 Nr. 1 UWG erfüllen, wenn er dadurch veranlasst werden kann, auf das Angebot einzugehen, ohne den Vorteil an den Versicherer weiterzuleiten.[13] **15**

Die beanstandete Werbung spricht die Halter von Kraftfahrzeugen an, für die eine Kaskoversicherung besteht. Für die Kosten einer Reparatur müssen sie selbst in Höhe des Selbstbehalts und im Übrigen die Versicherer aufkommen. Nach § 7 Abs. 1 AKB sind sie gehalten, alles zu tun, was der Minderung des Schadens dienen kann. Dies schließt neben der Verpflichtung, die Kosten für die Reparatur niedrig zu halten, auch ein, dass dem Versicherer gegenüber zutreffende Angaben zu den Kosten der Reparatur gemacht werden. Die nach dem Versicherungsvertrag gebotene objektive Entscheidung wird durch die versprochene Barvergütung eines Teils des Selbstbehalts beeinträchtigt. Der Kunde hat in der Regel durch die Beauftragung einer günstigeren Werkstatt keine wirtschaftlichen Vorteile. Demgegenüber profitiert er von dem versprochenen Rabatt unmittelbar, wenn er bereit ist, diesen seinem Versicherer zu verschweigen. Das Angebot der A-GmbH kann die angesprochenen Verbraucher somit veranlassen, unter Verletzung ihrer Verpflichtung aus dem Versicherungsvertrag und gegebenenfalls insbesondere unter Ausschlagung eines gleichwertigen oder günstigeren Angebots eines Mitbewerbers allein deshalb zu beauftragen, um den versprochenen Vorteil zu erlangen. Von der zugesagten Einsparung in Höhe von 75,00 € geht, da es sich dabei um einen nicht ganz unerheblichen Betrag handelt, ein hinreichendes Maß an Einflussnahme aus. Zwar wird ein Teil der Marktteilnehmer bei der Schadensabwicklung seine vertraglichen Verpflichtungen aus dem Versicherungsvertrag beachten und daher den ihm in Aussicht gestellten Vorteil an den Versicherer weiterleiten. Nach der Lebenserfahrung besteht jedoch bei einem nicht unerheblichen Teil der Bevölkerung die Bereitschaft, die

[11] *BGH* GRUR 2004, 960 – 500 DM-Gutschein für Autokauf; *BGH* GRUR 2006, 161 Rn. 17 – Zeitschrift mit Sonnenbrille.

[12] *BGH* GRUR 2011, 532 Rn. 27 – Millionen-Chance II.

[13] *BGH* GRUR 2008, 530 Rn. 14 – Nachlass bei Selbstbeteiligung. Der Fall weist insoweit Parallelen zu den Entscheidungen *BGH* GRUR 2003, 624, 626 – Kleidersack und *BGH* GRUR 2005, 1059, 1060 – Quersubventionierung von Laborgemeinschaften auf.

Interessen der Versicherer im Blick auf den eigenen Vorteil nicht hinreichend zu wahren. Es kommt hinzu, dass der Vorteil nur auf die Selbstbeteiligung gewährt wird. Das bedeutet, dass nicht jeder Kunde den Preisnachlass erhält, sondern gezielt nur die Kunden angesprochen werden, die über eine Versicherung mit Selbstbeteiligung verfügen. Der Tatbestand des § 4 Nr. 1 UWG ist danach erfüllt. (Vertretbar ist es aber auch, in derartigen Fällen auf die Verbrauchergeneralklausel des § 3 Abs. 2 S. 1 UWG zurückzugreifen.)

dd) § 4 Nr. 10 UWG (Gezielte Behinderung)

16 Es kann dahinstehen, ob die Verhaltensweise als eine gezielte Behinderung der V-AG anzusehen ist. Denn zwischen ihr und der A-GmbH fehlt es an einem konkreten Wettbewerbsverhältnis (s. o.); es liegt also keine Behinderung eines Mitbewerbers vor.

c) Spürbarkeit

17 Die gesonderte Prüfung der Spürbarkeit ist bei Verstößen gegen § 4 Nr. 1 UWG entbehrlich.[14] Eine unangemessene unsachliche Einflussnahme kann ohnehin nur angenommen werden, wenn die Einflussnahme gewisses Gewicht besitzt und die Interessen der Betroffenen nicht bloß unerheblich tangiert werden. Angesichts der schwerwiegenden Beeinträchtigung der Interessen der Verbraucher (die möglicherweise zum Vertragsbruch verleitet werden und sich schadensersatzpflichtig machen), liegt eine spürbare Beeinträchtigung jedenfalls vor.

2. Zwischenergebnis

18 Die Handlung ist gemäß § 3 Abs. 1 UWG unzulässig.

II. Wiederholungsgefahr

19 Zum Wettbewerbsverstoß muss noch die Wiederholungsgefahr hinzukommen. Für sie streitet eine tatsächliche widerlegliche Vermutung. Grundsätzlich kann diese Vermutung nur durch die Abgabe einer strafbewehrten Unterlassungserklärung ausgeräumt werden. Eine solche Erklärung wurde jedoch nicht abgegeben. Mithin besteht Wiederholungsgefahr.

III. Anspruchsberechtigung

20 Die Ansprüche aus § 8 Abs. 1 UWG können unter anderem von rechtsfähigen Verbänden zur Förderung gewerblicher oder selbstständiger beruflicher Interessen geltend gemacht werden (§ 8 Abs. 3 Nr. 2 UWG). Nach dem Bearbeitervermerk sind die Voraussetzungen des § 8 Abs. 3 Nr. 2 UWG gegeben. Die Zentrale ist folglich anspruchsberechtigt.

IV. Anspruchsverpflichtung

21 Die A-GmbH ist als Verletzerin anspruchsverpflichtet. Zwar kann eine GmbH nicht selbst handeln. Doch muss sie sich das Verhalten ihrer Organe nach § 31 BGB analog und das Verhalten von Mitarbeitern und Beauftragten gemäß § 8 Abs. 2 UWG – jeweils ohne Entlastungsmöglichkeit – zurechnen lassen.

[14] Vgl. Köhler/Bornkamm/*Köhler,* § 3 Rn. 137.

C. Ergebnis zu Frage 1

Der Zentrale steht gegen die A-GmbH ein Anspruch auf Unterlassung der Werbung für den Preisnachlass sowie des Gewährens des Preisnachlasses zu. **22**

Frage 2: Ansprüche der V-AG und der Zentrale auf Ersatz der Abmahnkosten

A. Anspruch der V-AG gegen die A-GmbH auf Ersatz der Abmahnkosten

Ein Anspruch auf Ersatz der zur Abmahnung erforderlichen Aufwendungen kann **23** sich aus § 12 Abs. 1 S. 2 UWG ergeben. Ein Ersatz der Aufwendungen kommt jedoch nur in Betracht, soweit die Abmahnung berechtigt ist. Das setzt grundsätzlich das Bestehen eines Anspruchs nach § 8 Abs. 1 UWG voraus.[15] Da die V-AG jedoch, wie oben geprüft, mangels Mitbewerbereigenschaft (§ 8 Abs. 3 Nr. 1 i.V.m. § 2 Abs. 1 Nr. 3 UWG) nicht anspruchsberechtigt ist, kann sie im Falle einer Abmahnung keinen Aufwendungsersatz verlangen.

B. Anspruch der Zentrale gegen die A-GmbH auf Ersatz der Abmahnkosten

Die Anspruchsgrundlage bildet wiederum § 12 Abs. 1 S. 2 UWG. Eine Abmahnung ist i.S. von § 12 Abs. 1 S. 2 BGB berechtigt, wenn ein Anspruch aus § 8 Abs. 1 UWG besteht und die Abmahnung erforderlich ist, um dem Schuldner einen Weg zu weisen, den Gläubiger ohne Inanspruchnahme der Gerichte klaglos zu stellen.[16] **24**

I. Bestehen eines Anspruchs aus § 8 Abs. 1 UWG

Wie oben festgestellt wurde, besteht ein Unterlassungsanspruch der Zentrale gegen die A-GmbH. **25**

II. Erforderlichkeit der Abmahnung

Es sind keine Gründe ersichtlich, die gegen die Erforderlichkeit einer Abmahnung im vorliegenden Fall sprechen. Insbesondere war die Abmahnung dazu geeignet, den Streitfall außergerichtlich beizulegen. **26**

C. Ergebnis zu Frage 2

Nur die Zentrale, nicht aber die V-AG, kann von der A-GmbH mit Erfolg Ersatz der Aufwendungen für eine Abmahnung verlangen. **27**

---

15 Köhler/Bornkamm/*Bornkamm*, § 12 Rn. 1.80; juris-PK/*Hess*, § 12 Rn. 27f.; MünchKomm-UWG/*Ottofülling*, § 12 Rn. 136f.

16 Köhler/Bornkamm/*Bornkamm*, UWG, § 12 Rn. 1.80; MünchKomm-UWG/*Ottofülling*, § 12 Rn. 137.

Fall 3. Die Online-Bank

Sachverhalt

Die Online-Bank B bietet ihre Leistungen ausschließlich über das Internet an. In den Vertragskonditionen für die Führung von privaten Girokonten heißt es unter anderem: „Der Kontoinhaber ist mit Benachrichtigungen in elektronischer Form in Geldangelegenheiten durch die Online-Bank B und durch mit der Online-Bank B verbundene dritte Unternehmen [ ] einverstanden / [ ] nicht einverstanden. Das Einverständnis ist jederzeit widerruflich". Das entsprechende Feld ist von den Kunden bei Vertragsschluss nach Wahl anzukreuzen. Privatkunden, die bei der Online-Bank B ein Giro-Konto führen, werden per E-Mail Angebote zum Abschluss von Bausparverträgen zugesendet. Die E-Mails erhalten nur Kunden, die im Vertrag das Feld „einverstanden" markiert haben.

Des Weiteren wirbt die Online-Bank B in Werbeanzeigen mit dem Slogan „Wechseln Sie noch heute zu uns! Wir stecken das Geld nicht in ein teures Filialnetz, sondern bieten Ihnen einen vorzüglichen Premium-Online-Service". Schließlich bewirbt die Online-Bank B in bekannten Jugendzeitschriften spezielle Leistungen für Schüler ab 15 Jahren, unter anderem die Gewährung von „Schüler-Kleinkrediten bis zu 500,00 €".

Die M-Bank, eine von zahlreichen bundesweit tätigen Banken mit eigenem Filialnetz, die auch „Online-Banking" anbieten, hält sämtliche Werbemaßnahmen der Online-Bank B für unzulässig.

Vermerk für die Bearbeiter: In einem Rechtsgutachten, das auf alle vom Sachverhalt aufgeworfenen Fragen eingeht, sind in der vorgegebenen Reihenfolge die folgenden Fragen zu beantworten:

1. Steht der M-Bank gegen die Online-Bank B ein Anspruch auf Unterlassung der beanstandeten Werbemaßnahmen zu?
2. Abwandlung: Die M-Bank mahnt die Online-Bank B wegen der oben aufgeführten Werbemaßnahmen ab. Die Online-Bank B gibt daraufhin gegenüber der M-Bank eine Erklärung ab, in der sie sich dazu verpflichtet, es künftig zu unterlassen, für „Schüler-Kleinkredite bis zu 500,00 €" in Jugendzeitschriften zu werben. Die M-Bank verlangt jedoch weiter Unterlassung aller beanstandeten Werbemaßnahmen. Sie ist der Auffassung, eine Unterlassungserklärung müsse sich immer auf sämtliche abgemahnten Werbemaßnahmen beziehen und zudem fehle ein wirksames „Druckmittel" für den Fall eines erneuten Verstoßes. Die Online-Bank B hält ihre abgegebene Erklärung dagegen für ausreichend. Insbesondere bedürfe es eines besonderen „Druckmittels" nicht, weil auf das Wort eines anständigen Unternehmers Verlass sei. Steht der M-Bank gegen die Online-Bank B ein Anspruch auf Unterlassung der beanstandeten Werbemaßnahmen zu?

Gliederung

Lösung

Frage 1: Unterlassungsanspruch der M-Bank (M) gegen die Online-Bank B (B)

1 Ein Unterlassungsanspruch gemäß § 8 Abs. 1 S. 1, 2. Alt. UWG setzt einen Verstoß gegen § 3 oder § 7 UWG und Wiederholungsgefahr voraus. Im Folgenden ist zu unterscheiden zwischen der E-Mail-Werbung (unter A.), der Werbeaussage (unter B.) und dem Bewerben und Anbieten von Schüler-Kleinkrediten (unter C.).

A. E-Mail-Werbung

I. Verstoß gegen § 7 UWG

1. Unzulässigkeit gemäß § 7 Abs. 1 UWG

Die E-Mail-Werbung könnte als eine unzumutbare Belästigung gegen § 7 Abs. 1 UWG verstoßen. 2

a) Geschäftliche Handlung (§ 2 Abs. 1 Nr. 1 UWG)

§ 7 Abs. 1 UWG erfasst nur unzumutbare Belästigungen durch geschäftliche Handlungen. Nach der Definition des § 2 Abs. 1 Nr. 1 UWG ist eine geschäftliche Handlung „jedes Verhalten einer Person zugunsten des eigenen oder eines fremden Unternehmens vor, bei oder nach einem Geschäftsabschluss, das mit der Förderung des Absatzes oder des Bezugs von Waren oder Dienstleistungen oder mit dem Abschluss oder der Durchführung eines Vertrags über Waren oder Dienstleistungen objektiv zusammenhängt". Die E-Mail-Werbung dient der Förderung des Absatzes eigener Dienstleistungen und ist daher als geschäftliche Handlung anzusehen. 3

b) Unzumutbare Belästigung gemäß § 7 Abs. 2 Nr. 3 UWG

Eine unzumutbare Belästigung i. S. d. § 7 Abs. 1 UWG ist stets anzunehmen bei einer Werbung unter Verwendung elektronischer Post, ohne dass eine vorherige ausdrückliche Einwilligung der Adressaten vorliegt (§ 7 Abs. 2 Nr. 3 UWG). 4

aa) Werbung

§ 7 Abs. 2 Nr. 3 UWG gilt nur für Werbung, die eine besondere Erscheinungsform der geschäftlichen Handlung darstellt.[1] Der Begriff der Werbung ist im UWG nicht definiert. Im Interesse einer einheitlichen Rechtsanwendung ist es geboten, vom gemeinschaftsrechtlichen Begriffsverständnis auszugehen. Die Richtlinie 2002/58/EG spricht in Art. 13 von „Direktwerbung", ohne diesen Begriff jedoch näher zu erläutern. Nach Art. 2 lit. a der Richtlinie 2006/114/EG ist Werbung „jede Äußerung bei der Ausübung eines Handels, Gewerbes, Handwerks oder freien Berufs mit dem Ziel, den Absatz von Waren oder die Erbringung von Dienstleistungen … zu fördern". Diese Definition kann auch bei Prüfung des § 7 Abs. 2 Nr. 3 UWG zugrunde gelegt werden.[2] Da die E-Mail-Zusendungen Äußerungen sind, die der Förderung des Absatzes eigener Dienstleistungen dienen, handelt es sich um Werbung. 5

bb) Vorherige ausdrückliche Einwilligung

Eine unzumutbare Belästigung im Sinne von § 7 Abs. 2 Nr. 3 UWG liegt nicht vor, wenn die Adressaten der Werbung eine vorherige ausdrückliche Einwilligung erteilt haben. Da diese Vorschrift Art. 13 Abs. 1 RL 2002/58/EG umsetzt, ist der Begriff der vorherigen ausdrücklichen Einwilligung richtlinienkonform zu bestimmen.[3] 6

---

1 Art. 2 lit. d UGP-Richtlinie.

2 *BGH* GRUR 2008, 925 Rn. 14 – FC Troschenreuth. Der BGH fasst den Begriff der Werbung allerdings noch weiter und bezieht insbesondere auch Nachfragehandlungen ein.

3 *BGH* GRUR 2008, 923 Rn. 16 – Faxanfrage im Autohandel. Maßgeblich ist insbesondere nicht der bürgerlich-rechtliche Begriff der Einwilligung i. S. d. § 183 S. 1 BGB (vgl. Begr. zum RegE BT-Drs. 16/10734).

Art. 2 S. 2 lit. f RL 2002/58/EG verweist für die Definition der Einwilligung auf Art. 2 lit. h der RL 95/46/EG. Danach ist Einwilligung „jede Willensbekundung, die ohne Zwang, für den konkreten Fall und in Kenntnis der Sachlage erfolgt". Dazu stellt Erwägungsgrund 17 RL 2002/58/EG klar, dass die Einwilligung in jeder geeigneten Weise gegeben werden kann, die dem Nutzer erlaubt, seinen Wunsch in spezifischer Weise, sachkundig und in freier Entscheidung zum Ausdruck zu bringen. Als Beispiel wird das Markieren eines Feldes auf einer Internetseite genannt.

Da nur Kunden kontaktiert wurden, die zuvor in der Vertragsklausel „einverstanden" angekreuzt haben, könnte hier eine vorherige ausdrückliche Einwilligung vorliegen, sodass § 7 Abs. 2 Nr. 3 UWG nicht anzuwenden ist. Fraglich ist allerdings, ob diese Einwilligung der Kunden wirksam erteilt worden ist, denn die Klausel könnte als Allgemeine Geschäftsbedingung anzusehen sein. Dann müssen die §§ 305 ff. BGB herangezogen und die Klausel auf ihre Wirksamkeit überprüft werden.

(1) Kontrollfähige Vertragsbedingung

7 Fraglich ist, ob es sich bei der Einwilligungsklausel überhaupt um eine kontrollfähige Vertragsbedingung handelt. Denn mit der Klausel wird nicht der Inhalt des Girovertrages zwischen B und ihren Kunden geregelt, sondern eine darüber hinausgehende Einwilligung in die Benachrichtigung „in Geldangelegenheiten". Die Einwilligung zielt also gerade über das konkrete Vertragsverhältnis hinaus. Jedoch unterliegen auch einseitige Erklärungen der AGB-Kontrolle, die im Zusammenhang mit dem Vertragsverhältnis stehen.[4] Entsprechend dem Schutzzweck der AGB-Vorschriften ist es gerechtfertigt, diese auch in Fällen einseitiger rechtsgeschäftlicher Erklärungen des Vertragspartners anzuwenden, wenn diese Erklärungen der inhaltlichen Ausgestaltung des Vertragsverhältnisses dienen und vom Verwender vorformuliert werden.[5]

(2) Vorrangige Individualabrede

8 Zweifelhaft ist weiterhin, ob eine gemäß § 305b BGB vorrangige Individualabrede getroffen wurde, weil es dem Kunden überlassen bleibt, ob er bei Vertragsschluss eine Einwilligung erklärt oder nicht. Der Kunde kann selbst darüber entscheiden, ob er durch das Ankreuzen die Einwilligung erteilt oder nicht. Indessen verliert eine Klausel nicht ihren Charakter als vom Verwender gestellte Bedingung (§ 305 Abs. 1 S. 1 BGB), wenn sie im konkreten Fall durch ein Ankreuzen erst „aktiviert" werden muss. Denn der Kunde hat keine individuelle inhaltliche Gestaltungsmöglichkeit, sondern er kann lediglich zwischen zwei vorgegebenen Alternativen wählen. Eine Individualabrede liegt daher nicht vor.

(3) Wirksame Einbeziehung

9 Gegen eine wirksame Einbeziehung der Klausel gemäß § 305 Abs. 2 BGB bestehen keine Bedenken, weil der Kunde die Vertragsbedingungen bei Vertragsschluss erhält und diese zur Kenntnis nehmen muss, wenn er sein Wahlrecht ausübt.

(4) Inhaltskontrolle

10 Damit ist zu prüfen, ob die Einwilligungsklausel einer Inhaltskontrolle standhält.

[4] *BGH* GRUR 2008, 1010 Rn. 18 – Payback.

[5] BGHZ 98, 24, 28; *BGH* GRUR 2000, 818, 819 – Telefonwerbung VI.

(a) § 307 Abs. 1 S. 1 BGB

Da die §§ 308, 309 BGB für die konkrete Klausel keine rechtlichen Maßstäbe vorsehen, bleibt zu fragen, ob eine unangemessene Benachteiligung gemäß § 307 Abs. 1 S. 1 BGB vorliegt. **11**

Es bietet sich an, vergleichend auf die Maßstäbe der Rechtsprechung zur Einwilligung in Telefonwerbung abzustellen. Danach ist eine unangemessene Benachteiligung bei Klauseln, wie sie hier Verwendung finden, anzunehmen. Der wettbewerbsrechtlichen Missbilligung unerbetener Telefonwerbung im privaten Bereich liegt der Gedanke zugrunde, dass der Schutz der Individualsphäre vorrangig gegenüber dem wirtschaftlichen Gewinnstreben von Wettbewerbern ist und dass die berechtigten Interessen der gewerblichen Wirtschaft, ihre Produkte werbemäßig anzupreisen, es angesichts der Vielfalt der Werbemethoden nicht erfordern, mit der Werbung auch in den privaten Bereich des umworbenen Verbrauchers einzudringen. Danach ist es bei einer generalisierenden Abwägung der beiderseitigen Interessen gerade auch gegenüber dem in seiner Privatsphäre geschützten Werbeadressaten unangemessen, wenn Kontoeröffnungsanträge von Banken eine vorformulierte Einverständniserklärung des Kunden enthalten, die eine telefonische Werbung der Bank für Vertragsabschlüsse in anderweitigen Geldangelegenheiten ermöglichen soll, die über das Vertragsverhältnis mit der Bank, mit dem die Abgabe der Einverständniserklärung in Zusammenhang steht, hinausgehen. Die Unangemessenheit der Klausel wird auch nicht dadurch ausgeräumt, dass die vorformulierte Einverständniserklärung jederzeit widerruflich ist, denn damit wird die Initiative zur Wiederherstellung der ungestörten Privatsphäre in unzulässiger Weise auf den Betroffenen verlagert.[6] Die Wertungen dieser Rechtsprechung können auf elektronische Nachrichten übertragen werden. Denn die wettbewerbsrechtliche Zulässigkeit der Werbung mit elektronischer Post ist sogar noch strenger ausgestaltet als bei der Telefonwerbung. Dass der Gesetzgeber[7] für die Werbung mit E-Mails gewisse Ausnahmen zugelassen hat (§ 7 Abs. 3 UWG), ändert daran nichts. Zudem ist hier gerade zweifelhaft, ob diese Ausnahmen eingreifen (dazu sogleich).

Eine weitere Benachteiligung der Kunden liegt darin, dass sie nicht zwischen Benachrichtigungen durch den Vertragspartner und durch dritte Unternehmen wählen können. Möglicherweise haben viele Kunden ein Interesse darin, zwar Informationen nur von ihrem Vertragspartner zu erhalten, nicht aber von Dritten. Die Klausel sieht eine entsprechende Differenzierung jedoch nicht vor.

Damit verstößt die Klausel gegen § 307 Abs. 1 S. 1 BGB und ist unwirksam (§ 306 Abs. 1 BGB).

(b) § 307 Abs. 1 S. 2 BGB

Daneben liegt auch ein Verstoß gegen das Transparenzgebot vor. Denn erstens ist nicht ohne weiteres klar, was unter „Geldangelegenheiten" zu verstehen ist. Zweitens ist ebenfalls nicht klar, was „mit der Online-Bank B verbundene dritte Unternehmen" gemeint ist. **12**

---

6 *BGH* GRUR 2000, 818, 819 – Telefonwerbung VI. Speziell zu formularmäßigen „opt out"-Erklärungen durch AGB siehe auch *BGH* GRUR 2008, 1010 – Payback.

7 In Umsetzung des Art. 13 II Richtlinie 2002/58/EG.

(5) Zwischenergebnis:

13 Die Klausel ist gemäß § 306 Abs. 1 BGB unwirksam. Damit ist die Einwilligung der Kunden nicht wirksam erteilt worden.

cc) Entbehrlichkeit der Einwilligung

14 Ausnahmsweise ist eine Werbung mit E-Mails auch ohne vorherige ausdrückliche Einwilligung zulässig, wenn die Voraussetzungen von § 7 Abs. 3 UWG vorliegen. Danach gelten für Maßnahmen nach § 7 Abs. 2 Nr. 3 UWG besondere Regelungen, weil einem Unternehmer ermöglicht werden soll, im Rahmen bestehender Kundenbeziehungen für den Absatz ähnlicher Waren oder Dienstleistungen ohne besondere Einwilligung zu werben, solange nicht der Kunde dies untersagt („opt-out"-Modell). Die Voraussetzungen des § 7 Abs. 3 Nr. 1 bis 4 UWG müssen kumulativ vorliegen.

(1) Erlangen der Kundendaten bei dem Verkauf einer Ware oder Dienstleistung

15 Es ist davon auszugehen, dass B die E-Mail-Daten von den Kunden erhalten hat, die bei ihr ein Giro-Konto eingerichtet haben. Sie hat diese Daten also im Zusammenhang mit dem Erbringen einer Dienstleistung erlangt (§ 7 Abs. 3 Nr. 1 UWG).

(2) Eigene ähnliche Waren oder Dienstleistungen

16 Es muss sich bei der Werbung weiterhin um Direktwerbung für eigene ähnliche Waren oder Dienstleistungen handeln. Ähnlichkeit liegt vor, wenn die Waren oder Dienstleistungen dem gleichen erkennbaren oder doch typischen Verwendungszweck oder Bedarf des Kunden entsprechen.

Zwar handelt es sich bei einem Giro-Konto und einem Bausparvertrag im weitesten Sinne um Finanzdienstleistungen, doch dienen diese Leistungen aus Sicht des Kunden nicht einem gleichen erkennbaren oder doch typischen Verwendungszweck. Das Giro-Konto dient der Abwicklung alltäglicher Finanzgeschäfte (Überweisungen usw.) während ein Bausparvertrag typischerweise der längerfristigen Ansparung von Kapital für einen bestimmten Zweck (z.B. Hausbau; Erwerb einer Eigentumswohnung u.ä.) dient, also ganz andere wirtschaftliche Ziele verfolgt. Daher liegen aus Sicht der Kunden keine austauschbaren Leistungen vor. Es handelt sich auch nicht etwa um Ergänzungen der bestehenden Vertragsbeziehung, da keine Notwendigkeit besteht, einen Bausparvertrag mit der Bank abzuschließen, bei der ein Kunde sein Giro-Konto führt. Mangels Ähnlichkeit der Leistungen greift die Ausnahmevorschrift des § 7 Abs. 3 UWG nicht ein.

2. Zwischenergebnis

17 Damit liegt eine unzumutbare Belästigung gemäß § 7 Abs. 1, Abs. 2 Nr. 3 UWG vor.[8]

II. Verstoß gegen § 3 UWG

1. Unzulässigkeit gemäß § 3 Abs. 1 UWG

18 Da ein Verstoß gegen die Vorschriften des Anhangs zu § 3 Abs. 3 UWG nicht in Betracht kommt, ist zu fragen, ob die Maßnahme gegen § 3 Abs. 1 UWG verstößt.

8 **Hinweis:** Eine gesonderte Prüfung der Spürbarkeit im Sinne des § 3 Abs. 1 UWG ist ausgeschlossen, da § 7 UWG einen selbständigen Verbotstatbestand enthält, der von der Generalklausel des § 3 UWG abgekoppelt ist.

a) Geschäftliche Handlung (§ 2 Abs. 1 Nr. 1 UWG)

Eine geschäftliche Handlung liegt, wie bereits geprüft, vor. 19

b) Unlauterkeit

aa) § 4 Nr. 1 UWG (Unangemessener unsachlicher Einfluss)

Ein Verstoß gegen § 4 Nr. 1 UWG ist nicht gegeben, weil zwar eine unzumutbare Belästigung zugleich eine unangemessene unsachliche Beeinflussung darstellen kann. Die Schwelle zur Unlauterkeit nach § 4 Nr. 1 UWG wird aber erst dann überschritten, wenn der Einfluss ein solches Ausmaß erreicht, dass die freie Entscheidung des Verbrauchers beeinträchtigt wird.[9] Die Zusendung unerwünschter E-Mail-Werbung ist für den Empfänger zwar ärgerlich und lästig, beeinträchtigt aber nicht seine Entscheidungsfreiheit. 20

bb) § 4 Nr. 11 UWG i.V.m. § 307 Abs. 1 BGB (Rechtsbruch)

Fraglich ist, ob die Verwendung unwirksamer AGB zugleich den Tatbestand der §§ 3 Abs. 1, 4 Nr. 11 UWG verwirklicht. 21

(1) Gesetzliche Vorschrift

Die §§ 305ff. BGB sind gesetzliche Vorschriften im Sinne des § 4 Nr. 11 UWG. 22

(2) Regelung des Marktverhaltens im Interesse der Marktteilnehmer

Die §§ 305ff. BGB regeln die Zulässigkeit von Allgemeinen Geschäftsbedingungen und treffen damit Regelungen zum Marktverhalten. Diese Bestimmungen dienen auch dem Schutz der anderen Vertragspartei als Marktteilnehmer.[10] 23

(3) Kein Vorrang des UKlaG

Fraglich ist aber, ob ein Verstoß gegen die §§ 305ff. BGB überhaupt von § 4 Nr. 11 UWG erfasst wird, weil die Verwendung unwirksamer AGB bereits durch § 1 UKlaG sanktioniert wird. Dabei ist insbesondere zu berücksichtigen, dass Mitbewerber gemäß § 3 Abs. 1 UKlaG gerade nicht anspruchsberechtigt sind, während Mitbewerber einen unlauteren Rechtsbruch gemäß § 8 Abs. 1, Abs. 3 Nr. 1 UWG verfolgen könnten. Im Gegensatz zum GWB hindert das UKlaG jedoch eine Anwendung des UWG nicht.[11] Denn das UKlaG hat die Anspruchsberechtigung von Mitbewerbern nicht bewusst ausgeschlossen, sondern ist seiner Struktur nach allein auf kollektiven Rechtsschutz durch Verbandsklagen ausgerichtet. Damit trifft es über die individuelle Anspruchsberechtigung von Mitbewerbern keine Aussage. 24

(4) Zuwiderhandlung

Aufgrund des Verstoßes gegen § 307 Abs. 1 BGB (s.o.) liegt auch eine Zuwiderhandlung vor. 25

c) Spürbarkeit

Beim Rechtsbruch ist gesondert zu prüfen, ob die unlautere Handlung geeignet ist, die Interessen von Mitbewerbern, Verbrauchern und sonstigen Marktteilnehmern 26

---

9 *BGH* GRUR 2007, 247 Rn. 21 – Regenwaldprojekt I.

10 *BGH* GRUR 2010, 1117 Rn. 24ff. – Gewährleistungsausschluss im Internet; *KG* GRUR-RR 2008, 308, 309; *Köhler,* NJW 2008, 177, 181.

11 *BGH* GRUR 2010, 1117 Rn. 31 – Gewährleistungsausschluss im Internet; Köhler/Bornkamm/*Köhler,* § 1 UKlaG Rn. 14.

spürbar zu beeinträchtigen. Dies ist zu bejahen, da die Kunden mit einer unwirksamen AGB-Klausel konfrontiert werden und ihnen eine Einwilligung in eine ansonsten unzulässige Werbung mit E-Mails geradezu „abgelistet“ wird.

2. Zwischenergebnis

27 Die E-Mail-Werbung ist gemäß § 3 Abs. 1 UWG unzulässig. Damit liegt ein Verstoß gegen § 3 UWG vor.

B. Werbeaussage

I. Verstoß gegen § 3 UWG

28 Zu prüfen ist, ob die Werbeaussage „Wechseln Sie noch heute zu uns! Wir stecken das Geld nicht in ein teures Filialnetz, sondern bieten Ihnen einen vorzüglichen Premium-Online-Service“ gegen § 3 UWG verstößt.

1. Unzulässigkeit gemäß § 3 Abs. 1 UWG

29 Da eine Unzulässigkeit gemäß § 3 Abs. 3 UWG nicht in Betracht kommt, bleibt zu prüfen, ob die Werbeaussage nach § 3 Abs. 1 UWG unzulässig ist.

a) Geschäftliche Handlung (§ 2 Abs. 1 Nr. 1 UWG)

30 Die Aussage dient der Förderung des Absatzes eigener Dienstleistungen und stellt damit eine geschäftliche Handlung dar.

b) Unlauterkeit

aa) § 6 Abs. 2 UWG (Unzulässige vergleichende Werbung)

31 Die Werbeaussage könnte als unzulässige vergleichende Werbung anzusehen sein.

(1) Werbung

32 Der Begriff der Werbung ist richtlinienkonform auszulegen. Maßgeblich ist die Definition des Art. 2 lit. a der Richtlinie 2006/114/EG (s. o.). Danach liegt eine Werbung vor, weil die Aussage der Förderung des Absatzes eigener Leistungen der B dient.

(2) Erkennbarmachen von Mitbewerbern

33 Fraglich ist allerdings, ob durch die Aussage Mitbewerber unmittelbar oder mittelbar erkennbar gemacht werden. Ein Erkennbarmachen setzt voraus, dass die Adressaten einer Äußerung den oder die Mitbewerber identifizieren können.[12]

(a) Mitbewerber

34 B und M stehen in einem konkreten Wettbewerbsverhältnis i. S. d. § 2 Abs. 1 Nr. 3 UWG, da sie auf dem gleichen sachlich und räumlich relevanten Markt Dienstleistungen anbieten, nämlich im Bereich des „Online-Banking“. Dass M daneben auch über ein eigenes Filialnetz für den „offline“-Geschäftsverkehr verfügt, B aber die Dienstleistungen nur online anbietet, ist unerheblich. B und M sind daher sind Mitbewerber.

[12] Köhler/Bornkamm/*Köhler*, § 6 Rn. 79; Harte/Henning/*Sack*, § 6 Rn. 55 ff.

(b) Erkennbarmachen

Da ein unmittelbares Erkennbarmachen nicht vorliegt, kommt allein ein mittelbares Erkennbarmachen in Betracht. Ein mittelbares Erkennbarmachen ist anzunehmen, wenn ein Mitbewerber oder seine Produkte ohne deren Nennung unter Hinzuziehung sonstiger Umstände identifizierbar sind.[13] Dieses könnte darin zu sehen sein, dass die Aussage der B auf konkurrierende Banken mit einem eigenen Filialnetz Bezug nimmt. Allerdings vertreibt nach dem Sachverhalt nicht allein M Bankleistungen über Filialnetze, sondern darüber hinaus eine unbestimmte Vielzahl weiterer Banken. Wird auf mehrere oder alle Mitbewerber Bezug genommen, ist für die Annahme vergleichender Werbung erforderlich, dass es sich um einen überschaubaren Kreis von Unternehmen handelt.[14] Je größer der Kreis der in Betracht kommenden Mitbewerber ist, desto weniger werden die angesprochenen Verkehrskreise eine allgemein gehaltene Werbung auf einzelne Mitbewerber (also M) beziehen.[15] Daher liegt hier keine vergleichende Werbung vor. 35

bb) § 4 Nr. 7 UWG (Herabsetzung oder Verunglimpfung)

Im Gegensatz zu § 6 Abs. 2 Nr. 5 UWG kommt es bei § 4 Nr. 7 UWG nicht darauf an, ob bestimmte Mitbewerber identifizierbar sind. Die Vorschrift erfasst auch die pauschale Herabsetzung aller Mitbewerber. Fraglich ist also, ob die Aussage als Herabsetzung oder Verunglimpfung anzusehen ist. 36

Die Herabsetzung besteht in der Verringerung der Wertschätzung des Mitbewerbers, seines Unternehmens und/oder seiner Leistungen in den Augen der angesprochenen oder von der Mitteilung erreichten Verkehrskreise. Die Verunglimpfung ist eine gesteigerte Form der Herabsetzung und besteht in der Verächtlichmachung in Gestalt eines abträglichen Werturteils ohne sachliche Grundlage. Im Hinblick auf die Gleichstellung von Herabsetzung und Verunglimpfung ist eine genaue Unterscheidung der Begriffe entbehrlich.

Wenn B die eigene Leistung in Verbindung mit dem Hinweis auf die Kosten der Unterhaltung eines Filialnetzes in den Vordergrund stellt, liegt darin keine Herabsetzung oder Verunglimpfung, weil B die mit der Werbung angesprochenen Adressaten lediglich auf den Unterschied ihres Unternehmens zu den „klassischen" Banken hinweist, die über einen Filialbetrieb verfügen. Zwar kann der Aussage die Wertung entnommen werden, dass B das eigene Angebot als vorzugswürdig gegenüber Banken mit Filialen darstellt. Ein solches Hervorheben der eigenen Leistung gegenüber der Konkurrenz ist jedoch jeder Werbung immanent und daher im Hinblick auf § 4 Nr. 7 UWG unbedenklich.

cc) § 4 Nr. 10 UWG (Gezielte Behinderung)

Für eine gezielte Behinderung von Mitbewerbern fehlen Anhaltspunkte. Der Aufruf an die Kunden („Wechseln Sie …") ist vielmehr wettbewerbskonform. Denn das Abwerben von Kunden gehört zum Wesen des Wettbewerbs. 37

---

13 Köhler/Bornkamm/*Köhler*, § 6 Rn. 84; Harte/Henning/*Sack*, § 6 Rn. 61.

14 *BGH* GRUR 2002, 982, 983 – DIE „STEINZEIT" IST VORBEI!

15 Vgl. auch *BGH* GRUR 1999, 1100, 1101 – Generika-Werbung und *BGH* GRUR 2002, 75, 76 – SOOOO … BILLIG; beide Entscheidungen lassen die Frage der Erkennbarkeit allerdings offen und verneinen einen Vergleich.

2. Zwischenergebnis

38 Die Werbeaussage ist nicht gemäß § 3 Abs. 1 UWG unlauter.

II. Ergebnis

39 Ein Verstoß gegen § 3 UWG liegt nicht vor.

C. Werbung für an Schüler gerichtete Dienstleistungen

40 Fraglich ist, wie die an Schüler gerichtete Werbung für Bankleistungen zu beurteilen ist. Zunächst ist zu prüfen, ob das Angebot gegen einen Tatbestand des Anhangs zu § 3 Abs. 3 UWG verstößt. Sodann ist zu klären, ob die Maßnahme aus sonstigen Gründen gemäß § 3 Abs. 1 UWG unlauter ist.

I. Verstoß gegen § 3 UWG

1. Unzulässigkeit gemäß § 3 Abs. 3 UWG

41 Gemäß § 3 Abs. 3 UWG sind die im Anhang des Gesetzes aufgeführten geschäftlichen Handlungen gegenüber Verbrauchern stets unzulässig.

a) Geschäftliche Handlung (§ 2 Abs. 1 Nr. 1 UWG)

42 Da die Werbung für „Schüler-Kleinkredite" der Förderung des Absatzes eigener Dienstleistungen dient, ist eine geschäftliche Handlung gegeben.

b) Gegenüber Verbrauchern

43 Die Werbung richtet sich an Schüler und damit an Verbraucher (§ 2 Abs. 2 UWG i.V.m. § 13 BGB)

c) Tatbestand der Nr. 28 des Anhangs zu § 3 Abs. 3 UWG

44 Eine gegenüber Verbrauchern stets unzulässige geschäftliche Handlung ist „die in eine Werbung einbezogene unmittelbare Aufforderung an Kinder, selbst die beworbene Ware zu erwerben oder die beworbene Dienstleistung in Anspruch zu nehmen oder ihre Eltern oder andere Erwachsene dazu zu veranlassen".

Angebot und Werbung richten sich an Schüler ab 15 Jahren. Es ist fraglich, ob es sich damit um Kinder im Sinne des Gesetzes handelt. Weder das UWG noch die UGP-Richtlinie geben näheren Aufschluss über den Begriff des Kindes. Denkbar ist, dass der Begriff Kind als Gegensatz zum Begriff des Erwachsenen gemeint ist und daher alle Minderjährige erfasst.[16] Näher liegt es jedoch, Anhaltspunkte des Unionsrechts heranzuziehen. In Bezug auf Werbung in audiovisueller Kommunikation schützt beispielsweise die Richtlinie 2010/13/EU über audiovisuelle Mediendienste nicht nur Kinder, sondern – weiter gehend – Minderjährige.[17] Dies legt die Annahme nahe, dass das Unionsrecht zwischen Kindern und Minderjährigen unterscheidet und der Begriff des Kindes in einem engeren Sinne, d.h. bis zur Vollen-

[16] *Mankowski*, WRP 2007, 1398, 1403ff.
[17] Art. 12, 22 lit. a, 27.

dung des 14. Lebensjahres, zu verstehen ist.[18] Auch der Schutzzweck der Nr. 28 spricht für ein engeres Begriffsverständnis. Denn die Gefahren einer Direktansprache („Aufforderung") betreffen gerade kleinere Kinder, die aufgrund ihrer geistigen Entwicklung mit den Wirkungen von Werbung noch nicht vertraut sind und insbesondere Werbung als solche oft noch gar nicht erkennen können.[19] Anders liegt es dagegen bei Jugendlichen, die bereits mit Werbung und einfachen Geschäften des täglichen Lebens vertraut sind. Jugendliche, die 15 Jahre und älter sind, sind hiernach jedenfalls keine Kinder im Sinne der Nr. 28. Da sich die Werbung ausdrücklich an Schüler wendet, die mindestens 15 Jahre alt sind, liegt ein Verstoß gegen Nr. 28 des Anhangs zu § 3 Abs. 3 UWG nicht vor.

2. Unzulässigkeit gemäß § 3 Abs. 1 UWG

Da ein Verstoß gegen § 3 Abs. 3 UWG nicht vorliegt, bleibt zu prüfen, ob die Werbung gemäß § 3 Abs. 1 UWG unzulässig ist. 45

a) Geschäftliche Handlung (§ 2 Abs. 1 Nr. 1 UWG)

Eine geschäftliche Handlung liegt vor (s. o.). 46

b) Unlauterkeit

aa) § 4 Nr. 2 UWG (Ausnutzen besonderer Schutzbedürftigkeit)

Gemäß § 4 Nr. 2 UWG ist es unlauter, geschäftliche Handlungen vorzunehmen, 47 die unter anderem geeignet sind, das Alter oder die geschäftliche Unerfahrenheit von Verbrauchern auszunutzen. Zu den wegen ihres Alters besonders geschützten Personen gehören auch Kinder und Jugendliche.[20]

(1) Geschäftliche Unerfahrenheit

Geschäftliche Unerfahrenheit liegt vor, wenn eine Person nicht die Erfahrungen im 48 Geschäftsleben hat, die bei einem durchschnittlich informierten, aufmerksamen und verständigen Verbraucher (vgl. § 3 Abs. 2 S. 2 und 3 UWG) zu erwarten sind[21] und die es ihm ermöglichen würden, die rechtliche und wirtschaftliche Bedeutung einer Handlung zu erfassen und kritisch zu bewerten.[22] Jugendliche im Alter von 15 Jahren haben in der Regel mit Bankgeschäften noch wenig oder gar nichts zu tun und können daher keine ausreichenden Erfahrungen sammeln, um die Folgen von solchen Geschäften in der notwendigen Weise abschätzen zu können. Daher sind sie geschäftlich unerfahren.

(2) Ausnutzen der Unerfahrenheit

Eine Ausnutzung setzt zweierlei voraus: Die Werbung muss sich gezielt an die ge- 49 schäftlich unerfahrenen Personen richten und der Werbende muss sich die Unerfahrenheit dieser Personen zu nutze machen. Gemäß § 3 Abs. 2 S. 3 UWG ist auf die

[18] Köhler/Bornkamm/*Köhler,* Anh. zu § 3 III Rn. 28.5; Harte/Henning/*Stuckel,* Anh. § 3 Abs. 3 Nr. 28 Rn. 6.

[19] Vgl. auch Harte/Henning/*Stuckel,* Anh. § 3 Abs. 3 Nr. 28 Rn. 5.

[20] Begr. zum RegE, BT-Drs. 16/10 145, S. 22.

[21] *BGH* GRUR 2007, 978 Rn. 27 – Rechtsberatung durch Autoversicherer.

[22] *BGH* GRUR 2006, 776 Rn. 22 – Werbung für Klingeltöne; Köhler/Bornkamm/*Köhler,* § 4 Rn. 2.23.

Sicht eines durchschnittlichen Mitglieds einer auf Grund von geistigen oder körperlichen Gebrechen, Alter oder Leichtgläubigkeit besonders schutzbedürftigen und eindeutig identifizierbaren Gruppe von Verbrauchern abzustellen, wenn für den Unternehmer vorhersehbar ist, dass seine geschäftliche Handlung nur diese Gruppe betrifft.

(a) Zielrichtung

50 Die Werbung von B wurde in Jugendzeitschriften veröffentlicht, war also darauf ausgerichtet, gerade die Zielgruppe von Schülern ab einem Alter von 15 Jahren zu erreichen. Unterstrichen wird dies durch die jugendtypische Bezeichnung der von B angebotenen Dienstleistungen als „Schüler-Kleinkredit".

(b) Ausnutzen

51 Ein Ausnutzen liegt vor, wenn der Werbende weiß oder zumindest damit rechnet, dass die von ihm angesprochenen Personen das Geschäft nur deshalb tätigen, weil sie nicht über die erforderliche geschäftliche Erfahrung und damit über das erforderliche Urteilsvermögen verfügen.[23] Schon Erwachsene haben nach der allgemeinen Lebenserfahrung Schwierigkeiten, die tatsächlichen wirtschaftlichen Belastungen und finanziellen Risiken eines Kredits richtig abzuschätzen. Erst recht sind Jugendliche mit der Einschätzung überfordert, welche wirtschaftlichen Konsequenzen eine Kreditaufnahme haben kann.[24]

Hinzu kommt, dass Jugendliche über kein regelmäßiges eigenes Einkommen verfügen, sodass die Gefahr besteht, dass sie schon früh Schulden anhäufen. Daran ändert auch die limitierte Kredithöhe von 500,00 € nichts, weil Jugendliche auch davor geschützt werden müssen, mit kleineren Summen in Verschuldung zu geraten. Das Werben für einen Kredit kann also dazu führen, dass Jugendliche zu einem übermäßigen Konsum animiert werden, der ihre finanzielle Leistungskraft übersteigt, sodass ein Ausnutzen zu bejahen ist.

Dass Minderjährige durch das bürgerliche Recht geschützt werden (§§ 107ff. BGB), ist für die wettbewerbsrechtliche Beurteilung nicht von Bedeutung. Denn das UWG bezweckt einen Präventivschutz der Minderjährigen.

bb) § 4 Nr. 11 UWG i.V.m. § 6 Abs. 1 PAngV (Rechtsbruch)

(1) Gesetzliche Vorschrift

52 Die PAngV ist eine gesetzliche Vorschrift des formellen Preisrechts; sie regelt die Art und Weise der Preisangabe gegenüber Letztverbrauchern.

(2) Regelung des Marktverhaltens im Interesse der Marktteilnehmer

53 Die Vorschriften der Preisangabenverordnung sind dazu bestimmt, im Interesse der Marktteilnehmer das Marktverhalten zu regeln. Zweck der Preisangabenverordnung ist es, durch eine sachlich zutreffende und vollständige Verbraucherinformation Preiswahrheit und Preisklarheit zu gewährleisten und durch optimale Preisvergleichsmöglichkeiten die Stellung der Verbraucher gegenüber Handel und Gewerbe zu stärken und den Wettbewerb zu fördern.[25]

---

23 Köhler/Bornkamm/*Köhler*, § 4 Rn. 2.18.

24 *OLG Nürnberg* GRUR-RR 2003, 315, 316 – Werbeschreiben an Jugendliche für das Bewerben eines Giro-Kontos; vgl. zu diesem Aspekt auch *BGH* GRUR 2006, 776 Rn. 23f. – Werbung für Klingeltöne für das Herunterladen von Klingeltönen.

25 *BGH* GRUR 2008, 84 Rn. 25 – Versandkosten.

(3) Zuwiderhandlung

Bei der Werbung für Kredite ist nach § 6 Abs. 1 PAngV der effektive Jahreszins anzugeben. Voraussetzung ist allerdings, da kein Angebot vorliegt, dass es sich um eine Werbung mit Preisen gemäß § 6 Abs. 1 i. V. m. § 1 Abs. 1 S. 1 PAngV handelt. Das ist hier jedoch nicht der Fall, weil lediglich eine maximale Kreditsumme genannt wird. Anders wäre dann zu entscheiden, wenn etwa mit einer Beispielsrechnung geworben würde. 54

c) Spürbarkeit

Bei Verstößen gegen § 4 Nr. 2 UWG muss die Spürbarkeit nicht mehr gesondert festgestellt werden.[26] 55

II. Ergebnis

Die Werbung für „Schüler-Kleinkredite" ist gemäß § 4 Nr. 2 UWG unlauter. Damit liegt ein Verstoß gegen § 3 UWG vor. 56

D. Wiederholungsgefahr

Für die Wiederholungsgefahr streitet eine tatsächliche, widerlegliche Vermutung. Die Vermutung kann grundsätzlich nur durch die Abgabe einer strafbewehrten Unterlassungserklärung widerlegt werden. Da im Ausgangsfall eine solche Erklärung durch B nicht abgegeben wurde und auch keine sonstigen Gründe für einen Wegfall der Wiederholungsgefahr ersichtlich sind, ist die tatsächliche Vermutung nicht widerlegt. 57

E. Anspruchsberechtigung

M ist gemäß § 8 Abs. 3 Nr. 1 i. V. m. § 2 Abs. 1 Nr. 3 UWG anspruchsberechtigt. 58

F. Anspruchsverpflichtung

B haftet als Verletzerin. 59

G. Ergebnis zu Frage 1

M kann von B Unterlassung der weiteren E-Mail-Werbung und der Werbeanzeigen für „Schüler-Kleinkredite" verlangen. 60

Frage 2 (Abwandlung): Unterlassungsanspruch der M gegen B

Zu prüfen ist, ob nach Abgabe der Unterlassungserklärung noch ein Unterlassungsanspruch gemäß § 8 Abs. 1 S. 1, 2. Alt. UWG besteht. Problematisch ist allein, ob durch die Abgabe der Unterlassungserklärung durch B die Wiederholungsgefahr (teilweise) entfallen ist. 61

---

[26] Köhler/Bornkamm/*Köhler,* § 3 Rn. 138.

I. Eingeschränkte Unterlassungserklärung

62 Die Besonderheit des Falles besteht darin, dass die Erklärung nicht den gesamten, in der Abmahnung erwähnten Sachverhalt betrifft, sondern lediglich einen Teil davon. Die ständige Rechtsprechung verlangt zwar „eine uneingeschränkte, bedingungslose und unwiderrufliche Unterwerfungserklärung unter Übernahme einer angemessenen Vertragsstrafe".[27] Dies schließt aber die Möglichkeit zu einer auf bestimmte Tatkomplexe beschränkten Unterlassungserklärung nicht von vornherein aus. Ob die sachliche Beschränkung einer Unterlassungserklärung zulässig ist und zu einer (teilweisen) Beilegung des Rechtsstreits führt, ist von einer Interessenabwägung abhängig.[28] Es sind keine Gründe ersichtlich, die gegen die Zulassung einer „Abschichtung" des Streitstoffes zwischen M und B sprechen. Im Gegenteil ist es prozessökonomisch, den Streit soweit wie möglich bereits außergerichtlich beizulegen und daher auch eine teilweise Widerlegung der Vermutung der Wiederholungsgefahr zuzulassen.

II. Fehlende Übernahme einer Vertragsstrafe

63 B hat sich nicht verpflichtet, für jeden Fall einer Zuwiderhandlung eine angemessene Vertragsstrafe zu zahlen. Daher ist, wie sich auch aus § 12 Abs. 1 S. 1 UWG ergibt, ihre Unterlassungserklärung nicht geeignet, die Wiederholungsgefahr entfallen zu lassen. Das bloße „Ehrenwort" eines Unternehmers reicht daher nicht aus.

III. Ergebnis zu Frage 2

64 M kann von B weiterhin Unterlassung der E-Mail-Werbung und der Werbung für Schüler-Kleinkredite verlangen.

---

[27] St. Rspr.; vgl. *BGH* GRUR 1994, 443, 445 – Versicherungsvermittlung im öffentlichen Dienst; *BGH* GRUR 1996, 290, 291 – Wegfall der Wiederholungsgefahr I.

[28] Vgl. Köhler/Bornkamm/*Köhler,* § 12 Rn. 1.134.

Fall 4. Die Moderatorin

Sachverhalt

A ist als Moderatorin bei dem Fernsehsender Z-TV angestellt und moderiert dort erfolgreich verschiedene Unterhaltungssendungen. Da sie Gewichtsprobleme hat, nimmt sie die Dienstleistungen der „Weight Watchers" (W) in Anspruch. Dabei handelt es sich um ein Unternehmen, das entgeltlich eine Reihe von Servicediensten rund um das Abnehmen bereithält, z. B. das Aufstellen von Ernährungs- und Trainingsplänen, das Zurverfügungstellen von Onlinediensten, die Organisation von Treffen und dergleichen. A schließt – ohne Wissen der Verantwortlichen von Z-TV – mit W eine „Kooperationsvereinbarung". Diese Vereinbarung sieht unter anderem vor, dass A eine Sonderzahlung erhält, wenn es ihr gelingt, ihre Gewichtsabnahme mit Hilfe des W-Programms in den von ihr moderierten Fernsehsendungen zu präsentieren. In ihrer Sendung „Fit in den Frühling" erwähnt A mehrfach die Leistungen von W und spricht eine ausdrückliche Empfehlung für W aus, da sie selbst beste Erfahrungen gemacht habe. Auf die „Kooperationsvereinbarung" zwischen W und A wird weder in der Sendung noch danach hingewiesen. W wirbt aber auf der eigenen Homepage mit A als einer „bundesweit bekannten und zufriedenen Kundin".
D ist ein Unternehmen, das Diätpillen herstellt und vertreibt. Das Verhalten von A und W hält D für wettbewerbswidrig.

Vermerk für die Bearbeiter: In einem Rechtsgutachten, das auf alle vom Sachverhalt aufgeworfenen Rechtsfragen eingeht, sind in der vorgegebenen Reihenfolge die folgenden Fragen zu beantworten:

1. Kann D von A und W Unterlassung der geschilderten Praktiken verlangen?
2. Ist die zwischen A und W geschlossene Vereinbarung zivilrechtlich wirksam?
3. Als der Geschäftsführer von Z-TV aus Presseberichten von der „Kooperationsvereinbarung" zwischen A und W erfährt, ist er empört und fragt, ob sein Unternehmen gegen W Schadensersatzansprüche geltend machen kann. Z-TV habe durch die öffentlich gewordene „Kooperationsvereinbarung" einen erheblichen Imageschaden erlitten. Der Sender sei für kritische und unabhängige Berichterstattung bekannt und nunmehr „in Verruf" geraten. Zur Begründung weist der Geschäftsführer darauf hin, dass – was zutrifft – mit allen Moderatoren vertraglich vereinbart wurde, dass sie etwaige Werbeverträge mit Unternehmen ausnahmslos offenlegen müssen. Mit der Vereinbarung habe W die A zum Vertragsbruch gegenüber Z-TV verleitet.
   a) Steht Z-TV ein Schadensersatzanspruch zu, wenn W einwendet, von der Abrede zwischen A und Z-TV nichts gewusst zu haben?
   b) Abwandlung: Steht Z-TV ein Schadensersatzanspruch zu, wenn W von der Regelung im Vertrag zwischen Z-TV und A gewusst und der A versprochen hat, sie von etwaigen Schadensersatzansprüchen wegen einer Vertragsverletzung freizustellen?

Gliederung

Lösung

Frage 1: Unterlassungsansprüche D gegen A und W

A. Unterlassungsanspruch D gegen A

Ein Unterlassungsanspruch gegen A kann sich aus § 8 Abs. 1, S. 1, 2. Alt. UWG ergeben, wenn ein Verstoß gegen § 3 UWG vorliegt und Wiederholungsgefahr gegeben ist. **1**

I. Verstoß gegen § 3 UWG

Zu prüfen ist, ob das Verhalten der A gemäß § 3 Abs. 3 oder Abs. 1 UWG unzulässig ist. **2**

1. Unzulässigkeit gemäß § 3 Abs. 3 UWG

Gemäß § 3 Abs. 3 UWG sind die im Anhang aufgeführten geschäftlichen Handlungen gegenüber Verbrauchern stets unzulässig. **3**

a) Geschäftliche Handlung (§ 2 Abs. 1 Nr. 1 UWG)

Nach der Definition des § 2 Abs. 1 Nr. 1 UWG ist geschäftliche Handlung jedes Verhalten einer Person zugunsten des eigenen oder eines fremden Unternehmens vor, bei oder nach einem Geschäftsabschluss, das mit der Förderung des Absatzes oder des Bezugs von Waren oder Dienstleistungen ... objektiv zusammenhängt. Eine Förderung des eigenen Unternehmens liegt nicht vor, weil A kein eigenes Unternehmen betreibt. Ihre Äußerungen könnten aber in einem objektiven Zusammenhang mit der Förderung des Absatzes eines fremden Unternehmen, nämlich W, stehen. Dafür reicht es aber nicht aus, dass die Äußerungen objektiv geeignet sind, den Absatz von Dienstleistungen der W zu fördern. Vielmehr muss die Äußerung auch das (objektive) Ziel haben, den Absatz durch Beeinflussung der geschäftlichen Entscheidungen der Verbraucher zu fördern.[1] **4**

Wenn in Medien im Rahmen einer redaktionellen Berichterstattung Äußerungen über bestimmte Waren, Dienstleistungen und Unternehmen (positiv oder negativ) erfolgen, ist zwar grundsätzlich davon auszugehen, dass dies der Information und

[1] Vgl. Köhler/Bornkamm/*Köhler*, § 2 Rn. 45.

Meinungsbildung der Allgemeinheit, nicht aber der Absatzförderung dient.[2] Dieses Privileg für Medien folgt aus dem Grundrecht der Presse- und Rundfunkfreiheit (Art. 11 GR-Charta; Art. 10 EMRK; Art. 5 Abs. 1 GG).[3] Dies schließt allerdings nicht aus, dass die redaktionelle Berichterstattung zur Förderung des Absatzes von fremden Unternehmen eingesetzt wird. In diesem Fall liegt eine geschäftliche Handlung vor. Es kommt daher entscheidend darauf an, welchen Zielen die Berichterstattung vorrangig dient. Das ist, da es auf eine subjektive Absicht nicht ankommt, anhand objektiver Kriterien festzustellen. Von einer geschäftlichen Handlung ist jedenfalls auszugehen, wenn die Berichterstattung übermäßig werbenden Charakter hat.[4]

Grundsätzlich gilt im Hinblick auf das Grundrecht der Meinungsfreiheit, dass nicht schon dann von einer geschäftlichen Handlung auszugehen ist, wenn diese Äußerungen objektiv geeignet sind, den Absatz eines fremden Unternehmens zu fördern. Vielmehr müssen konkrete Indizien vorliegen, die den Schluss zulassen, dass es auch das Ziel der Handlung ist, den Absatz eines fremden Unternehmens zu fördern. Ein solches zwingendes Indiz ist hier, dass die A ein Entgelt für ihre lobenden Äußerungen über die Dienstleistungen der W erhält. Sonach ist von einer geschäftlichen Handlung auszugehen.

b) Gegenüber Verbrauchern

5 Da die Äußerungen in einer Fernsehsendung erfolgen, richten sie sich hauptsächlich an Verbraucher (§ 2 Abs. 2 UWG i. V. m. § 13 BGB).

c) Tatbestand der Nr. 11 des Anhangs zu § 3 Abs. 3 UWG

6 In Betracht kommt ein Verstoß gegen Nr. 11 des Anhangs zu § 3 Abs. 3 UWG. Danach ist als eine gegenüber Verbrauchern stets unzulässige geschäftliche Handlung anzusehen „der vom Unternehmer finanzierte Einsatz redaktioneller Inhalte zu Zwecken der Verkaufsförderung, ohne dass sich dieser Zusammenhang aus dem Inhalt oder aus der Art der optischen oder akustischen Darstellung eindeutig ergibt (als Information getarnte Werbung)".

aa) Redaktioneller Inhalt

7 Ein redaktioneller Inhalt setzt eine Tätigkeit von Medien voraus (Presse, Hörfunk, Fernsehen, Telemedien) und ist anzunehmen, wenn der Beitrag nach den Umständen als Bestandteil eigener, unabhängiger Berichterstattung und Auseinandersetzung über Themen von allgemeinem Interesse erscheint.[5] Nach den Umständen mussten die Zuschauer der von A moderierten Sendung davon ausgehen, dass A auf die Leistungen von W im Rahmen einer unabhängigen Berichterstattung hinweist. Dem steht nicht entgegen, dass A über ihre eigenen guten Erfahrungen mit W

[2] Begr. zum RegE, BT-Drs. 16/10145, S. 40; Harte/Henning/*Keller*, § 2 Rn. 82 ff.; Köhler/Bornkamm/*Köhler*, § 2 Rn. 67.

[3] *BGH* GRUR 2006, 875 Rn. 23 – Rechtsanwalts-Ranglisten.

[4] So zum alten Recht (Wettbewerbsabsicht bejaht): *BGH* GRUR 1997, 912, 913 – Die Besten I; *BGH* GRUR 1997, 914, 915 – Die Besten II.

[5] Vgl. Köhler/Bornkamm/*Köhler*, Anh. zu § 3 III Nr. 11 Rn. 11.2; ähnlich Harte/Henning/*Frank*, Anh. § 3 Abs. 3 Nr. 11 Rn. 19: Aufbereitung von Informationen in eine zur Veröffentlichung geeignete Form, um mit dem eigenen Bericht zur Unterrichtung und/oder Meinungsbildung beizutragen.

spricht. Denn auch dieser Aussage mussten die Zuschauer entnehmen, dass A gerade unabhängige, persönliche Erfahrungen schildert.

bb) Einsatz zu Zwecken der Verkaufsförderung

Ein Handeln zum Zwecke der Verkaufsförderung ist in einem weiten Sinne zu verstehen[6] und umfasst alle Maßnahmen, die unmittelbar oder mittelbar dazu dienen, den Absatz der Waren oder Dienstleistungen eines Unternehmens zu fördern.[7] Da die Äußerungen durch A den Absatz der von W angebotenen Dienstleistungen fördern und das Unternehmen insgesamt in einem „besseren Licht" erscheinen lassen, wird eine Verkaufsförderung bezweckt. **8**

cc) Finanzierung durch den Unternehmer

Das Erfordernis der Finanzierung ist ebenfalls in einem weiten Sinne zu verstehen und umfasst sämtliche Gegenleistungen des Unternehmers.[8] Da W der A eine erfolgsbezogene Vergütung versprochen hat, liegt eine Finanzierung durch den Unternehmer vor. **9**

dd) Keine eindeutige Erkennbarkeit des Werbecharakters des redaktionellen Inhalts

Eine Irreführung ist ausgeschlossen, wenn der Werbecharakter des redaktionellen Inhalts für den Verbraucher eindeutig erkennbar ist. Im Zusammenhang mit der von A moderierten Sendung wird auf die Kooperationsvereinbarung nicht hingewiesen, sodass der Werbecharakter weder direkt, noch aus dem Zusammenhang erkennbar ist. Es genügt auch nicht, dass A auf der Homepage von W als zufriedene Kundin genannt wird. Zwar liegt die Annahme nahe, dass A als bekannte Persönlichkeit nicht ohne Entgelt von W zu Werbezwecken auf der eigenen Homepage genannt werden darf. Indessen reichen solche „verdächtigen Umstände" nicht, um von einer Erkennbarkeit des Werbecharakters in der Sendung der A auszugehen. Vielmehr müsste für die Zuschauer klar zum Ausdruck kommen, dass A dafür bezahlt wird, dass sie W im Fernsehen positiv hervorhebt. Das ist nicht der Fall. **10**

d) Zwischenergebnis

Ein Verstoß gegen § 3 Abs. 3 UWG liegt vor. **11**

2. Unzulässigkeit gemäß § 3 Abs. 1 UWG

Weiterhin ist zu prüfen, ob die Äußerungen der A gemäß § 3 Abs. 1 UWG unlauter sind. **12**

a) Geschäftliche Handlung (§ 2 Abs. 1 Nr. 1 UWG)

Eine geschäftliche Handlung liegt, wie bereits geprüft, vor. **13**

b) Unlauterkeit

Die Generalklausel des § 3 Abs. 1 UWG wird durch die Beispielstatbestände der §§ 4 bis 6 UWG konkretisiert, sodass zu prüfen ist, ob ein Tatbestand der §§ 4 bis 6 UWG verwirklicht wurde. **14**

---

6 Für eine engere Auslegung Harte/Henning/*Frank*, Anh. § 3 Abs. 3 Nr. 11 Rn. 20.

7 Köhler/Bornkamm/*Köhler*, Anh. zu § 3 III Nr. 11 Rn. 11.3.

8 OLG Düsseldorf WRP 2011, 1085, 1087; Köhler/Bornkamm/*Köhler*, Anh. zu § 3 III Nr. 11 Rn. 11.4; enger Harte/Henning/*Frank*, Anh. § 3 Abs. 3 Nr. 11 Rn. 21.

aa) § 5a Abs. 2 UWG (Irreführung durch Unterlassen)

15 Gemäß § 5a Abs. 2 UWG handelt unlauter, wer einem Verbraucher eine Information vorenthält, die im konkreten Fall unter Berücksichtigung aller Umstände wesentlich ist. Diese Bestimmung dient der Umsetzung von Art. 7 Abs. 1 bis 3 UGP-Richtlinie. Gemäß Art. 7 Abs. 2 UGP-Richtlinie gilt es unter anderem als irreführende Unterlassung, wenn der kommerzielle Zweck einer Geschäftspraxis nicht kenntlich gemacht wird. Diese Regelung findet sich aber im Wortlaut des § 5a Abs. 2 UWG nicht wieder. Das ist unschädlich, weil sich eine entsprechende Regelung in § 4 Nr. 3 UWG findet und diese der Umsetzung der Richtlinie in diesem Punkt dient (dazu unten). Denkbar ist es jedoch, § 5a Abs. 2 UWG richtlinienkonform im Lichte der Art. 7 Abs. 2 auszulegen.[9] Folgt man dieser Auffassung, so ist zu fragen, ob die A Unternehmerin ist und den kommerziellen Zweck ihrer Äußerung gegenüber Verbrauchern verheimlicht hat.

(1) Unternehmereigenschaft der A

16 Ob die A aufgrund ihrer entgeltlichen Tätigkeit als selbstständiger Unternehmer anzusehen ist, ist fraglich. Jedoch kommt es darauf nicht an, da nach § 2 Abs. 1 Nr. 6 UWG als Unternehmer auch derjenige anzusehen ist, der im Namen oder Auftrag eines Unternehmers handelt. Das ist bei A der Fall, da sie für ihre Tätigkeit von W bezahlt wird.

(2) Gegenüber Verbrauchern

17 § 5a Abs. 2 UWG gilt für das Vorenthalten von wesentlichen Informationen gegenüber Verbrauchern (§ 2 Abs. 2 UWG i.V.m. § 13 BGB), was hier der Fall ist (s.o.).

(3) Nichtkenntlichmachen des kommerziellen Zwecks

18 Die scheinbar unabhängige, weil dem Anschein nach private Äußerung der A verfolgte in Wahrheit den kommerziellen Zweck, nämlich den Zweck, den Absatz der Dienstleistungen der W zu fördern (s.o.). Dieser kommerzielle Zweck wurde nicht offengelegt und blieb daher den Verbrauchern verborgen. Der Unlauterkeitstatbestand des § 5a Abs. 2 UWG ist daher erfüllt.

(4) Geschäftliche Relevanz

19 Die unterlassene Information muss geschäftliche Relevanz aufweisen, d.h. den Durchschnittsverbraucher zu einer geschäftlichen Entscheidung veranlassen oder zu veranlassen geeignet sein, die er ansonsten nicht getroffen hätte.[10] Hiervon ist auszugehen, da Kunden der W sich möglicherweise nicht für deren Leistungen entschieden hätten, wenn sie gewusst hätten, dass A für ihre positive Darstellung von W bezahlt wird.

bb) § 4 Nr. 11 UWG i.V.m. § 7 Abs. 2 S. 1 und Abs. 3 S. 1 RStV (Rechtsbruch)

20 Das Verhalten der A kann zugleich als Rechtsbruch unlauter sein. In Betracht kommt ein Verstoß gegen § 7 Abs. 2 S. 1 und Abs. 3 S. 1 RStV. Der RStV gilt für die „Veranstaltung und Verbreitung von Rundfunk“ (§ 1 Abs. 1 RStV). Beide Begriffe sind weit zu verstehen und umfassen den „gesamten Rundfunkprozess“,[11] insbesondere auch die Produktion von Sendungen.

9 In diesem Sinne wohl Harte/Henning/*Dreyer,* § 5a Rn. 38ff.

10 Dies ergibt sich aus der Verweisung auf § 3 Abs. 2 UWG in § 5a Abs. 2 UWG.

11 Hahn/Vesting/*Vesting,* Beck'scher Kommentar zum Rundfunkrecht, 2. Aufl., 2008, § 1 Rn. 30.

(1) Gesetzliche Vorschrift

Eine gesetzliche Vorschrift im Sinne des § 4 Nr. 11 UWG ist jede Rechtsnorm (vgl. Art. 2 EGBGB). Bei den Bestimmungen des RStV handelt es sich um koordiniertes Landesrecht und damit um gesetzliche Vorschriften. **21**

(2) Regelung des Marktverhaltens im Interesse der Marktteilnehmer

Marktverhalten ist jede Tätigkeit auf einem Markt, durch die ein Unternehmer auf die Mitbewerber, Verbraucher oder sonstige Marktteilnehmer einwirkt.[12] **22**

§ 7 Abs. 2 S. 1 und Abs. 3 S. 1 RStV enthalten grundlegende Anforderungen für Werbung und Medienberichterstattung. Es gelten danach der Grundsatz der Trennung von Werbung und redaktionellem Teil und das Gebot, entgeltliche Inhalte im Rundfunk kenntlich zu machen. Dabei handelt es sich um marktbezogene Anforderungen und mithin um Marktverhaltensregelungen.

Die Vorschrift muss zumindest auch dazu bestimmt sein, das Marktverhalten „im Interesse der Marktteilnehmer" zu regeln. Bereits zu § 1 UWG a. F. hatte die Rechtsprechung entschieden, dass es Sinn und Zweck der rundfunkrechtlichen Bestimmungen über das Gebot der Trennung von Werbung und Programm ist, die Unabhängigkeit der Programmgestaltung und die Einhaltung der Neutralität gegenüber dem Wettbewerb im Markt zu wahren und sachfremde Einflüsse Dritter auf die Sendungen zu verhindern.[13]

(3) Zuwiderhandlung

Die Vereinbarung zwischen A und W zielt gerade darauf ab, die rundfunkrechtlichen Bestimmungen zu unterlaufen. Die Vereinbarung führte zu einer inhaltlichen Beeinflussung des Programms (§ 7 Abs. 2 S. 1 RStV). Zugleich liegt ein Verstoß gegen § 7 Abs. 3 S. 1 RStV vor, da der Werbecharakter der Äußerungen von A nicht erkennbar war (s. o.). **23**

cc) § 4 Nr. 3 UWG (Verschleierung des Werbecharakters)

Des Weiteren kann das Verhalten der A den Tatbestand des § 4 Nr. 3 UWG erfüllen. Danach ist es unlauter, den Werbecharakter von geschäftlichen Handlungen zu verschleiern. Eine geschäftliche Handlung hat Werbecharakter, wenn sie mittelbar oder unmittelbar der Förderung des Absatzes oder des Bezugs von Waren oder Dienstleistungen dient.[14] Ein Werbecharakter ist hier ohne Weiteres gegeben, da die Äußerungen der A der Förderung des Absatzes der von W angebotenen Dienstleistungen dienten (s. o.). **24**

Eine Verschleierung des Werbecharakters ist anzunehmen, wenn der Adressat der geschäftlichen Handlung über deren wahren Charakter getäuscht wird, wenn also das äußere Erscheinungsbild der geschäftlichen Handlung so gestaltet ist, dass die Verbraucher oder sonstigen Marktteilnehmer sie nicht klar und eindeutig als solche erkennen.[15] Maßgeblich ist das Verständnis eines durchschnittlich informierten,

12 Köhler/Bornkamm/*Köhler,* § 4 Rn. 11.34.

13 BGHZ 110, 278, 286 – Werbung im Programm.

14 Köhler/Bornkamm/*Köhler,* § 4 Rn. 3.10; juris-PK/*Seichter,* § 4 Nr. 3 Rn. 31; auf den Begriff „Werbung" abstellend Fezer/*Hoeren,* § 4–3 Rn. 18.

15 Fezer/*Hoeren,* § 4–3 Rn. 19; Köhler//Bornkamm/*Bornkamm,* § 4 Rn. 3.11; juris-PK/*Seichter,* § 4 Nr. 3 Rn. 32.

verständigen und situationsadäquat aufmerksamen Durchschnittsmarktteilnehmers (vgl. § 3 Abs. 2 S. 2 und 3 UWG). Für einen durchschnittlichen Zuschauer der von A moderierten Fernsehsendung musste der Eindruck entstehen, dass A über ihre persönliche Erfahrungen mit den Leistungen der W berichtet und nicht aufgrund einer Vereinbarung, durch die ihre lobenden Äußerungen „honoriert" werden. Daher musste sich ein unzutreffender Eindruck über den wahren Charakter der Äußerung aufdrängen. Somit liegt eine Verschleierung des Werbecharakters vor. Der Tatbestand des § 4 Nr. 3 UWG ist damit verwirklicht.

c) Spürbarkeit

25 Bei Verstößen gegen § 5a UWG ist von Spürbarkeit auszugehen, weil die darin genannten Verhaltensweisen schon nach der zugrunde liegenden Wertung per se als spürbare Beeinträchtigung geschützter Interessen anzusehen sind.[16] Bei Verstößen gegen § 4 Nr. 11 und Nr. 3 UWG muss die Spürbarkeit in der Regel gesondert geprüft werden.[17] Im vorliegenden Fall ist eine spürbare Beeinträchtigung geschützter Interessen jedoch gegeben, weil sowohl die Interessen der Verbraucher als auch die der Mitbewerber erheblich beeinträchtigt wurden. Denn es wurde das Vertrauen in die redaktionelle Unabhängigkeit von Medien enttäuscht.

3. Zwischenergebnis

26 Das Verhalten der A verstößt gegen § 3 UWG.

II. Wiederholungsgefahr

27 Der Unterlassungsanspruch setzt Wiederholungsgefahr voraus. Dafür besteht eine tatsächliche, widerlegliche Vermutung, die grundsätzlich nur durch Abgabe einer strafbewehrten Unterlassungserklärung widerlegt werden kann. Eine solche Erklärung wurde jedoch nicht abgegeben.

III. Anspruchsberechtigung

28 D könnte als Mitbewerber gemäß § 8 Abs. 3 Nr. 1 UWG anspruchsberechtigt sein. Nach der Definition in § 2 Abs. 1 Nr. 3 UWG ist Mitbewerber „jeder Unternehmer, der mit einem oder mehreren Unternehmern als Anbieter oder Nachfrager von Waren oder Dienstleistungen in einem konkreten Wettbewerbsverhältnis steht". Im Absatzwettbewerb ist ein konkretes Wettbewerbsverhältnis anzunehmen, wenn Unternehmen die gleichen oder gleichartige Waren oder Dienstleistungen innerhalb desselben Abnehmerkreises abzusetzen versuchen mit der Folge, dass die beanstandete Handlung das andere Unternehmen (Mitbewerber) beeinträchtigen, d.h. in seinem Absatz behindern oder stören kann.[18]

Gegenüber der A besteht kein konkretes Wettbewerbsverhältnis. Im Falle der Förderung eines fremden Unternehmens kommt es aber darauf an, ob ein konkretes

[16] *Bornkamm,* WRP 2012, 1, 5; Köhler/Bornkamm/*Köhler,* § 3 Rn. 151.

[17] Köhler/Bornkamm/*Köhler,* § 3 Rn. 139 und 147ff.

[18] St. Rspr.: *BGH* GRUR 2005, 520, 521 – Optimale Interessenvertretung; *BGH* GRUR 2011, 82 Rn. 19 – Preiswerbung ohne Umsatzsteuer.

Wettbewerbsverhältnis im Verhältnis zum geförderten Unternehmen besteht,[19] also zwischen D und W.

Ein konkretes Wettbewerbsverhältnis setzt grundsätzlich voraus, dass sich die beteiligten Unternehmen auf demselben sachlich, räumlich und zeitlich relevanten Markt betätigen.[20] Ausgangspunkt ist dabei die Geschäftstätigkeit des werbenden Unternehmens.[21] Unerheblich ist, ob sich der Kundenkreis und das Angebot von Waren und Dienstleistungen völlig oder nur teilweise decken.[22] Für die sachliche Marktabgrenzung kommt es darauf an, ob sich die von den beteiligten Unternehmen angebotenen Waren oder Dienstleistungen nach ihren Eigenschaften, ihrem Verwendungszweck und ihrer Preislage so nahe stehen, dass sie der verständige Verbraucher als austauschbar ansieht. Mitbewerber ist ein Unternehmen also nur, wenn es Waren oder Dienstleistungen anbietet, die mit denen des Handelnden gleich oder aus der Sicht verständiger Abnehmer jedenfalls austauschbar sind. Ob Austauschbarkeit zu bejahen ist, hängt von den jeweiligen Marktverhältnissen ab.

Die angebotenen Leistungen von W und D sind nicht völlig identisch. Denn W bietet verschiedene Dienstleistungen rund um das Abnehmen an, während D Diätpillen herstellt und vertreibt. Indessen ist eine völlige Gleichheit der jeweiligen Angebote nicht erforderlich. Abnehmwillige Verbraucher werden die Angebote von D und W jedenfalls zum Teil als substituierbar ansehen, da es um unterschiedliche Wege des Abnehmens geht.

IV. Anspruchsverpflichtung

A haftet als Verletzerin. 29

B. Unterlassungsanspruch D gegen W

Ein Unterlassungsanspruch gegen W kann wiederum aus § 8 Abs. 1 S. 1, 2. Alt. 30
UWG folgen. Die Voraussetzungen eines Unterlassungsanspruchs sind – wie bereits geprüft – gegeben.

I. Haftung als Verletzer

Da W maßgeblich an der Vereinbarung mit A beteiligt ist und von der positiven 31
Darstellung durch A profitiert, haftet W bereits als Verletzer. Es liegt nicht nur eine Anstiftung (also die vorsätzliche Bestimmung zu einer fremden rechtswidrigen Tat[23]) vor, sondern eine Täterschaft, da W maßgeblichen Einfluss auf das Geschehen hat und A nur als „Werkzeug" für W tätig ist.

19 *BGH* GRUR 1997, 907, 908 – *Emil-Grünbär-Klub; BGH* GRUR 1997, 909, 910 – Branchenbuch-Nomenklatur.

20 *BGH* GRUR 2001, 78 – Falsche Herstellerpreisempfehlung; *Köhler,* WRP 2009, 499 ff.

21 Vgl. *BGH* WRP 1998, 42, 45 – Unbestimmter Unterlassungsantrag; *BGH* GRUR 2000, 619, 621 – Orient-Teppichmuster; *BGH* GRUR 2001, 260, 261 – Vielfachabmahner.

22 *BGH* GRUR 1990, 375, 377 – Steuersparmodell.

23 Vgl. § 26 StGB.

II. Zurechnung gemäß § 8 Abs. 2 UWG

32 Des Weiteren könnte W das Handeln der A nach § 8 Abs. 2 UWG zugerechnet werden. Dass eine Haftung der W bereits aus eigener Täterschaft begründet ist (s. o.), schließt die Anwendung von § 8 Abs. 2 UWG nicht aus.[24] Gemäß § 8 Abs. 2 UWG ist der Unterlassungsanspruch (auch) gegen den Inhaber eines Unternehmens begründet, wenn die Zuwiderhandlung in einem Unternehmen durch einen Mitarbeiter oder Beauftragten begangen wurde.

Mitarbeiter im Sinne des § 8 Abs. 2 UWG ist jeder, der aufgrund eines (nicht notwendig entgeltlichen oder wirksamen) Vertrages oder Dienstverhältnisses weisungsabhängige Dienste zu leisten hat.[25] Beauftragter ist nach der Rechtsprechung, wer, ohne Mitarbeiter zu sein, im oder für das Unternehmen eines anderen aufgrund eines vertraglichen oder anderen Verhältnisses tätig ist. Er muss aber in die betriebliche Organisation dergestalt eingegliedert sein, dass einerseits der Erfolg seiner Handlung zumindest auch dem Unternehmensinhaber zugute kommt, andererseits dem Unternehmensinhaber ein bestimmender und durchsetzbarer Einfluss auf die beanstandete Tätigkeit eingeräumt ist.[26]

Da A im Verhältnis zu W keine weisungsgebundene Tätigkeit ausübt, ist sie keine Mitarbeiterin. Sie könnte aber als Beauftragte anzusehen sein. Dafür spricht entscheidend, dass sie in einem Vertragsverhältnis mit W steht, dass der Erfolg ihres Handelns W wirtschaftlich zugute kommt und W andererseits aufgrund der Absprache auf das Verhalten der A Einfluss nehmen kann. Folglich ist W das Handeln der A gemäß § 8 Abs. 2 UWG zuzurechnen.

C. Ergebnis zu Frage 1

33 D steht gegen W ein Unterlassungsanspruch zu.

Frage 2: Wirksamkeit des Vertrages zwischen A und W

34 Da der Vertrag zwischen A und den W beide Parteien zu einem unlauteren Verhalten verpflichtet, verstößt die Vereinbarung gegen ein gesetzliches Verbot und ist gemäß § 134 BGB nichtig.[27]

Frage 3 a): Schadensersatzanspruch von Z-TV (Z) gegen W

A. Wettbewerbsrechtlicher Schadensersatzanspruch gemäß § 9 S. 1 UWG

35 Ein wettbewerbsrechtlicher Schadensersatzanspruch aus § 9 S. 1 UWG kann nur von Mitbewerbern geltend gemacht werden. Für Z kommt eine Anspruchsberechti-

24 MünchKomm-UWG/*Fritzsche,* § 8 Rn. 297; Köhler/Bornkamm/*Köhler,* § 8 Rn. 2.32. Es kann beispielsweise sein, dass die Voraussetzungen des § 8 Abs. 2 UWG für einen Gläubiger leichter nachzuweisen sind als eine Täterschaft.

25 MünchKomm-UWG/*Fritzsche,* § 8 Rn. 299; Köhler/Bornkamm/*Köhler,* § 8 Rn. 2.39; Piper/Ohly/Sosnitza/*Ohly,* § 8 Rn. 48; juris-PK/*Seichter,* § 8 Rn. 132; ähnlich Fezer/*Büscher,* § 8 Rn. 221.

26 *BGH* GRUR 1995, 605, 607 – Franchise-Nehmer.

27 Vgl. BGHZ 110, 156, 175 – HBV-Familien- und Wohnungsrechtsschutz; *BGH* GRUR 1998, 945, 947 – Co-Verlagsvereinbarung; *OLG München* GRUR 2006, 603.

gung daher in Betracht, wenn Z und W Mitbewerber sind. Das ist gemäß § 2 Abs. 1 Nr. 3 UWG der Fall, wenn Z und W in einem konkreten Wettbewerbsverhältnis stehen, also insbesondere auf dem gleichen sachlich relevanten Markt tätig werden (s. o.).

W und Z sind jedoch auf völlig verschiedenen sachlich relevanten Märkten aktiv. W bietet Dienstleistungen im Zusammenhang mit dem Abnehmen an, Z ist dagegen ein Rundfunksender. Dass sich die Kundenkreise möglicherweise hinsichtlich abnehmwilliger Fernsehzuschauer decken, genügt für ein konkretes Wettbewerbsverhältnis nicht.

Ein wettbewerbsrechtlicher Anspruch auf Schadensersatz besteht daher nicht.

B. Bürgerlichrechtlicher Schadensersatzanspruch

Da das UWG im Verhältnis zwischen Z und W keine Anwendung findet, ist zu **36** prüfen, ob gegen W bürgerlichrechtliche Schadensersatzansprüche in Betracht kommen.

I. Anspruch aus § 823 Abs. 1 BGB

Ein Anspruch aus § 823 Abs. 1 BGB scheidet aus, weil W kein in § 823 Abs. 1 **37** BGB genanntes Recht bzw. Rechtsgut und auch kein damit vergleichbares sonstiges Recht verletzt hat. Vielmehr macht Z einen reinen Vermögensschaden geltend, der von § 823 Abs. 1 BGB nicht erfasst wird.[28]

II. Anspruch aus § 823 Abs. 2 S. 1 BGB

Ein Anspruch aus § 823 Abs. 2 S. 1 BGB setzt die Verletzung eines Schutzgesetzes **38** voraus. Als Schutzgesetz kommen sämtliche Rechtsnormen in Betracht (vgl. Art. 2 EGBGB), die zumindest auch einen individualschützenden Charakter haben.[29]

1. UWG-Vorschriften als Schutzgesetze?

Es kann dahinstehen, ob die verletzten UWG-Vorschriften (s. o.) zumindest auch **39** einen Individualschutz von Marktteilnehmern bezwecken. Denn grundsätzlich können Verstöße gegen das UWG – mit Ausnahme der Strafvorschriften der §§ 16 bis 19 UWG – keine Schadensersatzansprüche gemäß § 823 Abs. 2 S. 1 BGB auslösen.[30] Anderenfalls würden die speziellen Vorschriften des UWG zur Verjährung (§ 11 UWG) und zur Zuständigkeit (§§ 13, 14 UWG) umgangen.

2. § 7 Abs. 2 S. 1 und Abs. 3 S. 1 RStV als Schutzgesetze

Damit stellt sich die Frage, ob die verletzten Vorschriften des Rundfunkstaatsvertra- **40** ges als Schutzgesetze anzusehen sind. Das Gebot der Trennung von Werbung und Programm (§ 7 Abs. 2 S. 1 RStV) und das Gebot der klaren Erkennbarkeit (§ 7

28 Vgl. nur Palandt/*Sprau,* BGB § 823 Rn. 11.
29 Vgl. nur Palandt/*Sprau,* BGB § 823 Rn. 57.
30 Vgl. Begr. zum RegE, BT-Drs. 15/1487, S. 22.

Abs. 3 S. 1 RStV) schützen die Allgemeinheit vor Beeinträchtigungen des Vertrauens in die Unabhängigkeit der Berichterstattung (s. o.). Geschützt wird jedoch nicht der einzelne Rundfunkveranstalter vor etwaigen „Imageschäden" die eintreten, wenn Rechtsverstöße bekannt werden.

Daher ist ein Schadensersatzanspruch aus § 823 Abs. 2 S. 1 BGB nicht gegeben.

III. Anspruch aus § 826 BGB

41 Es bleibt zu untersuchen, ob der Abschluss der „Kooperationsvereinbarung" als eine vorsätzlich sittenwidrige Schädigung der Z durch W anzusehen ist. In Betracht kommt eine Sittenwidrigkeit unter dem Aspekt der „Beteiligung am fremden Vertragsbruch", weil W dazu beigetragen hat, dass A die vertragliche Vereinbarung mit Z gebrochen hat. Ein solches Verhalten ist jedoch weder vorsätzlich noch sittenwidrig. Denn vertragsbrüchig wird allein die A gegenüber Z. Wenn W hieran ohne Kenntnis der Vereinbarung mitwirkt, dann erwachsen hieraus keine Schadensersatzansprüche des vom Vertragsbruch Betroffenen.[31]

C. Ergebnis zu Frage 3 a)

42 Schadensersatzansprüche der Z gegen W bestehen nicht.

Frage 3 b): Schadensersatzanspruch von Z gegen W gemäß § 826 BGB

43 Die Besonderheit der Abwandlung besteht darin, dass W von der vertraglichen Vereinbarung zwischen Z und A gewusst und A dazu verleitet hat, diese Abrede nicht einzuhalten. Denn Z hat der A versprochen, sie von etwaigen Schadensersatzansprüchen[32] freizustellen. Ansprüche aus § 823 Abs. 1 und Abs. 2 S. 1 BGB kommen wiederum nicht in Betracht. Möglicherweise greift aber § 826 BGB ein. Da W Kenntnis von der Abrede zwischen Z und A hatte, die A dazu verpflichtete, Werbeverträge ausnahmslos offenzulegen, könnte eine vorsätzliche sittenwidrige Schädigung vorliegen.

Nach der Rechtsprechung ist nicht jede Verleitung eines anderen zum Bruch des mit einem Dritten geschlossenen Vertrages eine Sittenwidrigkeit i. S. d. § 826 BGB.[33] Denn vertragliche Abmachungen gehen Dritte in der Regel nichts an und etwaige Verletzungen lösen keine Deliktsansprüche, sondern nur Ansprüche im Individualverhältnis der Vertragsparteien aus. Ausnahmsweise gelte aber anderes, „wenn in dem Eindringen des Dritten in die Beziehungen der Vertragspartner ein besonderes Maß an Rücksichtslosigkeit gegenüber dem Betroffenen, ein Mangel an ‚Loyalität' im Rechtsverkehr, insbesondere gegenüber dem Grundsatz ‚pacta sunt servanda' hervortritt, und deshalb seine Berufung auf die nur relativen Bindungswirkungen von Verträgen als mißbräuchliches Einspannen der Rechtsordnung für die eigenen Interessen erscheint".[34]

31 Vgl. *Köhler,* FS Canaris, Bd. I, 2007, S. 591, 592.

32 In Betracht kommt insbesondere ein Schadensersatzanspruch von Z gegen A aus §§ 280 Abs. 1 S. 1, 241 Abs. 2 BGB wegen der Verletzung einer vertraglichen Nebenpflicht.

33 So schon RGZ 103, 419, 421.

34 Vgl. *BGH* NJW 1981, 2184, 2185; siehe auch *BGH* NJW 1992, 2152, 5153; 1994, 128, 129.

Die bloße Kenntnis der Vertragsbrüchigkeit und das Ausnutzen stellt für sich genommen noch keine vorsätzliche sittenwidrige Schädigung dar.[35] Eine andere Beurteilung kann aber unter Berücksichtigung der Zusage von W, A von Schadensersatzansprüchen freizustellen, geboten sein. Die Rechtsprechung sieht in solchen Zusagen einen Anhaltspunkt für ein sittenwidriges Verhalten. Denn durch die Freistellung ziele der Dritte in besonders signifikanter Weise gerade auf diejenigen Sicherungen, die im Vertragsrecht die Basis für den Interessenschutz der Beteiligten ausmachen. Ohne sie sei der Grundsatz „pacta sunt servanda" inhaltsleer.[36] Folgt man dieser Argumentation, dann liegt ein sittenwidriges Verhalten des W vor. Denn das Vorhandensein von vertraglichen Schadensersatzansprüchen sichert die Einhaltung der Verpflichtungen im Vertragsverhältnis zwischen Z und A. Indem W die A aber von etwaigen Schadensersatzansprüchen freistellt, wird diese „Präventionswirkung" des vertraglichen Schadensersatzes vereitelt. Da W in Kenntnis der gesamten Umstände handelte, ist auch Vorsatz gegeben. Hiernach ist also der Tatbestand des § 826 BGB erfüllt und ein Schadensersatzanspruch gegeben.[37]

Ergebnis zu Frage 3b): Z steht gegen W ein Anspruch auf Schadensersatz gemäß § 826 BGB zu. **44**

[35] Ganz h.M. siehe nur RGZ 103, 419, 421; *BGH* NJW 1981, 2184, 2185; Palandt/*Sprau,* BGB § 826 Rn. 23.

[36] *BGH* NJW 1981, 2184, 2185; kritisch dazu *Köhler,* FS Canaris, Bd. I, 2007, S. 591, 595 ff.

[37] **Hinweis:** Man kann gegen die Auffassung der Rechtsprechung einwenden, dass die „Präventionswirkung" des vertraglichen Schadensersatzanspruches nicht beeinträchtigt wird, sondern der Vertragspartner durch eine Freistellungszusage des Dritten sogar zusätzlich geschützt wird. Dann aber besteht kein Grund zur Anwendung von § 826 BGB. Bei entsprechender Begründung ist daher eine andere Ansicht gut vertretbar.

Fall 5. Der Getränkemarkt

Sachverhalt

Die E-KG betreibt in Bad Endorf einen Getränkemarkt. E und S sind persönlich haftende Gesellschafter, G ist Kommanditistin. Der Gesellschaftsvertrag enthält keine Regelungen über die Geschäftsführung und Vertretung. Während der Urlaubsabwesenheit des E will S den Absatz durch eine Werbeaktion steigern. Er lässt Handzettel verteilen, in denen es unter anderem heißt: *„Sonderangebot vom 15.–22. August: 1 Kasten Augustiner Hell 18,50 € (zum Vergleich: Preis bei Getränkemarkt Huber 23,50 €). Außerdem erhält jeder Kunde, der in dieser Woche Geburtstag hat, eine Flasche Prosecco als Geschenk"*.

Der Getränkemarkt H erfährt von der Aktion der E-KG und reagiert darauf in der Weise, dass er ab dem 15. August den Preis für einen Kasten Augustiner Hell ebenfalls auf 18,50 € reduziert. Außerdem lässt er durch Beauftragte systematisch das „Augustiner Hell" bei der E-KG aufkaufen, so dass schon am Mittag des 15. August der Vorrat an dieser Biersorte bei der E-KG erschöpft ist und später erscheinende Kunden abgewiesen werden müssen.

H lässt am Nachmittag des 15. August unter Schilderung des Sachverhalts einen Rechtsanwalt prüfen, ob
1. die Werbung der E-KG in diesem Zeitpunkt wettbewerbsrechtlich unzulässig ist,
2. ihm ein Unterlassungsanspruch gegen die Gesellschafter der E-KG, E und S, gegen die E-KG selbst sowie gegen G zustehen, falls die Werbung unzulässig ist, und
3. möglicherweise das von ihm betriebene systematische Aufkaufen des „Augustiner Hell"-Vorrats wettbewerbsrechtlich unzulässig war.

Vermerk für die Bearbeiter: Das Rechtsgutachten des Rechtsanwalts, das auf alle vom Sachverhalt aufgeworfenen Fragen eingeht, ist zu erstellen.

Gliederung

Lösung

Frage 1: Unzulässigkeit der Werbung der E-KG

1 Die Werbung setzt sich aus drei Bestandteilen zusammen, die getrennt auf ihre wettbewerbsrechtliche Zulässigkeit zu prüfen sind.

A. Werbung mit dem befristeten Sonderangebot

2 Die Werbung der E mit dem befristeten Sonderangebot ist dann wettbewerbsrechtlich unzulässig, wenn sie gegen § 3 UWG verstößt.

I. Verstoß gegen § 3 UWG

1. Unzulässigkeit gemäß § 3 Abs. 3 UWG

3 Nach § 3 Abs. 3 UWG sind die im Anhang aufgeführten geschäftlichen Handlungen gegenüber Verbrauchern stets unzulässig. Hier kommt im Hinblick auf die Werbung mit befristetem Sonderangebot für „Augustiner Hell" zum Preis von 18,50 € ein Verstoß gegen § 3 Abs. 3 UWG i. V. m. Anhang Nr. 5 in Betracht.

a) Geschäftliche Handlung (§ 2 Abs. 1 Nr. 1 UWG)

4 Hier diente die Handzettelwerbung ebenso wie die Abgabe des Prosecco als „Geschenk" dazu, den eigenen Absatz der E-KG zu fördern. Es liegt daher eine geschäftliche Handlung vor.

b) Gegenüber Verbrauchern

5 Die Werbung richtet sich an Verbraucher i. S. d. § 2 Abs. 2 UWG i. V. m. § 13 BGB.

c) Tatbestand der Nr. 5 des Anhangs zu § 3 Abs. 3 UWG

6 Die Vorschrift erfasst Waren- oder Dienstleistungsangebote i. S. d. § 5a Abs. 3 UWG zu einem bestimmten Preis. Diese Voraussetzung ist hier erfüllt, da die Merkmale der Ware (Kasten „Augustiner Hell") und der Preis (18,50 €) so beschrieben sind, dass ein durchschnittlicher Verbraucher das Geschäft abschließen kann.

Ein Verstoß gegen Nr. 5 setzt jedoch voraus, dass der Unternehmer in seiner Werbung nicht darüber aufgeklärt hat, dass er hinreichende Gründe für die Annahme hat, er werde nicht in der Lage sein, diese oder gleichartige Waren für einen angemessenen Zeitraum in angemessener Menge zum genannten Preis bereitzustellen. Die Angemessenheit bestimmt sich danach, wie ein verständiger Unternehmer in der konkreten Situation des Werbenden die Nachfrage einschätzen würde.[1] Nach der Gestaltung der Werbung (breite Streuung der Werbung; Aktionsdauer eine Woche; vergleichsweise günstiger Preis) musste die E-KG an sich dafür sorgen, dass sie für die ganze Woche ausreichend bevorratet war. Hier reichte der Vorrat der E-KG nur für einen halben Tag. Nach Nr. 5 S. 2 obliegt es dem Unternehmer, die Angemessenheit nachzuweisen, wenn die Bevorratung kürzer als zwei Tage ist. Daher muss die E-KG Gründe nachweisen, die eine geringere Bevorratung rechtfertigen:[2] Der Gläubiger muss lediglich vortragen, dass der Warenvorrat unzureichend war und dass darauf in der Werbung nicht hingewiesen worden war. Alsdann muss der Schuldner darlegen, er habe angemessen disponiert, der Vorrat habe aber wegen einer unvorhersehbar großen Nachfrage nicht gereicht. Hier kann die E-KG nachweisen, dass der Vorrat wegen des unvorhersehbaren Aufkaufs durch H nicht gereicht hat.[3] Ein Verstoß gegen § 3 Abs. 3 i.V. Anhang Nr. 5 liegt daher nicht vor.

2. Unzulässigkeit gemäß § 3 Abs. 1 UWG

Weiter ist zu prüfen, ob die Werbung gegen § 3 Abs. 1 UWG verstößt. Dazu müsste (a) eine geschäftliche Handlung vorliegen, die (b) unlauter und außerdem (c) geeignet ist, die Interessen der Mitbewerber, der Verbraucher oder der sonstigen Marktteilnehmer spürbar zu beeinträchtigen. 7

a) Geschäftliche Handlung (§ 2 Abs. 1 Nr. 1 UWG)

Eine geschäftliche Handlung liegt vor (s.o.). 8

b) Unlauterkeit

Bei der Prüfung, ob die Werbung unlauter ist, ist in erster Linie zu fragen, ob sie einen oder mehrere Beispielstatbestände unlauteren Handelns i.S. der §§ 4 bis 6 UWG erfüllt. 9

aa) § 4 Nr. 1 UWG (Unangemessener unsachlicher Einfluss)

Die Werbung mit einem befristeten Sonderangebot bringt die besondere Leistungsfähigkeit des Werbenden zum Ausdruck. Es ist nicht ersichtlich, dass die freie Entscheidung der Verbraucher irgendwie beeinträchtigt würde. Daher liegt keine unangemessene unsachliche Beeinflussung der Kunden i.S.v. § 4 Nr. 1 UWG vor. 10

bb) § 5 Abs. 1 S. 2 UWG (Irreführende geschäftliche Handlung)

Nach § 5 Abs. 1 S. 2 UWG ist eine geschäftliche Handlung irreführend (und damit unlauter i.S.v. § 5 Abs. 1 S. 1 UWG), wenn sie unwahre Angaben enthält oder sonstige zur Täuschung geeignete Angaben über bestimmte Umstände enthält. Dazu gehört nach § 5 Abs. 1 S. 2 Nr. 1 UWG auch die Verfügbarkeit der Ware. Im Zeitpunkt der Werbung war die Ware verfügbar. Die Werbung könnte daher allen- 11

[1] *Lettl*, WRP 2008, 155, 159; Harte/Henning/*Weidert*, Anh. § 3 Abs. 3 Nr. 5 Rn. 25f.

[2] Vgl. Köhler/Bornkamm/*Bornkamm*, Anh. zu § 3 III Nr. 5 Rn. 5.5; Harte/Henning/*Weidert*, Anh. § 3 Abs. 3 Nr. 5 Rn. 32ff.

[3] Vgl. auch (zum alten Recht) *BGH* GRUR 1987, 835, 837 – Lieferbereitschaft.

falls durch die Entwicklung nach Verteilung der Handzettel irreführend i.S.v. § 5 Abs. 1 S. 2 UWG geworden sein. Jedoch wird man insoweit § 3 Abs. 3 UWG i.V.m. Anhang Nr. 5 als Sonderregelung verstehen müssen.[4] Unlauterkeit nach § 5 UWG ist daher ebenfalls zu verneinen.

II. Ergebnis

12 Die Werbung mit dem befristeten Sonderangebot ist zulässig.

B. Werbung mit Preisvergleich

I. Verstoß gegen § 3 UWG

1. Unzulässigkeit gemäß § 3 Abs. 1 UWG

13 Da eine Unzulässigkeit gemäß § 3 Abs. 3 UWG i.V.m. dem Anhang nicht in Betracht kommt, ist zu prüfen, ob die Werbung mit dem Preisvergleich nach § 3 Abs. 1 UWG unzulässig ist.

a) Geschäftliche Handlung (§ 2 Abs. 1 Nr. 1 UWG)

14 Die Werbung dient der Förderung des Absatzes eigener Waren ist damit eine geschäftliche Handlung.

b) Unlauterkeit gemäß § 6 Abs. 2 UWG (Unlautere vergleichende Werbung)

15 Die Werbung mit dem Preisvergleich könnte nach den §§ 3 Abs. 1, 6 Abs. 2 UWG unzulässig sein.

aa) Vorliegen einer vergleichenden Werbung (§ 6 Abs. 1 UWG)

16 Voraussetzung ist, dass eine vergleichende Werbung i.S.v. § 6 Abs. 1 UWG vorliegt. Vergleichende Werbung ist nach dieser Vorschrift jede Werbung, die unmittelbar oder mittelbar einen Mitbewerber oder die von einem Mitbewerber angebotenen Waren oder Dienstleistungen erkennbar macht.

(1) Werbung

17 Der Begriff der Werbung ist im UWG nicht definiert. Da § 6 UWG der Umsetzung der Richtlinie 2006/114/EG dient, ist der Begriff richtlinienkonform auszulegen. Gemäß Art. 2 lit. a der Richtlinie ist Werbung „jede Äußerung bei der Ausübung eines Handels, Gewerbes, Handwerks oder freien Berufs mit dem Ziel, den Absatz von Waren oder die Erbringung von Dienstleistungen … zu fördern". Die Äußerung der E-KG stellt eine Werbung dar, da sie das Ziel hat, den Absatz des eigenen Unternehmens zu fördern.

(2) Erkennbarmachen eines Mitbewerbers

18 In dieser Werbung werden auch ein Mitbewerber, nämlich H, und seine Waren („Augustiner Hell") unmittelbar erkennbar gemacht. Die Werbung enthält auch einen Vergleich, nämlich eine Gegenüberstellung der Angebote des Werbenden und

[4] *Lettl*, WRP 2008, 155, 165; so i.E. wohl auch Köhler/Bornkamm/*Bornkamm*, Anh. zu § 3 III Nr. 5 Rn. 5.8; Harte/Henning/*Weidert*, Anh. § 3 Abs. 3 Nr. 5 Rn. 5.

des Mitbewerbers. Es liegt daher eine vergleichende Werbung i.S.d. § 6 Abs. 1 UWG vor.[5]

bb) Unlauterkeit der vergleichenden Werbung

(1) § 6 Abs. 2 UWG

Vergleichende Werbung ist unlauter nach § 6 Abs. 2 UWG, wenn sie nicht bestimmte Voraussetzungen erfüllt. Hier bezieht sich die Werbung auf Waren für den gleichen Bedarf, da Werbender (E-KG) und Mitbewerber (H) dasselbe Bier anbieten (§ 6 Abs. 2 Nr. 1 UWG). Die Werbung ist auf den Preis der Waren bezogen (§ 6 Abs. 2 Nr. 2 UWG). Die Werbung führt auch nicht zu Verwechslungen (§ 6 Abs. 2 Nr. 3 UWG) oder zu einer Rufausbeutung oder -beeinträchtigung (§ 6 Abs. 2 Nr. 4 UWG). Der bloße Preisvergleich bei identischen Waren beinhaltet auch keine Herabsetzung oder Verunglimpfung des Mitbewerbers (§ 6 Abs. 2 Nr. 5 UWG) und die Werbung stellt auch keine Ware als Imitation oder Nachahmung dar (§ 6 Abs. 2 Nr. 6 UWG). Unlauterkeit i.S.d. § 6 Abs. 2 UWG liegt daher nicht vor. 19

(2) § 5 Abs. 1 S. 2 und Abs. 3 UWG (Irreführende vergleichende Werbung)

Die vergleichende Werbung könnte jedoch irreführend sein. Zu den bei der Prüfung der Irreführung zu berücksichtigenden Angaben gehören nach § 5 Abs. 3 UWG auch Angaben im Rahmen vergleichender Werbung. Die Besonderheit des Falles liegt darin, dass die Angabe des Preises des Mitbewerbers H zwar bei Beginn der Werbung objektiv zutreffend war, aber im Zeitpunkt der Preisherabsetzung durch H unrichtig wurde. Denn die Verbraucher, die den Handzettel lesen, gehen davon aus, dass die Preise bei H unverändert sind. Die Werbeaussage ist daher nachträglich von diesem Zeitpunkt an unrichtig und damit irreführend geworden.[6] Dass die E-KG die Preisherabsetzung durch H nicht voraussehen konnte, ändert an der Irreführung der Kunden nichts. Wer mit einem Preisvergleich wirbt, trägt das Risiko, dass der Mitbewerber in Reaktion darauf seine Preise senkt. Den Werbenden trifft insoweit eine Marktbeobachtungslast.[7] 20

c) Spürbarkeit

Da davon auszugehen ist, dass die Verbraucher den Handzettel noch bei sich oder in Erinnerung haben und auf Grund dessen eine Kaufentscheidung zugunsten der E-KG treffen können, die sie sonst vielleicht nicht treffen würden, ist von einer spürbaren Beeinträchtigung der Interessen der Verbraucher auszugehen. Darüber hinaus werden auch die Interessen des H spürbar beeinträchtigt, da die Werbung der E-KG seinen Absatz beeinträchtigen kann. 21

2. Zwischenergebnis

Die Werbung mit dem Preisvergleich ist nach § 3 Abs. 1 i.V.m. § 5 Abs. 1 S. 2 Nr. 2 UWG unzulässig. 22

5 Zum Erfordernis eines Vergleichs vgl. *BGH* WRP 2012, 77 Rn. 18 – Coaching-Newsletter m. Anm. *Köhler.*

6 Vgl. Köhler/Bornkamm/*Bornkamm,* § 5 Rn. 2.124.

7 Köhler/Bornkamm/*Köhler,* § 6 Rn. 123; *Ohly,* GRUR 2003, 641, 645 f.

II. Ergebnis

23 Es liegt ein Verstoß gegen § 3 UWG vor.

C. Werbung mit Prosecco-Flasche als Geschenk

I. Verstoß gegen § 3 UWG

1. Unzulässigkeit gemäß § 3 Abs. 1 UWG

24 Da eine Unzulässigkeit gemäß § 3 Abs. 3 UWG nicht in Betracht kommt, bleibt zu prüfen, ob die Werbung nach § 3 Abs. 1 UWG unzulässig ist.

a) Geschäftliche Handlung (§ 2 Abs. 1 Nr. 1 UWG)

25 Eine geschäftliche Handlung liegt vor (s. o.).

b) Unlauterkeit

26 Bei der Prüfung, ob die Werbung mit der Prosecco-Flasche als Geschenk unlauter ist, ist wiederum in erster Linie zu fragen, ob sie einen oder mehrere Beispielstatbestände unlauteren Handelns i. S. der §§ 4 bis 6 UWG erfüllt.

aa) § 4 Nr. 1 UWG (Unangemessener unsachlicher Einfluss)

27 Die Prosecco-Flasche wird unentgeltlich nur an „Kunden" abgegeben, d. h. nur an solche Verbraucher, die Waren bei der E-KG beziehen. Daher handelt es sich dabei nicht um ein „Geschenk", sondern um eine „Zugabe"[8] (vgl. § 4 Nr. 4 UWG). Die Frage ist daher, ob die Werbung mit einer Zugabe einen unangemessenen unsachlichen Einfluss auf die Entscheidungsfreiheit der Verbraucher ausübt. Ein unangemessener unsachlicher Einfluss ist in richtlinienkonformer Auslegung am Maßstab der Art. 8 und 9 UGP-Richtlinie nur dann anzunehmen, wenn eine Werbemaßnahme die freie Entscheidung des durchschnittlichen Marktteilnehmers durch „unzulässige Beeinflussung" beeinträchtigt.[9] Maßstab ist dabei der durchschnittliche informierte, situationsadäquat aufmerksame und verständige Verbraucher oder sonstige Abnehmer (vgl. § 3 Abs. 2 S. 2 und 3 UWG).

Die Gewährung von Zugaben stellt im Regelfall keinen unangemessenen unsachlichen Einfluss dar, weil davon nur ein besonderer Anreiz ausgeht, ohne dass der Verbraucher dadurch unter Druck gesetzt wird.[10] Dies ergibt sich mittelbar auch aus § 4 Nr. 4 UWG, da diese Vorschrift die grundsätzliche Zulässigkeit von Zugaben voraussetzt. Unlauterkeit nach § 4 Nr. 1 UWG käme allenfalls dann in Betracht, wenn die „Anlockwirkung" einer Zugabe so stark ist, dass auch bei einem verständigen Verbraucher die Rationalität der Kaufentscheidung völlig in den Hintergrund tritt.[11] Dafür reicht aber der hohe Wert einer Zugabe nicht aus. Denn in der heutigen Zeit ist der Verbraucher daran gewöhnt, z. T. auch wertvolle Zugaben zu erhal-

[8] Zum Begriff: *BGH* GRUR 2002, 976, 978 – Kopplungsangebot I; Köhler/Bornkamm/*Köhler*, § 4 Rn. 1.100.

[9] Vgl. Köhler/Bornkamm/*Köhler*, § 4 Rn. 1.58 ff.

[10] Vgl. *BGH* GRUR 2011, 532 Rn. 22 – Millionen-Chance II.

[11] Vgl. *BGH* GRUR 2003, 890, 891 – Buchclub-Kopplungsangebot; *BGH* GRUR 2011, 532 Rn. 27 – Millionen-Chance II.

ten.[12] Von der Werbung geht daher kein unangemessener unsachlicher Einfluss auf die Kaufentscheidung aus. (Auch ein Verstoß gegen § 3 Abs. 2 S. 1 UWG kommt mangels Verletzung einer fachlichen Sorgfaltspflicht nicht in Betracht.)

bb) § 4 Nr. 4 UWG (Transparenzgebot bei Verkaufsförderungsmaßnahmen)

Nach § 4 Nr. 4 UWG handelt unlauter, wer bei Zugaben die Bedingungen für ihre Inanspruchnahme nicht klar und eindeutig angibt. Hier hat die E-KG in der Werbung darauf hingewiesen, dass jeder Kunde, der Geburtstag hat, die Zugabe erhält. Für den durchschnittlich informierten, situationsadäquat aufmerksamen und verständigen Abnehmer, auf den abzustellen ist (vgl. § 3 Abs. 2 S. 2 und 3 UWG), ist der Sinn der Aussage ohne Weiteres erkennbar. Es soll nur der Abnehmer in den Genuss der Zugabe kommen, der in der maßgeblichen Angebotswoche Geburtstag hat. Unlauterkeit i. S. v. § 4 Nr. 4 UWG ist daher zu verneinen. **28**

cc) § 4 Nr. 6 UWG (Kopplungsverbot)

Nach § 4 Nr. 6 UWG ist es unlauter, den Absatz von Waren oder Dienstleistungen mit einem Preisausschreiben oder Gewinnspiel zu koppeln. Daher ist zu fragen, ob die Flasche Prosecco als Gewinn im Rahmen eines Gewinnspiels anzusehen ist. Ein Gewinnspiel setzt jedoch voraus, dass über den „Gewinn" durch Zufall entschieden wird.[13] Da der Gewinn davon abhängt, dass der Kunde Geburtstag hat und jeder Kunde sofort weiß, ob er eine Flasche Prosecco beim Kauf erhalten wird, fehlt es an dem entscheidenden Zufallselement. Daher greift auch § 4 Nr. 6 UWG nicht ein.[14] **29**

dd) § 5 a Abs. 2 UWG (Irreführung durch Unterlassen)

Die Unlauterkeit könnte sich aus einer unterlassenen Aufklärung über den Wert der Flasche Prosecco ergeben. Der Werbende ist aber nicht gehalten, den Wert einer Zugabe anzugeben.[15] Es liegt daher auch keine Irreführung durch Unterlassen i. S. d. § 5 a Abs. 2 UWG vor. **30**

2. Zwischenergebnis

Die Werbung mit der Prosecco-Flasche als Geschenk ist nicht nach § 3 Abs. 1 UWG unzulässig. **31**

II. Ergebnis

Ein Verstoß gegen § 3 UWG liegt nicht vor. **32**

D. Ergebnis zu Frage 1

Die Werbung der E-KG ist nur insoweit unzulässig, als sie einen Preisvergleich enthält. **33**

12 Vgl. *BGH* GRUR 2003, 890, 891 – Buchclub-Kopplungsangebot.

13 Köhler/Bornkamm/*Köhler*, § 4 Rn. 1.157; juris-PK/*Seichter*, § 4 Nr. 1 Rn. 137.

14 Im Übrigen ist § 4 Nr. 6 UWG richtlinienkonform einschränkend dahin auszulegen, dass eine Kopplung nur dann unlauter ist, wenn sie den Erfordernissen der beruflichen Sorgfalt i. S. d. Art. 5 Abs. 2 lit. a der UGP-Richtlinie widerspricht (*BGH* GRUR 2011, 532 Rn. 25 – Millionen-Chance II).

15 St. Rspr.; vgl. *BGH* GRUR 2002, 976, 978 – Kopplungsangebot I; *BGH* GRUR 2003, 538, 539 – Gesamtpreisangebot.

Frage 2: Unterlassungsansprüche des H gegen die E-KG und deren Gesellschafter S, E und G

34 Nach § 8 Abs. 1 S. 1, 2. Alt. UWG kann derjenige, der eine nach § 3 UWG unzulässige geschäftliche Handlung vornimmt, bei Wiederholungsgefahr auf Unterlassung in Anspruch genommen werden. Eine Zuwiderhandlung gegen § 3 UWG liegt vor (s.o.). Die Wiederholungsgefahr wird beim Handeln eines Unternehmers vermutet. Sie kann vom Schuldner grundsätzlich nur durch die Abgabe einer strafbewehrten Unterlassungsverpflichtungserklärung ausgeräumt werden. Da dies hier nicht geschehen ist, besteht der Unterlassungsanspruch gegen den Zuwiderhandelnden. Zu prüfen ist, wer für die Zuwiderhandlung verantwortlich ist und damit auf Unterlassung in Anspruch genommen werden kann.

A. Unterlassungsanspruch des H gegen S

35 Da S die Zuwiderhandlung persönlich veranlasst hat, haftet er als Täter.

B. Unterlassungsanspruch des H gegen E

I. Haftung wegen pflichtwidrigen Unterlassens

36 E hat zwar die fragliche Werbemaßnahme nicht veranlasst. Da er aber persönlich haftender Gesellschafter und damit Organ der E-KG ist, könnte er möglicherweise wegen pflichtwidrigen Nichteinschreitens gegen die Werbung persönlich verantwortlich sein. Dazu müsste er von der Zuwiderhandlung des S gewusst und sie pflichtwidrig nicht verhindert haben. Hier scheidet eine Verantwortlichkeit des E jedoch aus, weil er von der Maßnahme des S keine Kenntnis hatte.[16]

II. Haftung als Mitgesellschafter nach §§ 161, 128 HGB?

37 E könnte möglicherweise als persönlich haftender Gesellschafter nach §§ 161 Abs. 2, 128 S. 1 HGB für die Verbindlichkeiten der Gesellschaft (dazu unten C) persönlich haften und damit Unterlassung schulden. Jedoch ist fraglich, ob § 128 HGB auf Unterlassungspflichten der Gesellschaft (hier: der E-KG) anzuwenden ist. Das ist zu verneinen, da die Unterlassungspflicht der Gesellschaft nicht identisch mit der Unterlassungspflicht der Gesellschafter ist.[17]

C. Unterlassungsanspruch des H gegen die E-KG

38 Die E-KG muss sich das (deliktische) Handeln ihres persönlich haftenden Gesellschafters nach § 31 BGB analog zurechnen lassen.[18]

---

16 Vgl. Köhler/Bornkamm/*Köhler*, § 8 Rn. 2.20.
17 *BGH* GRUR 2006, 493 Rn. 22 – Michel-Nummern.
18 Vgl. Köhler/Bornkamm/*Köhler*, § 8 Rn. 2.19.

D. Unterlassungsanspruch des H gegen G

G war als bloße Kommanditistin von der Vertretung und Geschäftsführung ausgeschlossen (vgl. §§ 170, 163 HGB). Mangels Einwirkungsmöglichkeit auf die Geschäftsführung und damit auf die rechtliche und tatsächliche Tätigkeit der E-KG kann sie daher nicht für das Handeln des geschäftsführenden Gesellschafters S verantwortlich gemacht werden. **39**

Frage 3: Unzulässigkeit des Aufkaufens des „Augustiner Hell"-Vorrats

Das Aufkaufen des „Augustiner Hell"-Vorrats könnte gegen § 3 UWG verstoßen. **40**

I. Verstoß gegen § 3 UWG

1. Unzulässigkeit gemäß § 3 Abs. 1 UWG

Da eine Unzulässigkeit gemäß § 3 Abs. 3 UWG nicht in Betracht kommt, ist zu prüfen, ob das Aufkaufen nach § 3 Abs. 1 UWG unzulässig ist. **41**

a) Geschäftliche Handlung (§ 2 Abs. 1 Nr. 1 UWG)

Das Aufkaufen des „Augustiner Hell" fördert zunächst den Absatz der E-KG, doch zielt diese Handlung darauf ab, dass Kunden diese Ware bei der E-KG nicht mehr erwerben können und sich nunmehr an H wenden. Die Maßnahme soll also letztlich den Absatz des H fördern. Eine geschäftliche Handlung liegt daher vor. **42**

b) Unlauterkeit gemäß § 4 Nr. 10 UWG (Gezielte Behinderung)

Die Unlauterkeit könnte sich aus einer gezielten Behinderung eines Mitbewerbers gemäß §§ 3 Abs. 1, 4 Nr. 10 UWG ergeben. **43**

aa) Mitbewerber

H und die E-KG sind auf dem gleichen relevanten Markt tätig und stehen deswegen in einem konkreten Wettbewerbsverhältnis. Sie sind daher Mitbewerber i. S. v. § 2 Abs. 1 Nr. 3 UWG. **44**

bb) Behinderung

Eine Behinderung von Mitbewerbern setzt eine Beeinträchtigung der wettbewerblichen Entfaltungsmöglichkeiten eines Mitbewerbers voraus.[19] Die Behinderung kann sich auf alle Wettbewerbsparameter des Mitbewerbers wie beispielsweise Absatz, Bezug, Werbung, Produktion, Finanzierung oder Personal beziehen.[20] Das gezielte Aufkaufen des vorhandenen Warenvorrats beeinträchtigt die E-KG. Denn die Wirkung ihrer eigenen Werbung wird „vereitelt", da für „normale" Kunden kein Bier mehr übrig ist und diese sich möglicherweise enttäuscht von der E-KG abwenden. Eine Behinderung liegt damit vor. **45**

---

19 BGHZ 148, 1, 5 – Mitwohnzentrale.de; *BGH* GRUR 2004, 877, 879 – Werbeblocker; Köhler/Bornkamm/*Köhler,* § 4 Rn. 10.6; Piper/Ohly/Sosnitza/*Ohly,* § 4 Rn. 10/8.

20 *BGH* GRUR 2004, 877, 879 – Werbeblocker.

cc) Gezielt

46 Die Behinderung muss aber gezielt sein. Eine Behinderungs- oder Verdrängungsabsicht ist zwar ausreichend, andererseits aber nicht erforderlich.[21] Die Schwelle der als bloße Folge des Wettbewerbs hinzunehmenden Behinderung ist erst überschritten, wenn das betreffende Verhalten bei objektiver Würdigung der Umstände auf die Beeinträchtigung der wettbewerblichen Entfaltung des Mitbewerbers und nicht in erster Linie auf die Förderung des eigenen Wettbewerbs gerichtet ist.[22] Dazu gehört unter anderem der Fall des gezielten Aufkaufens einer preisgünstig angebotenen Ware, um dadurch die Lieferfähigkeit eines Händlers einzuschränken und den Eindruck eines Lockvogelangebots zu erwecken.[23] Hier erfolgte das systematische Aufkaufen des preisgünstig angebotenen „Augustiner Hell"-Vorrats ausschließlich zu dem Zweck, die Werbewirkung des Sonderangebots der E-KG zu beseitigen und die Kunden der E-KG gegen sie aufzubringen, weil sie die beworbene Ware nicht mehr erwerben können. Die Maßnahme ist damit als gezielte Behinderung anzusehen.

c) Spürbarkeit

47 Im Falle der Unlauterkeit nach § 4 Nr. 10 UWG ist die spürbare Beeinträchtigung der Interessen des Mitbewerbers tatbestandsimmanent.[24] Eine gesonderte Prüfung im Rahmen des § 3 Abs. 1 UWG ist insoweit entbehrlich. Hinzu kommt noch eine spürbare Beeinträchtigung der Interessen der Verbraucher, da ihnen die Möglichkeit zu einem preisgünstigen Erwerb des Biers genommen wird.

2. Zwischenergebnis

48 Die Aufkaufmaßnahme ist gemäß § 4 Nr. 10 UWG unzulässig.

II. Ergebnis

49 Damit liegt ein Verstoß gegen § 3 UWG vor.

---

[21] *BGH* WRP 2009, 803 Rn. 41 – ahd.de; Köhler/Bornkamm/*Köhler*, § 4 Rn. 10.10.

[22] *BGH* GRUR 2008, 917 Rn. 23 – EROS.

[23] Vgl. *BGH* GRUR 1987, 835, 837 – Lieferbereitschaft; Köhler/Bornkamm/*Köhler*, § 4 Rn. 10.50; Piper/Ohly/Sosnitza/*Ohly*, § 4 Rn. 10/62.

[24] Köhler/Bornkamm/*Köhler*, § 3 Rn. 146.

Fall 6. Das Rabattwürfeln

Sachverhalt

P in München ist alleiniger Inhaber eines Bekleidungshauses. In unmittelbarer Nähe seines Geschäfts befindet sich eine Filiale eines von der H-GmbH betriebenen Discount-Textil-Marktes. Alleiniger Geschäftsführer der H-GmbH ist A. In der Filiale werden, wie bei P, Bekleidungsartikel angeboten. P hält die zwei neuesten Werbepraktiken in der Filiale der H-GmbH für rechtlich bedenklich und will hiergegen etwas unternehmen:

Seit dem 1. November wird in der Filiale ein „Rabattwürfeln" angeboten. Dabei wird zunächst an der Kasse der Gesamtpreis der Waren errechnet, die ein Kunde erwerben möchte. Sodann erhält der Kunde einen Würfel, der verschiedene Rabatt-Aufdrucke enthält: „5%", „10%", „15%" usw. Der Kunde würfelt und entsprechend dem erzielten Ergebnis wird der angezeigte Rabatt als Nachlass auf den Gesamtpreis der Waren angerechnet. Für diese Aktion wirbt die H-GmbH in Werbebeilagen zu Münchener Regionalzeitungen mit folgendem Text: „Ab sofort großes Rabattwürfeln bei ‚Huber'! Nutzen Sie die Chance beim Einkauf und erhalten Sie bis zu 30 Prozent Preisnachlass! Nur 14 Tage!"

Des Weiteren ist P bekannt geworden, dass Mitarbeiter der H-GmbH Verbrauchern, die im Preis herabgesetzte Waren wegen eines Sachmangels reklamieren und zurückgeben wollen, erklären, eine Rückgabe sei bei herabgesetzten Artikeln grundsätzlich ausgeschlossen und gesetzliche Gewährleistungsrechte bestünden nicht. Eine Mitarbeiterin des P, Frau B, kann dies bestätigen, da sie auf Anregung des P als Testkäuferin sich in der Filiale erkundigt hat und auch ihr gegenüber eine entsprechende Auskunft gegeben wurde.

P wendet sich wegen dieser Praktiken an seinen Anwalt. Dieser mahnt die H-GmbH und den Geschäftsführer A erfolglos ab. Nunmehr erkundigt sich P, ob ihm wegen der geschilderten Werbemaßnahmen Unterlassungsansprüche zustehen. Des Weiteren möchte P wissen, ob er die bislang entstandenen und weiter entstehenden Kosten ersetzt verlangen kann. Schließlich erkundigt er sich, ob der Einsatz einer Testkäuferin rechtlich zulässig war.

Vermerk für die Bearbeiter: In einem Gutachten, das auf alle vom Sachverhalt aufgeworfenen Rechtsfragen eingeht, sind folgende Fragen zu prüfen:

1. Kann P mit Erfolg
   a) von der H-GmbH und
   b) von A
   Unterlassung der beanstandeten Maßnahmen verlangen?
2. Kann P mit Erfolg von der H-GmbH Ersatz der ihm entstandenen Kosten verlangen?
3. War der Einsatz der Testkäuferin wettbewerbsrechtlich zulässig?

Gliederung

Lösung

Frage 1 a): Unterlassungsanspruch des P gegen die H-GmbH (H)

In Betracht kommt ein Unterlassungsanspruch des P gemäß § 8 Abs. 1 S. 1, 2. Alt. UWG. Dabei ist jedoch zwischen dem Veranstalten des Rabattwürfelns (unter A.) und dem Werben dafür (unter B.) sowie der Kundenauskunft (unter C.) zu unterscheiden. 1

A. Veranstalten des „Rabattwürfelns"

I. Verstoß gegen § 3 Abs. 1 UWG

Da eine Unzulässigkeit gemäß § 3 Abs. 3 UWG nicht in Betracht kommt, ist zu prüfen, ob das Rabattwürfeln nach § 3 Abs. 1 UWG unzulässig ist. 2

1. Unzulässigkeit gemäß § 3 Abs. 1 UWG

a) Geschäftliche Handlung (§ 2 Abs. 1 Nr. 1 UWG)

Es müsste eine geschäftliche Handlung i.S.v. § 2 Abs. 1 Nr. 1 UWG vorliegen. Gemäß der Definition in § 2 Abs. 1 Nr. 1 UWG ist geschäftliche Handlung „jedes Verhalten einer Person zugunsten des eigenen oder eines fremden Unternehmens 3 vor, bei oder nach einem Geschäftsabschluss, das mit der Förderung des Absatzes oder des Bezugs von Waren oder Dienstleistungen oder mit dem Abschluss oder der Durchführung eines Vertrags über Waren oder Dienstleistungen objektiv zusammenhängt". Die Durchführung des „Rabattwürfelns" steht in einem objektiven Zusammenhang mit der Förderung des Warenabsatzes der H, weil diese Maßnahmen das Ziel haben, den Absatz durch Beeinflussung der geschäftlichen Entscheidungen der Verbraucher zu fördern.

b) Unlauterkeit

4 Die Handlung müsste des Weiteren unlauter sein. Der Begriff der Unlauterkeit ist in § 3 Abs. 1 UWG nicht definiert, sondern lediglich durch die Beispielstatbestände in den §§ 4 bis 6 UWG konkretisiert.

aa) § 4 Nr. 6 UWG (Kopplungsverbot)

5 Gemäß § 4 Nr. 6 UWG handelt unlauter, wer die Teilnahme von Verbrauchern an einem Preisausschreiben oder Gewinnspiel von dem Erwerb einer Ware oder der Inanspruchnahme einer Dienstleistung abhängig macht, es sei denn, das Preisausschreiben oder Gewinnspiel ist naturgemäß mit der Ware oder der Dienstleistung verbunden.

(1) Preisausschreiben oder Gewinnspiel

6 Zunächst ist zu prüfen, ob das Rabattwürfeln als Preisausschreiben oder Gewinnspiel angesehen werden kann. Ein Preisausschreiben ist ein Wettbewerb, bei dem der Gewinner ausschließlich auf Grund seiner Kenntnisse und Fertigkeiten ermittelt werden soll.[1] Ein Gewinnspiel ist ein Spiel, bei dem der Gewinner durch irgendein Zufallselement ermittelt wird.[2] Ein Preisausschreiben liegt hier nicht vor, weil das Würfeln keine nennenswerte Leistung des Kunden darstellt, sondern das Zufallselement ganz im Vordergrund steht. Dagegen kann ein Gewinnspiel vorliegen. Der Gewinn besteht hier in einem Preisnachlass, dessen Höhe vom Zufall abhängt. Daher ist hier ein Gewinnspiel anzunehmen.

(2) Kopplung

7 § 4 Nr. 6 UWG sieht die Kopplung von Erwerbsgeschäft und Teilnahmemöglichkeit als unlauter an. Das Gesetz will damit Verbraucher vor einer Ausnutzung ihrer Spiellust schützen, wenn diese erst ein entgeltliches Geschäft abschließen müssen, um an dem Gewinnspiel teilnehmen zu können. Die Entscheidung des Verbrauchers kann in einem solchen Fall durch den Anreiz zu Spiel und Gewinn getrübt werden.[3] Vor diesen Gefahren soll der Verbraucher geschützt werden. Die Besonderheit des Falles liegt aber darin, dass der Kunde nicht ein entgeltliches Umsatzgeschäft abschließen muss, um an einem separaten Gewinnspiel teilzunehmen, sondern lediglich der zu zahlende Preis von einem Zufallselement abhängig ist.

Wenn sich der mögliche Gewinn unmittelbar auf die vertragliche Leistung oder Gegenleistung auswirkt, handelt es sich nicht um ein an ein Absatzgeschäft gekoppeltes Gewinnspiel, sondern um ein besonderes Verfahren der Preisgestaltung. Aus diesem Grund fehlt es an der im Gesetz vorausgesetzten Kopplung zwischen der

1 Köhler/Bornkamm/*Köhler*, § 4 Rn. 1.156; juris-PK/*Seichter*, § 4 Nr. 1 Rn. 137.
2 Köhler/Bornkamm/*Köhler*, § 4 Rn. 1.157; juris-PK/*Seichter*, § 4 Nr. 1 Rn. 137.
3 Begr. zum RegE, BT-Drs. 15/1487, S. 18.

Teilnahme an einem Gewinnspiel und einem Umsatzgeschäft.[4] Diese Fälle werden von § 4 Nr. 6 UWG von vornherein nicht erfasst.[5]

bb) § 4 Nr. 1 UWG (Unangemessener unsachlicher Einfluss)

Es ist weiterhin zu prüfen, ob eine unangemessene unsachliche Beeinflussung i. S. v. **8**
§ 4 Nr. 1 UWG in Betracht kommt. Diese Vorschrift ist richtlinienkonform am Maßstab der Art. 6 und 9 UGP-Richtlinie auszulegen. Entscheidend ist dabei, ob die Entscheidungsfreiheit des Durchschnittsverbrauchers durch Belästigung oder durch unzulässige Beeinflussung erheblich beeinträchtigt wird.[6] Von Preisnachlässen geht zwar ein besonderer Kaufanreiz aus, jedoch wird der Verbraucher dadurch nicht unter Druck gesetzt. Aus diesem Grund scheidet § 4 Nr. 1 UWG von vornherein als Kontrollmaßstab aus. Auch wenn man der früheren Rspr. folgen und darauf abstellen wollte, ob durch die Verkaufsförderungsmaßnahme die Rationalität der Nachfrageentscheidung der Verbraucher vollständig in den Hintergrund tritt,[7] gelangt man zu keinem anderen Ergebnis. Denn Preisnachlässe von bis zu 30 Prozent gehören mittlerweile zu verbreiteten und üblichen Gepflogenheiten im Wettbewerb. Der Durchschnittsverbraucher ist an Preisnachlässe auch größeren Umfangs gewöhnt. Allein durch die Aussicht, einen solchen Preisnachlass zu erhalten, wird daher die freie Entscheidung des Durchschnittsverbrauchers nicht beeinträchtigt.

Auch die Tatsache, dass der Kunde bei Abschluss des Geschäfts an der Kasse die genaue Höhe des Preisnachlasses noch nicht kennt und sich womöglich einen höheren als den später erwürfelten Rabatt verspricht, führt nicht zu einer Beeinträchtigung der freien Entscheidung des Durchschnittsverbrauchers.

2. Zwischenergebnis

Das Veranstalten des „Rabattwürfelns" ist nicht gemäß § 3 Abs. 1 UWG unzulässig. **9**

II. Verstoß gegen § 3 Abs. 2 S. 1 UWG

Das „Rabattwürfeln" könnte gegen die Verbrauchergeneralklausel des § 3 Abs. 2 **9a**
S. 1 UWG verstoßen. Dazu wäre erforderlich, dass die Maßnahme nicht der für den Unternehmer geltenden fachlichen Sorgfalt entspricht. Dieser Begriff wird in § 2 Abs. 1 Nr. 7 UWG definiert. Seine Bedeutung ist aber noch wenig geklärt.[8] Im Kern besagt er aber, dass der Unternehmer in seinem Tätigkeitsbereich die ihm mögliche und zumutbare Rücksicht auf die Interessen der Verbraucher nehmen muss. Eine Verkaufsförderungsmaßnahme, wie hier das Rabattwürfeln, hält den durchschnittlichen Verbraucher nicht davon ab, eine „informierte Kaufentscheidung" zu treffen. Denn es bleibt ihm ausreichend Zeit, sich von der Qualität und Preiswürdigkeit der zu erwerbenden Ware zu überzeugen und sich über seine „Ge-

4 *BGH* GRUR 2007, 981 Rn. 31 – 150% Zinsbonus; anders für den Fall des „Rabattwürfelns" *OLG Köln* GRUR-RR 2007, 364.

5 Zur richtlinienkonformen Auslegung des § 4 Nr. 6 UWG am Maßstab des Art. 5 Abs. 2 lit. b UGP-Richtlinie vgl. *BGH* GRUR 2011, 532 Rn. 25 – Millionen-Chance II.

6 Köhler/Bornkamm/*Köhler*, § 4 Rn. 1.7 b.

7 Offengelassen nunmehr in *BGH* GRUR 2011, 532 Rn. 26 – Millionen-Chance II. Dazu *Köhler*, GRUR 2011, 478.

8 Vgl. dazu *Köhler*, WRP 2012, 22 ff.

winnchancen" zu vergewissern. Daher widerspricht die Maßnahme nicht dem Gebot der fachlichen Sorgfalt. Ein Verstoß gegen § 3 Abs. 2 S. 1 UWG liegt daher nicht vor.

III. Ergebnis

10 Das „Rabattwürfeln" verstößt nicht gegen § 3 UWG.

B. Werbung für das „Rabattwürfeln"

11 Zwar ist das „Rabattwürfeln" selbst nicht als wettbewerbswidrig anzusehen, jedoch könnte die Werbung für diese Verkaufsförderungsmaßnahme als unlauter anzusehen sein.

I. Verstoß gegen § 3 UWG

1. Unzulässigkeit gemäß § 3 Abs. 1 UWG

a) Geschäftliche Handlung (§ 2 Abs. 1 Nr. 1 UWG)

12 Nicht nur das Veranstalten des „Rabattwürfelns" dient dem Absatz eigener Waren (s. o.), sondern auch die Werbung hierfür. Es handelt sich ebenfalls um eine geschäftliche Handlung.

b) Unlauterkeit

aa) § 4 Nr. 5 UWG (Transparenzgebot bei Gewinnspielen)

13 Gemäß § 4 Nr. 5 UWG handelt unlauter, wer bei Preisausschreiben oder Gewinnspielen mit Werbecharakter die Teilnahmebedingungen nicht klar und eindeutig angibt. Mit diesem Transparenzgebot soll erreicht werden, dass die Teilnehmer vor der Teilnahme an einem Preisausschreiben oder Gewinnspiel über die Einzelheiten informiert werden.

Teilnahmebedingungen sind die Voraussetzungen, die der Interessent erfüllen muss, um an dem Gewinnspiel oder dem Preisausschreiben teilnehmen zu können. Der Begriff der Teilnahmebedingungen ist weit zu verstehen und bezieht sich nicht nur auf die Teilnahmeberechtigung, sondern auch auf die Modalitäten der Teilnahme.[9] Demnach ist zu prüfen, ob die Angaben „bis zu 30% Preisnachlass" sowie „Ab sofort" und „nur 14 Tage!" dem Transparenzgebot genügen.

(1) Angabe „bis zu 30 Prozent Preisnachlass"

14 Rechtlich unbedenklich ist die Angabe, beim Rabattwürfeln werde „bis zu 30 Prozent" Nachlass gewährt. Zwar steht der im jeweiligen Einzelfall erzielbare „Gewinn" (in Gestalt eines Preisnachlasses) nicht von vornherein fest, doch ist dies für § 4 Nr. 5 UWG auch nicht notwendig. Der Durchschnittsverbraucher versteht die Angabe zutreffend dahingehend, dass er höchstens 30 Prozent Preisnachlass, aber eben auch weniger erhalten kann.[10] Dass der Kunde bis zum Würfeln über die genaue

[9] Köhler/Bornkamm/*Köhler,* § 4 Rn. 5.9; juris-PK/*Seichter,* § 4 Nr. 5 Rn. 24; siehe auch *BGH* GRUR 2005, 1061, 1064 – Telefonische Gewinnauskunft.

[10] Vgl. *OLG Köln* GRUR-RR 2006, 196, 197 – Urlaubsgewinnspiel.

Höhe des gewährten Nachlasses im Unklaren bleibt, ist Wesensmerkmal eines Gewinnspiels.

(2) Angaben „Ab sofort" und „Nur 14 Tage!"

Problematisch ist jedoch, dass für die Aktion ein unklarer zeitlicher Rahmen angegeben wird. In der Werbung wird nur darauf hingewiesen, dass die Aktion „ab sofort" und „für 14 Tage" gilt. Aus der Anzeige ergibt sich aber gerade nicht, wann die Aktion beginnt und wann sie endet. Es genügt nicht, dass die Werbebeilage Regionalzeitungen bestimmten Datums beiliegt und daraus der Zeitraum der Aktion erschlossen werden kann. Denn die Beilage ist für sich Werbeträger, sie ist nicht Bestandteil der Tageszeitung, weder inhaltlich noch durch beständige körperliche Verbindung. Der der Tageszeitung lose beigefügte Werbeprospekt wird vom durchschnittlichen Zeitungsleser ohne jeden Bezug zur Zeitung wahrgenommen, häufig auch von der Zeitung getrennt abgelegt. Unabhängig davon gibt der Erscheinungstag der Zeitung keine Grundlage, den Zeitraum der mit der Beilage beworbenen Aktion zu bestimmen.[11] Aufgrund der unklaren Angabe sind weder der Beginn noch das Ende der Rabattaktion für den Durchschnittskunden erkennbar. Das Transparenzgebot ist damit verletzt. **15**

bb) § 4 Nr. 4 UWG (Transparenzgebot bei Verkaufsförderungsmaßnahmen)

Nach § 4 Nr. 4 UWG handelt unlauter, wer bei Verkaufsförderungsmaßnahmen wie Preisnachlässen, Zugaben oder Geschenken die Bedingungen für ihre Inanspruchnahme nicht klar und eindeutig angibt. Das „Rabattwürfeln" ist wettbewerbsrechtlich nicht nur als Gewinnspiel (s. o.), sondern auch als Preisnachlass anzusehen. Mit dem Transparenzgebot sollen die Marktteilnehmer vor unzureichenden Informationen über solche Maßnahmen bewahrt und eine informierte Entscheidung ermöglicht werden. **16**

Unter den Bedingungen der Inanspruchnahme sind die Voraussetzungen zu verstehen, die erfüllt sein müssen, damit der Kunde die Vergünstigung erlangen kann. Der Begriff ist weit zu verstehen und bezieht sich nicht nur auf die Berechtigung zur Inanspruchnahme, sondern auch auf ihre Modalitäten.[12]

Es gilt insoweit das Gleiche wie bei § 4 Nr. 5 UWG (s. o.). Daher ist auch der Tatbestand des § 4 Nr. 4 UWG erfüllt.

c) Spürbarkeit

Bei den Tatbeständen des § 4 Nr. 4 und 5 UWG ist eine Spürbarkeitsprüfung nicht entbehrlich.[13] Die unklare Angabe der zeitlichen Dauer der Aktion widerspricht dem Informationsinteresse der Verbraucher und betrifft überdies keine bloß unbedeutende „Randinformation", sondern im Gegenteil einen ganz zentralen Aspekt dieser Werbeaktion. Die Aktion kann die Entscheidungsfreiheit der Verbraucher spürbar beeinträchtigen. Daher ist sie auch geeignet, die Interessen der Verbraucher spürbar zu beeinträchtigen. **16a**

---

[11] Vgl. *OLG Brandenburg* GRUR-RR 2005, 227 – 14-tägige Gültigkeit.

[12] *OLG Stuttgart* GRUR-RR 2007, 361; Köhler/Bornkamm/*Köhler*, § 4 Rn. 4.9; Piper/Ohly/Sosnitza/*Sosnitza*, § 4 Rn. 4/4; juris-PK/*Seichter*, § 4 Nr. 4 Rn. 22.

[13] Vgl. Köhler/Bornkamm/*Köhler*, § 3 Rn. 140f.

2. Zwischenergebnis

17 Die Handlung ist gemäß §§ 3 Abs. 1, 4 Nr. 4 und 5 UWG unzulässig.

II. Ergebnis

18 Damit ist ein Verstoß gegen § 3 UWG gegeben.

C. Kundenauskunft

19 Zu prüfen ist, ob die Auskunft gegenüber den Kunden gegen § 3 UWG verstößt.

I. Verstoß gegen § 3 UWG

1. Unzulässigkeit gemäß § 3 Abs. 1 UWG

a) Geschäftliche Handlung (§ 2 Abs. 1 Nr. 1 UWG)

20 Die Auskunft hat das Ziel, Kunden davon abzuhalten, Gewährleistungsansprüche geltend zu machen. Es handelt sich insoweit um ein Verhalten nach Vertragsschluss. Nach § 2 Abs. 1 Nr. 1 UWG liegt eine geschäftliche Handlung aber auch dann vor, wenn das Verhalten mit dem Abschluss oder der Durchführung eines Vertrags über Waren oder Dienstleistungen objektiv zusammenhängt. Das ist dann anzunehmen, wenn das Verhalten des Unternehmers bei objektiver Betrachtung darauf gerichtet ist, die geschäftlichen Entscheidungen des Vertragspartners bei Durchführung des Vertrages zu beeinflussen. Dazu gehören insbesondere auch Entscheidungen hinsichtlich der Geltendmachung von vertraglichen Rechten.[14]

Wenn Mitarbeiter eines Unternehmens die Kunden über das Bestehen von „Rückgaberechten“ und ähnlichen Rechten fehlerhaft informieren, ist dieses Verhalten objektiv darauf gerichtet, sie von der Geltendmachung von Gewährleistungsansprüchen (§§ 434ff. BGB) abzuhalten. Es liegt daher eine geschäftliche Handlung vor.

b) Unlauterkeit gemäß § 5 Abs. 1 S. 2 UWG (Irreführende geschäftliche Handlung)

21 Die Auskunft gegenüber Kunden, eine Reklamation und Rückgabe von herabgesetzten Artikeln sei ausgeschlossen, kann eine irreführende Angabe i. S. v. § 5 Abs. 1 S. 2 Nr. 7 UWG darstellen.

aa) Angabe

22 Bei der Auskunft gegenüber den Kunden müsste es sich um eine Angabe handeln. Darunter sind inhaltlich nachprüfbare Behauptungen, insbesondere Tatsachen, also Aussagen, die dem Beweis zugänglich sind, zu verstehen.[15] Das Bestehen oder Nichtbestehen von Gewährleistungsrechten ist ohne Weiteres inhaltlich nachprüfbar. Zwar handelt es sich nicht um sinnlich wahrnehmbare Tatsachen, sondern um Aussagen zur Rechtslage, doch werden auch solche Aussagen vom Irreführungsverbot erfasst, wie sich nicht zuletzt aus § 5 Abs. 1 S. 2 Nr. 7 UWG ergibt. Denn noch weniger als bei tatsächlichen Angaben werden Kunden häufig in der Lage sein, die

---

[14] Köhler/Bornkamm/*Köhler,* § 2 Rn. 80, 85; vgl. auch Harte/Henning/*Keller,* § 2 Rn. 34ff.
[15] Vgl. Köhler/Bornkamm/*Bornkamm,* § 5 Rn. 2.37; Harte/Henning/*Dreyer,* § 5 Rn. 37.

Richtigkeit von Auskünften zur Rechtslage zu überprüfen. Es besteht daher kein geringeres Schutzbedürfnis.

bb) Irreführung

Die Angabe müsste irreführend sein. Das ist der Fall, wenn die mit der Aussage erweckte Vorstellung mit den wirklichen Verhältnissen nicht übereinstimmt, die Angabe also unwahr oder in sonstiger Weise zur Täuschung geeignet ist. Maßgeblich ist das Verständnis des durchschnittlichen Angehörigen der angesprochenen Verkehrskreise (vgl. § 3 Abs. 2 S. 2 und 3 UWG). **23**

Indem Mitarbeiter der H Kunden darüber informieren, dass Gewährleistungsrechte beim Kauf von herabgesetzten Textilien generell ausgeschlossen sind, werden diese über die tatsächlich bestehenden gesetzlichen Rechte von Verbrauchern gemäß §§ 434, 437 BGB getäuscht. Denn das Gesetz sieht einen generellen Ausschluss von Gewährleistungsrechten bei herabgesetzten Waren nicht vor. Überdies wird der unzutreffende Eindruck erweckt, diese Rechte stünden zur Disposition der Vertragsparteien. Dies widerspricht § 475 Abs. 1 BGB, wonach eine Abweichung beim Verbrauchsgüterkauf gerade unzulässig ist.

cc) Geschäftliche Relevanz

Bei irreführenden Angaben ist als ungeschriebenes Tatbestandsmerkmal die geschäftliche Relevanz zu prüfen, also deren Eignung, das wirtschaftliche Verhalten der Betroffenen zu beeinträchtigen. Dieses Merkmal ist in richtlinienkonformer Auslegung auf Grund der Vorgabe der UGP-Richtlinie in § 5 UWG hineinzulesen.[16] Art. 6 Abs. 1 UGP-Richtlinie setzt nämlich voraus, dass die irreführende Angabe den Durchschnittsverbraucher „in jedem Fall tatsächlich oder voraussichtlich zu einer geschäftlichen Entscheidung veranlasst, die er ansonsten nicht getroffen hätte". Hier liegt eine relevante Irreführung vor, da die Äußerung Verbraucher veranlassen kann, von ihren vertraglichen Rechten keinen Gebrauch zu machen. **24**

c) Spürbarkeit

Soweit ein Verstoß gegen § 5 UWG vorliegt, ist eine Spürbarkeitsprüfung entbehrlich, weil die Irreführung eine geschäftliche Relevanz voraussetzt und damit bereits eine „vertypte" Spürbarkeitsschwelle enthält.[17] Da die geschäftliche Relevanz hier gegeben ist, ist der Verstoß auch spürbar. **25**

2. Zwischenergebnis

Es liegt eine gemäß § 3 Abs. 1 UWG unzulässige geschäftliche Handlung vor. **26**

II. Ergebnis

Damit ist ein Verstoß gegen § 3 UWG gegeben. **27**

D. Wiederholungsgefahr

Für das Vorliegen der Wiederholungsgefahr spricht eine tatsächliche widerlegbare Vermutung. Eine Widerlegung der Vermutung kommt grundsätzlich nur durch die **28**

16 Köhler/Bornkamm/*Bornkamm,* § 5 Rn. 2.169ff.; Harte/Henning/*Dreyer,* § 5 Rn. 155ff.

17 Köhler/Bornkamm/*Köhler,* § 3 Rn. 151; wohl auch Harte/Henning/*Dreyer,* § 5 B Rn. 162.

Abgabe einer strafbewehrten Unterlassungserklärung in Betracht. Eine solche liegt indessen nicht vor, weil die Abmahnung erfolglos geblieben ist.

E. Anspruchsberechtigung

29 P steht in einem konkreten Wettbewerbsverhältnis zu H i.S.d. § 2 Abs. 1 Nr. 3 UWG, weil beide Unternehmer auf dem gleichen sachlich und räumlich relevanten Markt tätig werden. Daher ist er Mitbewerber und somit nach § 8 Abs. 3 Nr. 1 UWG anspruchsberechtigt.

F. Anspruchsverpflichtung

30 Die H muss sich als Unternehmensinhaberin die unrichtigen Auskünfte ihrer Mitarbeiter gemäß § 8 Abs. 2 UWG zurechnen lassen.[18]

G. Ergebnis zu Frage 1 a)

31 P steht gegen die H ein Anspruch auf Unterlassung der Werbung für das „Rabattwürfeln" zu, sofern nicht Beginn und Ende der Aktion eindeutig angegeben werden. Des Weiteren kann P Unterlassung der unrichtigen Auskünfte gegenüber Verbrauchern verlangen.

Frage 1 b): Unterlassungsanspruch des P gegen A

32 Daneben haftet A als Geschäftsführer der H persönlich als Verletzer. Spätestens mit der Abmahnung hatte A Kenntnis von den rechtlichen und tatsächlichen Umständen erlangt und hätte gegen die unlauteren Handlungen einschreiten müssen.

Frage 2: Anspruch des P auf Kostenersatz gegen die H-GmbH

A. Anspruch gemäß § 12 Abs. 1 S. 2 UWG

33 Der Anspruch auf Ersatz der Abmahnkosten folgt aus § 12 Abs. 1 S. 2 UWG und setzt voraus, dass die Abmahnung berechtigt war und die Aufwendungen erforderlich waren. Gegen die Berechtigung der Abmahnung bestehen keine Bedenken, da ein unlauteres Verhalten vorliegt (s.o.) und die Abmahnung erforderlich war, um dem Schuldner einen Weg zu weisen, den Gläubiger ohne Inanspruchnahme der Gerichte klaglos zu stellen.[19] Die Aufwendungen, hier insbesondere die Kosten der Einschaltung eines Rechtsanwalts, waren erforderlich.

---

[18] **Hinweis:** Diejenigen Mitarbeiter, die die unrichtigen Auskünfte gegeben haben, haften auch persönlich auf Unterlassung. Jedoch enthält der Sachverhalt insoweit keine näheren Anhaltspunkte, sodass sich eine nähere Prüfung erübrigt.

[19] Vgl. Köhler/Bornkamm/*Bornkamm,* § 12 Rn. 1.80; MünchKomm-UWG/*Ottofülling,* § 12 Rn. 137.

B. Anspruch gemäß § 9 S. 1 UWG

Die Kosten der Rechtsverfolgung sind zugleich als Schaden gemäß § 9 S. 1 UWG ersatzfähig (Rechtsverfolgungskosten),[20] wenn ein schuldhaftes Verhalten vorliegt. Das Verschulden des A als Geschäftsführer und damit gesetzlicher Vertreter wird der H analog § 31 BGB ohne Entlastungsmöglichkeit zugerechnet. Verschulden ist jedenfalls anzunehmen, soweit H infolge der Abmahnung Kenntnis von den maßgeblichen Umständen hatte und nichts unternommen hat. **34**

Sofern für den Testkauf Kosten entstanden sind und der Testkauf rechtmäßig ist (was sogleich zu prüfen ist), sind die entsprechenden Kosten als Schaden nach § 9 S. 1 UWG ersatzfähig.[21]

C. Ergebnis zu Frage 2

P stehen gegen die H-GmbH Ansprüche auf Kostenersatz zu. **35**

Frage 3: Zulässigkeit des Einsatzes einer Testkäuferin

Fraglich ist, ob gegen den Einsatz der B als Testkäuferin Bedenken bestehen. Das ist dann zu bejahen, wenn diese Handlung eine Zuwiderhandlung gegen § 7 UWG oder § 3 UWG darstellt. **36**

I. Verstoß gegen § 7 UWG

1. Unzulässigkeit gemäß § 7 Abs. 1 UWG

Nach § 7 Abs. 1 UWG ist eine geschäftliche Handlung, durch die ein Marktteilnehmer in unzumutbarer Weise belästigt wird, unzulässig. **37**

a) Geschäftliche Handlung (§ 2 Abs. 1 Nr. 1 UWG)

Zwar erfolgt der Einsatz einer Testkäuferin nicht unmittelbar zum Zweck des Absatzes eigener Waren, gleichwohl dienen solche Maßnahmen mittelbar auch der Förderung des eigenen Absatzes. Denn die Überwachung des Marktverhaltens von Mitbewerbern trägt dazu bei, Wettbewerbsverstöße aufzudecken und davon ausgehende Beeinträchtigungen zu bekämpfen. Dies reicht für einen objektiven Zusammenhang i. S. d. § 2 Abs. 1 Nr. 1 UWG aus. **38**

b) § 7 Abs. 1 S. 1 UWG

Da ein Fall von § 7 Abs. 1 S. 2 UWG nicht vorliegt, ist zu prüfen, ob der Testkauf gemäß § 7 Abs. 1 S. 1 UWG unzulässig ist. **39**

aa) Mitbewerber

Durch § 7 Abs. 1 S. 1 UWG geschützt sind Marktteilnehmer. Unter den Begriff der Marktteilnehmer fallen auch Mitbewerber, wie sich aus § 2 Abs. 1 Nr. 2 UWG ergibt. H und P sind Mitbewerber (s. o.). **40**

---

[20] MünchKomm-UWG/*Fritzsche*, § 9 Rn. 73 ff.; Köhler/Bornkamm/*Köhler*, § 9 Rn. 1.29.

[21] Vgl. *OLG Koblenz* WRP 1979, 813 f.

bb) Unzumutbare Belästigung

41 Die Testmaßnahmen könnten eine unzumutbare Belästigung der H darstellen. Es ist allerdings schon zweifelhaft, ob Testmaßnahmen als eine Belästigung anzusehen sind. Denn wenn sich der Testkäufer nicht anders als die sonstigen Kunden verhält, werden weder der getestete Unternehmer noch die Kunden beeinträchtigt. Jedenfalls sind Testmaßnahmen nicht unzumutbar, soweit sie den normalen Geschäftsgang nicht stören. Daher greift § 7 Abs. 1 UWG nicht ein.

2. Zwischenergebnis

42 Ein Verstoß gegen § 7 UWG liegt nicht vor.

II. Verstoß gegen § 3 UWG

1. Unzulässigkeit gemäß § 3 Abs. 1 UWG

a) Geschäftliche Handlung (§ 2 Abs. 1 Nr. 1 UWG)

43 Eine geschäftliche Handlung liegt vor (s. o.).

b) Unlauterkeit gemäß § 4 Nr. 10 UWG (Gezielte Behinderung)

44 In Betracht kommt allein Unlauterkeit nach § 4 Nr. 10 UWG. Der Einsatz eines Testkäufers könnte als gezielte Behinderung anzusehen sein.

aa) Mitbewerber

45 P und H sind Mitbewerber (s. o.).

bb) Behinderung

46 Eine Behinderung von Mitbewerbern setzt eine Beeinträchtigung der wettbewerblichen Entfaltungsmöglichkeiten eines Mitbewerbers voraus.[22] Die Behinderung kann sich auf alle Wettbewerbsparameter des Mitbewerbers wie beispielsweise Absatz, Bezug, Werbung, Produktion, Finanzierung oder Personal beziehen.[23] Testmaßnahmen können den normalen Geschäftsbetrieb stören und damit einen Mitbewerber in seiner geschäftlichen Betätigung beeinträchtigen und damit behindern.

cc) Gezielt

47 Da die Behinderung von Mitbewerbern dem Wettbewerb immanent ist, liegt eine Unlauterkeit nur vor, wenn die Behinderung „gezielt" erfolgt. Eine Behinderungs- oder Verdrängungsabsicht ist zwar ausreichend, andererseits aber nicht erforderlich.[24] Durch das Tatbestandsmerkmal des gezielten Handelns in § 4 Nr. 10 UWG soll zunächst nur klargestellt werden, dass eine Behinderung von Mitbewerbern als bloße Folge des Wettbewerbs nicht ausreicht, um den Tatbestand dieser Vorschrift zu verwirklichen.[25] Es ist eine Gesamtwürdigung der Umstände des jeweiligen Einzelfalls geboten, bei der die sich gegenüberstehenden Interessen der Mitbewerber,

---

22 BGHZ 148, 1, 5 – Mitwohnzentrale.de; *BGH* GRUR 2004, 877, 879 – Werbeblocker; Köhler/Bornkamm/*Köhler*, § 4 Rn. 10.6; Piper/Ohly/Sosnitza/*Ohly*, § 4 Rn. 10/8.

23 *BGH* GRUR 2004, 877, 879 – Werbeblocker.

24 Köhler/Bornkamm/*Köhler*, § 4 Rn. 10.10.

25 BGHZ 171, 73 Rn. 22 – Außendienstmitarbeiter.

der Verbraucher, der sonstigen Marktteilnehmer sowie der Allgemeinheit gegeneinander abzuwägen sind.[26] Die Schwelle der als bloße Folge des Wettbewerbs hinzunehmenden Behinderung ist erst überschritten, wenn das betreffende Verhalten bei objektiver Würdigung der Umstände auf die Beeinträchtigung der wettbewerblichen Entfaltung des Mitbewerbers und nicht in erster Linie auf die Förderung des eigenen Wettbewerbs gerichtet ist.[27] Mithin ist danach zu fragen, ob der Testkauf und die Testfrage der B nach objektiven Kriterien als wettbewerbskonform anzusehen sind.

Testmaßnahmen, wie z.B. Testfotos, Testkäufe usw., sind im Grundsatz wettbewerbsrechtlich zulässig. Ohne solche Testmaßnahmen könnten unlautere Handlungen vielfach gar nicht aufgedeckt und verfolgt werden. Eine gezielte Behinderung von Mitbewerbern liegt nicht vor, solange sich die Testkäufer wie sonstige Kunden verhalten und sich nicht verwerflicher Mittel bedienen. Nur ausnahmsweise werden Testmaßnahmen nach der Rechtsprechung als unzulässig angesehen, „wenn mit ihnen lediglich die Absicht verfolgt wird, den Mitbewerber ‚hereinzulegen', oder wenn verwerfliche Mittel angewandt werden, um ein unzulässiges Geschäft herbeizuführen. Denn in diesen Fällen steht nicht die Aufdeckung und Verfolgung einer unlauteren Handlung im Vordergrund, sondern allein die Beeinträchtigung des Mitbewerbers. Hierunter fallen insbesondere die in den Bereich der Strafbarkeit reichenden oder anderweit verwerflichen Mittel, unter anderem auch die Anwendung besonderer Verführungskunst. Verwerfliche Mittel sind auch rechtswidrige Handlungen des testenden Mitbewerbers, und zwar nicht nur Straftaten, sondern auch sonstige von der Rechtsordnung verbotene Handlungen, weil grundsätzlich nicht deshalb Rechtsverletzungen hingenommen werden können, damit konkurrierende Unternehmen ihre wettbewerblichen Interessen besser verfolgen können".[28]

Allein die Tatsache, dass Testkäufer eingesetzt oder sonstige Testmaßnahmen (z.B. Anfertigen von Testfotos) ergriffen werden, spricht jedenfalls nicht gegen die wettbewerbsrechtliche Zulässigkeit solcher Handlungen.[29] Es ist nichts dafür ersichtlich, dass B sich in irgendeiner Weise auffallend oder sogar störend verhalten hätte, sodass gegen den Testkauf keine wettbewerbsrechtlichen Bedenken bestehen. Dass die Falschauskunft erst auf Nachfrage der B gegeben wurde, steht der Zulässigkeit dieser Handlung ebenfalls nicht entgegen. Denn B hat den Wettbewerbsverstoß damit nicht provoziert, sondern lediglich die Auskunft erhalten, die auch sonstigen Kunden gegeben wird.

Der Testkauf und die Testfrage sind sonach nicht unlauter. Eine Zuwiderhandlung gegen § 3 Abs. 1 UWG liegt daher nicht vor.

2. Ergebnis

Gegen die Testmaßnahmen bestehen keine wettbewerbsrechtlichen Bedenken. **48**

---

26 *BGH* GRUR 2004, 877, 879 – Werbeblocker; *BGH* GRUR 2009, 685 Rn. 41 – ahd.de.

27 *BGH* GRUR 2008, 917 Rn. 23 – EROS.

28 BGHZ 117, 264, 269f. – Nicola; *BGH* GRUR 1989, 113, 114 – Mietwagen-Testfahrt.

29 Vgl. *BGH* GRUR 2007, 803 Rn. 25ff. – Testfotos III m.w.N.

Fall 7. Die Frauenzeitschriften

Sachverhalt

A und B sind Verleger für Frauenzeitschriften. A gibt die Zeitschrift „LISA“ heraus, B die Zeitschrift „Bild der Frau“. Ende 2008 beginnt A unter dem Titel „Frau im Trend“ erst monatlich, später wöchentlich Sonderhefte herauszubringen, wobei der Heftpreis deutlich niedriger liegt als der von „Bild der Frau“. B versuchte vergeblich, die Herausgabe von „Frau im Trend“ gerichtlich zu verhindern. Weil dies erfolglos blieb, brachte B Ende April nun seinerseits eine neue, an „Frau im Trend“ angelehnte Zeitschrift mit dem Titel „Frau von heute“ heraus. Hiergegen erwirkte A erfolgreich ein auf Unterlassung gerichtetes Urteil. Der Streit zwischen A und B stößt auf großes Medieninteresse. Auf einer Pressekonferenz äußert sich S, die Pressesprecherin des Verlagshauses B, mit folgenden Worten: „Wer das Original mit einem billigen Plagiat angreift, muss damit rechnen, dass wir uns zur Wehr setzen – wenn es sein muss, auch mit gleichen Mitteln.“ A hält die Aussage, bei seiner Zeitschrift „Frau im Trend“ handele es sich um ein „billiges Plagiat“ von „Bild der Frau“ für rechtswidrig.

Vermerk für die Bearbeiter: In einem Rechtsgutachten, das auf alle vom Sachverhalt aufgeworfenen Rechtsfragen eingeht, sind die folgenden Fragen zu beantworten:

1. Kann A von B Unterlassung und gegebenenfalls Widerruf der Äußerung verlangen?
2. Welche Möglichkeiten der außergerichtlichen Streitbeilegung kann A ergreifen?

Gliederung

Lösung

Frage 1: Anspruch A gegen B auf Unterlassung und Widerruf der Äußerung

A. Unterlassungsanspruch A gegen B

Ein Unterlassungsanspruch kann sich aus § 8 Abs. 1 S. 1, 2. Alt. UWG ergeben. Das setzt voraus, dass ein Verstoß gegen § 3 UWG vorliegt und Wiederholungsgefahr gegeben ist. 1

I. Verstoß gegen § 3 UWG

1. Unzulässigkeit gemäß § 3 Abs. 1 UWG

Anhaltspunkte dafür, dass eine Zuwiderhandlung gegen § 3 Abs. 3 i. V. m. dem Anhang vorliegt, bestehen nicht. Es kommt jedoch eine Zuwiderhandlung gegen § 3 Abs. 1 UWG in Betracht. Danach sind unlautere geschäftliche Handlungen, die geeignet sind, die Interessen der Mitbewerber, der Verbraucher oder der sonstigen Marktteilnehmer spürbar zu beeinträchtigen, unzulässig. 2

a) Geschäftliche Handlung (§ 2 Abs. 1 Nr. 1 UWG)

Nach § 2 Abs. 1 Nr. 1 UWG ist geschäftliche Handlung „jedes Verhalten einer Person zugunsten des eigenen oder eines fremden Unternehmens vor, bei oder nach einem Geschäftsabschluss, das mit der Förderung des Absatzes oder des Bezugs von Waren oder Dienstleistungen oder mit dem Abschluss oder der Durchführung eines Vertrages über Waren oder Dienstleistungen objektiv zusammenhängt“. 3

Die Äußerung der S ist ein Verhalten zugunsten eines fremden Unternehmens, nämlich des B, da sie für B an die Öffentlichkeit tritt. Fraglich ist aber, ob dieses Verhalten mit der Förderung des Absatzes der Zeitschriften des B objektiv zusammenhängt. Das ist dann anzunehmen, wenn das Verhalten das Ziel hat, den Absatz dieser Produkte durch Beeinflussung der geschäftlichen Entscheidungen der Verbraucher zu fördern.[1] Es ist davon auszugehen, dass die Äußerung auf der Pressekonferenz jedenfalls auch das Ziel hat, über die Verbreitung in sonstigen Medien die Verbraucher zu erreichen und ihr Kaufverhalten zu beeinflussen.

Allerdings ist zu bedenken, dass die Äußerung auch das Ziel hat, die Öffentlichkeit über einen Vorgang von Allgemeininteresse zu informieren. Es stellt sich daher die Frage, was in solchen Fällen einer mehrfachen Zielsetzung gelten soll. Da § 2 Abs. 1 Nr. 1 UWG richtlinienkonform auszulegen ist, ist weiter zu fragen, welche Antwort der UGP-Richtlinie zu dieser Frage zu entnehmen ist. Aus Erwägungsgrund 7 S. 2 dieser Richtlinie ist zu schließen, dass es darauf ankommt, welchem Ziel die Äußerung vorrangig dient. Dabei ist zu bedenken, dass es sich nicht um eine Äußerung im Rahmen eines redaktionellen Beitrages und auch nicht im Rahmen eigener journalistischer Tätigkeit handelt. Erklärungen, die geeignet sind, einen Mitbewerber in der Öffentlichkeit als unseriös hinzustellen, betreffen nicht die typischen Medienfunktionen (Information, Meinungsbildung), sondern sind von dem Anliegen getragen, den Eindruck zu vermitteln, dass die eigenen geschäftlichen Leistungen gegenüber denen der Konkurrenz den Vorzug verdienen.[2] Im Hinblick darauf, dass S nicht nur zum Rechtsstreit zwischen A und B Stellung nimmt, sondern zugleich das Produkt des eigenen Verlagshauses B im Vergleich zum Konkurrenzblatt des A hervorhebt und vor dem Hintergrund, dass massive wirtschaftliche Interessen des B auf dem Spiel stehen, ist davon auszugehen, dass die Äußerung der S vorrangig der Förderung des Absatzes der eigenen Zeitschriften des B dient. Darauf, ob S subjektiv auch eine entsprechende Absicht hat, kommt es nach dem klaren Wortlaut der Definition („objektiv") nicht an. Sonach liegt eine geschäftliche Handlung vor.

b) Unlauterkeit

4 Bei der Prüfung, ob eine geschäftliche Handlung unlauter i. S. v. § 3 Abs. 1 UWG ist, ist in erster Linie zu fragen, ob sie einen oder mehrere Beispielstatbestände unlauteren Handelns i. S. der §§ 4 bis 6 UWG erfüllt.

aa) § 6 Abs. 2 UWG (Unlautere vergleichende Werbung)

5 Es könnte eine unlautere vergleichende Werbung vorliegen. Sonach ist zu prüfen, ob eine vergleichende Werbung i. S. v. § 6 Abs. 1 UWG vorliegt und ob sie unlauter i. S. v. § 6 Abs. 2 UWG ist.

---

1 Vgl. Köhler/Bornkamm/*Köhler*, § 2 Rn. 45.

2 Vgl. *OLG München* GRUR-RR 2004, 309, 310 – Billiges Plagiat: „Erklärungen, die geeignet sind, einen Mitbewerber in der Öffentlichkeit als unseriös hinzustellen, sind nicht für Pressefehden weltanschaulicher, politischer, wirtschaftlicher oder kultureller Art oder für eine sachbezogene Information und Aufklärung der Öffentlichkeit typisch, sondern in aller Regel dafür, dass sie von der Absicht getragen sind, den Eindruck zu vermitteln, dass die eigenen geschäftlichen Leistungen gegenüber denen der Konkurrenz den Vorzug verdienen."

(1) Vorliegen einer vergleichenden Werbung (§ 6 Abs. 1 UWG)

Eine vergleichende Werbung i.S.d. § 6 Abs. 1 UWG ist gegeben, wenn eine Werbung unmittelbar oder mittelbar einen Mitbewerber oder die von einem Mitbewerber angebotenen Waren oder Dienstleistungen erkennbar macht. 6

(a) Werbung

Bei der betreffenden Äußerung muss es sich um Werbung handeln. Der Begriff der Werbung ist richtlinienkonform am Maßstab der Definition in Art. 2 lit. a Richtlinie 2006/114/EG auszulegen. Danach kommt es darauf an, ob die Äußerung das Ziel hat, den Absatz zu fördern. Das beurteilt sich nach den gleichen Grundsätzen wie bei dem Begriff der geschäftlichen Handlung. Selbst die bloße Kritik an einem Unternehmen kann daher Werbung im Sinne der Vorschrift sein, soweit sie der Förderung des eigenen Absatzes dient.[3] Nach dem Gesagten ist daher davon auszugehen, dass eine Werbung vorliegt. 7

(b) Erkennbarmachen eines Mitbewerbers

Die Verlagshäuser A und B stehen in einem konkreten Wettbewerbsverhältnis, da beide Frauenzeitschriften herausgeben und damit auf dem gleichen relevanten Markt tätig werden. Zwar wird in der Äußerung auf der Pressekonferenz A nicht ausdrücklich genannt, doch ergeben die Umstände und der enge Zusammenhang mit den vorangegangenen Rechtsstreitigkeiten eindeutig, dass sich die Äußerung gegen das Verlagshaus A richtet. Mithin wird ein Mitbewerber unmittelbar erkennbar gemacht. A und B sind daher Mitbewerber i.S.v. § 2 Abs. 1 Nr. 3 UWG. 8

(c) Erfordernis eines Vergleichs in der Werbeaussage

Vergleichende Werbung setzt als ungeschriebenes Tatbestandsmerkmal einen Vergleich, nämlich eine Gegenüberstellung des Angebots des Werbenden und des Mitbewerbers voraus.[4] Diese Voraussetzung ist hier erfüllt, weil die Äußerung die Produkte der Verlagshäuser unmittelbar gegenüber stellt und damit vergleicht. 9

(2) Unlauterkeit der vergleichenden Werbung (§ 6 Abs. 2 UWG)

(a) § 6 Abs. 2 Nr. 2 UWG (Eigenschaftsvergleich)

Zu den Eigenschaften einer Ware gehört es auch, ob es sich um ein Original oder um eine Nachahmung handelt (vgl. auch § 6 Abs. 2 Nr. 6 UWG). Der Hinweis darauf, dass es sich beim Konkurrenzprodukt um ein „billiges Plagiat" handle, stellt daher einen Eigenschaftsvergleich zwischen der Zeitschrift des A und der Zeitschrift des B dar. Allerdings muss es sich um wesentliche, relevante, nachprüfbare und typische Eigenschaften handeln und der Vergleich muss „objektiv" sein. Ein Vergleich, der von einer nicht nachprüfbaren, rein subjektiven Wertung getragen ist, ist demnach unlauter.[5] Bei der Bezeichnung „billiges Plagiat" handelt es sich um eine derartige nicht nachprüfbare, subjektive Wertung, so dass der Vergleich unlauter i.S.v. § 6 Abs. 2 Nr. 2 UWG ist. 10

(b) § 6 Abs. 2 Nr. 5 UWG (Herabsetzung oder Verunglimpfung)

Nach § 6 Abs. 2 Nr. 5 UWG handelt unlauter, wer unter anderem Waren eines Mitbewerbers herabsetzt oder verunglimpft. Unter einer Herabsetzung ist die sach- 11

[3] Köhler/Bornkamm/*Köhler*, § 6 Rn. 53.
[4] Vgl. *BGH* WRP 2012, 77 Rn. 18 – Coaching-Newsletter m. Anm. *Köhler.*
[5] Vgl. *EuGH* GRUR 2007, 69 Rn. 46 – LIDL Belgium/Colruyt.

lich nicht gerechtfertigte Verringerung der Wertschätzung der Person oder der Produkte eines Mitbewerbers in den Augen der angesprochenen Verkehrskreise zu verstehen.[6] Die Bezeichnung des Konkurrenzprodukts als „billiges Plagiat" ist geeignet, die Wertschätzung der Zeitschrift des Mitbewerbers (A) in sachlich nicht gerechtfertigter Weise zu verringern. Denn sie enthält einen ungerechtfertigten Pauschalvorwurf der unrechtmäßigen Übernahme einer fremden Leistung. Durch die gerichtliche Entscheidung war nämlich festgestellt, dass das Herausgeben der Zeitschrift „Frau im Trend" gerade nicht unrechtmäßig erfolgte.

Auch bei der unionsrechtlich gebotenen Berücksichtigung des europäischen Grundrechts der Meinungsfreiheit (Art. 10 EMRK) ergibt sich nichts anderes. Zwar hat ein Wettbewerber öffentliche Kritik hinzunehmen, doch muss der Kritik ein hinreichender Anlass zugrunde liegen und sie muss sich im Rahmen des Erforderlichen und sachlich Gebotenen halten.[7] Hier diente die Äußerung aber lediglich der Rechtfertigung einer – gerichtlich schon verbotenen – geschäftlichen Handlung, nämlich der Herausgabe der Zeitschrift „Frau von heute".

(c) § 6 Abs. 2 Nr. 6 UWG (Darstellung einer Ware oder Dienstleistung als Imitation oder Nachahmung)

12 Fraglich ist, ob § 6 Abs. 2 Nr. 6 UWG auf die Konstellation anwendbar ist, dass ein Unternehmer in der vergleichenden Werbung behauptet, ein fremdes Produkt sei imitiert oder nachgeahmt. Nach einer Auffassung erfasst die Vorschrift nur den Fall, dass der Werbende *sein eigenes Produkt* als Imitation oder Nachahmung eines fremden Produkts bezeichnet, nach anderer Auffassung dagegen nur den Fall, dass der Werbende *das fremde Produkt* als Imitation oder Nachahmung bezeichnet.[8] Da das Verbot den Schutz des Herstellers der Originalware bezweckt (ähnlich § 6 Abs. 2 Nr. 4 UWG) ist mit der Rechtsprechung die erste Ansicht vorzuziehen.[9] Dagegen sind die übrigen Fälle (Behauptung einer Imitation oder Nachahmung) nach § 6 Abs. 2 Nr. 5 UWG zu beurteilen. Da sich die Äußerung auf das fremde Produkt bezieht, ist der Tatbestand des § 6 Abs. 2 Nr. 6 UWG nicht erfüllt.

(d) § 6 Abs. 2, § 5 Abs. 3 i.V.m. Abs. 1 S. 2 UWG (Irreführende vergleichende Werbung)

13 Nach § 5 Abs. 3 UWG sind Angaben i.S.d. § 5 Abs. 1 UWG auch Angaben im Rahmen vergleichender Werbung.

Unter einer „Angabe" sind jedoch nur inhaltlich nachprüfbare Behauptungen zu verstehen.[10] Bloße Werturteile werden nicht erfasst.[11] Daher kommt es darauf an, ob die Äußerung „billiges Plagiat" als Tatsachenbehauptung oder als bloßes Werturteil zu verstehen ist.

Der Begriff des Plagiats wird im allgemeinen Sprachgebrauch als unrechtmäßige Nachahmung eines von einem anderen geschaffenen Werks verstanden. Kennzeichnend ist also die Behauptung der Unrechtmäßigkeit. Zwar kann das Bestehen von

6 Köhler/Bornkamm/*Köhler,* § 6 Rn. 166; Piper/Ohly/Sosnitza/*Ohly,* § 6 Rn. 66; siehe auch Harte/Henning/*Sack,* § 6 Rn. 187.
7 Vgl. Harte/Henning/*Sack,* § 6 Rn. 189.
8 Köhler/Bornkamm/*Köhler,* § 6 Rn. 183; Harte/Henning/*Sack,* § 6 Rn. 204, jeweils m. w. N.
9 Vgl. *BGH* GRUR 2008, 628 Rn. 22 – Imitationswerbung – m. w. N.
10 Köhler/Bornkamm/*Bornkamm,* § 5 Rn. 2.37; Harte/Henning/*Dreyer,* § 5 B Rn. 37.
11 Harte/Henning/*Dreyer,* § 5 B Rn. 43.

Rechten als nachprüfbare Angabe angesehen werden (vgl. § 5 Abs. 1 S. 2 Nr. 7 UWG). Jedoch ist die Frage nach der Unrechtmäßigkeit einer Nachahmung angesichts deren grundsätzlicher Zulässigkeit von derart vielschichtiger und durch Bewertungen geprägter Art, dass sie rechtlichen und nicht tatsächlichen Gehalt hat und deshalb einem Beweis nicht zugänglich ist. Beweis könnte allenfalls über Umstände erhoben werden, die das Urteil, eine Nachahmung sei unrechtmäßig, zu begründen vermöchten. Konkrete Umstände solcher Art sind aber nicht schon in der bloßen Bezeichnung als Plagiat angelegt. Darüber hinaus ergibt sich allein aus dem Vorwurf der Nachahmung weder, worin das Eigentümliche des Originals liege, noch, worin die Übereinstimmungen des angeblich Nachgeahmten mit dem Original bestünden. Für sich genommen ruft die Bezeichnung als Plagiat deshalb zwar die Vorstellung hervor, dass es wie auch immer geartete tatsächliche Vorgänge gebe oder gegeben habe, auf denen diese Einschätzung beruhe. Ein so verstandener „Tatsachenkern" begründet aber nicht zugleich die Vorstellung davon, welche konkreten, nach Raum und Zeit bestimmten Vorgänge gemeint sind, und ist deshalb zu unsubstanziiert, als dass er nachprüfbar wäre.[12]

Die Bezeichnung „billig" kann sowohl auf den geringeren Preis der Zeitschrift des A bezogen sein als auch – naheliegender – im Sinne von „qualitativ minderwertig" verstanden werden. Gleichgültig, welche Verständnismöglichkeit man bevorzugt, ist eine Irreführung ausgeschlossen: Im ersteren Sinne ist die Tatsache nicht unwahr (die Zeitschrift des A ist tatsächlich billiger als die des B) und im zweiten Sinne verstanden fehlt es an einer Tatsachenbehauptung, weil die Qualität einer Zeitschrift von ganz unterschiedlichen subjektiven Beurteilungskriterien abhängt, die inhaltlich nicht überprüfbar sind.[13]

bb) § 4 Nr. 7 UWG (Herabsetzung oder Verunglimpfung)

Da die Äußerung der S eine vergleichende Werbung enthält und § 6 Abs. 2 Nr. 5 UWG einschlägig ist, findet § 4 Nr. 7 UWG keine Anwendung. Denn § 6 Abs. 2 Nr. 5 UWG enthält insoweit die speziellere und damit vorrangige Regelung.[14] **14**

cc) § 4 Nr. 8 UWG (Anschwärzung)

Es kann dahinstehen, ob § 4 Nr. 8 UWG neben § 6 Abs. 2 Nr. 5 UWG zur Anwendung kommen kann[15] oder durch diese Vorschrift regelmäßig verdrängt wird.[16] **15**

dd) § 4 Nr. 10 UWG (Gezielte Behinderung)

Die Herabsetzung eines Mitbewerbers ist ein Unterfall der gezielten Behinderung.[17] Der Vorrang des § 6 Abs. 2 Nr. 5 UWG ist daher auch im Verhältnis zu § 4 Nr. 10 UWG zu beachten. **16**

c) Spürbarkeit

Ob in den Fällen der vergleichenden Werbung eine gesonderte Prüfung der Spürbarkeit erfolgen muss, wird unterschiedlich beurteilt.[18] Auf eine Entscheidung **17**

12 Vgl. *OLG München* GRUR-RR 2004, 309 – Billiges Plagiat – m. w. N.

13 *OLG München* GRUR-RR 2004, 309, 310 – Billiges Plagiat.

14 Köhler/Bornkamm/*Köhler*, § 4 Rn. 7.7; Harte/Henning/*Sack*, § 6 Rn. 185.

15 Köhler/Bornkamm/*Köhler*, § 6 Rn. 29; Harte/Henning/*Sack*, § 6 Rn. 230.

16 MünchKomm-UWG/*Menke*, § 6 Rn. 22.

17 Köhler/Bornkamm/*Köhler*, § 4 Rn. 7.6.

18 Dazu näher Köhler/Bornkamm/*Köhler*, § 3 Rn. 152 f.; Harte/Henning/*Sack*, § 6 Rn. 215 ff.

kommt es jedoch nicht an, weil die Herabsetzung sowohl die Interessen des betroffenen Mitbewerbers als auch die Informationsinteressen der Verbraucher erheblich beeinträchtigt.

2. Zwischenergebnis

18 Die Äußerung ist gemäß § 3 Abs. 1 UWG unzulässig.

II. Wiederholungsgefahr

19 Für die Wiederholungsgefahr besteht nach ständiger Rechtsprechung eine tatsächliche, widerlegliche Vermutung. Diese Vermutung kann grundsätzlich nur durch die Abgabe einer strafbewehrten Unterlassungserklärung beseitigt werden, die aber nicht erfolgt ist.

III. Anspruchsberechtigung

20 A ist als Mitbewerber nach § 8 Abs. 3 Nr. 1 UWG anspruchsberechtigt, da er in einem konkreten Wettbewerbsverhältnis zu B steht (§ 2 Abs. 1 Nr. 3 UWG).

IV. Anspruchsverpflichtung

21 B hat zwar die wettbewerbswidrige Äußerung nicht selbst vorgenommen, muss sich jedoch das Handeln der Pressesprecherin S nach § 8 Abs. 2 UWG zurechnen lassen, da diese als seine Mitarbeitern anzusehen ist. Daher ist B für die Zuwiderhandlung gegen § 3 Abs. 1 UWG verantwortlich.[19]

B. Widerrufsanspruch A gegen B

22 Der Widerrufsanspruch ist ein besonderer Beseitigungsanspruch nach § 8 Abs. 1 S. 1, 1. Alt. UWG.[20] Allerdings kommt ein Widerrufsanspruch nur in Betracht, wenn der Störungszustand durch eine unrichtige Tatsachenbehauptung hervorgerufen wurde.[21] Der Widerruf einer Meinungsäußerung kann dagegen nicht verlangt werden. Daher besteht kein Anspruch auf Widerruf.

C. Ergebnis zu Frage 1

23 A kann von B Unterlassung der Äußerung, nicht aber deren Widerruf verlangen.

Frage 2: Möglichkeiten zur außergerichtlichen Beilegung des Streits

24 A kann B abmahnen und dem Unternehmen zugleich ein konkretes Angebot zum Abschluss eines Unterwerfungsvertrages unterbreiten.[22] Weiterhin kann A die Eini-

[19] **Hinweis:** S haftet als Verletzerin auch persönlich, § 8 Abs. 2 UWG.

[20] Köhler/Bornkamm/*Bornkamm,* § 8 Rn. 1.95; MünchKomm-UWG/*Fritzsche,* § 8 Rn. 199; juris-PK/*Seichter,* § 8 Rn. 66.

[21] *BGH* GRUR 1969, 368, 370 – Unternehmensberater; *BGH* GRUR 1976, 268, 272 – Warentest II.

[22] Köhler/Bornkamm/*Bornkamm,* § 12 Rn. 1.3; zu den Einzelheiten: *Teplitzky,* Kap. 41 Rn. 1 ff.

gungsstelle bei der Industrie- und Handelskammer anrufen (§ 15 UWG).[23] Voraussetzungen hierfür sind ein entsprechender Antrag und die Zustimmung des Gegners (§ 15 Abs. 3 S. 1 UWG).

23 Zu den Einzelheiten: *Teplitzky,* Kap. 42 Rn. 1 ff.; Ahrens/*Probandt,* Kap. 13 Rn. 1 ff.

Fall 8. Die Frischhaltedosen

Sachverhalt

T stellt Frischhaltedosen und ähnliches Küchenzubehör her und vertreibt diese Artikel unter dem Namen „Tupperware". Diese Bezeichnung ist auch als Marke für „Waren aus Kunststoff, nämlich tragbare Behälter für Haushalt und Küche, Schalen, Schüsseln und Teller" ordnungsgemäß eingetragen. Die Waren werden ausschließlich durch so genannte Berater(-innen) im Rahmen von Heimvorführungen vertrieben. Mit zunehmender Bekanntheit der Produkte hat sich für diese Vertriebsform allgemein die Bezeichnung „Tupperparty" eingebürgert. Seit Ende 2008 verwendet T diese Bezeichnung auch selbst.

L stellt ebenfalls Frischhaltedosen und sonstige Haushaltsartikel her. Sie vertreibt ihre Produkte ausschließlich über den Einzelhandel. Eine bestimmte Serie von aufeinander abgestimmten Küchenartikeln wird unter der Sammelbezeichnung „L-TopParty" vertrieben. Außerdem stellt L ein Set von drei aufeinander abgestimmten Frischhaltedosen her, die eine auffällige und besonders markante Gestaltung aufweisen und deren Form ein besonders platzsparendes und sicheres Aufeinanderstapeln ermöglicht. Das L-Dosen-Set entspricht einem von T kurz zuvor auf den Markt gebrachten Dosen-Set bis ins Detail und kann mit den T-Dosen auch kombiniert werden. Auf der Verpackung der L-Dosen findet sich deutlich hervorgehoben der Hinweis: „L-Produkt. Nicht mit anderen Frischhaltedosen verwechseln". T verlangt von L Unterlassung des Vertriebs der Produkte unter der Bezeichnung „L-TopParty" sowie Unterlassung des weiteren Vertriebs des L-Frischhaltedosen-Sets.

Vermerk für die Bearbeiter: In einem Rechtsgutachten, das auf alle vom Sachverhalt aufgeworfenen Rechtsfragen eingeht, ist zu prüfen, ob T gegen L ein Anspruch auf Unterlassung

1. des weiteren Vertriebs der Küchenartikel unter der Bezeichnung „L-TopParty" und
2. des weiteren Vertriebs des L-Frischhaltedosen-Sets zusteht.

Dabei ist davon auszugehen, dass ein sonderrechtlicher Schutz für die von T und L hergestellten Frischhaltedosen nicht besteht.

Gliederung

Lösung

Frage 1: Unterlassungsanspruch der T gegen L wegen der Sammelbezeichnung „L-TopParty"

A. Markenrechtlicher Unterlassungsanspruch

1 Ein markenrechtlicher Unterlassungsanspruch setzt voraus, dass L durch den Vertrieb seiner Produkte unter der Bezeichnung „L-TopParty" eine Marke des T oder ein sonstiges geschütztes Zeichen verletzt.

I. Unterlassungsanspruch gemäß § 14 Abs. 5 S. 1 MarkenG

2 T könnte ein markenrechtlicher Unterlassungsanspruch aus § 14 Abs. 5 S. 1 MarkenG zustehen, wenn die Wortmarke „Tupperware" verletzt wurde. Der Markenschutz ist gemäß § 4 Nr. 1 MarkenG durch Eintragung im Register ordnungsgemäß entstanden. In Betracht kommt ein Anspruch wegen einer Verletzung gemäß § 14 Abs. 2 Nr. 2 MarkenG. Danach ist es untersagt, im geschäftlichen Verkehr ohne Zustimmung des Inhabers der Marke ein Zeichen zu benutzen, wenn wegen der Identität oder Ähnlichkeit des Zeichens mit der Marke und der Identität oder Ähnlichkeit der durch die Marke und das Zeichen erfassten Waren oder Dienstleistungen für das Publikum die Gefahr von Verwechslungen besteht, einschließlich der Gefahr, dass das Zeichen mit der Marke gedanklich in Verbindung gebracht wird. Zwar ist hier Identität bzw. Ähnlichkeit der Waren gegeben, da T und L gleichartige Haushaltsartikel, insbesondere Frischhaltedosen vertreiben. Allerdings liegt zwischen der geschützten Wortmarke „Tupperware" und der Bezeichnung „L-TopParty" keine Verwechslungsgefahr vor.

Für die Bezeichnung „Tupperparty" ist dagegen ein Markenschutz nicht entstanden. Das Zeichen ist nicht als Marke eingetragen (§ 4 Nr. 1 MarkenG). Markenschutz auf Grund Verkehrsgeltung nach § 4 Nr. 2 MarkenG oder wegen notorischer Bekanntheit nach § 4 Nr. 3 MarkenG sind aus Rechtsgründen ausgeschlossen. Mit dem Begriff „Tupperparty" werden nicht Waren oder Dienstleistungen gekennzeichnet, vielmehr wird die Bezeichnung vom Verkehr lediglich für eine besondere Vertriebsform verwendet. Soweit von der Übernahme der Bezeichnung durch T selbst seit dem Jahr 2008 auszugehen ist, bezieht sich auch dies nur auf die Verwendung der Bezeichnung für in einer Vielzahl von Privathaushalten durchgeführte Verkaufsveranstaltungen. Eine besondere Dienstleistung liegt den als „Tupperparty" bezeichneten Verkaufsveranstaltungen nicht zu Grunde.[1]

II. Unterlassungsanspruch gemäß § 15 Abs. 4 S. 1 MarkenG

3 Voraussetzung für einen Unterlassungsanspruch aus § 15 Abs. 4 S. 1 MarkenG wäre das Vorliegen einer geschäftlichen Bezeichnung (§ 5 MarkenG). Die Bezeichnung „Tupperparty" wird jedoch nicht als Name, Firma oder besondere Bezeichnung eines Geschäftsbetriebs verwendet. Auch ein Werktitelschutz scheidet aus. Werktitel sind gemäß § 5 Abs. 3 MarkenG Namen oder Bezeichnungen von Druckschriften,

[1] Vgl. *BGH* GRUR 2003, 973, 974 – Tupperwareparty.

Filmwerken, Tonwerken, Bühnenwerken oder sonstigen vergleichbaren Werken. Die Annahme eines vergleichbaren Werkes setzt jedoch voraus, dass das zu schützende Werk einen umsetzungsfähigen geistigen Gehalt aufweist, der für den Verkehr das Wesen ausmacht.[2] Einer Vertriebsmethode fehlt dieser geistige Gehalt, daher liegt kein sonstiges Werk vor, das Werktitelschutz genießt. Auch ein Unterlassungsanspruch aus § 15 Abs. 4 S. 1 MarkenG ist daher nicht gegeben.

III. Ergebnis

Ein markenrechtlicher Unterlassungsanspruch besteht nicht. 4

B. Wettbewerbsrechtlicher Unterlassungsanspruch

Ein wettbewerbsrechtlicher Unterlassungsanspruch kann sich aus § 8 Abs. 1 S. 1, 2. Alt. UWG ergeben. 5

I. Anwendbarkeit des UWG

Nach der bisherigen Rechtsprechung ist die Anwendbarkeit des UWG neben dem MarkenG grundsätzlich ausgeschlossen. Der Schutz der bekannten Marke im Markengesetz stellt sich als eine umfassende spezialgesetzliche Regelung dar, die in ihrem Anwendungsbereich für eine gleichzeitige Anwendung des UWG oder des Deliktsrechts grundsätzlich keinen Raum lässt.[3] Die Bestimmung des § 2 MarkenG, wonach der Schutz nach dem Markengesetz die Anwendung anderer Vorschriften zum Schutz dieser Kennzeichen nicht ausschließt, steht dem nach Ansicht des BGH nicht entgegen.[4] Ob an diesem Vorrang des Markenrechts auch nach der UWG-Novelle 2008 im Hinblick auf die neuen Regelungen in § 5 Abs. 2 UWG und Nr. 13 Anhang zu § 3 Abs. 3 UWG festgehalten werden kann,[5] braucht nicht entschieden zu werden, weil der markenrechtliche Schutz – wie geprüft – nicht einschlägig ist und damit keine Sperrwirkung entfaltet. 6

II. Verstoß gegen § 3 UWG

1. Unzulässigkeit gemäß § 3 Abs. 3 UWG

Gemäß § 3 Abs. 3 UWG sind die im Anhang des Gesetzes aufgeführten geschäftlichen Handlungen gegenüber Verbrauchern stets unzulässig. 7

a) Geschäftliche Handlung (§ 2 Abs. 1 Nr. 1 UWG)

Voraussetzung ist zunächst, dass eine geschäftliche Handlung gegeben ist. Nach der Definition des § 2 Abs. 1 Nr. 1 UWG ist geschäftliche Handlung „jedes Verhalten einer Person zugunsten des eigenen oder eines fremden Unternehmens vor, bei oder nach einem Geschäftsabschluss, das mit der Förderung des Absatzes oder des Bezugs 8

2 *BGH* GRUR 1993, 767, 768 – Zappel-Fisch.
3 Grundlegend BGHZ 138, 349, 351 f. – MAC Dog.
4 BGHZ 138, 349, 351 f. – MAC Dog.
5 Zurückhaltender in neuerer Zeit *BGH* GRUR 2007, 339 Rn. 23 – Stufenleitern; *BGH* GRUR 2008, 793 Rn. 26 – Rillenkoffer; *BGH* GRUR 2008, 912 Rn. 27 – EROS. Näher zur Problematik Köhler/Bornkamm/*Köhler*, § 4 Rn. 9.6 ff.

von Waren oder Dienstleistungen oder mit dem Abschluss oder der Durchführung eines Vertrags über Waren oder Dienstleistungen objektiv zusammenhängt". Der Vertrieb der Produkte unter der Bezeichnung „L-TopParty" dient der Förderung des Absatzes dieser Waren und ist damit als eine geschäftliche Handlung zu qualifizieren.

b) Gegenüber Verbrauchern

9 Es ist davon auszugehen, dass die Produkte von L jedenfalls auch gegenüber Verbrauchern (§ 2 Abs. 2 UWG i. V. m. § 13 BGB) vertrieben werden.

c) Tatbestand der Nr. 13 des Anhangs zu § 3 Abs. 3 UWG

10 Gemäß Nr. 13 gilt als stets unzulässige geschäftliche Handlung die „Werbung für eine Ware oder Dienstleistung, die der Ware oder Dienstleistung eines Mitbewerbers ähnlich ist, wenn dies in der Absicht geschieht, über die betriebliche Herkunft der beworbenen Ware oder Dienstleistung zu täuschen".

aa) Werbung

11 Der Begriff der Werbung ist weder im UWG, noch in der UGP-Richtlinie definiert. Auszugehen ist deswegen vom gemeinschaftsrechtlichen Begriff der Werbung nach der Richtlinie 2006/114/EG.[6] Nach der Definition des Art. 2 lit. a dieser Richtlinie ist Werbung „jede Äußerung bei der Ausübung eines Handels, Gewerbes, Handwerks oder freien Berufs mit dem Ziel, den Absatz von Waren oder die Erbringung von Dienstleistungen, einschließlich unbeweglicher Sachen, Rechte und Verpflichtungen, zu fördern". Da die Bezeichnung der Produkte mit „L-TopParty" den Absatz dieser Waren fördert, handelt es sich um Werbung.

bb) Mitbewerber

12 Nr. 13 des Anhangs verlangt (abweichend vom Wortlaut der Nr. 13 des Anhangs I der UGP-Richtlinie[7]), dass ein Mitbewerber betroffen sein muss. Gemäß § 2 Abs. 1 Nr. 3 UWG ist Mitbewerber „jeder Unternehmer, der mit einem oder mehreren Unternehmern als Anbieter oder Nachfrager von Waren oder Dienstleistungen in einem konkreten Wettbewerbsverhältnis steht". Ein konkretes Wettbewerbsverhältnis zwischen T und L besteht, weil sie vergleichbare Haushaltsprodukte anbieten und daher auf dem gleichen (sachlich) relevanten Markt tätig sind.

cc) Ähnliche Waren oder Dienstleistungen

13 Ob Waren oder Dienstleistungen ähnlich sind, ist nach vergleichbaren Maßstäben wie im Markenrecht zu ermitteln.[8] Dabei sind alle erheblichen Faktoren zu berücksichtigen, die das Verhältnis zwischen den Waren oder Dienstleistungen kennzeichnen. Zu diesen Faktoren gehören insbesondere deren Art, Verwendungszweck und Nutzung sowie ihre Eigenart als miteinander konkurrierende oder einander ergänzende Waren oder Dienstleistungen.[9] Ähnlich sind dabei nicht nur Produktnachahmungen, sondern Waren oder Dienstleistungen, die aus Sicht der Verbraucher substituierbar sind.[10] Aufgrund der vergleichbaren Produktpalette von L und T kann von einer Ähnlichkeit ausgegangen werden.

---

[6] Köhler/Bornkamm/*Köhler,* Anh. zu § 3 III Rn. 13.4.

[7] Dort ist nur vom Hersteller eines Produkts die Rede.

[8] *Köhler,* WRP 2009, 109, 114.

[9] *EuGH* GRUR 1998, 922 Rn. 23 – Canon.

[10] *Köhler,* WRP 2009, 109, 114.

dd) Täuschungsabsicht

Nr. 13 des Anhangs verlangt ein Handeln in Täuschungsabsicht. Eine solche Absicht ist gegeben, wenn der Werbende weiß, dass es sich um ein Nachahmungsprodukt handelt, und wenn er den Verbraucher bewusst darüber täuschen will.[11] Gegen eine Täuschungsabsicht spricht, dass L sich mit der Bezeichnung „L-TopParty" zwar an die Bezeichnung der Vertriebsform der T anlehnt („Tupperparty"), nicht aber an deren Produktbezeichnung („Tupperware"). Der Tatbestand der Nr. 13 ist daher nicht erfüllt. **14**

2. Unzulässigkeit gemäß § 3 Abs. 1 UWG

a) Geschäftliche Handlung (§ 2 Abs. 1 Nr. 1 UWG)

Eine geschäftliche Handlung liegt, wie bereits geprüft, vor. **15**

b) Unlauterkeit

Die Generalklausel des § 3 Abs. 1 UWG wird durch die Beispielstatbestände der §§ 4 bis 6 UWG konkretisiert. **16**

aa) § 4 Nr. 9 UWG (Ergänzender wettbewerbsrechtlicher Leistungsschutz)

Zu prüfen ist, ob der Tatbestand des § 4 Nr. 9 UWG verwirklicht wurde. Hierbei ist zu beachten, dass die Voraussetzungen des sog. ergänzenden wettbewerbsrechtlichen Leistungsschutzes nur zum Teil gesetzlich geregelt sind und darüber hinaus richterrechtlich entwickelt wurden. **17**

Nach dem Gesetzeswortlaut werden nur Waren oder Dienstleistungen geschützt. Das ist jedoch zu eng. Geschützt werden alle Arbeits- und Leistungsergebnisse, die nachgeahmt werden können.[12] Die Besonderheit des Falles besteht darin, dass T sich nicht gegen Produktnachahmungen des L wendet (anders bei Frage 2, s.u.), sondern gegen den Vertrieb der Produkte des L unter der Bezeichnung „L-TopParty". Auch die Bezeichnung einer bestimmten Vertriebsform kann ein schutzfähiges Arbeitsergebnis sein. Der Begriff „Tupperparty" genießt jedoch keinen Schutz als Leistungsergebnis. Dagegen spricht, dass zunächst der Verkehr diese Bezeichnung für die besondere Vertriebsmethode der T verwendet hat. Sie selbst hat die Bezeichnung erst aufgenommen, nachdem diese sich bei den in Frage stehenden Verkehrskreisen eingebürgert hatte. Die für die Verkaufsmethode seit Jahren benutzte Kennzeichnung „Tupperparty" kann deshalb nicht als das Ergebnis einer Leistung der T angesehen werden.[13] Allerdings könnte man im vorliegenden Fall argumentieren, dass T die Bezeichnung zum jetzigen Zeitpunkt bereits seit einigen Jahren (und offenbar erfolgreich) verwendet hat. T hat sich damit die bestehenden Verkehrsvorstellungen zu Eigen gemacht und weiter gepflegt. Zumindest darin kann man ein schützenswertes Leistungsergebnis sehen.

Jedoch sind die weiteren Voraussetzungen des ergänzenden Leistungsschutzes nicht gegeben, denn L nutzt den Begriff „L-TopParty" zur Kennzeichnung der eigenen Produkte, während der Begriff „Tupperparty" nicht die Produkte der T, sondern den Vertriebsweg kennzeichnet. § 4 Nr. 9 UWG greift daher nicht ein.

---

11 Köhler/Bornkamm/*Köhler,* Anh. zu § 3 III Rn. 13.7.

12 Köhler/Bornkamm/*Köhler,* § 4 Rn. 9.21; Piper/Ohly/Sosnitza/*Ohly,* § 4 Rn. 9/19.

13 Vgl. *BGH* GRUR 2003, 973, 974 – Tupperwareparty.

bb) § 6 Abs. 2 UWG (Unlautere vergleichende Werbung)

18 Eine vergleichende Werbung liegt nicht vor, weil mit der Bezeichnung „L-Top-Party" kein Mitbewerber erkennbar gemacht wird. Allenfalls werden bei den angesprochenen Verbrauchern gewisse Assoziationen geweckt.

cc) § 5 Abs. 2 UWG (Irreführende geschäftliche Handlung)

19 Eine geschäftliche Handlung ist gemäß § 5 Abs. 2 UWG irreführend, wenn sie im Zusammenhang mit der Vermarktung von Waren oder Dienstleistungen einschließlich vergleichender Werbung eine Verwechslungsgefahr mit einer anderen Ware oder Dienstleistung oder mit der Marke oder einem anderen Kennzeichen eines Mitbewerbers hervorruft.

Kernelement des § 5 Abs. 2 UWG ist die Verwechslungsgefahr zwischen Waren oder Dienstleistungen. Der Begriff der Verwechslungsgefahr kann nach den gleichen Maßstäben wie im Markenrecht ausgelegt werden.[14] Nach ständiger Rechtsprechung des EuGH besteht eine Verwechslungsgefahr im Sinne von Art. 5 Abs. 1 lit. b der Richtlinie 89/104/EG, wenn das Publikum glauben könnte, dass die in Frage stehenden Waren oder Dienstleistungen aus demselben Unternehmen oder gegebenenfalls aus wirtschaftlich verbundenen Unternehmen stammen.[15]

Der Grad der Anlehnung der Bezeichnung an „Tupperparty" ist für eine Verwechslungsgefahr nicht ausreichend. Es stimmen zwar die Anfangsbuchstaben, der weitere Buchstabe „p" und das Wortende („Party") überein und es ähneln sich die Vokale „o" und „u" schriftbildlich und klanglich. Der Verkehr nimmt jedoch die zusätzliche Silbe „per" in „Tupperparty" wahr. Er erkennt erfahrungsgemäß auch den ganz unterschiedlichen Sinngehalt der Wörter. Während „Tupper" auf die bekannten Frischhalte- und Gefrierdosen hinweist, liegt in „Top" (= Spitze) eine Qualitätsangabe, so dass auch deswegen ein erheblicher Abstand der Bezeichnungen gegeben ist. Es ist weiterhin zu berücksichtigen, dass die Waren auf völlig unterschiedlichen Vertriebswegen verkauft werden (T: Heimverkauf; L: Einzelhandel). Der Kunde weiß, unter welchen Umständen er das Produkt erwirbt, sodass eine Verwechslungsgefahr auch aufgrund der ganz unterschiedlichen Absatzwege ausgeschlossen ist.[16]

C. Ergebnis zu Frage 1

20 T steht gegen L wegen des Vertriebs ihrer Produkte unter der Bezeichnung „L-Top-Party" kein Unterlassungsanspruch zu.

Frage 2: Unterlassungsanspruch der T gegen L wegen des Dosen-Sets

21 Ein Unterlassungsanspruch kann sich aus § 8 Abs. 1 S. 1, 2. Alt. UWG ergeben. Da nach dem Bearbeitervermerk ein sonderrechtlicher Schutz nicht besteht, ist das UWG anwendbar.

[14] *Köhler*, WRP 2009, 109, 114.

[15] *EuGH* GRUR 2008, 698 Rn. 59 – O_2; *EuGH* GRUR 2005, 1042 Rn. 26 – THOMSON LIFE; *EuGH* GRUR Int. 1999, 734 Rn. 17 – Lloyd.

[16] Vgl. *BGH* GRUR 2007, 795 Rn. 40 – Handtaschen zur vergleichbaren Problematik bei § 4 Nr. 9 lit. a UWG.

I. Verstoß gegen § 3 UWG

1. Unzulässigkeit gemäß § 3 Abs. 3 UWG

Gemäß § 3 Abs. 3 UWG sind die im Anhang des Gesetzes aufgeführten geschäftlichen Handlungen gegenüber Verbrauchern stets unzulässig. 22

a) Geschäftliche Handlung (§ 2 Abs. 1 Nr. 1 UWG)

Der Vertrieb des Dosen-Sets ist eine geschäftliche Handlung. 23

b) Gegenüber Verbrauchern

Es ist davon auszugehen, dass die Produkte von L jedenfalls auch gegenüber Verbrauchern (§ 2 Abs. 2 UWG i. V. m. § 13 BGB) vertrieben werden. 24

c) Tatbestand der Nr. 13 des Anhangs zu § 3 Abs. 3 UWG

Gemäß Nr. 13 gilt als stets unzulässige geschäftliche Handlung die „Werbung für eine Ware oder Dienstleistung, die der Ware oder Dienstleistung eines Mitbewerbers ähnlich ist, wenn dies in der Absicht geschieht, über die betriebliche Herkunft der beworbenen Ware oder Dienstleistung zu täuschen". 25

aa) Werbung

Zum Begriff der Werbung s. o. Die Dosen werden nach dem Sachverhalt in einer Verpackung angeboten. Die Gestaltung der Verpackung ist ebenso wie die darauf enthaltenen Informationen zum Produkt als eine Äußerung anzusehen, die der Förderung des Warenabsatzes dient. Somit handelt es sich um Werbung. 26

bb) Mitbewerber

Zum Begriff des Mitbewerbers s. o. Ein konkretes Wettbewerbsverhältnis zwischen T und L besteht, weil die hergestellten Dosen austauschbar sind und daher beide Unternehmen auf dem gleichen (sachlich) relevanten Markt tätig werden. 27

cc) Ähnliche Waren oder Dienstleistungen

Unabhängig davon, nach welchen Maßstäben die Ähnlichkeit von Waren oder Dienstleistungen im Zweifelsfall zu beurteilen ist, liegt Ähnlichkeit jedenfalls dann vor, wenn die Waren oder Dienstleistungen eines Mitbewerbers nachgeahmt werden. 28

dd) Täuschungsabsicht

Nr. 13 des Anhangs verlangt ein Handeln in Täuschungsabsicht. Zwar kann die Nachahmung eines Produkts ein starkes Indiz für eine Täuschungsabsicht sein. Gegen eine Täuschungsabsicht der L spricht jedoch, dass auf der Verpackung der Dosen ein deutlicher Hinweis auf den Hersteller L angebracht ist und noch eine zusätzliche Information zur Aufklärung der Verbraucher vorhanden ist. 29

2. Unzulässigkeit gemäß § 3 Abs. 1 UWG

a) Geschäftliche Handlung (§ 2 Abs. 1 Nr. 1 UWG)

Eine geschäftliche Handlung ist gegeben (s. o.). 30

b) Unlauterkeit

aa) § 4 Nr. 9 UWG (Ergänzender wettbewerbsrechtlicher Leistungsschutz)

(1) Geschütztes Erzeugnis

31 Der lauterkeitsrechtliche Schutz erstreckt sich im weitesten Sinne auf Erzeugnisse, die nachgeahmt werden können, obgleich das Gesetz nur von Waren und Dienstleistungen spricht (s. o.). Bei den von L hergestellten Dosen handelt es sich um Waren und damit um geschützte Erzeugnisse.

(2) Wettbewerbliche Eigenart

32 Nur Produkte mit wettbewerblicher Eigenart können Nachahmungsschutz erlangen. Damit werden „Allerweltserzeugnisse" und „Dutzendware" von einem besonderen wettbewerbsrechtlichen Schutz ausgenommen. In Übereinstimmung mit seiner früheren Rechtsprechung verlangt der BGH für das Vorliegen einer wettbewerblichen Eigenart, dass „die konkrete Ausgestaltung oder bestimmte Merkmale des Erzeugnisses geeignet sind, die interessierten Verkehrskreise auf seine betriebliche Herkunft oder seine Besonderheiten hinzuweisen".[17]

Das Erfordernis der wettbewerblichen Eigenart bezieht sich auf die konkrete Ausgestaltung oder bestimmte Merkmale des Erzeugnisses, die diesem aus der Sicht der Abnehmer zukommen. Es genügt für die Annahme wettbewerblicher Eigenart, dass der angesprochene Verkehr auf Grund der Ausgestaltung oder der Merkmale des Erzeugnisses die Vorstellung hat, es könne wohl nur von einem bestimmten Anbieter oder einem mit diesem verbundenen Unternehmen stammen. Zur Begründung einer wettbewerblichen Eigenart kann es zudem ausreichen, dass die Gestaltung eines Erzeugnisses die Eignung besitzt, auf seine Besonderheiten hinzuweisen.[18] Daher ist nicht erforderlich, dass die Kunden die Dosen als „Tupperware" oder gerade T als Hersteller erkennen. Dass die Gestaltung der Dosen möglicherweise (auch) technisch bedingt ist, hindert einen lauterkeitsrechtlichen Schutz nicht, sofern sich in der technischen Gestaltung nicht eine gemeinfreie technische Lösung verwirklicht.[19]

Im Einzelnen ist zu unterscheiden: Dass Frischhaltedosen aufgrund ihrer Form aufeinander gestapelt werden können, ist eine gemeinfreie technische Lösung, die als solche nicht monopolisiert werden darf und damit keine wettbewerbliche Eigenart begründet. Dagegen kann die konkrete Form und Gestaltung durchaus als eigenartig angesehen werden. Für eine wettbewerbliche Eigenart spricht, dass die Dosen nach dem Sachverhalt eine „auffällige und besonders markante" Form und Gestaltung aufweisen.

Dass die Dosen von T erst kurz zuvor auf den Markt gebracht wurden, schließt eine wettbewerbliche Eigenart nicht aus. Denn eine Bekanntheit des Erzeugnisses ist für das Vorliegen einer wettbewerblichen Eigenart nicht erforderlich.[20]

---

[17] St. Rspr. *BGH* GRUR 2005, 166, 167 – Puppenausstattungen; *BGH* GRUR 2005, 600, 602 – Handtuchklemmen; *BGH* GRUR 2006, 79 Rn. 21 – Jeans; *BGH* GRUR 2007, 795 Rn. 25 – Handtaschen; *BGH* GRUR 2008, 793 Rn. 29 – Rillenkoffer.

[18] *BGH* GRUR 2007, 984, 2. Leitsatz – Gartenliege.

[19] Vgl. *BGH* GRUR 2005, 600, 603 – Handtuchklemmen.

[20] *BGH* GRUR 2009, 79 Rn. 35 – Gebäckpresse; *BGH* GRUR 2007, 984 Rn. 28 – Gartenliege; *BGH* GRUR 2005, 600, 602 – Handtuchklemmen.

(3) Nachahmung

Es sind verschiedene Grade der Nachahmung zu unterscheiden: die unmittelbare Leistungsübernahme (Kopie), die fast identische Leistungsübernahme und die nachschaffende Leistungsübernahme.[21] Hier ist von einer fast identischen Leistungsübernahme auszugehen, da L die Gestaltung der Dosen bis ins Detail übernommen hat. 33

(4) Besondere Umstände

Die Nachahmung von Waren oder Dienstleistungen ist grundsätzlich zulässig und nur bei Vorliegen besonderer Umstände unlauter. 34

(a) § 4 Nr. 9 lit. a UWG (Vermeidbare Herkunftstäuschung)

Eine vermeidbare Herkunftstäuschung liegt nicht vor. Zwar gleichen die L-Dosen in der Gestaltung den T-Dosen bis ins Detail, aber auf der Verpackung befindet sich deutlich hervorgehoben der Hinweis, dass es sich nicht um T-Dosen handelt. Entscheidend ist der Zeitpunkt des Kaufs.[22] Ob man die Produkte bei der späteren Nutzung miteinander verwechseln kann, ist unerheblich. Eine nicht schon im Zeitpunkt der Werbung und/oder des Kaufs, sondern erst nachfolgend auftretende Herkunftstäuschung kann keine Ansprüche aus ergänzendem Leistungsschutz begründen. Dies folgt aus dem Gesetzeswortlaut, der nur das Anbieten erfasst. 35

(b) § 4 Nr. 9 lit. b UWG (Unangemessene Ausnutzung oder Beeinträchtigung der Wertschätzung)

Voraussetzung ist das Bestehen eines „guten Rufes“. Worauf sich dieser gründet (z. B. besondere Qualität, Exklusivität usw.), ist unerheblich.[23] Es ist davon auszugehen, dass „Tupperware“ schon aufgrund der speziellen Vertriebsform und aufgrund der besonderen Gestaltung der Original-Dosen eine gewisse Wertschätzung genießt. Eine Rufausbeutung setzt jedoch grundsätzlich einen Imagetransfer, d. h. eine Übertragung der Güte- oder Wertvorstellungen vom Original auf das Nachahmungsprodukt voraus.[24] Das beurteilt sich nach einer Gesamtbetrachtung unter Berücksichtigung aller Umstände des Einzelfalls, insbesondere des Grads der Anlehnung sowie der Stärke des Rufs. Nicht ausreichend ist es, wenn die Nachahmung lediglich Assoziationen an eine fremde Marke oder ein fremdes Produkt und damit Aufmerksamkeit erweckt.[25] Ein Imagetransfer scheidet daher trotz etwaiger derartiger Assoziationen aus, wenn der Hersteller der Nachahmung durch entsprechende Hinweise auf der Produktverpackung den Verkehr deutlich darüber informiert, dass sein eigenes Produkt vom fremden Produkt zu unterscheiden sei. 36

(c) Sonstige Behinderung

Der ergänzende wettbewerbsrechtliche Leistungsschutz ist in § 4 Nr. 9 UWG nur unvollständig geregelt, sodass ergänzend die Generalklausel des § 3 UWG herangezogen werden kann.[26] 37

---

21 Köhler/Bornkamm/*Köhler*, § 4 Rn. 9.34 b ff.; Piper/Ohly/Sosnitza/*Ohly*, § 4 Rn. 9/48 f.

22 *BGH* GRUR 2005, 349, 352 – Klemmbausteine III.

23 Köhler/Bornkamm/*Köhler*, § 4 Rn. 9.52; Piper/Ohly/Sosnitza/*Ohly*, § 4 Rn. 9/66.

24 Köhler/Bornkamm/*Köhler*, § 4 Rn. 9.53; Piper/Ohly/Sosnitza/*Ohly*, § 4 Rn. 9/7.

25 *BGH* GRUR 2003, 973, 975 – Tupperwareparty; *BGH* GRUR 2005, 349, 353 – Klemmbausteine III; *BGH* GRUR 2007, 795 Rn. 44 – Handtaschen.

26 *BGH* GRUR 2008, 1115 Rn. 32 – ICON; *BGH* GRUR 2007, 795, 2. Leitsatz – Handtaschen.

(aa) Einschieben in eine fremde Serie

38 Der BGH[27] hatte lange Jahre „das Überleiten des Markterfolgs einer fremden Leistung durch Einschieben gleichartiger, beliebig austauschbarer fremder Ergänzungserzeugnisse in das von Anfang an auf die Deckung eines Ergänzungsbedarfs gerichtete Verkaufssystem des Erstherstellers trotz vorhandener Ausweichmöglichkeiten" als unlauter angesehen (sog. „Lego-Doktrin"). In der *Klemmbausteine III*-Entscheidung[28] erwähnte das Gericht die daran im Schrifttum geäußerte grundsätzliche Kritik. Der BGH wollte aber dazu nicht abschließend Stellung nehmen, weil aus seiner Sicht jedenfalls die angemessene, sich an den Fristen des Sonderrechtsschutzes orientierende Frist für einen derartigen Leistungsschutz abgelaufen und die Klage aus diesem Grunde abzuweisen war. Letztlich ist aber davon auszugehen, dass sich der BGH von der „Lego-Doktrin" verabschiedet hat. Daher kann sich die Unlauterkeit nicht daraus ergeben, dass L Dosen herstellt, die mit dem T-System kompatibel sind.

(bb) Ungenügender Abstand zum Originalerzeugnis

39 Die Unlauterkeit des Vertriebs der nachgeahmten Dosen ergibt sich auch nicht unter dem Aspekt einer „Pflicht zur Abstandswahrung" im Wettbewerb. Zwar hat der BGH in einer früheren Entscheidung[29] angenommen, dass einen Wettbewerber auch bei einer selbstständigen Entwicklung eine Pflicht zur Prüfung treffen kann, ob er einen ausreichenden Abstand zum wettbewerblichen Umfeld wahrt. Diese Pflicht ist aber mit den Besonderheiten jenes Falls begründet worden, in dem der Wettbewerber sich an den bahnbrechenden Erfolg der Klagepartei angelehnt hatte. Eine allgemeine wettbewerbsrechtliche Pflicht, einen ausreichenden Abstand vom wettbewerblichen Umfeld zu halten, besteht dagegen nicht.[30] Denn derjenige, der unabhängig von einem fremden Erzeugnis ein eigenes Produkt selbst entwickelt hat oder entwickeln lässt, hat ein berechtigtes Interesse, es auf den Markt zu bringen.[31]

bb) § 5 Abs. 2 UWG (Irreführende geschäftliche Handlung)

40 Eine Verwechslungsgefahr ist aus den oben genannten Gründen ausgeschlossen. Zwar ist denkbar, dass die von T und L hergestellten Dosen bei der Benutzung miteinander verwechselt werden können. § 5 Abs. 2 UWG erfasst jedoch nur Verwechslungsgefahren „im Zusammenhang mit der Vermarktung von Waren oder Dienstleistungen". Es kann dahinstehen, ob damit nur der Zeitraum vor Vertragsschluss gemeint ist, weil jedenfalls die Nutzung der erworbenen Ware nicht mehr deren Vermarktung betrifft. Der Tatbestand des § 5 Abs. 2 UWG ist sonach nicht verwirklicht.

II. Ergebnis zu Frage 2

41 Auch wegen des Vertriebs der nachgeahmten Frischhaltedosen steht T gegen L kein Unterlassungsanspruch zu.

---

27 Vgl. BGHZ 41, 55, 58 – Klemmbausteine I; *BGH* GRUR 1992, 619, 620 – Klemmbausteine II; *BGH* GRUR 2000, 521, 525 – Modulgerüst.

28 *BGH* GRUR 2005, 351, 352 – Klemmbausteine III.

29 *BGH* GRUR 1969, 292, 294 – Buntstreifensatin II.

30 *BGH* GRUR 2008, 1115 Rn. 33 – ICON.

31 Vgl. *BGH* GRUR 1961, 581, 582 – Hummelfiguren II.

Fall 9. Die „Fernseh-Fee"

Sachverhalt

Die K-Media GmbH betreibt einen privaten Fernsehsender, der sich ausschließlich durch Einnahmen aus kommerzieller Werbung finanziert. Die Werbung wird über das gesamte Fernsehprogramm verteilt und insbesondere auch während laufender Sendebeiträge ausgestrahlt, indem diese Sendungen regelmäßig durch so genannte „Werbeinseln" unterbrochen werden. B produziert und vertreibt ein als „Fernseh-Fee" bezeichnetes Vorschaltgerät für Fernseher, DVD-Rekorder und ähnliche Empfangsgeräte. Das Gerät enthält eine Werbeblocker-Funktion („spot-stop-Funktion"). Damit kann die „Fernseh-Fee" durch die jeweiligen Nutzer so programmiert werden, dass die Werbeinseln aus laufenden und aufgezeichneten Programmen automatisch ausgeblendet werden.

Die K-Media GmbH sieht in der Herstellung und in dem Vertrieb der „Fernseh-Fee" ein wettbewerbswidriges Verhalten. Zur Begründung führt sie aus, B beeinträchtige die geschäftliche Tätigkeit der K-Media GmbH und gefährde die wirtschaftliche Existenz und damit den Bestand aller privat finanzierten Fernsehsender, weil künftig ein Verlust von Werbekunden zu befürchten sei; außerdem missachte B die grundgesetzlich geschützte Rundfunkfreiheit. B wendet ein, die K-Media GmbH sei schon kein Mitbewerber, weil sie in einem ganz anderen Geschäftsbereich tätig sei.

Vermerk für die Bearbeiter: In einem Gutachten, das auf alle aufgeworfenen Rechtsfragen eingeht, sind folgende Fragen zu beantworten:

1. Steht der K-Media GmbH gegen B ein Anspruch auf Unterlassung der Herstellung sowie des Vertriebs der „Fernseh-Fee" zu? Vorschriften des Urheberrechts bleiben außer Betracht.
2. Gehen Sie davon aus, dass ein von der K-Media GmbH beauftragter Rechtsanwalt B auf Grund des oben geschilderten Sachverhalts abmahnt und zur Abgabe einer strafbewehrten Unterlassungserklärung auffordert. Kann die K-Media GmbH von B Ersatz der hierfür entstandenen Kosten verlangen?

Gliederung

Lösung

Frage 1: Unterlassungsanspruch der K-Media GmbH (K) gegen B

A. Anspruch der K gegen B auf Unterlassung der Herstellung der „Fernseh-Fee"

1 Ein Unterlassungsanspruch kann sich aus § 8 Abs. 1 S. 1, 2. Alt. UWG ergeben. Fraglich ist allerdings, ob die Herstellung der „Fernseh-Fee" als eine geschäftliche Handlung anzusehen ist. Nach der Definition des § 2 Abs. 1 Nr. 1 UWG ist eine geschäftliche Handlung „jedes Verhalten einer Person zugunsten des eigenen oder eines fremden Unternehmens vor, bei oder nach einem Geschäftsabschluss, das mit der Förderung des Absatzes oder des Bezugs von Waren oder Dienstleistungen oder mit dem Abschluss oder der Durchführung eines Vertrags über Waren oder Dienstleistungen objektiv zusammenhängt". Die Herstellung eines Produkts ist (ebenso wie z.B. der Import oder die Lagerung einer Ware, das Betreiben eines Werkes oder interne Anweisungen an Mitarbeiter) als Vorbereitungshandlung keine geschäftliche Handlung.[1] Vielmehr handelt es sich um eine innerbetriebliche Maßnahme. Damit kann K ein Unterlassen des Herstellens nicht verlangen.

B. Anspruch der K gegen B auf Unterlassung des Vertriebs der „Fernseh-Fee"

2 Zu prüfen ist nunmehr, ob K zumindest einen Anspruch auf Unterlassung des weiteren Vertriebs der „Fernseh-Fee" durch B hat.

[1] Vgl. *BGH* GRUR 1971, 119f. – Branchenverzeichnis; BGHZ 144, 255, 262 – Abgasemissionen; Harte/Henning/*Keller*, § 2 Rn. 42; Köhler/Bornkamm/*Köhler*, § 2 Rn. 36.

I. Verstoß gegen § 3 UWG

1. Unzulässigkeit gemäß § 3 Abs. 1 UWG

Da eine Unzulässigkeit nach § 3 Abs. 3 UWG nicht in Betracht kommt, ist zu klären, ob der Vertrieb der „Fernseh-Fee" gemäß § 3 Abs. 1 UWG unzulässig ist. 3

a) Geschäftliche Handlung (§ 2 Abs. 1 Nr. 1 UWG)

Anders als die Herstellung eines Produkts (s.o.), ist dessen Vertrieb als Förderung des Absatzes eigener Waren eine geschäftliche Handlung. 4

b) Unlauterkeit

Die Generalklausel des § 3 Abs. 1 UWG wird durch die Beispielstatbestände der §§ 4 bis 6 UWG konkretisiert. 5

aa) § 4 Nr. 10 UWG (Gezielte Behinderung)

Unlauter handelt gemäß § 4 Nr. 10 UWG insbesondere, wer Mitbewerber gezielt behindert. 6

(1) Mitbewerber

K und B müssten Mitbewerber sind. Nach der Definition in § 2 Abs. 1 Nr. 3 UWG ist Mitbewerber „jeder Unternehmer, der mit einem oder mehreren Unternehmern als Anbieter oder Nachfrager von Waren oder Dienstleistungen in einem konkreten Wettbewerbsverhältnis steht". Im Absatzwettbewerb ist ein konkretes Wettbewerbsverhältnis anzunehmen, wenn Unternehmen die gleichen oder gleichartige Waren oder Dienstleistungen innerhalb desselben Abnehmerkreises abzusetzen versuchen mit der Folge, dass die beanstandete Handlung das andere Unternehmen (Mitbewerber) beeinträchtigen, d.h. in seinem Absatz behindern oder stören kann.[2] 7

Ein konkretes Wettbewerbsverhältnis liegt immer dann vor, wenn sich die beteiligten Unternehmen auf demselben sachlich, räumlich und zeitlich relevanten Markt betätigen.[3] Ausgangspunkt ist dabei die Geschäftstätigkeit des werbenden Unternehmens.[4] Unerheblich ist, ob sich der Kundenkreis und das Angebot von Waren und Dienstleistungen völlig oder nur teilweise decken.[5] Für die sachliche Marktabgrenzung kommt es darauf an, ob sich die von den beteiligten Unternehmen angebotenen Waren oder Dienstleistungen nach ihren Eigenschaften, ihrem Verwendungszweck und ihrer Preislage so nahe stehen, dass sie der verständige Verbraucher als austauschbar ansieht. Mitbewerber ist ein Unternehmen also nur, wenn es Waren oder Dienstleistungen anbietet, die mit denen des Handelnden gleich oder aus der Sicht verständiger Abnehmer jedenfalls austauschbar sind. Ob Austauschbarkeit zu bejahen ist, hängt von den jeweiligen Marktverhältnissen ab.

---

2 St. Rspr.: *BGH* GRUR 2000, 909 – Filialleiterfehler; *BGH* GRUR 2001, 258 – Immobilienpreisangaben; *BGH* GRUR 2001, 260 – Vielfachabmahner; *BGH* GRUR 2004, 877, 878 – Werbeblocker; *BGH* GRUR 2005, 520, 521 – Optimale Interessenvertretung.

3 *BGH* GRUR 2001, 78 – Falsche Herstellerpreisempfehlung.

4 Vgl. *BGH* GRUR 2000, 619, 620 – Orientteppichmuster; *BGH* GRUR 2001, 260, 261 – Vielfachabmahner.

5 *BGH* GRUR 1990, 375, 377 – Steuersparmodell.

An einem solchen Wettbewerbsverhältnis auf Grund der eigentlichen beruflichen Tätigkeiten der Parteien könnte es fehlen. Denn bei dem Betreiben eines privaten Fernsehsenders durch die K einerseits und bei dem Vertrieb eines mit verschiedenen Funktionen zur Nutzung des Mediums Fernsehen ausgestatteten Geräts durch B andererseits handelt es sich nicht um gleichartige Waren oder gewerbliche Leistungen. Da es jedoch bei der wettbewerbsrechtlichen Beurteilung regelmäßig nur um die konkret beanstandete geschäftliche Handlung geht, genügt es, dass die Parteien durch eine Handlung miteinander in Wettbewerb getreten sind, auch wenn ihre Unternehmen im Übrigen unterschiedlichen Branchen angehören.[6]

Die unternehmerische Tätigkeit der K als werbefinanzierter Fernsehsender ist durch ihr Auftreten auf zwei verschiedenen Märkten gekennzeichnet: Zum einen bietet sie gegen Entgelt Sendeplätze für die Ausstrahlung von Werbung an, woraus sie sich finanziert. Zum anderen präsentiert sie den Fernsehzuschauern unentgeltlich ihr Programm. Auf diesem Markt tritt B mit dem angegriffenen Verhalten mit K in Wettbewerb. Das von ihr angebotene Gerät mit Werbeblocker-Funktion stellt zwar eine andersartige gewerbliche Leistung dar als diejenige, die die K den Zuschauern präsentiert. B wendet sich mit dem Angebot aber ebenso wie K – wenn auch mit umgekehrter Zielrichtung – an Fernsehkonsumenten. Während K möglichst viele Zuschauer zu erreichen versucht, die sich ihr Programm und insbesondere die darin enthaltene Werbung anschauen, wendet sich B an Fernsehzuschauer, die eine Unterbrechung der Sendungen durch Werbeinseln gerade vermeiden wollen. Eine geringere Anzahl von Werbezuschauern mindert aus der Sicht der Werbekunden die Attraktivität der von der K angebotenen Werbesendeplätze und kann daher deren Absatz behindern.[7] Nach Auffassung der Rechtsprechung genügt dies, um ein konkretes Wettbewerbsverhältnis zu begründen.[8]

(2) Behinderung

8 Eine Behinderung von Mitbewerbern setzt eine Beeinträchtigung der wettbewerblichen Entfaltungsmöglichkeiten eines Mitbewerbers voraus.[9] Die Behinderung kann sich auf alle Wettbewerbsparameter des Mitbewerbers wie beispielsweise Absatz, Bezug, Werbung, Produktion, Finanzierung oder Personal beziehen.[10] Der Vertrieb der „Fernseh-Fee“ kann die unternehmerische Tätigkeit der K beeinträchtigen. Daher liegt eine Behinderung vor.

(3) Gezielt

9 Die Frage ist jedoch, wann eine Behinderung als „gezielt“ anzusehen ist. Eine Behinderungs- oder Verdrängungsabsicht ist zwar ausreichend, andererseits aber nicht erforderlich.[11] Durch das Tatbestandsmerkmal des gezielten Handelns in § 4 Nr. 10

[6] *BGH* GRUR 1972, 553 – Statt Blumen ONKO-Kaffee; BGHZ 93, 96, 97 f. – *DIMPLE; BGH* GRUR 1988, 453, 454 – Ein Champagner unter den Mineralwässern; *BGH* GRUR 1990, 375, 376 – Steuersparmodell.

[7] Vgl. *BGH* GRUR 2004, 877, 879 – Werbeblocker.

[8] *BGH* GRUR 2004, 877, 878 – Werbeblocker; dazu *Köhler,* WRP 2009, 499; *Beater,* WRP 2009, 768.

[9] BGHZ 148, 1, 5 – Mitwohnzentrale.de; *BGH* GRUR 2004, 877, 879 – Werbeblocker; Köhler/Bornkamm/*Bornkamm,* § 4 Rn. 10.6; Piper/Ohly/Sosnitza/*Ohly,* § 4 Rn. 10/8; juris-PK/*Seichter,* § 4 Nr. 10 Rn. 23.

[10] *BGH* GRUR 2004, 877, 879 – Werbeblocker.

[11] Köhler/Bornkamm/*Köhler,* § 4 Rn. 10.10.

UWG soll zunächst nur klargestellt werden, dass eine Behinderung von Mitbewerbern als bloße Folge des Wettbewerbs nicht ausreicht, um den Tatbestand dieser Vorschrift zu verwirklichen.[12] Es ist eine Gesamtwürdigung der Umstände des jeweiligen Einzelfalls geboten, bei der die sich gegenüberstehenden Interessen der Mitbewerber, der Verbraucher, der sonstigen Marktteilnehmer sowie der Allgemeinheit gegeneinander abzuwägen sind.[13] Die Schwelle der als bloße Folge des Wettbewerbs hinzunehmenden Behinderung ist erst überschritten, wenn das betreffende Verhalten bei objektiver Würdigung der Umstände auf die Beeinträchtigung der wettbewerblichen Entfaltung des Mitbewerbers und nicht in erster Linie auf die Förderung des eigenen Wettbewerbs gerichtet ist.[14]

(a) Produktbezogene Behinderung

Eine unlautere produktbezogene Behinderung kommt beim Vorliegen einer unmit- **10**
telbaren Einwirkung auf das Produkt des Mitbewerbers – etwa dadurch, dass dieses vernichtet oder beschädigt wird – in Betracht.[15] An einer solchen unmittelbaren Einwirkung auf die von K angebotenen Dienstleistungen durch B fehlt es jedoch. B wirkt auf die Sendebeiträge von K und namentlich auch auf die darin enthaltene Werbung nicht unmittelbar ein, sondern ermöglicht es den Fernsehkonsumenten durch das Vorschaltgerät mit Werbeblocker-Funktion lediglich, für die Dauer der Programmunterbrechung durch Werbeinseln das Werbeprogramm auszublenden. Der Gebrauch der Werbeblocker-Funktion bleibt jeweils dem Zuschauer überlassen.

(b) Mittelbare Einwirkung

Allerdings kann auch eine mittelbare Einwirkung auf die Ware oder Dienstleistung **11**
eines Mitbewerbers unlauter sein. So verhält es sich etwa bei dem Vertrieb von Waren oder Dienstleistungen, die geeignet sind, Dritten einen unberechtigten kostenlosen Zugang zu einer entgeltlich angebotenen Leistung zu verschaffen.[16] Die von B über den entgeltlichen Vertrieb des Werbeblockers dem Fernsehzuschauer angebotene technische Erleichterung hindert die K indessen nicht daran, ihre Leistungen auf dem Markt in angemessener Weise zur Geltung zu bringen. Zwar läuft der Einsatz des Werbeblockers dem Interesse der K zuwider, nicht nur mit ihren redaktionellen Programmbeiträgen, sondern insbesondere auch mit ihren Werbesendungen möglichst viele Zuschauer zu erreichen, da hiervon die Höhe ihrer Werbeeinnahmen abhängt. Das allein macht das Angebot und den Vertrieb der Leistungen der B aber noch nicht unlauter. Ein wettbewerbswidriges Verhalten wäre vielmehr nur dann gegeben, wenn sich B nicht wettbewerbseigener Mittel bediente. Die Besonderheit liegt hier aber darin, dass die technische Innovation der „Fernseh-Fee“ wettbewerbskonform ist. Es ist gerade nicht Aufgabe des UWG, Wettbewerber vor solchen Neuerungen zu schützen.

(c) Werbebehinderung

Allerdings kann die Beeinträchtigung der Werbung eines Mitbewerbers – etwa **12**
durch deren Zerstörung, Beschädigung, Beseitigung oder Verdeckung – im Einzel-

[12] BGHZ 171, 73 Rn. 22 – Außendienstmitarbeiter.

[13] *BGH* GRUR 2004, 877, 879 – Werbeblocker; BGHZ 148, 1, 5 – Mitwohnzentrale.de.

[14] *BGH* GRUR 2008, 917 Rn. 23 – EROS.

[15] *BGH* GRUR 2004, 877, 879 – Werbeblocker; Köhler/Bornkamm/*Köhler*, § 4 Rn. 10.48 ff.

[16] Z. B. Vertrieb von „Piratenkarten“ zum kostenlosen Empfang von Pay-TV-Programmen: *OLG Frankfurt a. M.*, NJW 1996, 264 f.

fall eine unlautere Behinderung des Mitbewerbers darstellen. Dabei handelt es sich aber typischerweise um die Beeinträchtigung der Werbewirkung gegenüber einem mit der Werbung angesprochenen breiteren Publikum oder – etwa in den Fällen einer Erinnerungswerbung – gegenüber den Erwerbern eines bestimmten Produkts, ohne dass dies auf einer freien Entscheidung derer beruht, an die sich die Werbung richtet.[17] Anders verhält es sich jedoch in diesem Fall. Die von K gesendete Werbung erreicht, wenn der Werbeblocker zum Einsatz kommt, nur diejenigen Fernsehzuschauer nicht, die sich bewusst dafür entschieden haben, keine Werbung sehen zu wollen. Dann aber stellt sich die Situation nicht anders dar, als würden die Zuschauer ohne Zuhilfenahme der „Fernseh-Fee“ bei Werbung einfach „wegzappen“.

bb) § 3 Abs. 1 UWG (Allgemeine Marktstörung)

13 Die in den §§ 4 bis 6 UWG enthaltenen Beispielstatbestände sind nicht abschließend. Geschäftliche Handlungen, die nicht von den Beispielstatbeständen erfasst sind, können an der Generalklausel des § 3 Abs. 1 UWG gemessen werden.

Wettbewerbsschädliche Verhaltensweisen können dazu führen, dass nicht nur einzelne Unternehmen in ihren Handlungsmöglichkeiten beeinträchtigt werden (dann § 4 Nr. 10 UWG), sondern der Wettbewerb insgesamt gefährdet wird. Auch vor solchen Praktiken schützt das UWG. Da ein eigener Beispielstatbestand hierfür nicht geschaffen wurde, bleibt nur die Anwendung der Generalklausel.

(1) Anforderungen der Rechtsprechung

14 Eine allgemeine Marktbehinderung oder Marktstörung liegt nach der Rechtsprechung vor, wenn ein zwar nicht von vornherein unlauteres, aber doch wettbewerblich bedenkliches Wettbewerbsverhalten für sich allein oder in Verbindung mit den zu erwartenden gleichartigen Maßnahmen von Mitbewerbern die ernstliche Gefahr begründet, dass der Wettbewerb hinsichtlich der fraglichen Warenart in nicht unerheblichem Maße eingeschränkt wird.[18] Allerdings ist bei der Annahme einer unlauteren Marktbehinderung generell Vorsicht geboten. Viele Verhaltensweisen sind an kartellrechtlichen Maßstäben zu messen und die Wertungen des GWB dürfen nicht mit Hilfe des UWG unterlaufen werden. Des Weiteren ist zu beachten, dass der ungeschriebene Beispielstatbestand nicht die Erhaltung bestehender Marktstrukturen bezweckt. Die Frage, ob in einem beanstandeten Wettbewerbsverhalten eine unzulässige allgemeine Marktbehinderung zu sehen ist, kann nur auf Grund einer Gesamtwürdigung aller Umstände des jeweiligen Einzelfalls unter Abwägung der Interessen der Mitbewerber und der Allgemeinheit beurteilt werden.[19]

---

[17] *BGH* GRUR 2004, 877, 879 – Werbeblocker.

[18] *BGH* GRUR 2004, 960, 961 – 500 DM-Gutschein für Autokauf; *BGH* GRUR 2004, 877, 880 – Werbeblocker; *BGH* GRUR 2004, 602, 603 – 20 Minuten Köln; *BGH* WRP 2009, 432 Rn. 25 – Küchentiefstpreis-Garantie; enger Köhler/Bornkamm/*Köhler*, § 4 Rn. 12.3; *ders.*, WRP 2005, 645, 651 ff.: Allgemeine Marktbehinderung liegt nur vor, wenn ein sachlich nicht gerechtfertigtes Marktverhalten sich zwar nicht gezielt gegen einzelne Mitbewerber richtet, aber doch die konkrete Gefahr begründet, Mitbewerber vom Markt zu verdrängen. Kritisch zur allgemeinen Marktstörung Piper/Ohly/Sosnitza/*Ohly*, § 4 Rn. 10/97. Eingehend zu den Fallgruppen der allgemeinen Marktstörung: Fezer/*Osterrieth*, § 4-S 1 Rn. 172 ff.

[19] *BGH* GRUR 2004, 877, 880 – Werbeblocker; BGHZ 114, 82, 84 – Motorboot-Fachzeitschrift; *BGH* WRP 2009, 432 Rn. 25 – Küchentiefstpreis-Garantie.

(2) Keine Gefährdung des Bestands privater Fernsehsender

K hat keine konkreten Tatsachen, wie etwa Einbußen bei ihren eigenen Werbeeinnahmen oder denjenigen ihrer Mitbewerber, vorgetragen, die auf eine Gefährdung des Bestands der durch Werbung finanzierten privaten Fernsehsender schließen lassen könnten. Die lediglich in Betracht zu ziehende und von K befürchtete Möglichkeit, dass Werbekunden der K und der anderen durch Werbung finanzierten privaten Fernsehsender bei einer erheblichen Verbreitung des Werbeblocker-Systems der B künftig weniger Sendezeit buchen oder möglicherweise einen geringeren Preis pro Zeiteinheit zu zahlen bereit sein könnten, und dass es deshalb bei Privatsendern wie der K zu Einnahmeverlusten kommen könnte, reicht für die Annahme eines Wettbewerbsverstoßes unter dem Gesichtspunkt einer allgemeinen Marktbehinderung nicht aus.[20] **15**

(3) Kein Anspruch auf ungestörte geschäftliche Betätigung

K handelt bei der Ausstrahlung ihrer Sendungen, zu denen die gesendete Werbung mit gehört, im Rahmen ihrer durch die Rundfunkfreiheit (Art. 5 Abs. 1 S. 2 GG) geschützten Aufgabenstellung. Das ist bei der Auslegung und Anwendung des UWG zu berücksichtigen, sodass es geboten sein kann, Medien- und Presseunternehmen vor Bestandsgefährdungen zu schützen.[21] Die Programmfreiheit, die den Kern der Rundfunkfreiheit bildet, wird durch die beanstandete Wettbewerbsmaßnahme nicht berührt. Die Rechtsordnung darf den privaten Rundfunk darüber hinaus nicht Bedingungen unterwerfen, die die Ausübung der grundrechtlichen Freiheit wesentlich erschweren oder gar praktisch unmöglich machen würden.[22] Aus der institutionellen Garantie des Staates für die Freiheit des Rundfunks lässt sich aber ein Anspruch der Fernsehsender auf ungestörte geschäftliche Betätigung nicht herleiten. Der Schutz des Rundfunks als einer meinungsbildenden Institution gebietet grundsätzlich keinen Bestandschutz durch die Zuerkennung zivilrechtlicher Ansprüche. Auch Unternehmen des Medienbereichs müssen sich den Herausforderungen des Marktes stellen, der von der Freiheit der wirtschaftlichen Betätigung und von der Kraft der Innovation lebt. Es liegt überdies nicht fern, dass K Beeinträchtigungen durch Einsatz der „Fernseh-Fee“ etwa dadurch erfolgreich entgegenwirken kann, dass sie in Zusammenarbeit mit der werbungtreibenden Wirtschaft das Interesse des Zuschauers am Werbeprogramm weckt und wach hält oder dass sie ihrerseits mit technischen Neuerungen einer Ausblendung der Werbebeiträge entgegenwirkt. Unabhängig davon kann die rechtliche Beurteilung nicht davon abhängen, ob schon heute Maßnahmen benannt werden können, mit deren Hilfe eine existenzgefährdende Beeinträchtigung der unternehmerischen Tätigkeit der K durch B vermieden werden kann. **16**

2. Zwischenergebnis

Der Vertrieb der „Fernseh-Fee“ ist nicht gemäß § 3 Abs. 1 UWG unzulässig. **17**

II. Ergebnis

Ein Verstoß gegen § 3 UWG liegt nicht vor. Somit kann K von B nicht Unterlassung des weiteren Vertriebs der „Fernseh-Fee“ verlangen. **18**

---

20 Vgl. *BGH* GRUR 2004, 877, 880 – Werbeblocker; *BGH* GRUR 1990, 44, 46 – Annoncen-Avis.
21 Vgl. *BGH* GRUR 2004, 877, 880 – Werbeblocker.
22 Vgl. BVerfGE 73, 118, 157; 83, 238, 297; 97, 228, 268.

Frage 2: Anspruch der K gegen B auf Erstattung der Abmahnkosten

A. Kostenerstattungsanspruch aus § 12 Abs. 1 S. 2 UWG

19 Ein Aufwendungsersatzanspruch setzt voraus, dass die Abmahnung berechtigt ist. Das ist nur dann der Fall, wenn der Unterlassungsanspruch besteht und die Abmahnung erforderlich ist, um dem Schuldner einen Weg zu weisen, den Gläubiger ohne Inanspruchnahme der Gerichte klaglos zu stellen.[23] Da hier, wie unter Frage 1 geprüft, ein Unterlassungsanspruch nicht besteht, war die Abmahnung nicht berechtigt. Die entstandenen Kosten kann K daher nicht gemäß § 12 Abs. 1 S. 2 UWG ersetzt verlangen.

B. Sonstige Anspruchsgrundlagen

20 Es kann dahinstehen, ob die Kosten einer berechtigten Abmahnung neben § 12 Abs. 1 S. 2 UWG ggf. auch als Schadensersatz gemäß § 9 S. 1 UWG oder als (berechtigte) Geschäftsführung ohne Auftrag (§§ 683 S. 1, 677, 670 BGB) zu ersetzen sind,[24] denn diese Anspruchsgrundlagen setzen ebenfalls das Bestehen eines Unterlassungsanspruchs voraus, an dem es hier fehlt.

---

[23] Köhler/Bornkamm/*Bornkamm,* § 12 Rn. 1.80; MünchKomm-UWG/*Ottofülling,* § 12 Rn. 137.

[24] Dazu näher Köhler/Bornkamm/*Bornkamm,* § 12 Rn. 1.86ff.; MünchKomm-UWG/*Ottofülling,* § 12 Rn. 144ff.; Ahrens/*Scharen,* Kap. 11 Rn. 12ff.

Fall 10. Das People-Magazin

Sachverhalt

K und B betreiben Zeitschriftenverlage. Bei K erscheint die wöchentliche Illustrierte „GALA", B gibt die ebenfalls wöchentlich erscheinende Zeitschrift „BUNTE" heraus. Beide Blätter enthalten überwiegend unterhaltende Beiträge aus den Bereichen Kultur und Gesellschaft. „BUNTE" weist mit Abstand die höchste Auflage und Verbreitung gegenüber vergleichbaren Wochenzeitschriften im deutschen Sprachraum und insgesamt in Europa auf. Im Internet bewirbt B seine Zeitschrift mit der Bezeichnung „Größtes und profiliertestes People-Magazin in Europa". Hiergegen wendet sich K. Er trägt vor, die Werbung sei unzutreffend, weil „BUNTE" nur im deutschen Sprachraum erscheine. Zudem gebe es ein eigenständiges Marktsegment für „People-Magazine" gar nicht und die Werbung werte Mitbewerber pauschal ab. K verlangt daher von B Unterlassung dieser Aussage.

K seinerseits sucht erfahrene Redakteure für eine neue Zeitschrift. Er wendet sich deswegen an den Personalberater P und beauftragt diesen mit der Suche. P ruft daraufhin bei verschiedenen Verlagen an und lässt sich mit den dort angestellten Redakteuren an deren Arbeitsplatz verbinden. Unter anderem bietet P auf diese Weise auch einem bei B beschäftigten Redakteur eine neue Stelle bei K an. P verfährt bei seinen telefonischen Werbegesprächen stets wie folgt: Er stellt sich selbst vor und erkundigt sich nach der Zufriedenheit des Angerufenen mit seiner Tätigkeit und nach dem allgemeinen „Arbeitsklima". Sodann erläutert P, er könne eine interessante Alternative für einen beruflichen Aufstieg vermitteln. Verneint der Angerufene sein Interesse an einem Arbeitsplatzwechsel, versucht P ihn doch noch zu überzeugen. Im Durchschnitt benötigt P für einen solchen Anruf mindestens 20 bis 25 Minuten. Nachdem B von diesen Aktivitäten erfährt, verlangt er von P und K, es zu unterlassen, Mitarbeiter an ihrem Arbeitsplatz zum Zwecke der Abwerbung anzurufen oder anrufen zu lassen. K wendet ein, er habe nicht gewusst, dass P direkt bei Konkurrenten Mitarbeiter abwerbe und könne schon deswegen nicht in Anspruch genommen werden. P meint, die Abwerbung von Mitarbeitern könne nicht verboten sein, weil er sonst in seiner Berufsfreiheit unverhältnismäßig beeinträchtigt werde. Im Übrigen habe sich der angesprochene Mitarbeiter von B letztlich entschieden, doch bei B zu bleiben und nicht zu K zu wechseln. Die ganze Aufregung sei also umsonst.

Vermerk für die Bearbeiter: In einem Rechtsgutachten, das auf alle vom Sachverhalt aufgeworfenen Rechtsfragen eingeht, sind folgende Fragen zu beantworten:

1. Hat K gegen B einen Anspruch auf Unterlassung der beanstandeten Werbeaussagen?
2. Hat B gegen P und K einen Anspruch auf Unterlassung von weiteren Anrufen und des Veranlassens von weiteren Anrufen zum Zwecke der Abwerbung von Mitarbeitern?

Gliederung

Lösung

Frage 1: Unterlassungsanspruch des K gegen B

Die Anspruchsgrundlage eines wettbewerbsrechtlichen Unterlassungsanspruchs bildet § 8 Abs. 1 S. 1, 2. Alt. UWG. 1

I. Verstoß gegen § 3 UWG

1. Unzulässigkeit gemäß § 3 Abs. 1 UWG

a) Geschäftliche Handlung (§ 2 Abs. 1 Nr. 1 UWG)

Nach der Definition des § 2 Abs. 1 Nr. 1 UWG ist eine geschäftliche Handlung „jedes Verhalten einer Person zugunsten des eigenen oder eines fremden Unternehmens vor, bei oder nach einem Geschäftsabschluss, das mit der Förderung des Absatzes oder des Bezugs von Waren oder Dienstleistungen oder mit dem Abschluss oder der Durchführung eines Vertrags über Waren oder Dienstleistungen objektiv zusammenhängt". Die Aussage des B im Internet dient dem Absatz der Zeitschrift „BUNTE", mithin der Förderung des eigenen Unternehmens. Im Fall geht es nicht um die Beurteilung eines redaktionellen Beitrags, sondern um die Förderung des Absatzes der Zeitschrift durch Werbeaussagen, sodass der erforderliche objektive Zusammenhang gegeben ist. Damit liegt eine geschäftliche Handlung vor. 2

b) Unlauterkeit

Die Generalklausel des § 3 Abs. 1 UWG wird durch die Beispielstatbestände der §§ 4 bis 6 UWG konkretisiert. Bei der Prüfung der Unlauterkeit ist daher in erster Linie danach zu fragen, ob die geschäftliche Handlung einen der Beispielstatbestände verwirklicht. 3

aa) § 5 Abs. 1 S. 2 UWG (Irreführende geschäftliche Handlung)

Es könnte eine irreführende geschäftliche Handlung gemäß § 5 Abs. 1 S. 2 Nr. 1 UWG (Täuschung über wesentliche Merkmale) vorliegen. § 5 Abs. 1 S. 2 UWG setzt eine Angabe voraus. Angaben sind inhaltlich nachprüfbare Behauptungen,[1] insbesondere über Tatsachen, also über Sachverhalte, die dem Beweis zugänglich sind.[2] Eine Irreführung kommt hier unter mehreren Aspekten in Betracht. 4

(1) Irreführung über Verbreitung von „BUNTE" in Europa

Mit seiner Behauptung „... in Europa" könnte B die (unzutreffende) Vorstellung beim Verbraucher erweckt haben, die Zeitschrift „BUNTE" sei in ganz Europa verbreitet. Auszugehen ist von dem Verständnis des durchschnittlich informierten, verständigen und situationsadäquat aufmerksamen Verbrauchers (vgl. § 3 Abs. 2 S. 2 UWG).[3] Der Durchschnittsverbraucher weiß jedoch, dass die in einer Sprache erscheinenden Zeitschriften nur in dem jeweiligen Sprachraum, der sich häufig mit 5

1 Vgl. *BGH* GRUR 2002, 182, 183 – Das Beste jeden Morgen.

2 Köhler/Bornkamm/*Bornkamm*, § 5 Rn. 2.37; Harte/Henning/*Dreyer*, § 5 B Rn. 37; *Beater*, Rn. 1232 ff.

3 St. Rspr. seit *BGH* GRUR 2000, 619 – Orient-Teppichmuster.

den jeweiligen nationalen Grenzen deckt, verbreitet sind. So erscheinen die deutschsprachigen Zeitschriften regelmäßig allein in diesem Sprachraum (Deutschland, Österreich, Schweiz). Gelegentliche Verkäufe an internationalen Flughäfen oder in bestimmten Großstädten oder Ferienorten außerhalb dieses Sprachraumes fallen daneben kaum ins Gewicht und spielen bei der Einschätzung des Verbrauchers keine Rolle. Hieraus folgt, dass der angesprochene Verkehr von der sprachlichen und damit regionalen Begrenztheit der Verbreitung der nationalen Zeitschriften weiß. Ihm ist daher auch bewusst, dass nationale Zeitschriften keine europäische Bedeutung haben in dem Sinne, dass diese in allen europäischen Ländern gleichermaßen verbreitet sind, möglicherweise noch durch auf das Land bezogene Ausgaben.[4] Da die „BUNTE" nach dem Sachverhalt im deutschen Sprachraum in Europa die höchste Auflage und weiteste Verbreitung aufweist, fehlt es an einer Irreführung.

(2) Alleinstellungsbehauptung

6 Die durch die Alleinstellungsberühmung („Größtes ... People-Magazin in Europa") angezeigte Bedeutung einer Zeitschrift in Europa wird im Wesentlichen durch deren Verbreitung (Auflage) oder Reichweite definiert.[5] Die Werbeaussage ist jedoch im Hinblick auf die Behauptung der Alleinstellung nicht irreführend. Denn die „BUNTE" weist nach dem Sachverhalt die höchste Auflage und Verbreitung im deutschen Sprachraum und insgesamt in Europa auf. Soweit es um die Aussage geht, „BUNTE" sei das profilierteste Magazin, handelt es sich schon um keine Angabe i.S.v. § 5 Abs. 1 S. 2 UWG. Vielmehr liegt insoweit eine rein bewertende Selbsteinschätzung vor.[6]

(3) „People-Magazin"

7 Schließlich kommt eine Irreführung nicht durch die Bezeichnung als „People-Magazin" in Betracht, weil es ebenfalls an einer Angabe fehlt. Der schillernde Ausdruck „People-Magazin" für eine Gattung von Zeitschriften, die sich mehr oder weniger intensiv mit der Berichterstattung über die „Großen und Schönen dieser Welt" befasst, ist zu diffus, um bei dem Verbraucher eine Irreführung zu bewirken.[7]

bb) § 6 Abs. 2 UWG (Unlautere vergleichende Werbung)

8 Fraglich ist, ob ein unlauteres Verhalten unter dem Gesichtspunkt einer unlauteren vergleichenden Werbung gemäß § 6 Abs. 2 UWG vorliegt. Vergleichende Werbung ist nach § 6 Abs. 1 UWG jede Werbung, die unmittelbar oder mittelbar einen Mitbewerber oder die von einem Mitbewerber angebotenen Waren oder Dienstleistungen erkennbar macht.

(1) Werbung

9 Der Begriff der Werbung ist im UWG nicht definiert. Da § 6 UWG der Umsetzung der Richtlinie 2006/114/EG dient, ist der Begriff richtlinienkonform auszulegen.[8] Gemäß Art. 2 lit. a der Richtlinie ist Werbung „jede Äußerung bei der Ausübung eines Handels, Gewerbes, Handwerks oder freien Berufs mit dem Ziel, den

[4] Vgl. *OLG Hamburg* GRUR-RR 2006, 170, 171.
[5] Vgl. *OLG Hamburg* GRUR-RR 2006, 170, 171.
[6] Vgl. *OLG Hamburg* GRUR-RR 2006, 170, 171.
[7] Vgl. *OLG Hamburg* GRUR-RR 2006, 170, 171.
[8] Köhler/Bornkamm/*Köhler*, § 6 Rn. 59; Piper/Ohly/Sosnitza/*Ohly*, § 6 Rn. 22; Harte/Henning/*Sack*, § 6 Rn. 31.

Absatz von Waren oder die Erbringung von Dienstleistungen ... zu fördern". Die Aussage dient der Förderung des Absatzes eigener Waren, folglich handelt es sich um Werbung.

(2) Erkennbarkeit eines Mitbewerbers

Die Äußerung hat eine Alleinstellungsbehauptung zum Inhalt. Der bloße Umstand, **10** dass sich eine Werbung unmissverständlich auf alle (z. B. produktmäßig definierten) Mitbewerber bezieht, reicht für eine Erkennbarkeit von Mitbewerbern nicht aus.[9] Indem B behauptet, das größte und profilierteste „People-Magazin" Europas zu verlegen, bezieht sich die Werbeaussage auf die Gesamtheit aller verlegten „People-Magazine", gleichgültig welche Magazine darunter eingeordnet werden können. Ein einzelner Mitbewerber, z. B. die GALA, wird damit weder unmittelbar noch mittelbar erkennbar gemacht.

cc) § 4 Nr. 7 UWG (Herabsetzung oder Verunglimpfung)

Durch die Behauptung einer Alleinstellung (die noch dazu als solche nicht zu beanstanden ist, s. o.), werden Mitbewerber nicht in der Wertschätzung herabgesetzt **11** oder gar verunglimpft. Anderenfalls wäre jeder Hinweis auf eine Alleinstellung unzulässig.

2. Zwischenergebnis

Da weitere Unlauterkeitsgründe nicht ernsthaft in Betracht kommen, ist die Aussage nicht gemäß § 3 Abs. 1 UWG unzulässig. **12**

II. Ergebnis

Ein Verstoß gegen § 3 UWG liegt nicht vor. Folglich besteht kein Unterlassungsanspruch des K gegen B. **13**

Frage 2: Unterlassungsansprüche des B gegen P und K

In Betracht kommen Unterlassungsansprüche gemäß § 8 Abs. 1 S. 1, 2. Alt. UWG. **14** Bei der Prüfung ist vom Tatnächsten auszugehen, also von P. Hinsichtlich des K ist sodann zu klären, ob dieser aufgrund eigenen Verhaltens auf Unterlassung in Anspruch genommen werden kann oder sich das Verhalten des P zurechnen lassen muss.

A. Unterlassungsanspruch des B gegen P

I. Verstoß gegen § 7 UWG

Zu prüfen ist, ob die telefonische Direktansprache der Redakteure durch P gegen **15** § 7 UWG verstößt.

1. Unzulässigkeit gemäß § 7 Abs. 1 UWG

Nach § 7 Abs. 1 S. 1 UWG ist eine geschäftliche Handlung, durch die ein Markt- **16** teilnehmer in unzumutbarer Weise belästigt wird, unzulässig.

---

[9] *OLG Hamburg* GRUR-RR 2006, 170, 172; Köhler/Bornkamm/*Köhler*, § 6 Rn. 91; Piper/Ohly/Sosnitza/*Ohly*, § 6 Rn. 33b; *Sack*, WRP 2001, 327, 334; *Scherer*, WRP 2001, 89, 95f.

a) Geschäftliche Handlung (§ 2 Abs. 1 Nr. 1 UWG)

17 P fördert durch seine Tätigkeit objektiv ein fremdes Unternehmen, nämlich das Geschäft des K. Zugleich liegt sein Handeln aber auch im eigenen Interesse. Daher liegt auf jeden Fall eine geschäftliche Handlung vor.

b) Unzumutbare Belästigung der Redakteure i.S.d. § 7 Abs. 2 Nr. 3 UWG

18 Die Telefonanrufe des P bei Redakteuren könnten als unzumutbare Belästigung i.S.v. § 7 Abs. 2 Nr. 3 UWG anzusehen sein.

aa) Werbung

19 Dazu ist zunächst erforderlich, dass die Anrufe als „Werbung" anzusehen sind. Auszugehen ist von dem unionsrechtlichen Begriff der Werbung[10] (dazu bereits oben). Der Anruf hat den Zweck, dem Angerufenen eine Stelle anzubieten. Im Rechtssinne dient die Maßnahme daher dem Bezug einer unselbstständigen Dienstleistung. Der Begriff der Werbung i.S.d. § 7 Abs. 2 UWG erfasst aber nicht nur Äußerungen mit dem Ziel der Förderung des Absatzes, sondern auch Handlungen mit dem Ziel der Förderung des Bezugs von Waren oder Dienstleistungen.[11] Daher ist hier eine Werbung zu bejahen.

bb) Redakteure als Verbraucher oder sonstige Marktteilnehmer

20 Weiter ist zu fragen, ob die angerufenen Redakteure als Verbraucher oder sonstige Marktteilnehmer anzusehen sind. Denn gegenüber Verbrauchern bedarf es einer vorherigen ausdrücklichen Einwilligung, gegenüber sonstigen Marktteilnehmern nur einer mutmaßlichen Einwilligung, um eine unzumutbare Belästigung auszuschließen. Es kommt also darauf an, ob ein Arbeitnehmer als Verbraucher oder als sonstiger Marktteilnehmer anzusehen ist. Grundsätzlich fällt zwar der Arbeitnehmer unter den Begriff des Verbrauchers i.S.d. § 2 Abs. 2 UWG i.V.m. § 13 BGB. Jedoch ist insoweit eine teleologische Reduktion geboten, weil sich die Interessen des Arbeitnehmers, was sein Arbeitsverhältnis betrifft, grundlegend von denen des „Normalverbrauchers" unterscheiden.[12]

Diese Auslegung steht im Einklang mit dem unionsrechtlichen Verbraucherbegriff (Art. 2 lit. a UGP-Richtlinie). Danach ist Verbraucher jede natürliche Person, die im Geschäftsverkehr zu Zwecken handelt, die nicht ihrer gewerblichen, handwerklichen oder beruflichen Tätigkeit zugerechnet werden können. Unter beruflicher Tätigkeit ist dabei im Gegensatz zu § 13 BGB auch die unselbstständige berufliche Tätigkeit zu verstehen. Daraus folgt, dass die Redakteure als „sonstige Marktteilnehmer" i.S.d. § 2 Abs. 1 Nr. 2 UWG anzusehen sind und demzufolge eine Telefonwerbung ihnen gegenüber erlaubt ist, wenn eine mutmaßliche Einwilligung vorliegt.

---

[10] Köhler/Bornkamm/*Köhler*, § 7 Rn. 129; MünchKomm-UWG/*Leible*, § 7 Rn. 104; Piper/Ohly/Sosnitza/*Ohly*, § 7 Rn. 42.

[11] Vgl. GRUR 2008, 923 – Faxanfrage im Autohandel; *BGH* GRUR 2008, 925 – FC Troschenreuth m.Anm. *Köhler*.

[12] Köhler/Bornkamm/*Köhler*, § 2 Rn. 140; Götting/Nordemann/*Götting*, § 2 Rn. 60; Piper/Ohly/Sosnitza/*Sosnitza*, § 2 Rn. 90.

cc) Mutmaßliche Einwilligung

Eine mutmaßliche Einwilligung ist anzunehmen, wenn auf Grund konkreter Umstände ein sachliches Interesse des Angerufenen vermutet werden kann.[13] Abzustellen ist dabei auf die Umstände vor dem Anruf sowie auf die Art und den Inhalt der Werbung. Es kommt darauf an, ob der Werbende bei verständiger Würdigung der Umstände annehmen durfte, der Anzurufende erwarte einen solchen Anruf oder werde ihm jedenfalls positiv gegenüberstehen.[14] Das ist bei einem Arbeitnehmer, dem ein Stellenangebot unterbreitet werden soll, ohne Weiteres anzunehmen, weil es ihm die Chance zu einem beruflichen Fortkommen bietet. Daher ist die Telefonwerbung im Verhältnis zu den angerufenen Redakteuren grundsätzlich zulässig. 21

Allerdings entfällt die mutmaßliche Einwilligung, wenn der Angerufene klar bekundet, kein Interesse an einem Arbeitsplatzwechsel zu haben. In diesem Fall steht die Fortsetzung des Gesprächs gegen den erklärten Willen des Angerufenen dem Anruf ohne mutmaßliche Einwilligung gleich. Dies entspricht auch der Wertung in § 7 Abs. 1 S. 2 UWG. Darauf, dass die Angerufenen jederzeit das Gespräch beenden könnten, wenn es nicht mehr ihrem Interesse entspricht, kann es nicht ankommen.

c) Unzumutbare Belästigung des B i.S.d. § 7 Abs. 1 UWG

Die Anrufe bei den Redakteuren des B könnten eine unzumutbare Belästigung des B i.S.v. § 7 Abs. 1 UWG darstellen. Denn diese Vorschrift schützt alle Marktteilnehmer und somit auch Mitbewerber, wie sich aus § 2 Abs. 1 Nr. 2 UWG ergibt. Durch die Anrufe bei den Redakteuren wird der Betriebsablauf im Unternehmen des B beeinträchtigt. Denn sie werden durch diese Anrufe von ihrer Arbeit abgehalten, zugleich wird der Telefonanschluss für diese Zeit blockiert und die Kommunikation mit Dritten wird beeinträchtigt. Die Frage ist aber, ob diese Belästigung unzumutbar ist. Dies erfordert eine Interessenabwägung, bei der die schutzwürdigen Interessen aller Beteiligten, nämlich des Anrufers und seines Auftraggebers, des Angerufenen und des Arbeitgebers des Angerufenen zu berücksichtigen sind.[15] 22

aa) Maßgebliche Interessen der Betroffenen

Ein Personalberater hat ein durch Art. 12 Abs. 1 GG geschütztes Recht an der freien Ausübung seines Berufs, solange sich diese in erlaubten Formen bewegt. Sein Interesse, bei der Suche nach Bewerbern für eine offene Stelle möglichst wenigen Einschränkungen zu unterliegen, deckt sich im Einzelfall mit den Interessen seines jeweiligen Auftraggebers. Der Anruf bei Personen, die für die Besetzung einer offenen Stelle geeignet sein könnten, an deren Arbeitsplatz ist ein einfaches, zeitsparendes und kostengünstiges Mittel, um mit ihnen in Kontakt zu treten. 23

Die angesprochenen Mitarbeiter werden in vielen Fällen mit einem Anruf am Arbeitsplatz, mit denen ein Personalberater einen ersten Kontakt aufnehmen will, einverstanden sein. Es liegt nicht fern, dass ein Mitarbeiter ein Interesse daran hat, von Möglichkeiten zu erfahren, wie er seine berufliche Situation durch einen Arbeits-

---

13 *BGH* GRUR 2008, 189 Rn. 14 – Suchmaschineneintrag; *BGH* GRUR 2010, 939 Rn. 20 – Telefonwerbung nach Unternehmenswechsel.

14 *BGH* GRUR 2010, 939 Rn. 21 – Telefonwerbung nach Unternehmenswechsel.

15 *BGH* GRUR 2006, 426 Rn. 16 – Direktansprache am Arbeitsplatz II; *BGH* GRUR 2008, 262 Rn. 8 – Direktansprache am Arbeitsplatz III.

platzwechsel verbessern oder verändern könnte. Ein Interesse der angerufenen Mitarbeiter mit der telefonischen Kontaktaufnahme am Arbeitsplatz kann aber nicht uneingeschränkt angenommen werden. Aus ihrer Sicht ist es deshalb geboten, die wettbewerbsrechtliche Zulässigkeit dieser Form der Kontaktaufnahme zu beschränken. Das aufgedrängte Gespräch kann den Angerufenen bei eiligen oder Konzentration erfordernden Arbeiten stören; sein Telefon ist vorübergehend blockiert, auch wenn ihm daran gelegen ist, auf diesem Weg erreichbar zu sein. Hinzu kommt, dass nicht jeder Arbeitnehmer in der für ihn so wichtigen und oft heiklen Frage eines möglichen Arbeitsplatzwechsels unvermutet von einer ihm fremden Person – und dies noch dazu am Arbeitsplatz – angerufen werden will.

Aus der Sicht des Arbeitgebers betreibt ein Personalberater, der einen seiner Mitarbeiter am Arbeitsplatz telefonisch zum Zweck der Abwerbung anspricht, in seinem eigenen Betrieb eine gegen ihn gerichtete Werbung zugunsten eines Wettbewerbers. Der Arbeitgeber muss zwar als Folge des freien Wettbewerbs hinnehmen, dass Mitarbeiter abgeworben werden. Sein Recht auf wirtschaftliche Betätigungsfreiheit würde aber unzumutbar beeinträchtigt, wenn er unbeschränkt dulden müsste, dass zum Zweck der Abwerbung Mittel seines Betriebs in Anspruch genommen werden und der Arbeitsablauf in seinem Betrieb gestört wird. Durch den Anruf des Personalberaters wird der angesprochene Mitarbeiter während der Arbeitszeit von seiner Tätigkeit für das Unternehmen abgehalten. Der Personalberater bedient sich zudem bei seinem Anruf der Betriebsorganisation des Unternehmens, in dem der Angerufene tätig ist, insbesondere der betrieblichen Telefoneinrichtung sowie gegebenenfalls der Vermittlung durch eine Telefonzentrale oder durch Kollegen des Angerufenen. Für den Personalberater wäre dieser ohne seine Eingliederung in den Betrieb mangels näherer Kenntnisse oft gar nicht erreichbar. Das betroffene Unternehmen wird so ungewollt vom Personalberater als Helfer in Anspruch genommen. Ein Abwerbungszwecken dienender Telefonanruf kann weiterhin, vor allem dann, wenn er nicht unbemerkt bleibt, Unruhe in den Betrieb tragen. Es besteht auch die Gefahr, dass ein Abwerbungsgespräch dazu benutzt wird, die Mitarbeiter auszuhorchen. Diese Gefahr ist zwar mit jedem Abwerbungsversuch verbunden, wird hier aber dadurch verstärkt, dass der Angesprochene bei einem unvermuteten ersten Abwerbungsgespräch in eine Lage gebracht wird, in der ihm – zumindest zunächst – die in Aussicht gestellte Möglichkeit eines Arbeitsplatzwechsels für die eigene berufliche Entwicklung besonders bedeutsam erscheinen kann.

bb) Interessenabwägung

24 Mit der Rechtsprechung ist eine erste telefonische Kontaktaufnahme am Arbeitsplatz nicht als unzulässig anzusehen, wenn der Mitarbeiter lediglich nach seinem Interesse an einer neuen Stelle befragt, diese kurz beschrieben und gegebenenfalls eine Kontaktmöglichkeit außerhalb des Unternehmens besprochen wird. Ein solcher erster Telefonanruf am Arbeitsplatz muss sich auf das zur ersten Kontaktaufnahme Notwendige beschränken. Eine wenige Minuten überschreitende Gesprächsdauer ist ein Indiz dafür, dass der Personalberater bereits den ersten Kontakt in wettbewerbswidriger Weise, insbesondere zu einem unzulässigen Umwerben des Angerufenen, genutzt hat. Der Personalberater ist gehalten, nachdem er sich bekannt gemacht und den Zweck seines Anrufs mitgeteilt hat, zunächst festzustellen, ob der Angerufene an einer Kontaktaufnahme als solcher und zu diesem Zeitpunkt Interesse hat. Nur wenn dies der Fall ist, darf der Personalberater die in Rede stehende offene Stelle knapp umschreiben und, falls das Interesse des Mitarbeiters danach fortbesteht, eine Kontaktmöglichkeit außerhalb des Arbeitsbereichs verabreden. Ein zu Abwerbungszwecken geführtes Telefongespräch, das über eine solche Kontaktaufnahme hinausgeht, ist als unlauterer Wettbewerb zu beurteilen.[16]

Legt man diese Maßstäbe der Rechtsprechung zugrunde, dann sind die Voraussetzungen für eine wettbewerbsrechtlich unbedenkliche Abwerbung im Falle der Anrufe durch P nicht erfüllt. Zwar stellt sich P vor und legt gegenüber den Angerufenen sein Anliegen offen, doch geht seine Werbung über das wettbewerbsrechtlich zulässige Maß hinaus: Bereits die Erkundigung nach dem „Arbeitsklima" dürfte bedenklich sein. Jedenfalls ist es unzulässig, wenn P das Gespräch fortsetzt, selbst wenn der Angerufene klar bekundet, kein Interesse an einem Arbeitsplatzwechsel zu haben. Durch ein weiteres Nachhaken bringt P nicht nur den Angerufenen in einen unzulässigen „Rechtfertigungszwang", sondern beeinträchtigt auch dessen Tätigkeit und den Betriebsablauf. Überdies liegt die durchschnittliche Dauer derartiger Gespräche von mindestens 20 bis 25 Minuten außerhalb des hinnehmbaren Bereiches.

2. Zwischenergebnis

Im Ergebnis ist daher von einer unzulässigen, weil unzumutbaren Belästigung i. S. v. **25**
§ 7 Abs. 1 S. 1 UWG auszugehen.

II. Verstoß gegen § 3 UWG

1. Unzulässigkeit gemäß § 3 Abs. 1 UWG

Die Anwendung des § 3 Abs. 1 UWG wird nicht dadurch ausgeschlossen, dass der **26**
Sachverhalt auch nach § 7 UWG zu beurteilen ist. Beide Verbotstatbestände stehen selbstständig nebeneinander.

a) Geschäftliche Handlung (§ 2 Abs. 1 Nr. 1 UWG)

Eine geschäftliche Handlung liegt, wie bereits oben geprüft, vor. **27**

b) Unlauterkeit

Die Generalklausel des § 3 Abs. 1 UWG wird durch die Beispielstatbestände der **28**
§§ 4 bis 6 UWG konkretisiert. Zwar wäre es möglich, § 4 Nr. 10 UWG als Prüfungsmaßstab heranzuziehen, doch gilt das bereits oben Gesagte: Die telefonische Direktansprache verlangt eine umfassende Abwägung der Interessen aller Beteiligten. Weil die Unlauterkeit nicht isoliert anhand einzelner Beispielstatbestände sachgerecht beurteilt werden kann, hat die Rechtsprechung direkt auf die Generalklausel des § 3 UWG a. F. zurückgegriffen.[17] Dieses Vorgehen ist auch nach der UWG-Novelle 2008 sachgerecht. Die wettbewerbsrechtliche Prüfung der telefonischen Direktansprache erfolgt daher auf Grundlage der Generalklausel des § 3 Abs. 1 UWG.

---

16 BGHZ 158, 174, 180, 185 – Direktansprache am Arbeitsplatz I; *BGH* GRUR 2008, 262 Rn. 8 – Direktansprache am Arbeitsplatz III.

17 *BGH* GRUR 2006, 426 Rn. 16 – Direktansprache am Arbeitsplatz II; *BGH* GRUR 2008, 262 Rn. 9 – Direktansprache am Arbeitsplatz III.

Das Abwerben fremder Mitarbeiter ist als Teil des freien Wettbewerbs grundsätzlich erlaubt. Es ist nur dann unzulässig i.S.d. § 3 Abs. 1 UWG, wenn unlautere Begleitumstände hinzukommen, insbesondere unlautere Mittel eingesetzt oder unlautere Zwecke verfolgt werden.[18] Hierzu gelten die gleichen Erwägungen wie zu § 7 Abs. 1 UWG (s.o.). Es ist daher von der Unlauterkeit der Telefonwerbung auszugehen.

c) Spürbarkeit

29 Durch die versuchte telefonische Abwerbung werden sowohl die Interessen des Angerufenen als auch des betroffenen Unternehmens empfindlich beeinträchtigt, sodass von einer spürbaren Beeinträchtigung ihrer Interessen auszugehen ist. Die Spürbarkeit ist nicht deshalb ausgeschlossen, weil sich der von P angesprochene Mitarbeiter entschieden hat, seine Arbeitsstelle nicht zu wechseln, der Telefonanruf also ohne Erfolg geblieben ist. Denn zum einen geht es auch um die Beeinträchtigung des Betriebsablaufs, zum anderen schützt das UWG bereits vor Gefährdungen, die von einer geschäftlichen Handlung ausgehen können.

2. Zwischenergebnis

30 Die telefonische Direktansprache durch P ist auch nach § 3 Abs. 1 UWG unzulässig.

III. Wiederholungsgefahr

31 Für das Vorliegen von Wiederholungsgefahr streitet eine tatsächliche widerlegliche Vermutung. Hier wäre es also Sache des P, die Wiederholungsgefahr durch Abgabe einer strafbewehrten Unterlassungserklärung zu widerlegen. Das ist jedoch nicht geschehen.

IV. Anspruchsberechtigung

32 Die Anspruchsberechtigung des B folgt aus § 8 Abs. 3 Nr. 1 UWG. Zwar stehen P und B nicht in einem konkreten Wettbewerbsverhältnis, doch kommt es bei der Förderung fremden Wettbewerbs darauf an, ob ein konkretes Wettbewerbsverhältnis zwischen dem geförderten Unternehmen und dessen Mitbewerber besteht.[19] Das ist ohne Weiteres gegeben.

V. Anspruchsverpflichtung

33 Als Verletzer ist P anspruchsverpflichtet.

VI. Ergebnis

34 B steht gegen P ein Anspruch auf Unterlassung zu.

---

[18] *BGH* GRUR 1961, 482, 483 – Spritzgußmaschine; *BGH* GRUR 1966, 263, 264f. – Bau-Chemie; *BGH* GRUR 1984, 129, 130f. – shop-in the-shop; BGHZ 158, 174, 178 – Direktansprache am Arbeitsplatz I; *BGH* GRUR 2006, 426 Rn. 18ff. – Direktansprache am Arbeitsplatz II; *BGH* GRUR 2008, 262 Rn. 8 – Direktansprache am Arbeitsplatz III.

[19] *BGH* GRUR 2011, 444 Rn. 51 – Flughafen Frankfurt-Hahn; *BGH* GRUR 1997, 907, 908 – Emil-Grünbär-Club.

B. Unterlassungsanspruch des B gegen K

Die Voraussetzungen eines Unterlassungsanspruchs nach § 8 Abs. 1 S. 1, 2. Alt. UWG sind – wie soeben geprüft – erfüllt. Fraglich ist nur, ob K sich das Handeln des P zurechnen lassen muss. Gemäß § 8 Abs. 2 UWG ist ein Unterlassungsanspruch auch gegen den Inhaber eines Unternehmens begründet, wenn die Zuwiderhandlung in einem Unternehmen von einem Mitarbeiter oder Beauftragten begangen wurde. **35**

I. Mitarbeiter

Mitarbeiter i.S.d. § 8 Abs. 2 UWG ist jeder, der auf Grund eines (nicht notwendig entgeltlichen oder wirksamen) Vertrages oder Dienstverhältnisses weisungsabhängige Dienste gegenüber dem Unternehmensinhaber zu leisten hat.[20] Da P nicht von K weisungsabhängig ist, sondern als selbstständiger Dritter für K tätig wird, ist er nicht als Mitarbeiter anzusehen. **36**

II. Beauftragter

Somit ist weiter zu prüfen, ob P Beauftragter im Sinne des § 8 Abs. 2 UWG ist. Nach dem Zweck der Vorschrift soll verhindert werden, dass sich der Betriebsinhaber bei Wettbewerbsverstößen hinter Dritten „verstecken" kann.[21] Die Bestimmung begründet eine Erfolgshaftung des Betriebsinhabers ohne Entlastungsmöglichkeit; er haftet auch für die ohne sein Wissen und gegen seinen Willen von einem Beauftragten begangenen Wettbewerbsverstöße. Der maßgebliche Grund dafür, ihm geschäftliche Handlungen Dritter wie eigene Handlungen zuzurechnen, ist vor allem in einer dem Betriebsinhaber zugute kommenden Erweiterung seines Geschäftsbereichs und einer gewissen Beherrschung des Risikobereichs zu sehen.[22] Dementsprechend knüpft die Rechtsprechung die Haftung des Betriebsinhabers nach § 8 Abs. 2 UWG an die Voraussetzung, dass die Handlung, deren Unterlassung verlangt wird, innerhalb des Betriebsorganismus des Betriebsinhabers begangen worden ist. Des Weiteren ist erforderlich, dass der Handelnde kraft eines Rechtsverhältnisses in diesen Organismus, zumal in die Vertriebsorganisation, dergestalt eingegliedert ist, dass einerseits der Erfolg seiner Handlung zumindest auch dem Betriebsinhaber zugute kommt und andererseits dem Betriebsinhaber ein bestimmender Einfluss jedenfalls auf diejenige Tätigkeit eingeräumt ist, in deren Bereich das beanstandete Verhalten fällt.[23] Dabei kommt es nicht darauf an, welchen Einfluss sich der Betriebsinhaber gesichert hat, sondern welchen Einfluss er sich sichern konnte und **37**

---

20 MünchKomm-UWG/*Fritzsche,* § 8 Rn. 299; Köhler/Bornkamm/*Köhler,* § 8 Rn. 2.39; Piper/Ohly/Sosnitza/*Piper,* § 8 Rn. 148. Ähnlich Fezer/*Büscher,* § 8 Rn. 221: Danach ist Mitarbeiter, wer auf Grund eines Beschäftigungsverhältnisses Angehöriger des Unternehmens ist und in die Unternehmensorganisation eingegliedert ist.

21 *BGH* GRUR 2007, 994 Rn. 19 – Gefälligkeit; *BGH* GRUR 2009, 597 Rn. 15 – Halzband.

22 *BGH* GRUR 1995, 605, 607 – Franchise-Nehmer; *Köhler,* GRUR 1991, 344, 345f. zur Vorgängervorschrift.

23 *BGH* GRUR 1964, 263, 267 – Unterkunde; *BGH* GRUR 1995, 605, 607 – Franchise-Nehmer. Kritisch zum Erfordernis der Möglichkeit zur Einflussnahme Köhler/Bornkamm/*Köhler,* § 8 Rn. 2.44.

musste.[24] Auch selbstständige Unternehmen können als Beauftragte in Betracht kommen.[25]

K hat eine in seinem Geschäftsbereich liegende Tätigkeit, nämlich die Suche nach neuem Personal, auf P „verlagert". Dies ändert nichts daran, dass es sich um einen Teil seiner eigenen geschäftlichen Tätigkeit handelt. Zudem hätte er auf das Vorgehen des P Einfluss nehmen können. Dass er von den Maßnahmen des P nichts wusste, entlastet ihn ebenso wenig wie die Tatsache, dass der Versuch der Abwerbung eines Mitarbeiters des B letztlich nicht erfolgreich war.

III. Ergebnis

38 B steht auch gegen K ein Anspruch auf Unterlassung zu.

[24] *BGH* GRUR 1995, 605, 607 – Franchise-Nehmer.

[25] *BGH* GRUR 1995, 605, 607 – Franchise-Nehmer; Beispiele dazu bei MünchKomm-UWG/*Fritzsche,* § 8 Rn. 302 und Köhler/Bornkamm/*Köhler,* § 8 Rn. 2.45.

Fall 11. Der „Gammelfleisch"-Verkauf

Sachverhalt

Die R-GmbH betreibt bundesweit Lebensmittelmärkte und gehört als Tochterunternehmen dem Großhandelskonzern K an. In allen R-Märkten befinden sich jeweils verschiedene Spezialabteilungen für Lebensmittel, unter anderem auch für Fleisch- und Wurstwaren. In jüngster Zeit ist der Absatz von Hackfleisch stark zurückgegangen. F, der angestellte Leiter der Münchener R-Markt-Filiale, bietet deswegen fertig verpacktes frisches Hackfleisch, das nicht verkauft wurde, an den nächsten Tagen erneut an, obgleich das Verbrauchsdatum bereits abgelaufen ist. Damit dies nicht auffällt, verändert F das Verbrauchsdatum auf dem Etikett so, dass der Eindruck entsteht, es handele sich um frische Ware.

M betreibt eine kleine Metzgerei unweit der Münchener R-Markt-Filiale und erkennt, dass im R-Markt altes Hackfleisch angeboten wird. Er hält die Umetikettierung und den Verkauf des Hackfleisches für wettbewerbswidrig und verlangt Unterlassung. Die R-GmbH wendet ein, sie habe sich, als die Vorgänge in München bekannt wurden, unverzüglich gegenüber K verpflichtet, schärfere Kontrollen vorzunehmen und den Verkauf von umetikettierten Hackfleisch künftig zu unterlassen. Bei Nichtbeachtung sei eine „Buße" von 15.000,00 € an K zu zahlen. Schon deswegen sei ein Unterlassungsanspruch unbegründet.

Um seiner Forderung noch mehr Nachdruck zu verleihen, ruft M zwischenzeitlich seine Kunden durch Aushänge in seinem Geschäft auf, Hackfleisch und sonstige Fleischprodukte nicht mehr bei der R-GmbH einzukaufen: Die R-GmbH sei dafür bekannt, „überall in der Bundesrepublik in ihren Filialen Gammelfleisch zu verkaufen". München sei nur die Spitze des Eisberges. M glaubt sich zu dieser Äußerung berechtigt, weil er durch die Meinungsäußerungsfreiheit des Grundgesetzes geschützt sei. Diese Äußerungen hält die R-GmbH ihrerseits für unlauter. Sie beauftragt deswegen einen Rechtsanwalt, der M abmahnt.

Vermerk für die Bearbeiter: In einem Rechtsgutachten, das auf alle vom Sachverhalt aufgeworfenen Fragen eingeht, sind in der vorgegebenen Reihenfolge die folgenden Fragen zu beantworten:

1. Kann M
   a) von F und
   b) von der R-GmbH
   Unterlassung der beanstandeten Maßnahmen verlangen?
2. Stehen der R-GmbH gegen M wettbewerbsrechtliche Ansprüche auf
   a) Unterlassung seiner Äußerung,
   b) Schadensersatz und
   c) Ersatz der Aufwendungen für die Abmahnung des M durch den beauftragten Rechtsanwalt zu?

Ergänzende Hinweise: Auf den abgedruckten Auszug aus der Lebensmittel-Kennzeichnungsverordnung (LMKV) wird hingewiesen. Weitere Vorschriften des Lebensmittelrechts bleiben bei der Bearbeitung außer Betracht. Es ist davon auszugehen, dass es sich bei Hackfleisch um ein in mikrobiologischer Hinsicht sehr leicht verderbliches Lebensmittel i. S. d. LMKV handelt.

Verordnung über die Kennzeichnung von Lebensmitteln (Lebensmittel-Kennzeichnungsverordnung – LMKV) – Auszug

§ 7a Verbrauchsdatum. (1) Bei in mikrobiologischer Hinsicht sehr leicht verderblichen Lebensmitteln, die nach kurzer Zeit eine unmittelbare Gefahr für die menschliche Gesundheit darstellen könnten, ist anstelle des Mindesthaltbarkeitsdatums das Verbrauchsdatum anzugeben.

(2) Diesem Datum ist die Angabe „verbrauchen bis" voranzustellen, verbunden mit
1. dem Datum selbst oder
2. einem Hinweis darauf, wo das Datum in der Etikettierung zu finden ist.
Diesen Angaben ist eine Beschreibung der einzuhaltenden Aufbewahrungsbedingungen hinzuzufügen.

(3) Das Datum besteht aus der unverschlüsselten Angabe von Tag, Monat und gegebenenfalls Jahr in dieser Reihenfolge.

(4) Lebensmittel nach Absatz 1 dürfen nach Ablauf des Verbrauchsdatums nicht mehr in den Verkehr gebracht werden.

Gliederung

Lösung

Frage 1 a): Unterlassungsanspruch des M gegen F

1 Bei der Prüfung eines wettbewerbsrechtlichen Unterlassungsanspruches gemäß § 8 Abs. 1 S. 1, 2. Alt. UWG ist zwischen der Umetikettierung (unter A.) und dem Verkauf des umetikettierten Hackfleisches (unter B.) zu unterscheiden.

A. Umetikettierung

2 Die Umetikettierung könnte gemäß § 3 Abs. 3 UWG unzulässig sein. Danach sind die im Anhang des Gesetzes aufgeführten geschäftlichen Handlungen gegenüber Verbrauchern stets unzulässig.

Es müsste dafür eine geschäftliche Handlung vorliegen. Nach der Definition in § 2 Abs. 1 Nr. 1 UWG ist eine geschäftliche Handlung „jedes Verhalten einer Person zugunsten des eigenen oder eines fremden Unternehmens vor, bei oder nach einem Geschäftsabschluss, das objektiv mit der Förderung des Absatzes oder des Bezuges von Waren oder Dienstleistungen oder mit dem Abschluss oder der Durchführung eines Vertrages über Waren oder Dienstleistungen zusammenhängt". Die Umetikettierung ist eine betriebsinterne Vorbereitungshandlung, die den späteren Warenabsatz des Hackfleisches erst ermöglichen soll.

B. Verkauf des umetikettierten Hackfleisches

3 Zu prüfen ist, wie der Verkauf des umetikettierten Hackfleisches wettbewerbsrechtlich zu beurteilen ist.

I. Verstoß gegen § 3 UWG

1. Unzulässigkeit gemäß § 3 Abs. 3 UWG

a) Geschäftliche Handlung (§ 2 Abs. 1 Nr. 1 UWG)

4 Zum Begriff der geschäftlichen Handlung s.o. Der Verkauf des umetikettierten Hackfleisches ist als eine geschäftliche Handlung anzusehen.

b) Gegenüber Verbrauchern

5 Es ist davon auszugehen, dass der Lebensmittelmarkt ganz überwiegend von Verbrauchern (§ 2 Abs. 2 UWG i.V.m. § 13 BGB) besucht wird.

c) Tatbestand der Nr. 9 des Anhangs zu § 3 Abs. 3 UWG

Gemäß Nr. 9 des Anhangs ist stets unzulässig „die unwahre Angabe oder das Erwecken des unzutreffenden Eindrucks, eine Ware oder Dienstleistung sei verkehrsfähig". Aus der richtlinienkonformen Auslegung der Vorschrift ist zu schließen, dass bei den Verbrauchern der unzutreffende Eindruck erweckt wird, „ein Produkt könne rechtmäßig verkauft werden, obgleich dies nicht der Fall ist".[1] Entscheidend ist, ob das Produkt gerade in dem Mitgliedstaat verkehrsfähig[2] ist, in dem es verkauft wird.[3] Maßgeblich sind daher die Vorschriften des jeweiligen Mitgliedstaates. Da Hackfleisch nach Ablauf des Verbrauchsdatums gemäß § 7a Abs. 4 LMKV nicht in Verkehr gebracht werden darf, ist das Hackfleisch bei Verstoß gegen diese Vorschrift nicht verkehrsfähig. Indem mit dem Verkauf des umetikettierten Hackfleisches der unzutreffende Eindruck erweckt wird, die Verkehrsfähigkeit sei gegeben, weil die Ware verkauft werden dürfe, ist der Tatbestand der Nr. 9 des Anhangs zu § 3 Abs. 3 UWG verwirklicht.[4] **6**

2. Unzulässigkeit gemäß § 3 Abs. 1 UWG

a) Geschäftliche Handlung (§ 2 Abs. 1 Nr. 1 UWG)

Eine geschäftliche Handlung ist gegeben (s. o.). **7**

b) Unlauterkeit

aa) § 4 Nr. 11 UWG i. V. m. § 7a LMKV (Rechtsbruch)

Der Verkauf des umetikettierten Hackfleisches könnte den Tatbestand des § 4 Nr. 11 UWG verwirklichen. Ein Rechtsbruch i. S. d. Vorschrift liegt vor im Falle einer Zuwiderhandlung gegen eine Vorschrift, die auch dazu bestimmt ist, im Interesse der Marktteilnehmer das Marktverhalten zu regeln. **8**

(1) Gesetzliche Vorschrift

Zwar ist die LMKV kein Gesetz im formellen Sinne, sondern eine Rechtsverordnung. Jedoch erfasst § 4 Nr. 11 UWG nicht nur förmliche Gesetze, sondern gilt für sämtliche materiellen Rechtsvorschriften und mithin auch für Rechtsverordnungen.[5] Die Vorschriften der LMKV sind daher gesetzliche Vorschriften i. S. d. § 4 Nr. 11 UWG. **9**

(2) Regelung des Marktverhaltens im Interesse der Marktteilnehmer

§ 7a Abs. 1 bis 3 LMKV enthält eine spezielle Regelung zur Produktkennzeichnung. Gemäß § 7a Abs. 1 LMKV muss bei in mikrobiologischer Hinsicht sehr leicht verderblichen Lebensmitteln, die nach kurzer Zeit eine unmittelbare Gefahr für die menschliche Gesundheit darstellen könnten, das Verbrauchsdatum angege- **10**

---

1 Vgl. den Wortlaut der Nr. 9 des Anhangs I der UGP-Richtlinie.

2 Zum mehrdeutigen Begriff der Verkehrsfähigkeit Harte/Henning/*Weidert,* Anh. § 3 Abs. 3 Nr. 9 Rn. 10ff.

3 Köhler/Bornkamm/*Bornkamm,* Anh. zu § 3 III Rn. 9.7.

4 **Hinweis:** Eine Prüfung der Spürbarkeit gemäß § 3 Abs. 1 UWG ist bei unzulässigen geschäftlichen Handlungen i. S. d. § 3 Abs. 3 UWG nicht erforderlich (vgl. den Wortlaut: „stets unzulässig").

5 *BGH* GRUR 1985, 447, 448 – Provisionsweitergabe durch Lebensversicherungsmakler; Köhler/Bornkamm/*Köhler,* § 4 Rn. 11.24; Piper/Ohly/Sosnitza/*Ohly,* § 4 Rn. 11/12.

ben werden. Die Einzelheiten hierzu regelt § 7a Abs. 2 und 3 LMKV. Bei Kennzeichnungsvorschriften handelt es sich um Marktverhaltensregelungen, weil diese Bestimmungen der Information der Verbraucher dienen und zugleich die Markttransparenz gewährleisten.[6] Produktkennzeichnungsvorschriften sollen den Kunden, zumeist den Verbrauchern, wichtige Informationen über Eigenschaften des Produkts, z. B. Inhaltsstoffe, Herstellungsdatum usw., zur Verfügung stellen, damit die Kunden eine informierte Entscheidung treffen können. Solche Vorschriften dienen daher dem Verbraucherschutz. Da von überlagertem Hackfleisch gesundheitliche Gefahren ausgehen können, dient die Vorschrift nicht nur der Information der Verbraucher, sondern auch dem Schutz der Gesundheit.

§ 7a Abs. 4 sieht zudem eine spezielle Regelung zum Warenvertrieb vor. Diese Regelung dient dem Schutz der Gesundheit der Verbraucher. Geschützt wird vor den Gefahren, die von überlagerten und dadurch möglicherweise bereits verdorbenen Lebensmitteln ausgehen.

(3) Zuwiderhandlung

11 Hier liegen gleich mehrere Zuwiderhandlungen gegen § 7a LMKV vor. Zum einen hat F die Etiketten so verändert, indem er das Verbrauchsdatum geändert hat. Darin liegt ein Verstoß gegen § 7a Abs. 1 LMKV. Denn die Vorschrift verpflichtet zur wahrheitsgemäßen Angabe des Verbrauchsdatums. Zum anderen dürfen gemäß § 7a Abs. 4 LMKV Lebensmittel nach Ablauf des Verbrauchsdatums nicht mehr in den Verkehr gebracht werden. F hat jedoch Hackfleisch weiterhin angeboten, obgleich das ursprüngliche Verbrauchsdatum längst überschritten war.

bb) § 5 Abs. 1 S. 2 UWG (Irreführende geschäftliche Handlung)

12 Der Verkauf des umetikettierten Hackfleisches könnte zugleich als eine irreführende geschäftliche Handlung anzusehen sein.

(1) Angabe

13 § 5 Abs. 1 UWG gilt für irreführende Angaben. Darunter sind inhaltlich nachprüfbare Behauptungen, insbesondere Tatsachen, also Aussagen, die dem Beweis zugänglich sind, zu verstehen.[7] Bei der Angabe des Verbrauchsdatums handelt es sich um eine Tatsachenbehauptung und somit um eine Angabe im Sinne des § 5 Abs. 1 S. 2 Nr. 1 UWG, nämlich eine Aussage über wesentliche Merkmale der Ware (Verwendungsmöglichkeit).

(2) Täuschung

14 Die Angabe ist irreführend, weil bei den Verbrauchern eine unzutreffende Vorstellung über die Haltbarkeit und Unbedenklichkeit des Hackfleisches erweckt wird.

(3) Geschäftliche Relevanz

15 Die Irreführung muss geschäftliche Relevanz aufweisen.[8] Dieses Merkmal ergibt sich nicht unmittelbar aus dem Wortlaut des § 5 UWG, sondern erst aus einer richtlinienkonformen Auslegung am Maßstab des Art. 6 Abs. 1 der UGP-Richt-

[6] Vgl. Köhler/Bornkamm/*Köhler,* § 4 Rn. 11.118 ff., 11.124.

[7] Vgl. *BGH* GRUR 2002, 182, 183 – Das Beste jeden Morgen; Köhler/Bornkamm/*Bornkamm,* § 5 Rn. 2.37; Harte/Henning/*Dreyer,* § 5 B Rn. 37.

[8] Köhler/Bornkamm/*Bornkamm,* § 5 Rn. 2.169 ff.; Harte/Henning/*Dreyer,* § 5 B Rn. 155 ff.

linie. Danach muss die täuschende Angabe den Durchschnittsverbraucher tatsächlich oder voraussichtlich zu einer geschäftlichen Entscheidung veranlassen, die er ansonsten nicht getroffen hätte. Die Täuschung betrifft eine besonders wichtige Information, denn das Verbrauchsdatum bei Hackfleischprodukten ist wegen der allgemein bekannten Empfindlichkeit dieser Lebensmittel ein maßgebliches Kaufkriterium. Eine Manipulation dieses Datums beeinflusst das wirtschaftliche Verhalten der Verbraucher wesentlich. Die geschäftliche Relevanz ist daher zu bejahen.

c) Spürbarkeit

Die unlautere geschäftliche Handlung muss geeignet sein, die Interessen von Mitbewerbern, Verbrauchern und sonstigen Marktteilnehmern spürbar zu beeinträchtigen. Eine Prüfung der Spürbarkeit ist bei irreführenden geschäftlichen Handlungen entbehrlich, weil das Erfordernis der geschäftlichen Relevanz bereits eine eigenständige Spürbarkeitsschwelle begründet.[9] Dagegen bedarf die Spürbarkeit in den Fällen des § 4 Nr. 11 UWG besonderer Prüfung und Begründung.[10] Sie ist aber nach vergleichbaren Maßstäben zu beurteilen wie die geschäftliche Relevanz. Erschwerend kommt hinzu, dass durch die Umetikettierung auch die Gesundheit der Verbraucher gefährdet wird, weil sie möglicherweise verdorbenes Hackfleisch erwerben und konsumieren, wenn sie sich auf die Angabe des Etiketts verlassen. **16**

II. Ergebnis

Es liegt ein Verstoß gegen § 3 UWG vor. **17**

C. Wiederholungsgefahr

Für das Vorliegen von Wiederholungsgefahr streitet eine tatsächliche, widerlegliche Vermutung. Diese Vermutung kann grundsätzlich nur durch die Abgabe einer strafbewehrten Unterlassungserklärung widerlegt werden. Da F selbst keine strafbewehrte Unterlassungserklärung abgegeben hat, ist diese Vermutung auch nicht widerlegt. **18**

D. Anspruchsberechtigung

M ist als Mitbewerber gemäß § 8 Abs. 3 Nr. 1 i.V.m. § 2 Abs. 1 Nr. 3 UWG anspruchsberechtigt. F wird nicht selbst als Unternehmer tätig, sondern fördert fremden Wettbewerb. In einem solchen Fall kommt es darauf an, ob ein konkretes Wettbewerbsverhältnis zu dem geförderten Unternehmen, hier also der R-GmbH, besteht.[11] M steht mit der Münchener Filiale des R-Marktes in einem konkreten Wettbewerbsverhältnis, da beide auf dem gleichen sachlich relevanten Markt für Fleisch- und Wurstwaren tätig werden. Aufgrund der örtlichen Nähe sind beide Unternehmen auch auf dem gleichen räumlich relevanten Markt aktiv. **19**

---

[9] Köhler/Bornkamm/*Köhler,* § 3 Rn. 151; wohl auch Harte/Henning/*Dreyer,* § 5 B Rn. 162.

[10] Köhler/Bornkamm/*Köhler,* § 3 Rn. 147ff.

[11] Vgl. *BGH* GRUR 1997, 907, 908 – Emil-Grünbär-Klub; *BGH* GRUR 2011, 444 Rn. 51 – Flughafen Frankfurt-Hahn.

E. Anspruchsverpflichtung

20 Dass F als Angestellter für die R-GmbH tätig ist, schließt seine persönliche Haftung nicht aus. Aus § 8 Abs. 2 UWG folgt, dass Mitarbeiter und Beauftragte persönlich auf Unterlassung haften können. Nach dieser Vorschrift kann „auch" ein Anspruch gegen den Inhaber des Unternehmens begründet sein. Das Gesetz bringt damit zum Ausdruck, dass Ansprüche gegen den Unternehmensinhaber neben etwaige Ansprüche gegen Mitarbeiter und Beauftragte treten können. F ist daher als Verletzer anspruchsverpflichtet.

F. Ergebnis zu Frage 1 a)

21 Es besteht ein Unterlassungsanspruch gegen F.

Frage 1 b): Unterlassungsanspruch des M gegen die R-GmbH

22 Ein Anspruch auf Unterlassung kann sich wiederum aus § 8 Abs. 1 S. 1, 2. Alt. UWG ergeben.

A. Zurechnung des Verhaltens von F

23 Die R-GmbH muss sich das unlautere Verhalten des F gemäß § 8 Abs. 2 UWG zurechnen lassen, da er als angestellter Leiter jedenfalls Mitarbeiter im Sinne der Vorschrift ist. [Obgleich der Sachverhalt keine näheren Angaben zur Tätigkeit des F enthält, ist es auch vertretbar, eine Zurechnung nach § 31 BGB analog zu bejahen. Es liegt nicht fern, dass ein angestellter Filialleiter über soviel Entscheidungsfreiheit und Eigenverantwortung verfügt, sodass die Grundsätze der Organ- und Repräsentantenhaftung[12] eingreifen können. Ein sachlicher Unterschied besteht im Ergebnis nicht, da nach beiden Vorschriften das Verhalten des F der R-GmbH zugerechnet wird und eine Entlastung der Unternehmensinhaberin nicht möglich ist.]

B. Wiederholungsgefahr

I. Vermutung der Wiederholungsgefahr

24 Grundsätzlich setzt der Unterlassungsanspruch gemäß § 8 Abs. 1 S. 1, 2. Alt. UWG Wiederholungsgefahr voraus. Dafür besteht eine tatsächliche, widerlegbare Vermutung (s. o.).

II. Widerlegung der Vermutung

25 Die Vermutung der Wiederholungsgefahr kann widerlegt werden, wenn der Schuldner eine strafbewehrte Unterlassungserklärung abgibt, mit der er sich erstens dazu verpflichtet, das beanstandete Verhalten zukünftig zu unterlassen und zweitens

[12] Siehe dazu *BGH* NJW 1998, 1854, 1856.

für den Fall der Zuwiderhandlung die Zahlung einer angemessenen Vertragsstrafe verspricht (sog. Unterwerfungserklärung).[13]

1. Unterwerfungserklärung

Fraglich ist aber, ob die Wiederholungsgefahr durch Unterwerfung entfallen ist. Die **26** vertragliche Vereinbarung, wonach die R-GmbH bei Nichteinhaltung ihrer Verpflichtungen eine „Buße" an K zu zahlen hat, ist ihrem Inhalt nach als eine strafbewehrte Unterlassungsverpflichtung auszulegen.

2. Drittunterwerfung

Die Besonderheit dieses Falles besteht jedoch darin, dass sich die R-GmbH nicht **27** gegenüber M verpflichtet hat, sondern gegenüber der Konzernmutter K, also gegenüber einem Dritten.

In der Rechtsprechung ist anerkannt, dass die Wiederholungsgefahr – mit Wirkung gegenüber allen Unterlassungsgläubigern – wegfallen kann, wenn die Unterwerfungserklärung gegenüber einem Dritten abgegeben wird.[14] Man spricht insoweit von der Unteilbarkeit der Wiederholungsgefahr. Allerdings ist sorgfältig zu prüfen, ob sich die Abgabe der Unterwerfungserklärung noch als Ausdruck eines ernstlichen Unterlassungswillens darstellt. Nach der Rechtsprechung kommt es darauf an, ob der Gläubiger, dem sich der Schuldner unterworfen hat, bereit und geeignet erscheint, die nur ihm zustehenden Sanktionsmöglichkeiten auszuschöpfen und ob dies vom Schuldner als ernsthaft wahrscheinlich befürchtet werden muss: „Wie bei jedem Vertragsstrafeversprechen kommt es auch hier entscheidend darauf an, daß die versprochene Verpflichtung geeignet erscheint, den Versprechenden wirklich und ernsthaft von Wiederholungen der Verletzungshandlung abzuhalten. Ob dies der Fall ist, muß in umfassender Würdigung aller hierfür in Betracht kommenden Umstände des Einzelfalls sorgfältig und unter Anlegung der gebotenen strengen Maßstäbe geprüft werden".[15]

Die Unterwerfung der R-GmbH erfolgte nicht gegenüber einem unabhängigen Dritten, sondern gegenüber der Konzernmutter K. Es ist nicht zu erwarten, dass K in gleicher Weise Rechtsverstöße ihres Tochterunternehmens verfolgen wird wie unabhängige Dritte. Zudem bestünde, wenn man die Unterwerfung gegenüber der Konzernmutter zuließe, ein erhebliches Missbrauchspotenzial. Daher ist mangels Ernsthaftigkeit des Vertragsstrafeversprechens die Wiederholungsgefahr nicht entfallen.

C. Ergebnis zu Frage 1 b)

M kann auch von der R-GmbH Unterlassung des Anbietens und des Verkaufs des **28** umetikettierten Hackfleisches verlangen.

---

13 *BGH* GRUR 1984, 214, 216 – Copy-Charge; *BGH* GRUR 1985, 155, 156 – Vertragsstrafe bis zu ... I – m.w.N.; Köhler/Bornkamm/*Bornkamm,* § 8 Rn. 1.38; Piper/Ohly/Sosnitza/*Ohly,* § 8 Rn. 10; eingehend *Teplitzky,* Kap. 8 Rn. 1 ff.

14 *BGH* GRUR 1983, 186, 187 – Wiederholte Unterwerfung I; Köhler/Bornkamm/*Bornkamm,* § 12 Rn. 1.166 ff.; Fezer/*Büscher,* § 8 Rn. 89; MünchKomm-UWG/*Fritzsche,* § 8 Rn. 44 ff.; Piper/Ohly/Sosnitza/*Ohly,* § 8 Rn. 17.

15 *BGH* GRUR 1983, 186, 187 – Wiederholte Unterwerfung I.

Frage 2a): Anspruch der R-GmbH gegen M auf Unterlassung

29 Die R-GmbH könnte von M Unterlassung nach § 8 Abs. 1 S. 1, 2. Alt. UWG verlangen.

I. Verstoß gegen § 3 UWG

1. Unzulässigkeit gemäß § 3 Abs. 1 UWG

30 Da eine Unzulässigkeit gemäß § 3 Abs. 3 UWG nicht in Betracht kommt, ist zu prüfen, ob die beanstandete Maßnahme nach § 3 Abs. 1 UWG unzulässig ist.

a) Geschäftliche Handlung (§ 2 Abs. 1 Nr. 1 UWG)

31 Die Äußerung des M ist in erster Linie darauf gerichtet, Kunden dazu anzuhalten, keine Fleisch- und Wurstwaren im R-Markt zu erwerben. Da er selbst aber eine Metzgerei betreibt, dient der Aufruf zugleich der Förderung des Absatzes von Waren des eigenen Unternehmens und ist damit als geschäftliche Handlung i.S.v. § 2 Abs. 1 Nr. 1 UWG zu qualifizieren.

b) Unlauterkeit

aa) § 4 Nr. 8 UWG (Anschwärzung)

32 Gemäß § 4 Nr. 8, 1. Alt. UWG handelt unlauter, wer über die Waren, Dienstleistungen oder das Unternehmen eines Mitbewerbers oder über den Unternehmer oder ein Mitglied der Unternehmensleitung Tatsachen behauptet oder verbreitet, die geeignet sind, den Betrieb des Unternehmens oder den Kredit des Unternehmers zu schädigen, sofern die Tatsachen nicht erweislich wahr sind. M könnte den Betrieb der R-GmbH durch Behauptung einer nicht erweislich wahren Tatsache geschädigt haben.

(1) Mitbewerber

33 Die R-GmbH ist – wie bereits geprüft – Mitbewerberin des M (§ 2 Abs. 1 Nr. 3 UWG).

(2) Tatsachenbehauptung

34 Die Aussage, die R-GmbH verkaufe überall in der Bundesrepublik Gammelfleisch und es handele sich bei den Vorgängen in München lediglich um die Spitze des Eisberges, ist als Tatsachenbehauptung dem Beweis zugänglich. Dass die Aussage auch wertende Elemente enthält, hindert die Anwendung von § 4 Nr. 8 UWG nicht.

(3) Eignung zur Geschäftsschädigung

35 Eine Äußerung ist geeignet, den Betrieb des Unternehmens oder den Kredit des Unternehmens zu schädigen, wenn sie Nachteile für die Erwerbstätigkeit mit sich bringen kann.[16] Dagegen reicht es nicht aus, wenn die maßgebliche Äußerung „nur" zu einer Verletzung der persönlichen Ehre führt. Für die Beurteilung maßgeblich ist die Wirkung der Äußerung auf die angesprochenen Verkehrskreise. Es

[16] Köhler/Bornkamm/*Köhler*, § 4 Rn. 8.19; Piper/Ohly/Sosnitza/*Ohly*, § 4 Rn. 8/15.

kommt, wie auch sonst, auf das Verständnis des durchschnittlich informierten, aufmerksamen und verständigen Durchschnittsangehörigen dieser Gruppe an. Unerheblich sind die Vorstellungen des Handelnden und die Sichtweise des Betroffenen.

Die Äußerung des M kann erhebliche wirtschaftliche Nachteile für die R-GmbH mit sich bringen, weil das Vertrauen der Kunden erschüttert wird und die R-GmbH dadurch in ihrer geschäftlichen Tätigkeit beeinträchtigt werden kann. Es liegt nach der Lebenserfahrung nahe, dass Verbraucher auf Mitteilungen dieser Art besonders sensibel reagieren. Selbst wenn sich die Vorwürfe gegen die R-GmbH als vollkommen unberechtigt erweisen, kann die wirtschaftliche Wertschätzung dauerhaft Schaden nehmen.

(4) Nichterweislichkeit der Wahrheit

Es obliegt gemäß § 4 Nr. 8 UWG dem Verletzer, die Wahrheit zu beweisen, wie aus **36**
dem Wortlaut der Norm folgt („sofern die Tatsachen nicht erweislich wahr sind"). M kann jedoch nur erfolgreich dartun, dass es in München zum Verkauf von altem Hackfleisch gekommen ist. Dagegen fehlen nähere Anhaltspunkte, aus denen sich zweifelsfrei ergibt, dass es in anderen Filialen der R-GmbH im Bundesgebiet zu ähnlichen Verkäufen gekommen ist. Damit kann M die Wahrheit seiner Behauptung nicht darlegen. Dies geht gemäß § 4 Nr. 8 UWG zu seinen Lasten. Der Tatbestand der Anschwärzung ist daher erfüllt.

(5) Bedeutung von Art. 5 Abs. 1 S. 1 GG

Dass M meint, zu seiner Äußerung durch die grundgesetzlich geschützte Meinungs- **37**
freiheit berechtigt zu sein (Art. 5 Abs. 1 S. 1 GG), ändert an dem Vorwurf des unlauteren Verhaltens nichts. Zwar können Tatsachenbehauptungen, soweit sie Voraussetzung für eine Meinungsbildung sind, in den Schutzbereich des Art. 5 Abs. 1 S. 1 GG fallen.[17] Nicht von Art. 5 Abs. 1 S. 1 GG geschützt werden erwiesen unwahre Behauptungen.[18] Nicht erweislich wahre Behauptungen erfordern eine Interessenabwägung,[19] der die differenzierende Regelung des § 4 Nr. 8 UWG gerecht wird.[20] Wenn der Äußernde mit einer geschäftsschädigenden Behauptung in die Öffentlichkeit tritt, muss er die Wahrheit beweisen können. Anderenfalls trägt er die von der Äußerung ausgehenden Risiken.

bb) § 4 Nr. 7 UWG (Herabsetzung oder Verunglimpfung)

Des Weiteren könnte die Äußerung des M die R-GmbH herabsetzen und verun- **38**
glimpfen. Die Mitbewerbereigenschaft wurde bereits bejaht (s. o). Durch die Tatsachenbehauptung des M, deren Wahrheitsgehalt er nicht dartun kann (s. o.), verliert die R-GmbH in den Augen ihrer Kunden an Wertschätzung und wird daher herabgesetzt.

Die Äußerung ist auch nicht unter dem Aspekt der Wahrnehmung berechtigter Interessen ausnahmsweise zulässig.[21] Denn eine Wahrnehmung berechtigter Interessen kann nur in Betracht kommen, wenn ein Unternehmer durch wahre Tatsachen

---

17 BVerfGE 61, 1, 8; 85, 1, 15.

18 BVerfGE 54, 208, 219.

19 *BVerfG* NJW 2003, 277, 278.

20 Köhler/Bornkamm/*Köhler,* § 4 Rn. 8.10.

21 Vgl. Köhler/Bornkamm/*Köhler,* § 4 Rn. 7.15 ff.

herabgesetzt würde. Dagegen ist die Behauptung unwahrer oder nicht erweislich wahrer Tatsachen schon deswegen nicht zu rechtfertigen, weil kein schützenswertes Interesse an solchen Informationen besteht (s. o.).

cc) § 4 Nr. 10 UWG (Gezielte Behinderung)

39 Des Weiteren könnte eine gezielte Behinderung durch einen Boykottaufruf des M vorliegen.[22]

(1) Drei Beteiligte

40 Ein Boykott erfordert drei Beteiligte:[23] den Auffordernden (Verrufer, Boykottierer), den Adressaten (Ausführenden) und den Verrufenen (Boykottierter). Hier fordert M (= Boykottierer) seine Kunden (= Ausführende) auf, Fleisch- und Wurstwaren nicht mehr von der R-GmbH (= Boykottierter) zu erwerben.

(2) Aufforderung zu einer Liefer- oder Bezugssperre

41 Der Boykott besteht in der Aufforderung zu einer Liefer- oder Bezugsperre. Aufforderung ist der Versuch, einen anderen dahin zu beeinflussen, bestimmte Lieferbeziehungen nicht einzugehen oder nicht aufrechtzuerhalten. Die Aufforderung muss subjektiv auf eine Beeinflussung der freien Willensentscheidung des Adressaten gerichtet und objektiv dazu geeignet sein.[24]

Objektiv und subjektiv ist die Äußerung des M auf eine Verhaltensbeeinflussung der Kunden gerichtet. Die Äußerung zielt auch auf eine Liefer- oder Bezugssperre, denn die Kunden sollen dazu angehalten werden, nicht mehr bei der R-GmbH einzukaufen. Ob die Kunden tatsächlich bei der R-GmbH keine Fleisch- und Wurstwaren erwerben, ist dagegen unerheblich.

(3) Besondere Umstände

42 Im Regelfall sind Boykottaufrufe als unlauter anzusehen, denn sie bilden geradezu den Musterfall einer gezielten Behinderung.[25] Anderes gilt nur, wenn besondere Umstände vorliegen, die das Handeln als sachlich gerechtfertigt erscheinen lassen.[26] Ein Boykott kann ausnahmsweise zulässig sein, wenn der Boykottaufruf im Rahmen einer verfassungsrechtlich geschützten Meinungsäußerung (Art. 5 Abs. 1 GG) erfolgt[27] oder wenn der Boykott der Abwehr eines rechtswidrigen Verhaltens dient.[28]

Auf die verfassungsrechtlich geschützte Meinungsfreiheit kann M sich nicht berufen, weil seine Informationen nicht erwiesen wahr und damit rechtlich nicht schutzwürdig sind (s. o.). Fraglich ist aber, ob ein zulässiger Abwehrboykott vorliegt. Rechtsprechung und h. M. halten Abwehrboykotte ausnahmsweise für zulässig, stel-

---

[22] **Hinweis:** Eine spezialgesetzliche Regelung des Boykotts enthält § 21 Abs. 1 GWB. Diese Vorschrift setzt allerdings voraus, dass alle Beteiligten Unternehmen sind und ist deswegen im konkreten Fall nicht anwendbar. Zwar sind M und die R-GmbH Unternehmen, doch richtet sich der Boykottaufruf an die Kunden der Metzgerei, also an Verbraucher (§ 2 Abs. 2 UWG i. V. m. § 13 BGB).

[23] Köhler/Bornkamm/*Köhler,* § 4 Rn. 10.117; Piper/Ohly/Sosnitza/*Ohly,* § 4 Rn. 10/86.

[24] Köhler/Bornkamm/*Köhler,* § 4 Rn. 10.119a; Piper/Ohly/Sosnitza/*Ohly,* § 4 Rn. 10/89.

[25] Köhler/Bornkamm/*Köhler,* § 4 Rn. 10.122; Piper/Ohly/Sosnitza/*Ohly,* § 4 Rn. 10/90.

[26] Köhler/Bornkamm/*Köhler,* § 4 Rn. 10.122ff.

[27] *BVerfG* GRUR 1984, 357, 359f. – markt-intern; Köhler/Bornkamm/*Köhler,* § 4 Rn. 10.123; Piper/Ohly/Sosnitza/*Ohly,* § 4 Rn. 10/90.

[28] Köhler/Bornkamm/*Köhler,* § 4 Rn. 10.124.

len aber strenge Anforderungen.[29] Erforderlich ist eine rechtswidrige Handlung des Boykottierten, gegen die dem Boykottierer keine anderen Abhilfemittel zur Verfügung stehen. Der Boykottaufruf darf zudem in seinem Umfang und seinen Auswirkungen nicht über das zur Abwehr erforderliche Maß hinausgehen. Ein zulässiger Abwehrboykott kommt indessen nicht in Betracht. Denn die Aufforderung des M an seine Kunden beruht zwar auf einer unlauteren Handlung der R-GmbH (s.o.), doch stehen M ausreichende rechtliche Abwehrmöglichkeiten zur Verfügung (z.B. Abmahnung, Einstweilige Verfügung usw.).

dd) § 6 Abs. 2 UWG (Unzulässige vergleichende Werbung)

Fraglich ist, ob die Äußerung des M gemäß § 6 Abs. 2 UWG unlauter ist. Vergleichende Werbung ist gemäß § 6 Abs. 1 UWG jede Werbung, die unmittelbar oder mittelbar einen Mitbewerber oder die von einem Mitbewerber angebotenen Waren oder Dienstleistungen erkennbar macht. **43**

(1) Werbung

Der Begriff der Werbung ist im UWG nicht definiert. Da § 6 UWG der Umsetzung der Richtlinie 2006/114/EG dient, ist der Begriff richtlinienkonform auszulegen. Gemäß Art. 2 lit. a der Richtlinie ist Werbung „jeder Äußerung bei der Ausübung eines Handels, Gewerbes, Handwerks oder freien Berufs mit dem Ziel, den Absatz von Waren oder die Erbringung von Dienstleistungen ... zu fördern". Da die Werbeaussage der Förderung des Absatzes eigener Waren dient, handelt es sich um Werbung. **44**

(2) Erkennbarmachen eines Mitbewerbers

Die Mitbewerbereigenschaft ist, wie bereits geprüft, gegeben. Da die Aussage des M ausdrücklich auf die R-GmbH „gemünzt" ist, liegt auch eine Erkennbarkeit vor. **45**

(3) Kritik am Mitbewerber als Vergleich

Die Besonderheit des Falles liegt jedoch darin, dass Kritik am Mitbewerber geübt wird. Es fehlt also an einer vergleichenden Aussage, einer Gegenüberstellung. Ob solche Aussagen als vergleichende Werbung zu qualifizieren sind, wird unterschiedlich beurteilt.[30] Nach Auffassung des EuGH bedarf es wohl keines besonderen Vergleichs: Es sei ohne Belang, ob ein Vergleich zwischen den vom Werbenden angebotenen Erzeugnissen und Dienstleistungen und denjenigen des Mitbewerbers vorliege.[31] Auch die höchstrichterliche Rechtsprechung tendierte zunächst in diese Richtung.[32] Demgegenüber wird im Schrifttum – und jetzt auch vom BGH – die Ansicht vertreten, § 6 UWG setze eine irgendwie geartete, vergleichende Beziehung zwischen dem Werber und einem Wettbewerber oder dessen Waren oder Dienstleistungen voraus.[33] Dafür spricht, dass die besonderen Anforderungen, denen ver- **46**

---

29 Vgl. *BGH* GRUR 1959, 244, 247 – Versandbuchhandlung; *BGH* GRUR 1960, 331, 335 – Schleuderpreise; Köhler/Bornkamm/*Köhler,* § 4 Rn. 10.124.

30 Eingehende Darstellung der Problematik etwa bei MünchKomm-UWG/*Menke,* § 6 Rn. 73ff.; Harte/Henning/*Sack,* § 6 Rn. 73ff.

31 *EuGH* Slg. 2001, I-7945 = GRUR 2002, 354ff. Rn. 31 – Toshiba.

32 *BGH* GRUR 2005, 348 – Bestellnummernübernahme.

33 *BGH* GRUR 2012, 74 – Coaching-Newsletter; Köhler/Bornkamm/*Köhler,* § 6 Rn. 48ff.; Piper/Ohly/Sosnitza/*Ohly,* § 6 Rn. 36; Harte/Henning/*Sack* § 6 Rn. 99ff.; anders MünchKomm-UWG/*Menke,* § 6 Rn. 99 m.w.N.

gleichende Aussagen gerecht werden müssen, nur dann sachgerecht sind, wenn die Werbeaussage in irgendeiner Weise einen vergleichenden Charakter aufweist, also eine Gegenüberstellung enthält. Die bloß auf den Mitbewerber bezogene Aussage enthält dagegen keinen Vergleich. Wird lediglich ein Mitbewerber oder dessen Leistung kritisiert, liegt darin in der Regel keine Bezugnahme auf die eigene Leistung, sodass es an einem Vergleichsgegenstand und damit an einem Vergleich überhaupt fehlt. Mithin liegt keine vergleichende Werbung vor.

ee) § 5 Abs. 1 S. 2 UWG (Irreführende geschäftliche Handlung)

47 Die Äußerung des M enthält eine irreführende Angabe über die geschäftlichen Verhältnisse eines Unternehmers (§ 5 Abs. 1 S. 2 Nr. 3 UWG). Darunter ist auch der Mitbewerber zu verstehen,[34] wie auch aus § 5 Abs. 3 UWG hervorgeht. Irreführend ist die Angabe deshalb, weil bei den Verbrauchern der Eindruck entstehen kann, die R-GmbH sei in einen bundesweiten „Fleischskandal" verwickelt. Dass die Äußerung des M auch wertende Elemente („Gammelfleisch", „Spitze des Eisberges") enthält, steht der Anwendung von § 5 UWG nicht entgegen, weil die Aussagen jedenfalls einen nachprüfbaren Tatsachenkern aufweisen.

Die geschäftliche Relevanz der Irreführung ist gegeben, da die Äußerung die wirtschaftliche Entscheidungsfreiheit der Kunden beeinflussen kann. Das Ziel der Maßnahme besteht gerade darin, die Kunden zu motivieren, kein Fleisch bei der R-GmbH einzukaufen, mithin ihren Bedarf anderweitig zu decken.

c) Spürbarkeit

48 Eine gesonderte Prüfung der Spürbarkeit ist entbehrlich, da mit § 4 Nr. 7, 8 und 10 UWG jeweils Beispielstatbestände mit „vertypter" Spürbarkeit verwirklicht wurden.[35] Im Hinblick auf § 5 UWG folgt die Spürbarkeit aus der – bereits bejahten – geschäftlichen Relevanz der Irreführung.[36]

2. Zwischenergebnis

49 Die Äußerung des M ist gemäß § 3 Abs. 1 UWG unzulässig, damit liegt ein Verstoß gegen § 3 UWG vor.

II. Wiederholungsgefahr

50 Für das Vorliegen der Wiederholungsgefahr streitet grundsätzlich eine tatsächliche, widerlegliche Vermutung, die nur durch die Abgabe einer strafbewehrten Unterlassungserklärung beseitigt werden kann.

III. Anspruchsberechtigung

51 Als Mitbewerberin (§ 2 Abs. 1 Nr. 3 UWG) ist die R-GmbH gemäß § 8 Abs. 3 Nr. 1 UWG anspruchsberechtigt.

IV. Anspruchsverpflichtung

52 M ist als Verletzer anspruchsverpflichtet.

---

[34] Köhler/Bornkamm/*Bornkamm,* § 5 Rn. 2.34.
[35] Köhler/Bornkamm/*Köhler,* § 3 Rn. 143 f. und 146.
[36] Köhler/Bornkamm/*Köhler,* § 3 Rn. 151.

V. Ergebnis zu Frage 2a)

Der R-GmbH steht gegen M wegen dessen Äußerung ein Anspruch auf Unterlassung zu. **53**

Frage 2b): Anspruch der R-GmbH gegen M auf Schadensersatz

Die R-GmbH könnte von M gemäß § 9 S. 1 UWG Schadensersatz verlangen. **54**
Dann müsste M vorsätzlich oder fahrlässig eine nach § 3 oder § 7 UWG unzulässige geschäftliche Handlung vorgenommen haben.

A. Verstoß gegen § 3 UWG

Wie soeben zu Frage 2a) geprüft wurde, liegt ein Verstoß gegen § 3 UWG vor **55**
(s. o.).

B. Verschulden

M muss schuldhaft, also vorsätzlich oder fahrlässig gehandelt haben. Mangels spe- **56**
zieller wettbewerbsrechtlicher Regelungen zum Verschulden findet § 276 BGB Anwendung.

I. Vorsatz

Vorsätzlich handelt, wer wissentlich und willentlich einen Unrechtstatbestand ver- **57**
wirklicht und dabei im Bewusstsein der Rechtswidrigkeit handelt.[37] An dem Bewusstsein der Rechtswidrigkeit fehlt es hier, da M einwendet, er habe geglaubt, zu seiner Äußerung aufgrund von Art. 5 Abs. 1 S. 1 GG berechtigt zu sein. Er unterliegt insoweit einem Rechts- oder Verbotsirrtum, weil er die Rechtswidrigkeit seines Handelns nicht erkannt hat.

II. Fahrlässigkeit

M könnte jedoch Fahrlässigkeit vorzuwerfen sein. Fahrlässig handelt gemäß § 276 **58**
Abs. 2 BGB, wer die im Verkehr erforderliche Sorgfalt außer Acht lässt. Die Rechtsprechung betont regelmäßig die strengen Maßstäbe, die im geschäftlichen Bereich bei der Ermittlung der im Verkehr erforderlichen Sorgfalt anzulegen sind.[38] Im Falle eines Rechtsirrtums handelt fahrlässig, wer sich erkennbar in einem Grenzbereich des rechtlich Zulässigen bewegt, in dem er eine von der eigenen Einschätzung abweichende Beurteilung der rechtlichen Zulässigkeit des fraglichen Verhaltens in Betracht ziehen muss.[39] Dem M hätten sich auf jeden Fall Zweifel an der Rechtmäßigkeit seines Handelns aufdrängen müssen, weil schon nach allgemeiner Lebenserfahrung Boykottaufrufe rechtlich bedenklich sind. Jedenfalls hätte M Rechtsrat ein-

---

37 Begr. zum RegE, BT-Drs. 15/1487, S. 23; vgl. auch *BGH* NJW 1951, 596, 597; NJW 1965, 962, 963; BGHZ 69, 128, 142 f.

38 BGHZ 141, 329, 345 – Tele-Info-CD; *BGH* GRUR 2002, 248, 252 – SPIEGEL-CD-ROM; BGHZ 149, 191, 204 – shell.de; *BGH* GRUR 2002, 706, 708 – vossius.de.

39 *BGH* GRUR 1990, 1035, 1038 – Urselters II; BGHZ 141, 329, 345 – Tele-Info-CD.

holen müssen. Die Rechtslage war auch nicht zweifelhaft, da die Beurteilung von Boykottaufrufen höchstrichterlich und verfassungsgerichtlich geklärt ist. Da M diese erforderlichen Maßnahmen unterlassen hat, hat er die im Verkehr erforderliche Sorgfalt nicht beachtet und damit fahrlässig gehandelt.

C. Schaden

59 Gemäß § 9 S. 1 UWG i.V.m. §§ 249ff. BGB ist der gesamte, durch die unzulässige geschäftliche Handlung des M adäquat kausal verursachte Schaden der R-GmbH zu ersetzen. In Betracht kommen hier insbesondere der Ersatz von Beeinträchtigungen des „guten Rufes" der R-GmbH (Diskreditierungsschaden), der Ersatz von Aufwendungen zur „Marktentwirrung" (§ 249 Abs. 2 S. 1 BGB analog), der Ersatz von entgangenem Gewinn (§ 252 BGB) und der Ersatz der zur Rechtsverfolgung notwendigen Kosten.[40] Ist streitig, ob ein Schaden entstanden ist und wie hoch sich der Schaden beläuft, dann kann das Gericht gemäß § 287 Abs. 1 S. 1 ZPO „unter Würdigung aller Umstände nach freier Überzeugung" entscheiden.

D. Ergebnis zu Frage 2b)

60 Der R-GmbH steht gegen M ein Anspruch auf Schadensersatz zu.

Frage 2c): Anspruch der R-GmbH gegen M auf Ersatz der Abmahnkosten

61 Die R-GmbH könnte den Ersatz der entstandenen Abmahnkosten nach § 12 Abs. 1 S. 2 UWG verlangen.

A. Anspruch aus § 12 Abs. 1 S. 2 UWG

I. Abmahnung

62 Eine Abmahnung des M ist nach dem Sachverhalt erfolgt.

II. Berechtigung der Abmahnung

63 Die Kosten der Abmahnung werden aber nur ersetzt, wenn die Abmahnung auch berechtigt war. Die Abmahnung ist berechtigt, wenn der geltend gemachte Unterlassungsanspruch besteht und wenn die Abmahnung unentbehrlich ist, um dem Schuldner einen Weg zu weisen, den Gläubiger ohne Inanspruchnahme der Gerichte klaglos zu stellen.[41] Diese Voraussetzungen sind hier erfüllt.

III. Erforderlichkeit der Aufwendungen

64 Fraglich ist nur, ob die Einschaltung eines Anwalts mit den damit verbundenen Kosten erforderlich war. Das ist zu bejahen, weil der Sachverhalt rechtlich nicht so

[40] Vgl. *BGH* GRUR 1982, 489, 490 – Korrekturflüssigkeit.
[41] Köhler/Bornkamm/*Bornkamm,* § 12 Rn. 1.80; MünchKomm-UWG/*Ottofülling,* § 12 Rn. 137.

einfach gelagert war, dass die R-GmbH ihre Interessen ohne Anwalt problemlos hätte wahrnehmen können.

B. Anspruch aus § 9 S. 1 UWG

Überwiegend werden die vorprozessualen Kosten für eine Abmahnung als ersatzfähiger Schaden angesehen.[42] Da die Voraussetzungen des Schadensersatzanspruches erfüllt sind (s. o.), kann die R-GmbH die Abmahnkosten auch als Schadensersatz von M verlangen. **65**

C. Ergebnis zu Frage 2c)

Die R-GmbH kann von M Unterlassung der Äußerung und Ersatz für die entstandenen Abmahnkosten verlangen. **66**

[42] *BGH* GRUR 1990, 1012, 1014 – Pressehaftung I; *BGH* GRUR 2007, 631 Rn. 21 – Abmahnaktion; MünchKomm-UWG/*Fritzsche,* § 9 Rn. 74; juris-PK/*Koch,* § 9 Rn. 43f.; Fezer/*Koos,* § 9 Rn. 24; Piper/Ohly/Sosnitza/*Ohly,* § 9 Rn. 11; *Teplitzky,* Kap. 34 Rn. 3f. Kritisch Köhler/Bornkamm/*Bornkamm,* § 12 Rn. 1.88; differenzierend Köhler/Bornkamm/*Köhler,* § 9 Rn. 1.29; MünchKomm-UWG/*Ottofülling,* § 12 Rn. 150; ablehnend Ahrens/*Scharen,* Kap. 11 Rn. 12.

Fall 12. Die Mobilfunkwerbung

Sachverhalt

Die V-GmbH und die T-AG sind Mobilfunkbetreiber. Der Geschäftsführer der V-GmbH, G, weist seine Mitarbeiter an, mehr Präsenz in der Öffentlichkeit zu zeigen und die eigenen Mobilfunkverträge „offensiv zu bewerben". Auf einem Fußweg in der Leopoldstraße in München wird daraufhin ein Verkaufs- und Informationsstand in den typischen Unternehmensfarben der V-GmbH errichtet, von dem aus zwei Mitarbeiter der V-GmbH, A und B, die aufgrund ihrer Kleidung eindeutig als Mitarbeiter der V-GmbH erkennbar sind, Passanten ansprechen, um sie auf die vorteilhaften Konditionen der Mobilfunkverträge der V-GmbH hinzuweisen. Interessenten können an Ort und Stelle auch Verträge abschließen. Um den Zulauf zu dem Verkaufsstand noch weiter zu erhöhen, weist G außerdem an, dass sich C, ein weiterer Mitarbeiter, in unauffälliger Kleidung direkt vor einer ebenfalls in der Leopoldstraße befindlichen Filiale der T-AG postieren soll, um vorbeigehende Passanten sowie Besucher des Ladens gezielt auf den Verkaufsstand der V-GmbH mit der Bemerkung hinzuweisen, die Mobilfunkverträge der V-GmbH seien „günstiger".

Vermerk für die Bearbeiter: In einem Rechtsgutachten, das auf alle vom Sachverhalt aufgeworfenen Rechtsfragen eingeht, sind folgende Fragen zu beantworten:

1. Steht der T-AG gegen die V-GmbH ein Anspruch auf Unterlassung der beanstandeten Maßnahmen zu?
2. Stehen der T-AG Unterlassungsansprüche gegen den Geschäftsführer G sowie gegen die Mitarbeiter A, B und C zu?

Es ist davon auszugehen, dass der Verkaufsstand der V-GmbH in der Leopoldstraße ohne die notwendige Genehmigung der Straßenbaubehörde zur Sondernutzung errichtet wurde.

Bayerisches Straßen- und Wegegesetz – Auszug

Art. 14. (1) Die Benutzung der Straßen im Rahmen ihrer Widmung für den Verkehr (Gemeingebrauch) ist jedermann gestattet. Es ist kein Gemeingebrauch, wenn jemand die Straße nicht vorwiegend zum Verkehr, sondern zu anderen Zwecken benutzt. (…)

Art. 18. (1) Die Benutzung der Straßen über den Gemeingebrauch hinaus (Sondernutzung) bedarf der Erlaubnis der Straßenbaubehörde (…).

Gliederung

Lösung

Frage 1: Unterlassungsanspruch der T-AG (T) gegen die V-GmbH (V)

1 Bei der Prüfung eines Unterlassungsanspruches ist zwischen drei verschiedenen Verhaltensweisen zu unterscheiden: Dem Betreiben des Verkaufsstandes in der Leopoldstraße (unter A.), dem Ansprechen der Passanten an diesem Verkaufsstand (unter B.) und dem Ansprechen der Passanten vor der Filiale der T (unter C.).

A. Betreiben des Verkaufsstandes in der Leopoldstraße

2 In Betracht kommt ein Unterlassungsanspruch gemäß § 8 Abs. 1 S. 1, 2. Alt. UWG.

I. Verstoß gegen § 3 UWG

1. Unzulässigkeit gemäß § 3 Abs. 1 UWG

3 Da eine Unzulässigkeit gemäß § 3 Abs. 3 UWG nicht vorliegt, ist zu prüfen, ob das Betreiben des Verkaufsstandes nach § 3 Abs. 1 UWG unzulässig ist.

a) Geschäftliche Handlung (§ 2 Abs. 1 Nr. 1 UWG)

Es müsste eine geschäftliche Handlung gegeben sein. Eine geschäftliche Handlung ist gemäß § 2 Abs. 1 Nr. 1 UWG „jedes Verhalten einer Person zugunsten des eigenen oder eines fremden Unternehmens vor, bei oder nach einem Geschäftsabschluss, das mit der Förderung des Absatzes oder des Bezugs von Waren oder Dienstleistungen oder mit dem Abschluss oder der Durchführung eines Vertrags über Waren oder Dienstleistungen objektiv zusammenhängt". Das Betreiben des Verkaufsstandes in der Leopoldstraße dient dem Absatz eigener Waren und Dienstleistungen der V und ist damit als geschäftliche Handlung anzusehen. 4

b) Unlauterkeit gemäß § 4 Nr. 11 UWG i.V.m. Art. 18 BayStrWG (Rechtsbruch)

Fraglich ist, ob das Betreiben des Verkaufsstandes eine Zuwiderhandlung gegen eine gesetzliche Vorschrift darstellt, die auch dazu bestimmt ist, im Interesse der Marktteilnehmer das Marktverhalten zu regeln. Denn die zum Aufbau und Betrieb des Verkaufsstandes notwendige Genehmigung zur Sondernutzung nach Art. 18 BayStrWG fehlte. 5

aa) Gesetzliche Vorschrift

Art. 18 BayStrWG ist eine gesetzliche Vorschrift im Sinne von § 4 Nr. 11 UWG (vgl. Art. 2 EGBGB). 6

bb) Regelung des Marktverhaltens im Interesse der Marktteilnehmer

Vorschriften des Straßen- und Wegerechts sind indessen keine Marktverhaltensregelungen, weil sie nicht dem Schutz von Marktteilnehmern dienen. Vielmehr bezwecken die Vorschriften die Gewährleistung von Sicherheit und Leichtigkeit im Verkehr, indem öffentliche Straßen für den Gemeingebrauch offen gehalten werden. Dies hat der BGH[1] zur straßenrechtlichen Vorschrift des Landes Hessen ausgesprochen, die Art. 18 BayStrWG entspricht: Zweck und Schutzgut dieser Bestimmung liegen nach Auffassung des BGH ausschließlich im Bereich des öffentlichen Straßenrechts. Ziel der Regelung über die erlaubnispflichtige Sondernutzung ist es, Gefahren für die Leichtigkeit und Sicherheit des Verkehrs möglichst auszuschließen oder doch in erheblichem Maße zu mindern, um die Straße für ihren widmungsgemäßen Benutzungszweck und damit den Gemeingebrauch freizuhalten. Der Erlaubnisvorbehalt der Sondernutzung dient damit nicht der Kontrolle der Lauterkeit des Marktverhaltens, sondern dem Schutz der im Rahmen des Gemeingebrauchs liegenden Nutzungsmöglichkeiten der öffentlichen Straße. 7

Einen Marktbezug erlangt die straßenrechtliche Bestimmung auch nicht dadurch, dass bei der Entscheidung über die Erlaubnis der Sondernutzung dem öffentlichrechtlichen Bedürfnis nach einem Interessenausgleich bei Zusammentreffen gegenläufiger Straßennutzungsinteressen verschiedener Straßenbenutzer Rechnung zu tragen ist. Auch wenn im Einzelfall der Gleichbehandlungsgrundsatz des Art. 3 Abs. 1 GG Einfluss auf die Ermessensentscheidung haben kann, dient die Vorschrift nicht dazu, gleiche rechtliche Wettbewerbsvoraussetzungen für die Außenwerbung zu schaffen. Denn die Ermessensentscheidung der Straßenbaubehörde hat sich nicht an Belangen des Wettbewerbs zu orientieren, sondern an Gegebenheiten,

1 *BGH* GRUR 2006, 872 Rn. 17 – Kraftfahrzeuganhänger mit Werbeschildern.

die einen sachlichen Bezug zur öffentlichen Straße haben. Die Auswirkungen auf den Wettbewerb zwischen den Werbetreibenden sind ein bloßer Reflex der auf eine Sondernutzung des öffentlichen Straßenraums bezogenen Normen.[2]

2. Zwischenergebnis

8 Das Betreiben des Verkaufsstandes ist nicht gemäß § 3 Abs. 1 UWG unzulässig.

II. Ergebnis

9 Ein Verstoß gegen § 3 UWG liegt nicht vor.

B. Ansprechen von Passanten am Verkaufsstand

I. Verstoß gegen § 7 UWG

10 Das Ansprechen der Passanten am Verkaufsstand der V durch die Mitarbeiter könnte gegen § 7 UWG verstoßen.

1. Unzulässigkeit gemäß § 7 Abs. 1 UWG

a) Geschäftliche Handlung (§ 2 Abs. 1 Nr. 1 UWG)

11 Mit dem Ansprechen der Passanten soll der Absatz der eigenen Waren und Dienstleistungen der V gefördert werden. Daher liegt eine geschäftliche Handlung vor.

b) § 7 Abs. 1 S. 2 UWG

12 Nach § 7 Abs. 1 S. 2 UWG ist eine unzumutbare Belästigung anzunehmen, wenn erkennbar ist, dass der Empfänger einer Werbung diese nicht wünscht. Da den Passanten in aller Regel nicht anzumerken ist, ob ihnen die Begegnung mit Werbung erwünscht oder unerwünscht ist, greift § 7 Abs. 1 S. 2 UWG nicht ein. Anders wäre nur zu entscheiden, wenn Passanten erkennbar machen, dass sie die Werbung nicht wünschen und der Werbende gleichwohl „nachsetzt".

c) § 7 Abs. 1 S. 1 UWG

13 Das Ansprechen könnte jedoch gemäß § 7 Abs. 1 S. 1 UWG als eine unzumutbare Belästigung von Marktteilnehmern anzusehen sein.

aa) Marktteilnehmer

14 Gemäß § 2 Abs. 1 Nr. 2 UWG sind Marktteilnehmer neben Mitbewerbern[3] und Verbrauchern[4] alle Personen, die als Anbieter oder Nachfrager von Waren oder Dienstleistungen tätig sind. Von § 7 Abs. 1 S. 1 UWG geschützt werden also sämtliche Passanten, unabhängig davon, ob es sich z. B. um Verbraucher oder Gewerbetreibende handelt.

bb) Belästigung

15 Unter einer Belästigung sind solche Auswirkungen einer geschäftlichen Handlung zu verstehen, die bereits wegen der Art und Weise des Herantretens an andere

[2] *BGH* GRUR 2006, 872 Rn. 18 – Kraftfahrzeuganhänger mit Werbeschildern.
[3] Zum Begriff: § 2 Abs. 1 Nr. 3 UWG.
[4] Zum Begriff: § 2 Abs. 2 UWG i. V. m. § 13 BGB.

Marktteilnehmer, unabhängig vom Inhalt der Äußerung von den Adressaten als Beeinträchtigung ihrer privaten oder beruflichen Sphäre empfunden werden.[5] Die Beeinträchtigung besteht darin, dass das Anliegen den Empfängern „aufgedrängt" wird, sie sich also ohne oder gegen ihren Willen damit auseinandersetzen müssen.[6]

cc) Unzumutbarkeit

Nicht jede Belästigung ist nach § 7 Abs. 1 S. 1 UWG unzulässig, sondern nur Be- **16**
lästigungen, die für die Marktteilnehmer unzumutbar sind. Maßgeblich ist nicht das subjektive Empfinden des einzelnen Passanten, vielmehr ist vom durchschnittlich empfindlichen Marktteilnehmer, an den sich die geschäftliche Handlung richtet (vgl. § 3 Abs. 2 S. 2 UWG), auszugehen.[7] Eine Belästigung ist um so eher als unzumutbar zu beurteilen, je mehr sie nicht eine ungewollte oder nur gelegentliche Nebenwirkung einer Werbemaßnahme darstellt, sondern mit der beanstandeten Werbemethode notwendig und regelmäßig verbunden ist. Eine Werbemethode, bei der ein belästigendes Verhalten bewusst und gezielt im eigenen Werbeinteresse angewandt wird, ist deshalb regelmäßig als unzumutbar belästigend einzustufen.[8]

Die gezielte Direktansprache von Passanten auf öffentlichen Straßen oder Plätzen zu Werbezwecken kann nach neuerer Rechtsprechung nicht ohne Weiteres als unzumutbare Belästigung des Angesprochenen angesehen werden, wenn der Werbende von vornherein als solcher eindeutig erkennbar ist.[9] Denn die beteiligten Verkehrskreise sind heute, stärker als früher, auf die Wahrung eigener Interessen und weniger auf die Einhaltung bestimmter Umgangsformen bedacht. Insbesondere mit der Gefahr einer Verstrickung oder Überrumpelung des Verbrauchers lässt sich die Unlauterkeit einer Direktansprache in der Öffentlichkeit nicht mehr begründen. Für den mündigen Verbraucher besteht in der Regel nicht die Gefahr, dass er sich hierdurch zu einem ihm an sich unerwünschten Vertragsschluss bewegen lässt.[10] Ist für einen Passanten schon von vornherein erkennbar, dass die Direktansprache geschäftlichen Zwecken dient und kann er sich der Ansprache leicht entziehen, so liegt eine unzumutbare Belästigung nicht vor.

Da der Stand der V-GmbH eindeutig identifizierbar ist und auch die Mitarbeiter A und B als solche ohne Schwierigkeiten erkannt werden können, ist das Ansprechen von Passanten nicht unlauter. Wer nicht mit den Angeboten der V-GmbH konfrontiert werden möchte, kann sich der Werbeaktion der V-GmbH problemlos entziehen und den Stand einfach umgehen. Besondere Umstände, die eine andere Beurteilung rechtfertigen könnten, sind nicht ersichtlich.

2. Zwischenergebnis

Eine unzulässige geschäftliche Handlung gemäß § 7 Abs. 1 UWG ist folglich nicht **17**
gegeben.

---

5 Köhler/Bornkamm/*Köhler,* § 7 Rn. 19; Fezer/*Mankowski,* § 7 Rn. 45; Piper/Ohly/Sosnitza/*Ohly,* § 7 Rn. 24; Harte/Henning/*Ubber,* § 7 Rn. 24.

6 Köhler/Bornkamm/*Köhler,* § 7 Rn. 19; MünchKomm-UWG/*Leible,* § 7 Rn. 49.

7 Köhler/Bornkamm/*Köhler,* § 7 Rn. 21; MünchKomm-UWG/*Leible,* § 7 Rn. 52; Piper/Ohly/Sosnitza/*Ohly,* § 7 Rn. 25; Fezer/*Mankowski,* § 7 Rn. 71; Harte/Henning/*Ubber,* § 7 Rn. 28.

8 *BGH* GRUR 2005, 443, 445 – Ansprechen in der Öffentlichkeit II.

9 *BGH* GRUR 2004, 699, 701 – Ansprechen in der Öffentlichkeit I; *BGH* GRUR 2005, 443, 444f. – Ansprechen in der Öffentlichkeit II.

10 *BGH* GRUR 2004, 699, 700 – Ansprechen in der Öffentlichkeit I.

II. Verstoß gegen § 3 UWG

1. Unzulässigkeit gemäß § 3 Abs. 1 UWG

a) Geschäftliche Handlung (§ 2 Abs. 1 Nr. 1 UWG)

18 Eine geschäftliche Handlung liegt, wie bereits geprüft, vor (s. o.).

b) Unlauterkeit

19 In Betracht kommt allenfalls ein unangemessener unsachlicher Einfluss gemäß § 4 Nr. 1 UWG. Diese Vorschrift ist im Verhältnis „B2C", also bei geschäftlichen Handlungen gegenüber Verbrauchern, richtlinienkonform auszulegen.[11] Denn § 4 Nr. 1 UWG dient der Umsetzung der Vorschriften über aggressive Geschäftspraktiken (Art. 8 und 9) der UGP-Richtlinie.[12] Jedoch ist zu beachten, dass die UGP-Richtlinie sich nicht auf die gesetzlichen Anforderungen in Fragen der guten Sitten und des Anstands bezieht, die in den Mitgliedstaaten sehr unterschiedlich sind.[13] Dazu gehört nach den Erwägungsgründen der Richtlinie insbesondere das Ansprechen von Personen auf der Straße zu Verkaufszwecken.[14] Mithin ist das Ansprechen in der Öffentlichkeit nicht nach den Maßstäben der UGP-Richtlinie zu beurteilen.

Voraussetzung für eine unlautere Handlungen gemäß § 4 Nr. 1 UWG ist stets, dass die geschäftliche Handlung die Entscheidungsfreiheit der Passanten beeinträchtigt. Hierfür genügen geringfügige Beeinträchtigungen und bloße Unannehmlichkeiten jedoch nicht.[15] Die Entscheidungsfreiheit wird nicht beeinträchtigt, wenn die Passanten unverhofft mit den Angeboten der V konfrontiert werden und schon am Verkaufsstand Verträge abschließen können. Denn die Passanten können gleichwohl frei darüber entscheiden, ob sie sich näher mit dem Angebot befassen oder weitergehen wollen.

2. Zwischenergebnis

20 Eine unzulässige geschäftliche Handlung gemäß § 3 Abs. 1 UWG liegt nicht vor.

III. Ergebnis

21 Das Ansprechen der Passanten durch die Mitarbeiter A und B am Verkaufsstand der V verstößt weder gegen § 7 noch gegen § 3 UWG.

C. Ansprechen von Passanten vor der Filiale der T

22 Schließlich ist das Ansprechen von Kunden durch C vor der Filiale der T zu prüfen.

---

[11] *BGH* GRUR 2010, 455 Rn. 17 – Stumme Verkäufer.

[12] Begr. zum RegE, BT-Drs. 16/10145, S. 18.

[13] Erw. 7 S. 3 der UGP-Richtlinie.

[14] Erw. 7 S. 4 der UGP-Richtlinie.

[15] Köhler/Bornkamm/*Köhler*, § 4 Rn. 1.21.

I. Verstoß gegen § 7 UWG

1. Unzulässigkeit gemäß § 7 Abs. 1 UWG

a) Geschäftliche Handlung (§ 2 Abs. 1 Nr. 1 UWG)

Indem C die Passanten auf die Leistungen der V hinweist, fördert er den Absatz der **23** von V angebotenen Waren und Dienstleistungen. Damit liegt eine geschäftliche Handlung vor.

b) § 7 Abs. 1 S. 2 UWG

Ein Verstoß gegen § 7 Abs. 1 S. 2 UWG scheidet hier aus den bereits genannten **24** Gründen aus (s. o.).

c) § 7 Abs. 1 S. 1 UWG

Im Unterschied zur Direktansprache am Verkaufsstand der V ist der Mitarbeiter C **25** gerade nicht als Werbender erkennbar. Denn C ist unauffällig gekleidet und unterscheidet sich damit nicht von anderen Passanten. Für Kunden ist daher nicht ersichtlich, dass C zugunsten eines Konkurrenzunternehmens handelt. Nach der Rechtsprechung handelt es sich in solchen Fällen um einen belästigenden Eingriff. Denn der Passant wird dadurch in seinem Bedürfnis, auch im öffentlichen Raum möglichst ungestört zu bleiben, beeinträchtigt und unmittelbar persönlich für die gewerblichen Zwecke des werbenden Unternehmens in Anspruch genommen.[16] Wenn sich der Werbende einem Passanten zuwendet, ohne eindeutig als solcher erkennbar zu sein, macht er sich zudem den Umstand zunutze, dass es einem Gebot der Höflichkeit unter zivilisierten Menschen entspricht, einer fremden Person, die sich beispielsweise nach dem Weg erkundigen möchte, nicht von vornherein abweisend und ablehnend gegenüberzutreten. Darin liegt ein unlauteres Erschleichen von Aufmerksamkeit für die eigenen, zunächst verdeckt gehaltenen gewerblichen Zwecke.[17]

Die angesprochenen Kunden müssen sich überhaupt erst auf ein Gespräch einlassen, um zu erkennen, dass sie zu Geschäftszwecken angesprochen werden. Erschwerend kommt hinzu, dass das Ansprechen unmittelbar vor der Filiale der T erfolgt, also regelmäßig Kunden angesprochen werden, die zum Besuch dieses Geschäfts entschlossen sind. Damit wird die Möglichkeit, der geschäftlichen Ansprache durch C auszuweichen, geradezu versperrt.

Die von der gezielten Direktansprache von Passanten an öffentlichen Orten ausgehende Belästigung ist für den Angesprochenen, der mit einer Kontaktaufnahme zu Werbezwecken nicht rechnet, auch unzumutbar. Denn die Handlung des C ist gerade darauf ausgerichtet, Passanten zu überraschen und ihnen ein frühzeitiges Ausweichen unmöglich zu machen. Daher ist von einer unzumutbaren Belästigung auszugehen.

---

16 Vgl. *BGH* GRUR 2004, 699, 701 – Ansprechen in der Öffentlichkeit I; *BGH* GRUR 2005, 443, 444f. – Ansprechen in der Öffentlichkeit II.

17 *BGH* GRUR 2004, 699, 701 – Ansprechen in der Öffentlichkeit I; *BGH* GRUR 2005, 443, 444f. – Ansprechen in der Öffentlichkeit II.

2. Zwischenergebnis

26 Das Ansprechen der Passanten durch C ist gemäß § 7 Abs. 1 UWG unzulässig.[18]

II. Verstoß gegen § 3 UWG

1. Unzulässigkeit gemäß § 3 Abs. 3 UWG

27 Gemäß § 3 Abs. 3 sind die im Anhang des Gesetzes aufgeführten geschäftlichen Handlungen gegenüber Verbrauchern stets unzulässig.

a) Geschäftliche Handlung (§ 2 Abs. 1 Nr. 1 UWG)

28 Eine geschäftliche Handlung liegt vor (s. o.).

b) Gegenüber Verbrauchern

29 Es ist davon auszugehen, dass die von C angesprochenen Passanten Verbraucher (§ 2 Abs. 2 UWG i. V. m. § 13 BGB) sind.

c) Tatbestand der Nr. 23 des Anhangs zu § 3 Abs. 3 UWG

30 Stets unzulässig ist gemäß der Nr. 23 „die unwahre Angabe oder das Erwecken des unzutreffenden Eindrucks, der Unternehmer sei Verbraucher oder nicht für Zwecke seines Geschäfts, Handels, Gewerbes oder Berufs tätig". Aufgrund seines Auftretens muss bei den von C angesprochenen Passanten der Eindruck entstehen, er handle als Verbraucher, nicht aber im geschäftlichen Interesse der V. Zwar ist C selbst nicht Unternehmer. Doch gilt nach § 2 Abs. 1 Nr. 6 UWG als Unternehmer auch derjenige, der im Namen oder Auftrag eines Unternehmers handelt. Das ist bei C der Fall, da er als Mitarbeiter für V tätig ist. Damit ist der Tatbestand der Nr. 23 verwirklicht.[19]

2. Unzulässigkeit gemäß § 3 Abs. 1 UWG

a) Geschäftliche Handlung (§ 2 Abs. 1 Nr. 1 UWG)

31 Eine geschäftliche Handlung ist gegeben (s. o.).

b) Unlauterkeit

32 Die Generalklausel des § 3 Abs. 1 UWG wird durch die Beispielstatbestände der §§ 4 bis 6 UWG konkretisiert. Zu prüfen ist daher, ob die geschäftliche Handlung Tatbestände der §§ 4 bis 6 UWG verwirklicht.

aa) § 5a Abs. 2 UWG (Irreführende Unterlassung)

33 Gemäß § 5a Abs. 2 UWG handelt unlauter, wer einem Verbraucher eine Information vorenthält, die im konkreten Fall unter Berücksichtigung aller Umstände wesentlich ist. Die Vorschrift dient der Umsetzung von Art. 7 Abs. 1 bis 3 der UGP-

---

[18] **Hinweis:** Da § 7 UWG seit der UWG-Novelle 2008 als ein selbstständiger Verbotstatbestand ausgestaltet ist, bedarf es einer Prüfung der Spürbarkeit i. S. d. § 3 Abs. 1 UWG nicht.

[19] **Hinweis:** Eine Prüfung der Spürbarkeit i. S. d. § 3 Abs. 1 UWG ist entbehrlich, weil die im Anhang aufgeführten geschäftlichen Handlungen gemäß § 3 Abs. 3 UWG „stets unzulässig" sind.

Richtlinie. Gemäß Art. 7 Abs. 2 der UGP-Richtlinie gilt es unter anderem als irreführende Unterlassung, wenn der kommerzielle Zweck einer Geschäftspraxis nicht kenntlich gemacht wird. Diese Regelung findet sich aber im Wortlaut des § 5a Abs. 2 UWG nicht wieder. Die Vorschrift ist deswegen richtlinienkonform auszulegen.

(1) Unternehmereigenschaft des C

C ist zwar nicht selbst Unternehmer, sondern für V tätig, doch gilt als Unternehmer **34** auch jede Person, die im Namen oder Auftrag eines Unternehmers handelt (§ 2 Abs. 1 Nr. 6 UWG).

(2) Handeln gegenüber Verbrauchern

§ 5a Abs. 2 UWG gilt für das Vorenthalten von wesentlichen Informationen ge- **35** genüber Verbrauchern (§ 2 Abs. 2 UWG i.V.m. § 13 BGB). Es ist davon auszugehen, dass C sich hauptsächlich an Passanten wendet, die Verbraucher sind.

(3) Nichtkenntlichmachen des kommerziellen Zwecks

Die scheinbar private Direktansprache der Passanten durch C verfolgte in Wahrheit **36** einen kommerziellen Zweck, nämlich den Zweck, den Absatz der Dienstleistungen der V zu fördern. Dieser kommerzielle Zweck wurde von C nicht offengelegt und blieb daher den Verbrauchern verborgen. Der Unlauterkeitstatbestand des § 5a Abs. 2 UWG ist somit erfüllt.

bb) § 4 Nr. 3 UWG (Verschleierung des Werbecharakters)

Aufgrund der unauffälligen Bekleidung ist C nicht als Mitarbeiter der V-GmbH zu **37** erkennen. Daher ist für einen Passanten oder Besucher des Geschäfts nicht klar, dass seine Äußerungen nicht bloß eine eigene Meinungsäußerung darstellen, sondern Werbecharakter aufweisen. Somit liegt zugleich eine getarnte Werbung i.S.d. § 4 Nr. 3 UWG vor.

cc) § 4 Nr. 10 UWG (Gezielte Behinderung)

Des Weiteren könnte das Verhalten des C als eine gezielte Behinderung eines Mit- **38** bewerbers i.S.v. § 4 Nr. 10 UWG zu bewerten sein.

(1) Mitbewerber

Gemäß § 2 Abs. 1 Nr. 3 UWG ist Mitbewerber jeder Unternehmer, der mit einem **39** oder mehreren Unternehmern als Anbieter oder Nachfrager von Waren oder Dienstleistungen in einem konkreten Wettbewerbsverhältnis steht. Sowohl die V-GmbH als auch die T bieten Leistungen im Bereich des Mobilfunks an, betätigen sich also auf dem gleichen (sachlich) relevanten Markt und sind damit Mitbewerber.

(2) Behinderung

Eine Behinderung von Mitbewerbern setzt eine Beeinträchtigung der wettbewerb- **40** lichen Entfaltungsmöglichkeiten eines Mitbewerbers voraus.[20] Sie kann sich auf alle Wettbewerbsparameter des Mitbewerbers wie beispielsweise Absatz, Bezug, Werbung, Produktion, Finanzierung oder Personal beziehen.[21] Eine Einschränkung der wettbewerblichen Entfaltungsmöglichkeiten ist gegeben. Denn die Aktion des C ist darauf ausgerichtet, Kunden vom Besuch des Ladengeschäfts der T abzuhalten, um dadurch deren Geschäftschancen zu schmälern. Folglich liegt eine Behinderung vor.

[20] BGHZ 148, 1, 5 – Mitwohnzentrale.de; Köhler/Bornkamm/*Köhler*, § 4 Rn. 10.6.

[21] *BGH* GRUR 2004, 877, 879 – Werbeblocker.

(3) Gezielt

41 Diese Behinderung müsste gezielt erfolgt sein. Durch das Ansprechen von Kunden, die sich in das Geschäft der T begeben wollen, könnte eine kundenbezogene Behinderung in Gestalt eines „Abfangens von Kunden“[22] vorliegen. Das Ausspannen und Abfangen von Kunden ist nach der Rechtsprechung erst dann wettbewerbswidrig, wenn besondere, die Unlauterkeit begründende Umstände hinzutreten.[23] Eine unlautere Behinderung des Mitbewerbers wird angenommen, wenn auf Kunden, die bereits dem Wettbewerber zuzurechnen sind, in unangemessener Weise eingewirkt wird, um sie als eigene Kunden zu gewinnen oder zu erhalten.[24] Eine solche Situation kann insbesondere dann vorliegen, wenn sich der Abfangende gewissermaßen zwischen den Mitbewerber und dessen Kunden stellt, um diesem eine Änderung seines Entschlusses, die Waren oder Dienstleistungen des Mitbewerbers in Anspruch zu nehmen, aufzudrängen.[25]

Zwar begründet die bloße räumliche Nähe der Werbung zum Tätigkeitsfeld des Mitbewerbers noch nicht den Vorwurf der Unlauterkeit.[26] Die Besonderheit des Falles liegt jedoch darin, dass Kunden, die zum Besuch des Ladengeschäfts entschlossen sind, aufgehalten werden, indem sie unmittelbar bei Betreten des Ladengeschäfts angesprochen werden. Die Kunden werden damit regelrecht vom Mitbewerber abgedrängt, sodass dieser gar keine Chance hat, die Kunden von seinen Angeboten zu überzeugen. Nach den oben genannten Kriterien der Rechtsprechung liegt in solchen Konstellationen Unlauterkeit vor.

dd) § 6 Abs. 2 UWG (Unlautere vergleichende Werbung)

42 Des Weiteren könnte eine unzulässige vergleichende Werbung vorliegen.

(1) Vorliegen einer vergleichenden Werbung (§ 6 Abs. 1 UWG)

(a) Werbung

43 Bei der betreffenden Äußerung muss es sich um Werbung handeln. Der Begriff der Werbung ist im UWG nicht definiert. Da § 6 UWG der Umsetzung der Richtlinie 2006/114/EG dient, ist der Begriff richtlinienkonform auszulegen. Gemäß Art. 2 lit. a der Richtlinie ist Werbung „jeder Äußerung bei der Ausübung eines Handels, Gewerbes, Handwerks oder freien Berufs mit dem Ziel, den Absatz von Waren oder die Erbringung von Dienstleistungen … zu fördern“. Da die Äußerung des C dem Absatz der Waren und Dienstleistungen der V dient, liegt eine Werbung vor.

(b) Erkennbarmachen eines Mitbewerbers

44 Weiterhin ist erforderlich, dass ein Mitbewerber unmittelbar oder mittelbar erkennbar gemacht wird. Die Aussage des C bezieht sich unmittelbar auf Mitbewerber. Zwar wird die T nicht namentlich genannt, doch findet die Aktion gerade vor ihrem Geschäft statt, sodass sich für den durchschnittlichen Marktteilnehmer ohne

---

22 Vgl. Köhler/Bornkamm/*Köhler,* § 4 Rn. 10.25 ff. m. w. N.

23 *BGH* GRUR 2009, 500 Rn. 23 – Beta Layout.

24 *BGH* GRUR 2009, 500 Rn. 23 – Beta Layout.

25 *BGH* GRUR 2007, 987 Rn. 25 – Änderung der Voreinstellung; *BGH* GRUR 2009, 500 Rn. 23 – Beta Layout.

26 Köhler/Bornkamm/*Köhler,* § 4 Rn. 10.28; Piper/Ohly/Sosnitza/*Ohly,* § 4 Rn. 10/47. Anders die frühere Rspr.: *BGH* GRUR 1960, 431, 433 – Kfz-Nummernschilder.

Weiteres der Eindruck aufdrängen muss, die Bezugnahme gelte gerade den Mobilfunkverträgen der T.

(c) Erfordernis eines Vergleichs in der Werbeaussage?

Ob darüber hinaus noch ein Vergleich erforderlich ist, also eine Bezugnahme oder Gegenüberstellung, ist unklar und umstritten.[27] Fordert man einen solchen Vergleich nicht, ist der Anwendungsbereich von § 6 Abs. 1 UWG eröffnet. Hält man dagegen einen Vergleich für erforderlich, ist fraglich, ob eine vergleichende Werbung vorliegt. Dagegen könnte sprechen, dass durch die Äußerung in erster Linie die Leistung der V hervorgehoben wird. Allerdings ergibt sich eine Bezugnahme aus dem sachlich-räumlichen Zusammenhang der Äußerung, weil diese direkt vor dem Geschäft der T erfolgt, sodass für den durchschnittlichen Adressaten der Eindruck entstehen muss, die Verträge der V seien gerade in Bezug auf die von der T angebotenen Leistungen „günstiger“. Eine Entscheidung in dem Meinungsstreit ist daher entbehrlich. **45**

(2) Unlauterkeit der vergleichenden Werbung (§ 6 Abs. 2 UWG)

(a) § 6 Abs. 2 Nr. 2 UWG (Eigenschaftsvergleich)

Gemäß § 6 Abs. 2 Nr. 2 UWG muss der Vergleich objektiv auf wesentliche, relevante, nachprüfbare und typische Eigenschaften (oder den Preis) der verglichenen Waren oder Dienstleistungen bezogen sein. Hier könnte es an der Objektivität des Vergleichs fehlen. Nach bisherigem Verständnis wurde ein Eigenschaftsvergleich als objektiv angesehen, wenn die Auswahl der zu vergleichenden Eigenschaften und der Vergleich selbst vom Bemühen um Sachlichkeit und Richtigkeit getragen und geeignet ist, dem Verbraucher nützliche Informationen zu geben.[28] Nach Auffassung des EuGH zielt das Merkmal der Objektivität im Wesentlichen darauf ab, Vergleiche auszuschließen, die sich aus einer subjektiven Wertung ihres Urhebers und nicht aus einer objektiven Feststellung ergeben.[29] Maßgebend ist danach für das Vorliegen eines objektiven Eigenschaftsvergleichs, ob die in der vergleichenden Aussage gezogene Schlussfolgerung von den zu Grunde liegenden Tatsachenbehauptungen gedeckt und somit objektiv nachvollziehbar ist.[30] Die Verträge der V werden pauschal als „günstiger“ bezeichnet, ohne dass für die Kunden deutlich wird, worauf diese Einschätzung beruht (z. B. niedrigere Verbindungspreise, Grundgebühren, vorteilhaftere Vertragskonditionen usw.). Damit wird das Sachlichkeitsgebot des § 6 Abs. 2 Nr. 2 UWG verletzt. **46**

(b) § 6 Abs. 2 Nr. 5 UWG (Herabsetzung oder Verunglimpfung)

Eine Herabsetzung oder Verunglimpfung setzt eine Beeinträchtigung der Wertschätzung von Mitbewerbern voraus. Maßgeblich ist, ob die angegriffene Werbeaussage sich noch in den Grenzen einer sachlichen Erörterung hält oder bereits eine pauschale Abwertung der fremden Erzeugnisse darstellt. Herabsetzend i. S. v. § 6 **47**

---

[27] Zum Streitstand siehe Köhler/Bornkamm/*Köhler*, § 6 Rn. 44ff.; Piper/Ohly/Sosnitza/*Ohly*, § 6 Rn. 34ff.; Harte/Henning/*Sack*, § 6 Rn. 73ff.; ein Vergleichserfordernis bejahend *BGH* GRUR 2012, 74 Rn. 18 – Coaching-Newsletter.

[28] MünchKomm-UWG/*Menke*, § 6 Rn. 132; Piper/Ohly/Sosnitza/*Ohly*, § 6 Rn. 50; Harte/Henning/*Sack*, § 6 Rn. 151.

[29] *EuGH* Slg. 2006, I-8525 = GRUR 2007, 69 0 Tz. 46 – LIDL Belgium/Colruyt.

[30] Köhler/Bornkamm/*Köhler*, § 6 Rn. 118.

Abs. 2 Nr. 5 UWG ist ein Vergleich nach der Rechtsprechung nur, wenn zu den mit jedem Werbevergleich verbundenen (negativen) Wirkungen für die Konkurrenz besondere Umstände hinzutreten, die ihn als unangemessen abfällig, abwertend oder unsachlich erscheinen lassen.[31] Durch die Aussage des C wird indessen die Leistung der V hervorgehoben, nicht aber das Ansehen der T geschmälert. Das Hervorheben der eigenen Leistung beinhaltet nicht automatisch eine Verringerung der Wertschätzung der Konkurrenz.

c) Spürbarkeit

48 Bei einem Verstoß gegen § 5a Abs. 2 UWG ist eine Prüfung der Spürbarkeit entbehrlich, weil dem Beispielstatbestand eine Spürbarkeitsschwelle bereits immanent ist.[32] Auch bei Verletzung von § 4 Nr. 10 UWG bedarf es keiner besonderen Begründung der Spürbarkeit.[33] Demgegenüber ist in den Fällen des § 4 Nr. 3 UWG[34] und auch bei Verwirklichung des § 6 Abs. 2 UWG[35] die Spürbarkeit gesondert festzustellen. Für eine spürbare Beeinträchtigung der Verbraucherinteressen spricht, dass die Passanten durch die Handlungen des C in besonders schwerwiegender Weise in ihren wettbewerbsrechtlich geschützten Interessen beeinträchtigt werden. Zugleich werden auch Interessen der T als Mitbewerberin erheblich verletzt, sodass auch insoweit eine spürbare Beeinträchtigung geschützter Interessen vorliegt.

D. Wiederholungsgefahr

49 Für das Vorliegen von Wiederholungsgefahr streitet eine tatsächliche widerlegliche Vermutung. Diese kann grundsätzlich nur durch Abgabe einer strafbewehrten Unterlassungserklärung widerlegt werden. Das ist hier nicht geschehen.

E. Anspruchsberechtigung

50 Gläubiger des wettbewerbsrechtlichen Unterlassungsanspruchs ist gemäß § 8 Abs. 3 Nr. 1 UWG jeder Mitbewerber. Dies ist bei T, wie bereits geprüft, der Fall.

F. Anspruchsverpflichtung

51 Die V-GmbH muss sich das Verhalten ihres gesetzlichen Vertreters G gemäß § 31 BGB analog zurechnen lassen, das Verhalten ihres Mitarbeiters C nach § 8 Abs. 2 UWG.

G. Ergebnis zu Frage 1

52 T steht gegen V ein Anspruch auf Unterlassung zu.

[31] *BGH* GRUR 2010, 161 Rn. 16 – Gib mal Zeitung; *BGH* GRUR 2008, 443 Rn. 18 – Saugeinlagen.

[32] Köhler/Bornkamm/*Köhler,* § 3 Rn. 151.

[33] Köhler/Bornkamm/*Köhler,* § 3 Rn. 146.

[34] Köhler/Bornkamm/*Köhler,* § 3 Rn. 139.

[35] Köhler/Bornkamm/*Köhler,* § 3 Rn. 152f.; anders Harte/Henning/*Sack,* § 6 Rn. 221.

Frage 2: Unterlassungsansprüche der T gegen G, A, B und C

A. Unterlassungsanspruch der T gegen G

Ein Unterlassungsanspruch kann sich aus § 8 Abs. 1 S. 1, 2. Alt. UWG ergeben. **53**
Eine geschäftliche Handlung des G liegt vor, weil seine Anweisungen der Förderung des Absatzes der Waren und Dienstleistungen der V dienen. Neben V (s. o.) haftet G als Geschäftsführer persönlich als Täter auf Unterlassung, da er durch seine konkrete Anweisung adäquat kausal die Verletzung verursacht hat. Er kann sich auch nicht erfolgreich darauf berufen, dass seine Weisung internen Charakter aufwies.

B. Unterlassungsanspruch der T gegen A und B

Da A und B lediglich am Verkaufsstand der V-GmbH tätig waren und diese Aktion **54**
nicht gegen Vorschriften des UWG verstieß (s. o.), ist ein Unterlassungsanspruch insoweit nicht begründet.

C. Unterlassungsanspruch der T gegen C

C haftet als Mitarbeiter persönlich nach § 8 Abs. 1 S. 1, 2. Alt. UWG. Er kann sich **55**
auch nicht darauf berufen, dass er lediglich Angestellter und kein Unternehmer ist. Mit seiner Handlung förderte er die Tätigkeit der V. Dass nach dem UWG auch die Angestellten eines Unternehmers grundsätzlich haftbar sind, ergibt sich aus § 8 Abs. 2 UWG. Diese Vorschrift knüpft an wettbewerbswidrige Handlungen von Mitarbeitern an und gibt „auch", also zusätzlich, einen Unterlassungsanspruch gegen den Inhaber eines Unternehmens. Es wird also ein Unterlassungsanspruch gegen den Mitarbeiter vorausgesetzt.

Fall 13. Der Weinberater

Sachverhalt

P ist Inhaber eines Geschäfts für Weinhandel. Neben Ladengeschäften vertreibt er seinen Wein durch „Weinberater". Diese verkaufen Wein als angestellte Außendienstvertreter direkt an Verbraucher und haben Zugang zur zentralen Kundenliste, die von P im Übrigen geheim gehalten wird. Unter anderem arbeitet W als „Weinberater" für P. Als es zu Unstimmigkeiten zwischen W und P kommt, kündigt W und nimmt eine neue Tätigkeit als Handelsvertreter für die X-Weinhandel GmbH auf. Diese vertreibt ihre Weine im Direktvertrieb auf Messen, Volksfesten usw. Nachdem W seine neue Tätigkeit aufgenommen hat, versendet er Briefe an Kunden des P, die bislang von ihm betreut wurden. W weist in den Schreiben auf die Angebote der X-Weinhandel GmbH hin und ermuntert die Kunden zu einem Besuch des Standes der X-Weinhandel GmbH bei der nächsten Weinmesse. Die Adressen der Kunden hatte W während seiner Tätigkeit bei P aus dessen Kundenkartei übernommen und in seinem privaten Adressbuch notiert. P verlangt von W und der X-Weinhandel GmbH, es zu unterlassen, Geschäftskontakte zu Kunden aufzunehmen oder weiterhin zu unterhalten, deren Adressen W aus der Kundenliste des P erlangt hat.

Um verlorene Kunden zurückzugewinnen, wirbt P in seinen Ladengeschäften mit der folgenden „Tiefstpreisgarantie": „Sollten Sie bei einem anderen Weinhändler einen identischen Wein günstiger als bei uns finden, dann erhalten Sie diesen Wein bei uns nicht nur zu diesem Preis, sondern noch 10% günstiger!". Hiergegen wendet sich die X-Weinhandel GmbH und verlangt von P Unterlassung dieser Werbemaßnahme. Sie ist der Ansicht, die gezielte Preisunterbietung sei schon für sich allein unlauter. Erst recht gelte dies, wenn – wie hier der Fall – die Möglichkeit bestehe, dass P in einzelnen Fällen aufgrund der knapp kalkulierten Preise den von ihm vertriebenen Wein unter Einstandspreis an seine Kunden verkaufe.

Vermerk für die Bearbeiter: In einem Gutachten, das auf alle vom Sachverhalt aufgeworfenen Rechtsfragen eingeht, sind in der vorgegebenen Reihenfolge die folgenden Fragen zu beantworten:

1. Kann P
   a) von W und
   b) von der X-Weinhandel GmbH
   mit Erfolg verlangen, es zu unterlassen, Geschäftskontakte zu Kunden aufzunehmen oder weiterhin zu unterhalten, deren Adressen W aus der Kundenliste des P erlangt hat?
2. Der Verband für Weinhandel e.V., der die formalen Voraussetzungen des § 8 Abs. 3 Nr. 2 UWG erfüllt, will ebenfalls gegen W und die X-Weinhandel GmbH wegen des geschilderten Sachverhalts einen Unterlassungsanspruch geltend machen will. Ist ein solches Vorgehen rechtlich zulässig?
3. Kann die X-Weinhandel GmbH von P Unterlassung der Werbemaßnahme verlangen?

Ergänzender Hinweis: Vorschriften außerhalb des UWG sind nicht zu prüfen!

Gliederung

Lösung

Frage 1 a): Unterlassungsanspruch des P gegen W

1 Ein Unterlassungsanspruch kann sich aus § 8 Abs. 1 Satz 1, 2. Alt. UWG ergeben. Das setzt voraus, dass ein Verstoß gegen § 3 UWG vorliegt und Wiederholungsgefahr besteht.

A. Verstoß gegen § 3 UWG

2 Zu prüfen ist, ob das Verhalten des W gegen § 3 UWG verstößt.

I. Unzulässigkeit gemäß § 3 Abs. 1 UWG

1. Geschäftliche Handlung (§ 2 Abs. 1 Nr. 1 UWG)

3 Der Begriff der geschäftlichen Handlung ist in § 2 Abs. 1 Nr. 1 UWG definiert. Danach ist eine geschäftliche Handlung jedes Verhalten einer Person zugunsten des eigenen oder eines fremden Unternehmens vor, bei oder nach einem Geschäftsabschluss, das mit der Förderung des Absatzes oder des Bezugs von Waren oder Dienstleistungen oder mit dem Abschluss oder der Durchführung eines Vertrages über Waren oder Dienstleistungen objektiv zusammenhängt. Die Handlung des W dient der Förderung des Absatzes der Waren der X und ist damit als eine geschäftliche Handlung zu qualifizieren.

2. Unlauterkeit

4 Bei der Prüfung, ob eine geschäftliche Handlung unlauter i.S.v. § 3 Abs. 1 UWG ist, ist in erster Linie zu fragen, ob die Werbemaßnahme einen oder mehrere Beispielstatbestände unlauteren Handelns i.S. der §§ 4 bis 6 UWG erfüllt.

a) § 4 Nr. 10 UWG (Gezielte Behinderung)

5 Fraglich ist, ob hier eine gezielte Behinderung eines Mitbewerbers durch ein „Abwerben von Kunden" vorliegt.

aa) Mitbewerber

6 P ist Mitbewerber der von W geförderten X-Weinhandel GmbH (X), da er mit dieser in einem konkreten Wettbewerbsverhältnis steht (§ 2 Abs. 1 Nr. 3 UWG), nämlich gleichartige Produkte anbietet und den gleichen Kundenkreis anspricht.

bb) Behinderung

7 Eine Behinderung von Mitbewerbern setzt eine Beeinträchtigung der wettbewerblichen Entfaltungsmöglichkeiten eines Mitbewerbers voraus.[1] Sie kann sich auf alle Wettbewerbsparameter des Mitbewerbers wie beispielsweise Absatz, Bezug, Wer-

[1] BGHZ 148, 1, 5 – Mitwohnzentrale.de; *BGH* GRUR 2004, 877, 879 – Werbeblocker; Köhler/Bornkamm/*Köhler,* § 4 Rn. 10.6; Piper/Ohly/Sosnitza/*Ohly,* § 4 Rn. 10/8; Harte/Henning/*Omsels,* § 4 Nr. 10 Rn. 12; juris-PK/*Müller-Bidinger/Seichter,* § 4 Nr. 10 Rn. 26.

bung, Produktion, Finanzierung oder Personal beziehen.[2] Weil das Verhalten des W geeignet ist, den Absatz des P zu beeinträchtigen, liegt eine Behinderung vor.

cc) Gezielt

Unlauter sind gemäß § 4 Nr. 10 UWG nur gezielte Behinderungen. Eine Behinderungs- oder Verdrängungsabsicht ist zwar ausreichend, andererseits aber nicht erforderlich.[3] Durch das Tatbestandsmerkmal des gezielten Handelns in § 4 Nr. 10 UWG soll zunächst nur klargestellt werden, dass eine Behinderung von Mitbewerbern als bloße Folge des Wettbewerbs nicht ausreicht, um den Tatbestand dieser Vorschrift zu verwirklichen.[4] Es ist eine Gesamtwürdigung der Umstände des jeweiligen Einzelfalls geboten, bei der die sich gegenüberstehenden Interessen der Mitbewerber, der Verbraucher, der sonstigen Marktteilnehmer sowie der Allgemeinheit gegeneinander abzuwägen sind.[5] Die Schwelle der als bloße Folge des Wettbewerbs hinzunehmenden Behinderung ist erst überschritten, wenn das betreffende Verhalten bei objektiver Würdigung der Umstände auf die Beeinträchtigung der wettbewerblichen Entfaltung des Mitbewerbers und nicht in erster Linie auf die Förderung des eigenen Wettbewerbs gerichtet ist.[6] **8**

Die Rechtsprechung hat es beispielsweise für unlauter gehalten, wenn ein Angestellter vor dem Ausscheiden aus seinem Arbeitsverhältnis ein Verabschiedungsschreiben an die bislang von ihm betreuten und ihm dabei durch ein Vertrauensverhältnis verbundenen Kunden richtet, wenn er direkt oder indirekt auf seine zukünftige Tätigkeit als Mitbewerber oder für einen Mitbewerber hinweist.[7] Ein solcher Fall liegt hier indessen nicht vor, da W sich erst nach der Aufnahme seiner Tätigkeit an die Kunden von P wendet. Das Veranlassen von Kunden zu einem Wechsel des Geschäftspartners ist für sich genommen wettbewerbskonform und nicht zu beanstanden. Sonstige unlauterkeitsbegründende Umstände, etwa ein unlauteres „Verleiten zum Vertragsbruch"[8] sind nicht ersichtlich. Der Tatbestand des § 4 Nr. 10 UWG ist daher nicht erfüllt.

b) § 4 Nr. 11 i.V.m. § 17 UWG (Rechtsbruch)

Allerdings könnte W durch Mitnahme und Nutzen der Adressen aus der Kundenliste des P den Straftatbestand des § 17 UWG verwirklicht und damit unlauter i.S.d. § 4 Nr. 11 UWG gehandelt haben. § 17 UWG ist eine gesetzliche Vorschrift, die auch dazu bestimmt ist, im Interesse der Marktteilnehmer das Marktverhalten zu regeln.[9] Geschützt ist der Unternehmensinhaber als Geheimnisträger. Die Verletzung von § 17 UWG löst nicht nur strafrechtliche Sanktionen aus, sondern stellt zugleich einen Verstoß gegen § 4 Nr. 11 UWG dar.[10] **9**

---

2 *BGH* GRUR 2004, 877, 879 – Werbeblocker.

3 Köhler/Bornkamm/*Köhler*, § 4 Rn. 10.10.

4 *BGH* GRUR 2009, 685 Rn. 41 – ahd.de; BGHZ 171, 73 Rn. 22 – Außendienstmitarbeiter.

5 *BGH* GRUR 2009, 685 Rn. 41 – ahd.de; *BGH* GRUR 2004, 877, 879 – Werbeblocker; BGHZ 148, 1, 5 – Mitwohnzentrale.de.

6 *BGH* GRUR 2008, 917 Rn. 23 – EROS.

7 *BGH* GRUR 2004, 704, 705 – Verabschiedungsschreiben.

8 Vgl. Köhler/Bornkamm/*Köhler* § 4 Rn. 10.36ff.

9 *BGH* GRUR 2009, 603 Rn. 22 – Versicherungsuntervertreter.

10 Begr. zum RegE, BT-Drs. 15/1487, S. 26.

aa) Objektiver Tatbestand

(1) Betriebs- oder Geschäftsgeheimnis

10 Ein Geschäfts- oder Betriebsgeheimnis ist jede im Zusammenhang mit einem Betrieb stehende Tatsache, die nicht offenkundig, sondern nur einem eng begrenzten Personenkreis bekannt ist und nach dem bekundeten, auf wirtschaftlichen Interessen beruhenden Willen des Betriebsinhabers geheim gehalten werden soll.[11]

Enthalten Kundenlisten die Daten von Kunden, zu denen bereits eine Geschäftsbeziehung besteht und die daher auch in Zukunft als Abnehmer der angebotenen Produkte in Frage kommen, stellen sie im Allgemeinen für das betreffende Unternehmen einen wichtigen Bestandteil seines „Good will" dar, auf dessen Geheimhaltung der Geschäftsinhaber meist großen Wert legt. Es liegt in der Natur von Kundenlisten, dass sie nicht in die Hand eines Wettbewerbers geraten dürfen und dass an ihnen daher ein besonderes Geheimhaltungsinteresse besteht. Dementsprechend sind an die Manifestation des Geheimhaltungswillens keine überzogenen Anforderungen zu stellen. Es genügt, wenn sich dieser Wille aus der Natur der geheim zu haltenden Tatsache ergibt. Da P die Kundenliste nur seinen „Weinberatern" zur Verfügung stellt, aber im Übrigen geheim hält, handelt es sich um ein Geschäftsgeheimnis.

(2) Tathandlung

(a) § 17 Abs. 1 UWG

11 Ein Verstoß gegen § 17 Abs. 1 UWG liegt schon deswegen nicht vor, weil diese Vorschrift nur eingreift, wenn die Tat während der Geltungsdauer des Dienstverhältnisses begangen wurde. Während der Geltungsdauer des Dienstverhältnisses hat W jedoch die Daten aus der Kundenliste lediglich in seinem privaten Adressbuch notiert, was nicht strafbar ist.

(b) § 17 Abs. 2 Nr. 1 UWG

12 Eine Betriebsspionage liegt ebenfalls nicht vor. Es kann dahinstehen, ob das Notieren der Kundendaten von den in § 17 Abs. 2 Nr. 1 lit. a) bis c) genannten Beispielen erfasst wird, da die maßgebliche Handlung unbefugt vorgenommen werden muss. Das war während der Dauer des Dienstverhältnisses nicht der Fall, weil die Kundenliste jedem „Weinberater" zur Verfügung stand, also W zum Zugriff befugt war.

(c) § 17 Abs. 2 Nr. 2 UWG

13 Allerdings könnte eine Zuwiderhandlung gegen § 17 Abs. 2 Nr. 2 UWG vorliegen. Dann muss W ein Geheimnis, das er sich unbefugt verschafft oder gesichert hat, unbefugt verwertet oder jemandem mitgeteilt haben.

Da weder ein Verstoß gegen § 17 Abs. 1 noch gegen § 17 Abs. 2 Nr. 1 UWG vorliegt (s.o.), müsste W sich die Kundendaten „sonst unbefugt verschafft" haben. Grundsätzlich darf ein ausgeschiedener Mitarbeiter die während der Beschäftigungszeit erworbenen Kenntnisse auch später unbeschränkt verwenden, wenn er keinem Wettbewerbsverbot unterliegt. Dies bezieht sich jedoch nur auf Informatio-

[11] *BGH* GRUR 2009, 603 Rn. 13 – Versicherungsuntervertreter; *BGH* GRUR 2006, 1044 Rn. 19 – Kundendatenprogramm m. w. N.

nen, die der frühere Mitarbeiter in seinem Gedächtnis bewahrt. Die Berechtigung, erworbene Kenntnisse nach Beendigung des Dienstverhältnisses auch zum Nachteil des früheren Dienstherrn einzusetzen, bezieht sich dagegen nicht auf Informationen, die dem ausgeschiedenen Mitarbeiter nur deswegen noch bekannt sind, weil er auf schriftliche Unterlagen zurückgreifen kann, die er während der Beschäftigungszeit angefertigt hat. Liegen dem ausgeschiedenen Mitarbeiter derartige schriftliche Unterlagen – beispielsweise in Form privater Aufzeichnungen oder in Form einer auf dem privaten Notebook abgespeicherten Datei – vor und entnimmt er ihnen ein Geschäftsgeheimnis seines früheren Arbeitgebers, verschafft er sich damit dieses Geschäftsgeheimnis unbefugt i. S. v. § 17 Abs. 2 Nr. 2 UWG.[12]

Eine Verwertung liegt bei einer wirtschaftlichen Nutzung zur Gewinnerzielung oder Kostensenkung vor.[13] W nutzt die erlangten Adressen zum Zwecke der Werbung für die von X vertriebenen Weine. Er spart damit einerseits Kosten, die zum Auf- oder Ausbau einer eigenen Kundendatei erforderlich wären und handelt andererseits zugleich zum Zwecke der Gewinnerzielung. Da P nicht eingewilligt hat, handelt es sich auch um eine unbefugte Verwertung.

Eine Mitteilung ist anzunehmen bei der Weitergabe an einen beliebigen Dritten.[14] Dies ist jedenfalls solange nicht der Fall, wie W die Daten nur selbst nutzt. Anders wäre zu entscheiden, wenn W die Kundendaten der X zur Verfügung stellt.

bb) Subjektiver Tatbestand

W handelte vorsätzlich. Des Weiteren hat W zu Zwecken des Wettbewerbs und **14**
zugunsten eines Dritten (nämlich der X) gehandelt.

cc) Weitere Voraussetzungen

Rechtfertigungs- oder Entschuldigungsgründe sind nicht ersichtlich. **15**

3. Spürbarkeit

In den Fällen des § 4 Nr. 11 UWG bedarf die Spürbarkeit einer besonderen Prü- **16**
fung.[15] Die Interessen des P werden durch die Werbung spürbar beeinträchtigt, da er damit rechnen muss, dass er Kunden an die X-Weinhandel GmbH verliert.

II. Zwischenergebnis

Ein Verstoß gegen § 3 UWG liegt vor. **17**

B. Wiederholungsgefahr

Der Unterlassungsanspruch setzt neben der Zuwiderhandlung eine Wiederholungs- **18**
gefahr voraus. Für sie spricht aber eine tatsächliche widerlegliche Vermutung. Die Vermutung kann grundsätzlich nur durch die Abgabe einer strafbewehrten Unterlassungserklärung widerlegt werden. Da eine solche Erklärung nicht abgegeben

12 Vgl. *BGH* GRUR 2009, 603 Rn. 15 – Versicherungsuntervertreter; *BGH* GRUR 2006, 1044 Rn. 16 – Kundendatenprogramm; *BGH* GRUR 2003, 453 f. – Verwertung von Kundenlisten.

13 Köhler/Bornkamm/*Köhler*, § 17 Rn. 41; Piper/Ohly/Sosnitza/*Ohly*, § 17 Rn. 22.

14 Köhler/Bornkamm/*Köhler*, § 17 Rn. 19, 42; Piper/Ohly/Sosnitza/*Ohly*, § 17 Rn. 15, 22.

15 Köhler/Bornkamm/*Köhler*, § 3 Rn. 147 ff.

wurde und auch keine sonstigen Gründe für einen Wegfall der Wiederholungsgefahr ersichtlich sind, ist die tatsächliche Vermutung nicht widerlegt. Die Voraussetzungen des Unterlassungsanspruchs sind daher gegeben.

C. Anspruchsberechtigung

19 Zwischen P und dem durch die Handlung des W geförderten Unternehmen X besteht ein konkretes Wettbewerbsverhältnis, da beide Unternehmen auf dem gleichen relevanten Markt tätig werden. Als betroffener Mitbewerber (§ 2 Abs. 1 Nr. 3 UWG) ist P nach § 8 Abs. 3 Nr. 1 UWG anspruchsberechtigt.

D. Anspruchsverpflichtung

20 Als Verletzer ist W anspruchsverpflichtet.

E. Ergebnis zu Frage 1 a)

21 P kann von W Unterlassung der Aufnahme und des weiteren Aufrechterhaltens von Geschäftsbeziehungen mit Kunden verlangen, deren Adressen W aus der Kundenliste des P erhalten hat.

Frage 1 b): Unterlassungsanspruch des P gegen die X

22 Werden Zuwiderhandlungen in einem Unternehmen von einem Mitarbeiter oder Beauftragten begangen, so ist gemäß § 8 Abs. 2 UWG der Unterlassungsanspruch auch gegen den Inhaber des Unternehmens begründet. Ihm werden also Zuwiderhandlungen seiner Mitarbeiter oder Beauftragten wie eigene Handlungen zugerechnet. Der Geschäftsinhaber, dem die geschäftlichen Handlungen seiner Mitarbeiter oder Beauftragten zugute kommen, soll sich bei einer Haftung nicht hinter den von ihm abhängigen Dritten verstecken können.[16] Handelsvertreter, die für ein bestimmtes Unternehmen tätig werden, sind als Beauftragte i. S. v. § 8 Abs. 2 UWG anzusehen.[17]

Der dem Handelsvertreter W angelastete Verstoß liegt in seiner Person als Geheimnisträger begründet und rührt aus seiner früheren Tätigkeit für P her. Dieser Verstoß kann X als neuer Arbeit- oder Auftraggeberin nach § 8 Abs. 2 UWG jedoch nicht angelastet werden, weil eine solche Haftung sich nicht mit der arbeitsteiligen Organisation ihres Betriebs begründen lässt.[18] Anders wäre nur zu entscheiden, wenn X den W zu einer entsprechenden Nutzung der Kundendaten veranlasst hätte. Dazu fehlen indessen nähere Anhaltspunkte.

23 **Ergebnis zu Frage 1 b):** Gegen X steht P ein Unterlassungsanspruch nicht zu.

[16] *BGH* GRUR 2009, 597 Rn. 15 – Halzband; *BGH* GRUR 2007, 994 Rn. 19 – Gefälligkeit.
[17] Vgl. *BGH* GRUR 1971, 119, 120 – Branchenverzeichnis.
[18] Vgl. *BGH* GRUR 2003, 453, 454 – Verwertung von Kundenlisten.

Frage 2: Unterlassungsanspruch des Verbandes Weinhandel e.V. gegen W und X

Die Anspruchsgrundlage bildet § 8 Abs. 1 Satz 1, 2. Alt. UWG. In Betracht kommt nur ein rechtliches Vorgehen gegen W, weil sein Verhalten wettbewerbswidrig ist (s.o.). Problematisch ist allerdings die Anspruchsberechtigung des Verbandes. 24

Die formalen Voraussetzungen des § 8 Abs. 3 Nr. 2 UWG sind nach der Vorgabe des Sachverhalts erfüllt. Fraglich ist allerdings, ob ein Verband den Verstoß gegen § 4 Nr. 11 i.V.m. § 17 UWG geltend machen kann. Die Besonderheit des Falles besteht darin, dass allein ein Individualinteresse des Unternehmensinhabers betroffen ist. Es liegt daher grundsätzlich in seinem Ermessen, ob er gegen eine Verletzung vorgehen will oder nicht.[19] Darum ist ein außergerichtliches oder gerichtliches Vorgehen eines Verbandes grundsätzlich nur mit Zustimmung des Unternehmensinhabers zulässig.[20] Nach anderer Ansicht ist ein Vorgehen von Verbänden sogar ganz ausgeschlossen.[21]

Ergebnis zu Frage 2: Ein eigenständiges Vorgehen des Verbandes gegen W ist – je nachdem, welcher Auffassung man folgt – nicht oder jedenfalls nicht ohne Einwilligung des P möglich. 25

Frage 3: Unterlassungsanspruch der X gegen P

Ein Unterlassungsanspruch kann sich aus § 8 Abs. 1 Satz 1, 2. Alt. UWG ergeben. 26

A. Verstoß gegen § 3 UWG

I. Unzulässigkeit gemäß § 3 Abs. 1 UWG

1. Geschäftliche Handlung (§ 2 Abs. 1 Nr. 1 UWG)

Aufgrund der Förderung des eigenen Warenabsatzes liegt eine geschäftliche Handlung vor. 27

2. Unlauterkeit

a) § 4 Nr. 10 UWG (Gezielte Behinderung)

In Betracht kommt eine Unlauterkeit gemäß § 4 Nr. 10 UWG. 28

aa) Mitbewerber

X und P sind Mitbewerber (s.o.). 29

bb) Behinderung

Die Preisunterbietung durch P kann X in ihren wettbewerblichen Entfaltungsmöglichkeiten einschränken und damit behindern. 30

[19] Vgl. *BGH* GRUR 2009, 416 Rn. 22f. – Küchentiefstpreis-Garantie (zu Verletzungen von § 4 Nr. 9 und Nr. 10 UWG).

[20] Köhler/Bornkamm/*Köhler*, § 17 Rn. 52.

[21] Piper/Ohly/Sosnitza/*Ohly*, § 17 Rn. 46.

cc) Gezielt

31 Zu den grundsätzlichen Anforderungen für eine „Gezieltheit" s.o.

(1) Gezielte Preisunterbietung

32 Fraglich ist, ob bereits die mit der Tiefstpreisgarantie verbundene gezielte Preisunterbietung als eine gezielte Behinderung i.S.d. § 4 Nr. 10 UWG anzusehen ist. Im Rahmen der geltenden marktwirtschaftlich orientierten Wirtschaftsordnung steht es indessen einem Unternehmen grundsätzlich frei, seine Preisgestaltung in eigener Verantwortung vorzunehmen und auch die Preise von Konkurrenten zu unterbieten.[22] Der Grundsatz der Preisunterbietungsfreiheit gilt auch beim Angebot identischer Waren.[23]

(2) Gefahr eines Verkaufs unter Einstandspreis

33 Auch der Verkauf unterhalb des Einstandspreises ist nicht grundsätzlich, sondern nur bei Vorliegen besonderer Umstände wettbewerbswidrig.[24] Ein entsprechendes Angebot ist als unlauter anzusehen, wenn es geeignet und dazu bestimmt ist, Mitbewerber aus dem Markt zu drängen. Sind die Preise aber nach kaufmännischen Grundsätzen vertretbar kalkuliert, reicht allein der Umstand, dass die Preisgestaltung gezielt gegen Mitbewerber eingesetzt wird, nicht aus, um einen Wettbewerbsverstoß zu begründen.[25] Selbst wenn nicht ausgeschlossen werden könnte, dass, bei einem entsprechend niedrigen einzelnen Angebot eines Mitbewerbers, P mit der Gewährung des Preisnachlasses von 10% in einem Einzelfall Ware unter dem Einstandspreis abgeben müsste, kann daraus nicht die Unlauterkeit der veranstalteten Werbeaktion hergeleitet werden. Eine Werbemaßnahme, die zur Folge hat, dass (nur) gelegentlich auch ein Verkauf unter Einstandspreis stattfindet, ist wettbewerbsrechtlich nicht zu beanstanden.[26] Anders wäre nur dann zu entscheiden, wenn ein Verkauf unter Einstandspreis geeignet und dazu bestimmt wäre, Mitbewerber aus dem Markt zu drängen.

b) § 4 Nr. 4 UWG (Transparenzgebot bei Verkaufsförderungsmaßnahmen)

34 Möglicherweise verstößt P mit der Preisgarantie gegen § 4 Nr. 4 UWG. Danach handelt unlauter, wer bei Verkaufsförderungsmaßnahmen wie Preisnachlässen usw. die Bedingungen für die Inanspruchnahme nicht klar und eindeutig angibt. Unter den Bedingungen der Inanspruchnahme sind die Voraussetzungen zu verstehen, die erfüllt sein müssen, damit der Kunde die Vergünstigung erlangen kann.[27] Dazu gehören nicht nur die Berechtigung zur Inanspruchnahme, sondern auch die Modalitäten der Gewährung.[28]

Bedenken können allein im Hinblick auf den Zeitraum der Preisgarantie bestehen, da ein Zeitraum nicht angegeben ist. Grundsätzlich müssen Beginn und Ende einer

[22] Vgl. *BGH* GRUR 2009, 416 Rn. 13 – Küchentiefstpreis-Garantie.
[23] Vgl. *BGH* GRUR 2006, 596 Rn. 13 – 10% billiger.
[24] Vgl. *BGH* GRUR 2009, 416 Rn. 13 – Küchentiefstpreis-Garantie – m.w.N.
[25] Vgl. *BGH* GRUR 2009, 416 Rn. 13 – Küchentiefstpreis-Garantie; *BGH* GRUR 2006, 596 Rn. 13 und 22 – 10% billiger.
[26] Vgl. *BGH* GRUR 2006, 596 Rn. 13 – 10% billiger.
[27] *BGH* GRUR 2010, 649 Rn. 18 – Preisnachlass für Vorratsware.
[28] *OLG Stuttgart* GRUR-RR 2008, 11, 12; Köhler/Bornkamm/*Köhler,* § 4 Rn. 4.9; juris-PK/*Seichter,* § 4 Nr. 4 Rn. 22.

Verkaufsförderungsmaßnahme angegeben werden, wenn diese Aktion zeitlich befristet sein soll. Das in § 4 Nr. 4 UWG geregelte Transparenzgebot verlangt von demjenigen, der eine Verkaufsförderungsmaßnahme bewirbt, unter anderem die Angabe des (kalendermäßig bestimmten) Zeitraums, während dessen die Vergünstigungen in Anspruch genommen werden können. Damit besteht aber lediglich die Verpflichtung, auf insoweit bestehende Bedingungen, d. h. auf tatsächlich bestehende zeitliche Beschränkungen für die Inanspruchnahme der Preisvergünstigungen hinzuweisen.[29] Eine Verpflichtung, eine einschränkende Bedingung in Bezug auf die Dauer der Aktion zu schaffen, lässt sich aus der Regelung des § 4 Nr. 4 UWG dagegen nicht herleiten. Sie widerspräche auch der Absicht des Gesetzgebers, der mit der UWG-Reform 2004 gerade alle einschränkenden Bedingungen für die Durchführung von Sonderveranstaltungen beseitigen wollte. Ein Unternehmer, der sein Lager – aus welchen Gründen auch immer – leeren will, muss sich daher nicht von vornherein auf einen zeitlichen Rahmen festlegen.[30] Damit ist der Tatbestand des § 4 Nr. 4 UWG nicht verwirklicht.

c) § 4 Nr. 1 UWG (Unangemessener unsachlicher Einfluss)

Die Gewährung eines Rabatts ist für sich genommen wettbewerbsrechtlich nicht zu **35**
beanstanden. Die damit verbundene Anlockwirkung ist nicht wettbewerbswidrig, sondern liegt als gewollte Folge in der Natur des Leistungswettbewerbs.[31] Die Schwelle zur wettbewerbsrechtlichen Unlauterkeit ist nur überschritten, wenn die geschäftliche Handlung geeignet ist, in der Weise unangemessenen unsachlichen Einfluss auszuüben, dass die freie Entscheidung der Verbraucher beeinträchtigt zu werden droht.[32]

Diese Voraussetzung ist bei richtlinienkonformer Auslegung der Vorschrift in der Regel erfüllt, wenn ein Fall einer aggressiven Geschäftspraktik i. S. v. Art. 8 und 9 der UGP-Richtlinie vorliegt.[33] Gemäß Art. 8 der UGP-Richtlinie ist für die Annahme einer aggressiven Geschäftspraktik erforderlich, dass der Verbraucher durch die unzulässige Beeinflussung tatsächlich oder voraussichtlich erheblich beeinträchtigt wird und dadurch tatsächlich oder voraussichtlich dazu veranlasst wird, eine geschäftliche Entscheidung zu treffen, die er andernfalls nicht getroffen hätte. Eine unzulässige Beeinflussung erfordert nach Art. 2 lit. j der UGP-Richtlinie die Ausnutzung einer Machtposition gegenüber dem Verbraucher zur Ausübung von Druck, auch ohne die Anwendung oder Androhung von körperlicher Gewalt, in einer Weise, die die Fähigkeit des Verbrauchers zu einer informationsgeleiteten Entscheidung wesentlich einschränkt. Bei der Feststellung, ob das Mittel einer unzulässigen Beeinflussung eingesetzt wird, sind die in Art. 9 der UGP-Richtlinie beschriebenen Umstände heranzuziehen.

Für die Annahme einer unangemessenen unsachlichen Beeinflussung i. S. d. § 4 Nr. 1 UWG durch Werbung mit einem Preisrabatt müssen nach Auffassung der

---

29 *BGH* GRUR 2008, 1114 Rn. 13 – Räumungsfinale.

30 *BGH* GRUR 2008, 1114 Rn. 13 – Räumungsfinale.

31 Vgl. *BGH* GRUR 2010, 1022 Rn. 15 – Ohne 19% Mehrwertsteuer.

32 *BGH* GRUR 2009, 875 Rn. 12 – Jeder 100. Einkauf gratis; *BGH* GRUR 2010, 1022 Rn. 16 – Ohne 19% Mehrwertsteuer m. w. N.

33 *BGH* GRUR 2010, 1022 Rn. 16 – Ohne 19% Mehrwertsteuer; Köhler/Bornkamm/*Köhler*, § 4 Rn. 1.7.

Rechtsprechung zu dem in Aussicht gestellten Nachlass besondere Unlauterkeitsumstände hinzutreten, die die Fähigkeit des Verbrauchers zu einer informationsgeleiteten Entscheidung wesentlich zu beeinträchtigen drohen.[34]

Solche besonderen Umstände sind hier indessen nicht ersichtlich. Der Vorteil von 10% erreicht die Schwelle einer unangemessenen unsachlichen Einflussnahme nicht. Vielmehr ist der Verbraucher an das Inaussichtstellen wirtschaftlicher Vorteile gewöhnt und er ist in der Lage, diese bei seiner Entscheidung zu berücksichtigen. Zudem darf die Entscheidung des Gesetzgebers, Rabatte grundsätzlich zuzulassen, nicht mit Hilfe von § 4 Nr. 1 UWG umgangen werden.

II. Zwischenergebnis

36 Die Tiefstpreisgarantie ist nicht gemäß § 3 Abs. 1 UWG unzulässig.

B. Ergebnis

37 X steht gegen P kein Unterlassungsanspruch wegen der Werbemaßnahme zu.

[34] *BGH* GRUR 2010, 1022 Rn. 17 – Ohne 19% Mehrwertsteuer.

Fall 14. Die Bestattungsdienste

Sachverhalt

Die bayerische Stadt F unterhält am Stadtrand einen Friedhof, für den nach der Friedhofssatzung ein Benutzungszwang vorgesehen ist. Am Rande des Friedhofs befindet sich ein Gebäudekomplex, in dem unter anderem die Aufbahrungsräume und die Aussegnungshalle untergebracht sind. Daran schließt sich ein Gebäudeteil mit Büroräumen an, in denen sich das Büro der Friedhofsverwaltung befindet und – in einiger räumlicher Entfernung – ein von F privatwirtschaftlich betriebener städtischer Bestattungsdienst. K ist Inhaber eines privaten Bestattungsunternehmens in F und hält die Unterbringung des städtischen Bestattungsdienstes auf dem Gelände des Friedhofes für rechtswidrig. Zur Begründung bringt K vor: Schon das Betreiben des städtischen Bestattungsdienstes sei der F nach gemeinderechtlichen Vorschriften verboten. Durch die Verknüpfung hoheitlicher und privatwirtschaftlicher Tätigkeiten verschaffe sich F zudem einen unzulässigen Wettbewerbsvorteil. Wenn Angehörige eines Verstorbenen die Friedhofsverwaltung aufsuchen müssen, werde dies leicht Anlass sein, auch den gewerblichen Bestattungsauftrag zu erteilen. Auf Grund ihrer Doppelfunktion als Träger des Friedhofs mit Benutzungszwang und als Betreiber des kommunalen Bestattungsunternehmens habe F eine marktbeherrschende Stellung. Schließlich verstoße die Stadt gegen das Diskriminierungsverbot, weil sie keinem anderen Bestattungsunternehmen einen vergleichbaren Standort auf dem Friedhofsgelände zur Verfügung stelle.

B betreibt ebenfalls in der Stadt F einen privaten Bestattungsdienst. Er weist seine Mitarbeiter an, unangemeldet Hausbesuche bei älteren Verbrauchern und insbesondere auch in Seniorenwohnheimen zu unternehmen, um dadurch Kunden für „Vorsorgeverträge für die eigene Bestattung“ und Sterbegeldversicherungen zu gewinnen. K hält dies für unwürdig und verlangt Unterlassung dieser Hausbesuche. B hält dem entgegen, Hausbesuche zum Zwecke der Kundenwerbung seien schon immer wettbewerbsrechtlich zulässig gewesen. Außerdem entspreche es heute allgemeiner Überzeugung, dass man für den eigenen Tod Vorsorge treffen müsse.

Vermerk für die Bearbeiter: In einem Rechtsgutachten, das auf alle vom Sachverhalt aufgeworfenen Fragen eingeht, ist zu prüfen,

1. ob K von F verlangen kann, es zu unterlassen, innerhalb des Geländes des städtischen Friedhofes ein Büro des städtischen Bestattungsunternehmens zu unterhalten;
2. ob K von B Unterlassung der Hausbesuche verlangen kann.
3. Abwandlung: Gehen Sie davon aus, dass auf Antrag des K gegen B durch gerichtlichen Beschluss eine einstweilige Verfügung erlassen wird, in der ihm unter Androhung eines Ordnungsgeldes untersagt wird, weiterhin Hausbesuche zum Zwecke der Werbung für die oben genannten Verträge durchzuführen:
   a) Erläutern Sie die weitere Vorgehensweise des Gerichts und des K.
   b) Was kann B gegen die einstweilige Verfügung unternehmen?
   c) Können K und B ihren Rechtsstreit nach Erlass einer einstweiligen Verfügung mit endgültiger Wirkung beilegen, ohne ein Hauptsacheverfahren anzustrengen?

Bayerische Gemeindeordnung (BayGO) – Auszug

Art. 87. Allgemeine Zulässigkeit von Unternehmen und Beteiligungen. (1) Die Gemeinde darf ein Unternehmen im Sinn von Art. 86 nur errichten, übernehmen oder wesentlich erweitern, wenn

1. ein öffentlicher Zweck das Unternehmen erfordert, insbesondere wenn die Gemeinde mit ihm gesetzliche Verpflichtungen oder ihre Aufgaben gemäß Art. 83 Abs. 1 der Verfassung und Art. 57 dieses Gesetzes erfüllen will,
2. das Unternehmen nach Art und Umfang in einem angemessenen Verhältnis zur Leistungsfähigkeit der Gemeinde und zum voraussichtlichen Bedarf steht,
3. die dem Unternehmen zu übertragenden Aufgaben für die Wahrnehmung außerhalb der allgemeinen Verwaltung geeignet sind,
4. bei einem Tätigwerden außerhalb der kommunalen Daseinsvorsorge der Zweck nicht ebenso gut und wirtschaftlich durch einen anderen erfüllt wird oder erfüllt werden kann.

Alle Tätigkeiten oder Tätigkeitsbereiche, mit denen die Gemeinde oder ihre Unternehmen an dem vom Wettbewerb beherrschten Wirtschaftsleben teilnehmen, um Gewinn zu erzielen, entsprechen keinem öffentlichen Zweck. Soweit Unternehmen entgegen Satz 2 vor dem 1. September 1998 errichtet oder übernommen wurden, dürfen sie weitergeführt, jedoch nicht erweitert werden. (…)

Gliederung

Rn.

Lösung

Frage 1: Unterlassungsanspruch des K gegen F

A. Kartellrechtlicher Unterlassungsanspruch

1 Ein Unterlassungsanspruch kann sich aus § 33 Abs. 1 S. 1, 2. Alt. GWB ergeben, wenn ein Verstoß gegen Vorschriften des GWB vorliegt und Wiederholungsgefahr gegeben ist. In Betracht kommt ein Verstoß gegen § 20 Abs. 1 GWB und gegen § 19 Abs. 4 Nr. 1 GWB.

I. Verstoß gegen das GWB

1. § 20 Abs. 1 GWB (Unbillige Behinderung oder unsachliche unterschiedliche Behandlung)

2 Ein Verstoß gegen § 20 Abs. 1 GWB setzt voraus, dass F ein marktbeherrschendes Unternehmen ist und andere Unternehmen ohne sachlich gerechtfertigten Grund

unmittelbar oder mittelbar unterschiedlich behandelt. Sachlich relevanter Markt ist der Markt für Gewerberäume, die für den Betrieb eines Bestattungsunternehmens geeignet sind. Räumlich relevant ist der örtliche Gewerberaummarkt in F. Auf diesem Markt ist F nicht marktbeherrschend. Daher scheidet ein Verstoß gegen § 20 Abs. 1 GWB von vornherein aus.

2. § 19 Abs. 4 Nr. 1 GWB (Unsachliche Beeinträchtigung)

3 F ist marktbeherrschend auf dem räumlich und sachlich relevanten Markt für Leistungen, für die nach der Friedhofsatzung ein Benutzungszwang angeordnet ist, nicht jedoch auf dem relevanten Markt für die Leistungen gewerblicher Bestattungsunternehmen. Durch die Unterbringung ihres städtischen Bestattungsdienstes im Friedhofsgebäude nutzt F ihre marktbeherrschende Stellung auf diesem Markt nicht missbräuchlich aus.

Nach der Rechtsprechung[1] kann § 19 GWB allerdings auch dann anwendbar sein, wenn die Beeinträchtigung der Wettbewerbsmöglichkeiten anderer Unternehmen nicht auf dem beherrschten Markt, sondern auf einem Drittmarkt aufgetreten ist. Da F die Wettbewerbsmöglichkeiten des K auf dem (Dritt-)Markt für Leistungen der Bestattungsunternehmen beeinträchtigt, ist folglich zu prüfen, ob ein Verstoß gegen § 19 Abs. 4 Nr. 1 GWB vorliegt.

Allerdings steht jedem Unternehmen, auch einem marktbeherrschenden, ein unternehmerischer Freiraum zu. Es ist grundsätzlich ihm selbst überlassen, die Art seiner wirtschaftlichen Betätigung zu bestimmen und zu entscheiden, mit welchen Waren oder Leistungen es am Markt teilnehmen will, sofern es sich hierbei nicht solcher Mittel bedient, die der auf die Freiheit des Wettbewerbs gerichteten Zielsetzung des Gesetzes gegen Wettbewerbsbeschränkungen zuwiderlaufen.[2] Ein Einsatz kartellrechtswidriger Mittel ist nicht schon dann anzunehmen, wenn die öffentliche Hand wie andere Unternehmen im Wettbewerb Standortvorteile wahrnimmt, die sich aus der Nutzung ihres Eigentums ergeben. Etwas anderes folgt im vorliegenden Fall auch nicht daraus, dass F in dem Bereich, für den Benutzungszwang besteht, eine Monopolstellung besitzt.[3] F nutzt mit der Unterbringung des städtischen Bestattungsdienstes im Friedhofsgebäude neben der Friedhofsverwaltung diese Monopolstellung nicht missbräuchlich aus. Die räumliche Nähe zum Friedhof und zur Friedhofsverwaltung bringt dem städtischen Bestattungsdienst zwar auch wettbewerbliche Vorteile; der Zusammenhang zwischen der Hoheitsverwaltung und dem gewerblichen Bestattungswesen ist aber nicht so eng, dass die Ausnutzung solcher Vorteile im Hinblick auf die Zielsetzung des Gesetzes gegen Wettbewerbsbeschränkungen zu missbilligen wäre.[4]

---

1 Vgl. *BGH* GRUR 2005, 960, 962 – Friedhofsruhe; BGHZ 156, 379, 382f. – Strom und Telefon I; BGHZ 158, 334, 338f. – Der Oberhammer; jeweils m. w. N.

2 *BGH* GRUR 2005, 960, 962 – Friedhofsruhe; BGHZ 156, 379, 389 – Strom und Telefon I, m. w. N.

3 *BGH* GRUR 2005, 960, 962 – Friedhofsruhe; vgl. dazu auch *BGH* GRUR 2003, 167, 168f. – Kommunaler Schilderprägebetrieb.

4 Vgl. dazu auch zu § 1 UWG a. F. *BGH* GRUR 1987, 116, 118f. – Kommunaler Bestattungswirtschaftsbetrieb I.

II. Ergebnis

Es liegt kein Verstoß gegen das GWB vor. 4

B. Wettbewerbsrechtlicher Unterlassungsanspruch

Möglicherweise steht K aber ein wettbewerbsrechtlicher Unterlassungsanspruch 5 gemäß § 8 Abs. 1 S. 1, 2. Alt. UWG gegen F zu.

I. Verstoß gegen § 3 UWG

1. Unzulässigkeit gemäß § 3 Abs. 1 UWG

Da eine Unzulässigkeit nach § 3 Abs. 3 UWG nicht in Betracht kommt, ist zu prü- 6 fen, ob der Betrieb des städtischen Bestattungsunternehmens nach § 3 Abs. 1 UWG unzulässig ist.

a) Geschäftliche Handlung (§ 2 Abs. 1 Nr. 1 UWG)

Gemäß § 2 Abs. 1 Nr. 1 UWG ist geschäftliche Handlung „jedes Verhalten einer 7 Person zugunsten des eigenen oder eines fremden Unternehmens vor, bei oder nach einem Geschäftsabschluss, das mit der Förderung des Absatzes oder des Bezugs von Waren oder Dienstleistungen oder mit dem Abschluss oder der Durchführung eines Vertrags über Waren oder Dienstleistungen objektiv zusammenhängt".

Bei Tätigkeiten der öffentlichen Hand (u.a. Bund, Länder, Gemeinden) gelten Besonderheiten.[5] Es ist danach zu unterscheiden, ob die öffentliche Hand auf Grund gesetzlicher Ermächtigung hoheitlich tätig wird oder ob sie sich erwerbswirtschaftlich betätigt. Wird die öffentliche Hand rein hoheitlich tätig, so liegt keine geschäftliche Handlung vor.[6] Dagegen ist eine erwerbswirtschaftliche Tätigkeit der öffentlichen Hand als Anbieter von Waren oder Dienstleistungen als eine geschäftliche Handlung anzusehen.[7]

F handelt erwerbswirtschaftlich und zur Förderung des eigenen Unternehmens und wird nicht rein hoheitlich tätig. Damit liegt eine geschäftliche Handlung vor.

b) Unlauterkeit

Die Generalklausel des § 3 Abs. 1 UWG wird durch die Beispielstatbestände der 8 §§ 4 bis 6 UWG konkretisiert. Es ist daher zu prüfen, ob die Tätigkeit der F Beispielstatbestände der §§ 4 bis 6 UWG verwirklicht.

aa) § 4 Nr. 11 UWG i.V.m. Art. 87 Abs. 1 BayGO (Rechtsbruch)

Möglicherweise erfüllt das Verhalten der F den Tatbestand des § 4 Nr. 11 UWG 9 und ist als Rechtsbruch unlauter. Das setzt voraus, dass sie einer gesetzlichen Vorschrift zuwidergehandelt hat, die auch dazu bestimmt ist, im Interesse der Marktteilnehmer das Marktverhalten zu regeln. Als verletzte Vorschrift kommt Art. 87

---

5 Harte/Henning/*Keller*, § 2 Rn. 45 ff.; Köhler/Bornkamm/*Köhler*, § 4 Rn. 13.17 ff.

6 *BGH* GRUR 2006, 428 Rn. 12 – Abschleppkosten-Inkasso m.w.N.

7 *BGH* GRUR 2005, 960, 961 – Friedhofsruhe; *BGH* GRUR 2006, 428 Rn. 12 – Abschleppkosten-Inkasso.

Abs. 1 BayGO in Betracht, der die unternehmerische Betätigung einer Gemeinde bestimmten Beschränkungen unterwirft.

(1) Gesetzliche Vorschrift

10 Bei Art. 87 BayGO handelt es sich um eine gesetzliche Vorschrift i.S.v. § 4 Nr. 11 UWG (vgl. Art. 2 EGBGB).

(2) Marktverhaltensregelung

11 Art. 87 BayGO stellt keine Marktverhaltensregelung, sondern eine reine Marktzutrittsregelung dar, also eine Regelung, die der öffentlichen Hand den Marktzutritt entweder generell verbietet oder nur unter bestimmten Voraussetzungen gestattet, aber nicht gleichzeitig das Marktverhalten regelt. Derartige Regelungen werden von § 4 Nr. 11 UWG nicht erfasst.[8]

bb) § 4 Nr. 1 UWG (Unangemessener unsachlicher Einfluss)

12 Dadurch, dass F das Büro ihres Bestattungsdienstes auf dem Friedhofsgelände unterhält, wird die Entscheidungsfreiheit der Kunden nicht beeinträchtigt. Zudem sind die Räume, die für die hoheitliche Friedhofsverwaltung genutzt werden, und die Räume für den Bestattungsdienst örtlich voneinander getrennt, sodass auch unter diesem Aspekt ein unangemessener unsachlicher Einfluss ausgeschlossen ist. Eine unangemessene unsachliche Einflussnahme i.S.d. § 4 Nr. 1 UWG durch F liegt nicht vor.

cc) § 4 Nr. 10 UWG (Gezielte Behinderung)

13 Es ist für sich genommen wettbewerbsrechtlich unbedenklich, wenn sich die F mit ihrem als Eigenbetrieb geführten Bestattungsdienst am Wettbewerb beteiligt. Eine Teilnahme der öffentlichen Hand am Wettbewerb ist weder allgemein noch im Bereich des Bestattungswesens unzulässig.[9] Das UWG schützt nicht vor Konkurrenz.

Mit der Unterbringung ihres Bestattungsdienstes im Friedhofsgebäude nutzt F auch nicht in wettbewerbsrechtlich unlauterer Weise ihre öffentlich-rechtliche Stellung gegenüber privaten Anbietern aus. F ist grundsätzlich nicht gehindert, für ihre erwerbswirtschaftliche Tätigkeit auf dem Gebiet des Bestattungswesens Mittel einzusetzen, die ihr auf Grund ihrer öffentlich-rechtlichen Stellung zur Verfügung stehen.[10] Es liegt zudem im öffentlichen Interesse, dass die Mittel, die der öffentlichen Hand zur Verfügung stehen, wirtschaftlich eingesetzt werden. Standortvorteile, die mit der Nutzung ihres Eigentums verbunden sind, darf die öffentliche Hand im Wettbewerb mit privaten Unternehmen – von Ausnahmefällen abgesehen[11] – nutzen. Von F kann deshalb nicht verlangt werden, dass sie das ihr gehörende Friedhofsgebäude nicht für eine erwerbswirtschaftliche Tätigkeit nutzt, die mit dem Friedhofszweck vereinbar ist. Allein die Tatsache, dass F in Konkurrenz zu privaten

[8] Köhler/Bornkamm/*Köhler*, § 4 Rn. 11.47; Nordemann/Götting/*Ebert-Weidenfeller*, § 4 Rn. 11.87; Piper/Ohly/Sosnitza/*Ohly*, § 4 Rn. 11/20; für kommunalrechtliche Vorschriften differenzierend *Beater*, Rn. 2527. Zum früheren Recht i.E. ebenso BGHZ 150, 343, 349 – Elektroarbeiten; *BGH* GRUR 2003, 164, 165 – Altautoverwertung.

[9] Vgl. *BGH* GRUR 1987, 116, 118 – Kommunaler Bestattungswirtschaftsbetrieb I m.w.N.

[10] Vgl. *BGH* GRUR 1987, 116, 118 – Kommunaler Bestattungswirtschaftsbetrieb I; *BGH* GRUR 2003, 164, 166 – Altautoverwertung.

[11] Vgl. *BGH* GRUR 2005, 960, 962 – Friedhofsruhe; *BGH* GRUR 1987, 116, 118 – Kommunaler Bestattungswirtschaftsbetrieb I; *BGH* GRUR 2003, 164, 166 – Altautoverwertung.

Bestattungsunternehmen tritt, stellt keine gezielte Behinderung von Mitbewerbern i.S.v. § 4 Nr. 10 UWG dar.

2. Zwischenergebnis

Die Tätigkeit der F ist nicht gemäß § 3 Abs. 1 UWG unzulässig. 14

II. Ergebnis

Ein Verstoß gegen § 3 UWG liegt nicht vor. K steht daher gegen F kein Anspruch 15
auf Unterlassung zu.

Frage 2: Anspruch des K gegen B auf Unterlassung weiterer Hausbesuche

Ein Unterlassungsanspruch kann sich aus § 8 Abs. 1 S. 1, 2. Alt. UWG ergeben, 16
wenn dessen Voraussetzungen erfüllt sind.

I. Verstoß gegen § 7 UWG

Zu prüfen ist, ob die Hausbesuche als unzumutbare Belästigung gegen § 7 UWG 17
verstoßen.

1. Unzulässigkeit gemäß § 7 Abs. 1 UWG

a) Geschäftliche Handlung (§ 2 Abs. 1 Nr. 1 UWG)

Die Hausbesuche dienen der Förderung des Absatzes der von B angebotenen Leis- 18
tungen und sind damit geschäftliche Handlungen i.S.d. § 2 Abs. 1 Nr. 1 UWG.

b) § 7 Abs. 1 S. 2 UWG

Eine Unzulässigkeit gemäß § 7 Abs. 1 S. 2 UWG ist im Falle der Werbung gegeben, 19
wenn erkennbar ist, dass der angesprochene Marktteilnehmer diese Werbung nicht wünscht. In der Regel ist bei Hausbesuchen nicht erkennbar, ob ein Besuch erwünscht ist oder nicht. Anderes gilt nur dann, wenn z.B. durch ein Schild ausdrücklich darauf hingewiesen wird, dass Vertreterbesuche unerwünscht sind.

c) § 7 Abs. 1 S. 1 UWG

Unzulässig sind gemäß § 7 Abs. 1 S. 1 UWG geschäftliche Handlungen, durch die 20
ein Marktteilnehmer in unzumutbarer Weise belästigt wird.

aa) Marktteilnehmer

Gemäß § 2 Abs. 1 Nr. 2 UWG sind Marktteilnehmer neben Mitbewerbern[12] und 21
Verbrauchern[13] alle Personen, die als Anbieter oder Nachfrager von Waren oder Dienstleistungen tätig sind. Es ist nach dem Sachverhalt davon auszugehen, dass die Mitarbeiter des B Verbraucher aufsuchen.

---

12 Zum Begriff: § 2 Abs. 1 Nr. 3 UWG.

13 Zum Begriff: § 2 Abs. 2 UWG i.V.m. § 13 BGB.

bb) Belästigung

22 Unter einer Belästigung sind solche Auswirkungen einer geschäftlichen Handlung zu verstehen, die bereits wegen der Art und Weise des Herantretens an andere Marktteilnehmer, unabhängig vom Inhalt der Äußerung von den Adressaten als Beeinträchtigung ihrer privaten oder beruflichen Sphäre empfunden werden.[14] Die Beeinträchtigung besteht darin, dass das Anliegen den Empfängern „aufgedrängt" wird, sie sich also ohne oder gegen ihren Willen damit auseinandersetzen müssen.[15]

cc) Unzumutbarkeit

23 Nicht jede Belästigung ist nach § 7 Abs. 1 S. 1 UWG unzulässig, sondern nur Belästigungen, die für die Marktteilnehmer unzumutbar sind. Maßgeblich ist nicht das subjektive Empfinden des Einzelnen, vielmehr ist vom durchschnittlich empfindlichen Marktteilnehmer, an den sich die geschäftliche Handlung richtet (vgl. § 3 Abs. 2 S. 2 UWG), auszugehen.[16] Dabei sind die Interessen der Adressaten der Werbemaßnahme und die Interessen des Werbenden gegeneinander abzuwägen.[17]

Eine richtlinienkonforme Auslegung nach Maßgabe der UGP-Richtlinie ist hier nicht geboten. Denn nach ihrem Erwägungsgrund 7 S. 3 bezieht sich die UGP-Richtlinie nicht auf die gesetzlichen Anforderungen in Fragen der guten Sitten und des Anstands, die in den Mitgliedstaaten sehr unterschiedlich sind. Die Mitgliedstaaten sind daher durch die UGP-Richtlinie grundsätzlich nicht gehindert, weiterhin Geschäftspraktiken aus Gründen der guten Sitten und des Anstands zu verbieten, auch wenn diese Praktiken die Wahlfreiheit des Verbrauchers nicht beeinträchtigen.[18]

Eine Belästigung ist umso eher als unzumutbar zu beurteilen, je mehr sie – wie im vorliegenden Fall – nicht eine ungewollte oder nur gelegentliche Nebenwirkung einer Werbemaßnahme darstellt, sondern mit der beanstandeten Werbemethode notwendig und regelmäßig verbunden ist. Eine Werbemethode, bei der ein belästigendes Verhalten bewusst und gezielt im eigenen Werbeinteresse angewandt wird, ist deshalb regelmäßig als unzumutbar belästigend einzustufen.[19]

Ob unangemeldete Hausbesuche eine unzumutbare Belästigung darstellen, ist im Einzelnen str. Teilweise wird angenommen, dies sei stets der Fall, wenn keine Einwilligung vorliege.[20] Die bisherige Rechtsprechung hält Hausbesuche dagegen im Grundsatz für rechtmäßig,[21] sofern nicht besondere Umstände hinzutreten, die die Unlauterkeit begründen. Im Falle der Werbung für Bestattungsleistungen sind jedenfalls solche besonderen Umstände gegeben. Denn es wird im Allgemeinen als unpassend empfunden, unvorhergesehen an der Haustür oder gar im Senioren-

---

14 Köhler/Bornkamm/*Köhler,* § 7 Rn. 19; Fezer/*Mankowski,* § 7 Rn. 45; Piper/Ohly/Sosnitza/*Ohly,* § 7 Rn. 24; Harte/Henning/*Ubber,* § 7 Rn. 24.

15 Köhler/Bornkamm/*Köhler,* § 7 Rn. 19; MünchKomm-UWG/*Leible,* § 7 Rn. 49.

16 Köhler/Bornkamm/*Köhler,* § 7 Rn. 21; MünchKomm-UWG/*Leible,* § 7 Rn. 52; Piper/Ohly/Sosnitza/*Ohly,* § 7 Rn. 25; Fezer/*Mankowski,* § 7 Rn. 71; Harte/Henning/*Ubber,* § 7 Rn. 28.

17 Vgl. *BGH* GRUR 2010, 1113 Rn. 15 – Grabmalwerbung.

18 *BGH* GRUR 2010, 1113 Rn. 14 – Grabmalwerbung.

19 *BGH* GRUR 2005, 443, 445 – Ansprechen in der Öffentlichkeit II.

20 Köhler/Bornkamm/*Köhler,* § 7 Rn. 46 ff.; MünchKomm-UWG/*Leible,* § 7 Rn. 227; Fezer/*Mankowski,* § 7 Rn. 311 ff.; Piper/Ohly/Sosnitza/*Ohly,* § 7 Rn. 80; *Beater,* Rn. 2443; jeweils m.w.N.

21 *BGH* GRUR 1994, 380, 381 – Lexikothek; ebenso Harte/Henning/*Ubber,* § 7 Rn. 58.

wohnheim mit dem eigenen Tod konfrontiert zu werden. Es gibt viele Menschen, die sich nicht mit dem Gedanken an ihren Tod befassen wollen. Aber auch diejenigen, die sich mit dem Gedanken an ihren Tod vertraut machen, lehnen es in der Regel ab, mit anderen hierüber zu sprechen, oder beschränken solche Erörterungen auf Gespräche mit ihnen besonders nahestehenden Menschen. Normalerweise werden Verbraucher nicht ohne Weiteres bereit sein, über die Besorgungen im Falle ihres Ablebens mit einem Gewerbetreibenden, der sie aus geschäftlichen Gründen zu einem solchen Gespräch veranlassen will, zu verhandeln.[22] Daran ändert auch nichts, dass es heutzutage selbstverständlich ist, Vorsorge für den eigenen Tod zu treffen. Denn es muss grundsätzlich dem Betroffenen überlassen bleiben, ob und wann er sich in diesen Angelegenheiten an ein Unternehmen wendet. Aus diesen Gründen ist auch eine mutmaßliche Einwilligung in den Hausbesuch zu verneinen. Es ist daher nach beiden Auffassungen von einer unzumutbaren Belästigung auszugehen.

2. Zwischenergebnis

Die Hausbesuche sind gemäß § 7 Abs. 1 S. 1 UWG unzulässig.[23] **24**

II. Verstoß gegen § 3 UWG

1. Unzulässigkeit gemäß § 3 Abs. 1 UWG

a) Geschäftliche Handlung (§ 2 Abs. 1 Nr. 1 UWG)

Eine geschäftliche Handlung liegt vor (s. o.). **25**

b) Unlauterkeit

aa) § 4 Nr. 1 UWG (Unangemessener unsachlicher Einfluss)

Zwar werden solche Besuche als belästigend (s. o.), möglicherweise auch als unpassend und pietätlos empfunden, jedoch wird die Würde des Menschen (Art. 1 Abs. 1 GG) dadurch nicht verletzt. Die Hausbesuche sind daher nicht geeignet, die Entscheidungsfreiheit der Angesprochenen „in menschenverachtender Weise" zu beeinträchtigen. **26**

Es könnte allenfalls ein sonstiger unangemessener unsachlicher Einfluss vorliegen. Das setzt voraus, dass sich der Verbraucher in einer Situation befindet, in der sein Urteilsvermögen vorübergehend beeinträchtigt ist und der Werbende dies ausnutzt, um ihn zu einer geschäftlichen Entscheidung zu veranlassen, die der Verbraucher unter normalen Umständen so nicht oder nicht ohne Weiteres treffen würde.[24] Wird der Verbraucher von einem Vertreter aufgesucht und mit dem Thema der Vorsorge für den eigenen Tod konfrontiert, so wird ihm dies womöglich unangenehm sein. Jedoch ist, sofern nicht weitere Umstände hinzutreten, sein Urteilsvermögen und seine Entscheidungsfreiheit dadurch nicht beeinträchtigt. Der Tatbestand des § 4 Nr. 1 UWG ist daher nicht verwirklicht.

---

[22] *BGH* GRUR 1955, 541, 542 – Bestattungswerbung.

[23] **Hinweis:** Eine Prüfung der Spürbarkeit i. S. d. § 3 Abs. 1 UWG ist entbehrlich, weil § 7 UWG im Zuge der UWG-Novelle 2008 als ein selbstständiger Verbotstatbestand ausgestaltet wurde.

[24] Köhler/Bornkamm/*Köhler,* § 4 Rn. 1.80.

bb) § 4 Nr. 2 UWG (Ausnutzen besonderer Schutzbedürftigkeit)

27 Nach § 4 Nr. 2 UWG handelt insbesondere unlauter, wer geschäftliche Handlungen vornimmt, die geeignet sind, geistige oder körperliche Gebrechen, das Alter, die geschäftliche Unerfahrenheit, die Leichtgläubigkeit, die Angst oder die Zwangslage von Verbrauchern auszunutzen. Zwar werden die Hausbesuche bei Senioren vorgenommen, die aufgrund ihres Alters besonders schutzbedürftig sein können. Jedoch sind keine Anhaltspunkte dafür ersichtlich, dass die Mitarbeiter des B gerade das Alter oder sonstige Umstände in bestimmter Weise ausnutzen. Allein die Tatsache, dass nur Senioren angesprochen werden, begründet noch keine Unlauterkeit i.S.d. § 4 Nr. 2 UWG.

2. Zwischenergebnis

28 Die Hausbesuche sind nicht nach § 3 Abs. 1 UWG unzulässig.

III. Wiederholungsgefahr

29 Die für den Verletzungsunterlassungsanspruch nach § 8 Abs. 1 S. 1 UWG erforderliche Wiederholungsgefahr wird widerleglich vermutet. Eine Widerlegung ist grundsätzlich nur durch die Abgabe einer strafbewehrten Unterlassungserklärung möglich. Dies ist hier nicht erfolgt, daher ist die Vermutung nicht widerlegt.

IV. Anspruchsberechtigung

30 K und B bieten gleiche Leistungen auf demselben sachlich und räumlich relevanten Markt, nämlich auf dem Markt für Bestattungsdienstleistungen in F, an. Beide Unternehmer stehen daher in einem konkreten Wettbewerbsverhältnis zueinander und sind sonach Mitbewerber i.S.d. § 2 Abs. 1 Nr. 3 UWG. Daher ist K nach § 8 Abs. 3 Nr. 1 UWG anspruchsberechtigt.

V. Anspruchsverpflichtung

31 B haftet selbst als mittelbarer Täter, da er die Zuwiderhandlung im eigenen Interesse in Auftrag gegeben und damit eine adäquat kausale Ursache für die Rechtsverletzung gesetzt hat. Außerdem muss sich B als Inhaber des Unternehmens die Handlungen seiner Mitarbeiter gemäß § 8 Abs. 2 UWG zurechnen lassen.

VI. Ergebnis

32 K kann von B Unterlassung weiterer Hausbesuche verlangen.

Frage 3a): Weitere Vorgehensweise des Gerichts und des K

A. Weitere Vorgehensweise des Gerichts

33 Das Gericht stellt den Beschluss dem Antragsteller (also K) zu, weil damit die Vollziehungsfrist des § 929 Abs. 2 ZPO in Lauf gesetzt wird (§ 329 Abs. 2 S. 2 ZPO).

B. Weitere Vorgehensweise des K

I. Zustellung im Parteibetrieb

Als Antragsteller muss K einen Gerichtsvollzieher beauftragen, der den Beschluss dem Gegner im Parteibetrieb zustellt (§§ 936, 922 Abs. 2 ZPO). Dies ist eine Ausnahme von dem Grundsatz, dass das Gericht seine Entscheidungen im Amtsbetrieb zumindest dem „Unterlegenen" zustellt (vgl. §§ 270, 317 ZPO). 34

II. Vollziehung

Es bedarf der Vollziehung der einstweiligen Verfügung. Dies richtet sich nach den §§ 936, 928 ZPO. Die einstweilige Verfügung ist sofort vollstreckbar. Eine Vollstreckungsklausel ist in der Regel nicht erforderlich (§§ 936, 929 Abs. 1 ZPO). Die einstweilige Verfügung kann schon vor ihrer Zustellung vollzogen werden (§§ 936, 929 Abs. 3 S. 1 ZPO). Die Zustellung muss dann aber nachgeholt werden. Eine Unterlassungsverfügung ist durch Maßnahmen (z. B. Wegnahme, Herausgabe usw.) nicht vollziehbar. Die Vollziehung erfolgt durch Parteizustellung. Bei Verstößen gegen die einstweilige Verfügung könnte K die Festsetzung und Beitreibung von Ordnungsgeld beantragen. 35

Frage 3b): Möglichkeiten des B, gegen die einstweilige Verfügung vorzugehen

Um gegen eine Beschlussverfügung vorzugehen, kann B Widerspruch erheben (§§ 936, 924 Abs. 1 ZPO), Fristsetzung beantragen (§ 926 ZPO) oder einen Aufhebungsantrag stellen (§ 927 ZPO). 36

Frage 3c): Endgültige Beilegung des Rechtsstreits

Bei wettbewerblichen Streitigkeiten sind die Parteien häufig daran interessiert, den Rechtsstreit möglichst schnell und kostengünstig beizulegen. Da die einstweilige Verfügung jedoch nur vorläufigen Rechtsschutz gewährt, könnten die Parteien im Zivilverfahren eine endgültige Klärung nur durch ein Hauptsacheverfahren herbeiführen. Die Praxis behilft sich daher mit dem Abschlussverfahren.[25] Der Antragsteller fordert den Antragsgegner in einem Abschlussschreiben auf, die einstweilige Verfügung als endgültig anzuerkennen und auf seine Rechte auf Widerspruch und Aufhebung der einstweiligen Verfügung zu verzichten. Daraufhin kann der Gegner eine entsprechende Abschlusserklärung abgeben. Mit Abgabe der Abschlusserklärung verliert der Schuldner im Umfang des Verzichts die Möglichkeit, gegen den Verfügungstitel vorzugehen.[26] Für ein Hauptsacheverfahren (aber auch eine negative Feststellungsklage) entfällt damit das Rechtsschutzbedürfnis. Die Abschlusserklärung lässt ebenso wie die strafbewehrte Unterlassungserklärung (auch gegenüber Dritten) die Wiederholungsgefahr entfallen.[27] 37

---

[25] Ahrens/*Ahrens,* Kap. 58 Rn. 1 ff.; Köhler/Bornkamm/*Köhler,* § 12 Rn. 3.69 ff.; *Teplitzky,* Kap. 43 Rn. 1 f.

[26] Köhler/Bornkamm/*Köhler,* § 12 Rn. 3.77.

[27] Köhler/Bornkamm/*Bornkamm,* § 8 Rn. 1.51.

Fall 15. Der DVD-Shop

Sachverhalt

A betreibt in München einen „DVD Shop & Verleih". Er bietet dort Videos und DVDs mit Spielfilmen zum Verkauf und zur Vermietung an. Um das Geschäft auszubauen, erwirbt A einen Automaten, den er in seinem Ladengeschäft installiert. Mit Hilfe einer speziellen Chip-Karte können die Kunden das Geschäft des A außerhalb der Öffnungszeiten betreten, am Automaten einen Film aussuchen und diesen sodann mieten. Nachdem A diesen Automaten aufgestellt und in Betrieb genommen hat, wirbt er: „Jetzt neu: DVD-Verleih rund um die Uhr – 24 Stunden 365 Tage". K betreibt einen Elektronikmarkt unweit des Geschäftes von A. Zum Sortiment seines Elektronikmarktes gehören unter anderem auch Spielfilm-DVDs. Er hält das Betreiben des Automaten durch A für rechtswidrig, weil das Angebot des A die Sonn- und Feiertagsruhe verletze.

A möchte seine DVDs auch über das Internet verkaufen. Er meldet sich als Verkäufer bei einem „Online-Auktionshaus" an, das von der E-GmbH betrieben wird. In den Allgemeinen Geschäftsbedingungen der E-GmbH heißt es: „Die E-GmbH wird selbst nicht Vertragspartner der ausschließlich zwischen den Nutzern dieses Marktplatzes geschlossenen Verträge. Auch die Erfüllung dieser über die Website der E-GmbH geschlossenen Verträge erfolgt ausschließlich zwischen den Nutzern." Die Nutzer werden in den Allgemeinen Geschäftsbedingungen des Weiteren auf verbotene Artikel wie jugendgefährdende Medien hingewiesen sowie darauf, dass ein Nutzer gesperrt wird, wenn er gegen die Allgemeinen Geschäftsbedingungen oder gegen geltendes Recht verstößt. Die gesamte „Online-Auktion" erfolgt automatisiert. Für jedes Einstellen eines Angebots ist von dem Nutzer an die E-GmbH ein Entgelt zu entrichten. Weil A die Zeit fehlt, seine Angebote selbst ins Internet zu stellen, bittet er seinen – nicht bei ihm angestellten – Freund B, ihm einen Gefallen zu tun, die Angebotsbeschreibungen vorzunehmen und den Onlineverkauf vorübergehend für ihn und in seinem Namen abzuwickeln. B übernimmt dies vereinbarungsgemäß. K findet im Internetangebot des A einen Film, der auf der Liste jugendgefährdender Medien verzeichnet ist.

K mahnt A ordnungsgemäß wegen der geschilderten Praktiken ab und fordert ihn zur Abgabe einer strafbewehrten Unterlassungserklärung auf. A lehnt dies ab: Aufstellung und Betrieb des Automaten seien zulässig, da in seinem Ladengeschäft an Sonn- und Feiertagen kein Personal bediene, sondern nur der Automat funktionsfähig gehalten werde. Der gesamte Ausleihvorgang gehe maschinell und ohne Belästigungen für die Umgebung vor sich. Bei dem Verkauf des jugendgefährdenden Filmes handele es sich um einen bedauerlichen Einzelfall, der auf ein Versehen des B zurückzuführen sein. Für dessen Fehler müsse er aber ohnehin nicht haften, weil B ihm lediglich einen Gefallen getan habe.

K wendet sich an seinen Rechtsanwalt und bittet um Prüfung, ob gegen A ein Unterlassungsanspruch wegen des Betriebs des Automaten sowie wegen des Verkaufs des jugendgefährdenden Films besteht. Des Weiteren möchte K wissen, ob wegen des Films auch Ansprüche gegen B und die E-GmbH in Betracht kommen.

Vermerk für die Bearbeiter: In einem Rechtsgutachten, das auf alle vom Sachverhalt aufgeworfenen Probleme eingeht, ist zu klären, ob K
1. gegen A
2. gegen B und
3. gegen die E-GmbH

Unterlassungsansprüche zustehen. Es ist davon auszugehen, dass der im Internet angebotene Film ordnungsgemäß in die Liste jugendgefährdender Medien gemäß § 24 JuSchG aufgenommen und diese Aufnahme ordnungsgemäß bekannt gemacht wurde.

Bayerisches Gesetz über den Schutz der Sonn- und Feiertage (Feiertagsgesetz – FTG) – Auszug

Art. 2. Schutz der Sonn- und Feiertage. (1) An den Sonntagen und den gesetzlichen Feiertagen sind öffentlich bemerkbare Arbeiten, die geeignet sind, die Feiertagsruhe zu beeinträchtigen, verboten, soweit auf Grund Gesetzes nichts anderes bestimmt ist. (…)

Jugendschutzgesetz (JuSchG) – Auszug

§ 15. Jugendgefährdende Trägermedien. (1) Trägermedien, deren Aufnahme in die Liste jugendgefährdender Medien nach § 24 Abs. 3 Satz 1 bekannt gemacht ist, dürfen nicht (…)
3. im Einzelhandel außerhalb von Geschäftsräumen, in Kiosken oder anderen Verkaufsstellen, die Kunden nicht zu betreten pflegen, im Versandhandel oder in gewerblichen Leihbüchereien oder Lesezirkeln einer anderen Person angeboten oder überlassen werden, (…)

§ 27. Strafvorschriften. (1) Mit Freiheitsstrafe bis zu einem Jahr oder mit Geldstrafe wird bestraft, wer
1. entgegen § 15 Abs. 1 Nr. 1 bis 5 oder 6, jeweils auch in Verbindung mit Abs. 2, ein Trägermedium anbietet, überlässt, zugänglich macht, ausstellt, anschlägt, vorführt, einführt, ankündigt oder anpreist, (…).

(3) Wird die Tat in den Fällen (…)
2. des Absatzes 1 Nr. 3, 4 oder 5

fahrlässig begangen, so ist die Strafe Freiheitsstrafe bis zu sechs Monaten oder Geldstrafe bis zu hundertachtzig Tagessätzen. (…)

Gliederung

Lösung

Frage 1: Unterlassungsanspruch des K gegen A

Im Folgenden sind verschiedene Handlungen zu unterscheiden, die auf ihre wettbewerbsrechtliche Zulässigkeit getrennt zu überprüfen sind: Aufstellung und Betrieb des Automaten (unter A.), Werbung für den Automaten (unter B.) und der Verkauf des „indizierten“ Films über das Internet (unter C.). 1

A. Aufstellung und Betrieb des Automaten

Ein Unterlassungsanspruch gegen A kann sich aus § 8 Abs. 1 S. 1, 2. Alt. UWG ergeben. Dies setzt einen Verstoß gegen § 3 UWG und Wiederholungsgefahr voraus. 2

I. Verstoß gegen § 3 UWG

1. Unzulässigkeit gemäß § 3 Abs. 1 UWG

Da eine Unzulässigkeit gemäß § 3 Abs. 3 UWG nicht in Betracht kommt, ist zu prüfen, ob Aufstellung und Betrieb des Automaten nach § 3 Abs. 1 UWG unzulässig sind. 3

a) Geschäftliche Handlung (§ 2 Abs. 1 Nr. 1 UWG)

Nach der Definition des § 2 Abs. 1 Nr. 1 UWG ist geschäftliche Handlung „jedes Verhalten einer Person zugunsten des eigenen oder eines fremden Unternehmens vor, bei oder nach einem Geschäftsabschluss, das mit der Förderung des Absatzes oder des Bezugs von Waren oder Dienstleistungen oder mit dem Abschluss oder der Durchführung eines Vertrags über Waren oder Dienstleistungen objektiv zusammenhängt“. 4

Die Aufstellung des Automaten ist eine bloße Vorbereitungshandlung und damit keine geschäftliche Handlung. Wird der Automat in Betrieb genommen und gehalten, liegt dagegen eine geschäftliche Handlung vor, weil damit eine Geschäftstätigkeit aufgenommen und der Absatz von Dienstleistungen (Vermietung von DVDs) gefördert wird. Dass die Abwicklung der einzelnen Geschäfte rein maschinell erfolgt, steht einer geschäftlichen Handlung nicht entgegen. Zwar setzt eine geschäftliche Handlung eine menschliche Verhaltensweise voraus,[1] jedoch genügt es, dass der Automat mit dem Willen des A in Betrieb genommen wurde.

b) Unlauterkeit gemäß § 4 Nr. 11 UWG i.V.m. Art. 2 Abs. 1 FTG

5 Der Begriff der Unlauterkeit in der Generalklausel des § 3 Abs. 1 UWG wird durch die Beispielstatbestände der §§ 4 bis 6 UWG konkretisiert. Zu prüfen ist daher, ob der Betrieb des Automaten einen Tatbestand der §§ 4 bis 6 UWG verwirklicht. In Betracht kommt ein Rechtsbruch gemäß § 4 Nr. 11 UWG i. V. m. Art. 2 Abs. 1 FTG.

Voraussetzung ist, dass A dieser Vorschrift zuwidergehandelt hat und es sich bei dieser Norm um eine gesetzliche Vorschrift handelt, die auch dazu bestimmt ist, im Interesse der Marktteilnehmer das Marktverhalten zu regeln.

aa) Gesetzliche Vorschrift

6 Art. 2 Abs. 1 FTG ist eine gesetzliche Vorschrift i. S. v. § 4 Nr. 11 UWG, denn erfasst werden alle geltenden Rechtsnormen (vgl. Art. 2 EGBGB).

bb) Regelung des Marktverhaltens

7 Fraglich ist, ob es sich bei Art. 2 Abs. 1 FTG um eine Marktverhaltensregelung handelt. Unter Marktverhalten ist jede Tätigkeit auf einem Markt zu verstehen, durch die ein Unternehmer auf die Mitbewerber, Verbraucher oder sonstigen Marktteilnehmer einwirkt. Dazu gehören nicht nur das Angebot und die Nachfrage von Waren oder Dienstleistungen, sondern auch die Werbung und der Abschluss und die Durchführung von Verträgen.[2]

Gemäß Abs. 2 Abs. 1 FTG sind an den Sonntagen und den gesetzlichen Feiertagen öffentlich bemerkbare Arbeiten, die geeignet sind, die Feiertagsruhe zu beeinträchtigen, verboten. Das Gesetz betrifft damit nicht nur wettbewerbliches Verhalten, sondern generell Arbeiten, gleichgültig ob privater oder geschäftlicher Natur. Allerdings ist für § 4 Nr. 11 UWG nicht notwendig, dass die Vorschrift *nur* das Marktverhalten regelt. Es genügt, wenn sie *auch* das Marktverhalten regelt.[3] Das ist bei Art. 2 Abs. 1 FTG der Fall, weil der Anwendungsbereich der Norm ruhestörendes geschäftliches Verhalten an Sonn- und Feiertagen einschließt.

cc) Im Interesse der Marktteilnehmer

8 Eine Regelung im Interesse der Marktteilnehmer liegt vor, wenn die Vorschrift zumindest auch dem Schutz von wettbewerbsbezogenen Interessen der Marktteilnehmer dient. Das ist der Fall, wenn die Norm das Interesse der Mitbewerber an der Freiheit ihrer wettbewerblichen Entfaltung[4] und/oder die Entscheidungs- und Verhaltensfreiheit der Verbraucher und anderer Marktteilnehmer in Bezug auf die Marktteilnahme schützt, aber auch dann, wenn sie den Schutz von Rechten und Rechtsgütern dieser Personen bezweckt.[5]

Es ist fraglich, ob es sich beim Schutz der Ruhe an Sonn- und Feiertagen um wettbewerbsbezogene Interessen von Marktteilnehmern handelt. Denn die Vorschrift

[1] Vgl. Köhler/Bornkamm/*Köhler,* § 2 Rn. 10.
[2] Köhler/Bornkamm/*Köhler,* § 4 Rn. 11.34; ähnlich Piper/Ohly/Sosnitza/*Ohly,* § 4 Rn. 11/15.
[3] Köhler/Bornkamm/*Köhler,* § 4 Rn. 11.35b.
[4] Köhler/Bornkamm/*Köhler,* § 4 Rn. 11.35c.
[5] Köhler/Bornkamm/*Köhler,* § 4 Rn. 11.35d.

zielt generell auf den Schutz vor ruhestörenden Tätigkeiten. Damit weist die Vorschrift an sich keinen spezifischen Wettbewerbsbezug auf, sondern sie schützt vorrangig ein öffentliches Interesse. § 4 Nr. 11 UWG verlangt indessen nur, dass die Vorschrift zumindest auch im Interesse der Marktteilnehmer das Marktverhalten regelt.[6] Ausreichend ist also, dass irgendwie ein Wettbewerbsbezug gegeben ist. Dieser kann sich insbesondere daraus ergeben, dass die Vorschrift die Funktion hat, gleiche Voraussetzungen für die auf einem Markt tätigen Wettbewerber zu gewährleisten.[7] Das ist für Art. 2 Abs. 1 FTG anzunehmen, weil die Vorschrift gleiche Wettbewerbsbedingungen schafft, indem sie den Konkurrenzkampf zu den geschützten Zeiten ausschließt[8] und damit für „Wettbewerbsneutralität" sorgt.[9]

dd) Zuwiderhandlung

Des Weiteren ist zu prüfen, ob der Betrieb des Automaten eine Zuwiderhandlung gegen Art. 2 Abs. 1 FTG darstellt. Das ist der Fall, wenn es sich bei dem Betrieb des Automaten um eine öffentlich bemerkbare Arbeit handelt, die geeignet ist, die Sonn- und Feiertagsruhe zu beeinträchtigen. **9**

(1) Öffentlich bemerkbare Arbeit

Eine öffentlich bemerkbare Arbeit liegt bei dem Betrieb des Automaten vor, weil es für die öffentliche Wahrnehmung keinen Unterschied macht, ob die Kunden ein Geschäft betreten, um persönlich mit dem Personal in Kontakt zu treten oder um einen Automaten zu bedienen. Es genügt für die Annahme öffentlich bemerkbarer Arbeit, wenn nach den konkreten Umständen von der Ausführung einer gewerblichen Tätigkeit auszugehen ist.[10] Das ist jedenfalls der Fall, wenn Publikumsverkehr besteht. **10**

(2) Eignung, die Feiertagsruhe zu beeinträchtigen

Der Betrieb des Automaten muss des Weiteren geeignet sein, die Feiertagsruhe zu beeinträchtigen. Ob dies hier angenommen werden kann, ist zweifelhaft. In vergleichbaren Konstellationen haben die Gerichte unterschiedliche Rechtsstandpunkte vertreten. **11**

Nach Auffassung einiger Gerichte ist der Automatenbetrieb geeignet, die Sonn- und Feiertagsruhe zu beeinträchtigen, weil auf Grund des Kundenverkehrs in dem Ladengeschäft nach außen der Eindruck werktäglicher Geschäftigkeit erweckt werde. Im Unterschied zu Bankautomaten halten sich Kunden, die Videofilme zunächst aussuchen und sodann – automatisiert – mieten, für eine gewisse Zeit in dem betreffenden Ladengeschäft auf, was als eine typisch werktägliche Tätigkeit anzusehen sei.[11] Bei dem Verleihvorgang handele es sich nicht um einen notwendigen Bestandteil der eigentlichen Sonn- und Feiertagsgestaltung, die ohne den Verleihvorgang

---

6 Köhler/Bornkamm/*Köhler*, § 4 Rn. 11.35 a; Piper/Ohly/Sosnitza/*Ohly*, § 4 Rn. 11/21.

7 Vgl. *BGH* GRUR 2011, 444 Rn. 53 – Flughafen Frankfurt-Hahn; kritisch zu diesem Kriterium *Beater*, Unlauterer Wettbewerb, Rn. 2489 ff.

8 Köhler/Bornkamm/*Köhler*, § 4 Rn. 11.35 c und 11.144.

9 *OLG Düsseldorf* GRUR-RR 2008, 16; *OLG Hamm* GRUR-RR 2009, 30.

10 *OLG Hamm* GRUR-RR 2009, 30; *OLG Dresden* WRP 2006, 1539, 1540; *VGH Mannheim* NVwZ 2007, 1333; *VGH München* NVwZ 2007, 1215.

11 *OLG Düsseldorf* GRUR-RR 2008, 16, 17; *VGH Mannheim* NVwZ 2007, 1333; *VGH Mannheim* NVwZ-RR 2008, 781.

nicht möglich wäre, weil ein Kunde zu den gewöhnlichen Öffnungszeiten einer Videothek ein Video oder eine DVD ausleihen könne.[12]

Nach anderer – und vorzugswürdiger – Ansicht ist der Automatenbetrieb dagegen nicht geeignet, die Feiertagsruhe zu beeinträchtigen, weil das davon ausgehende Störungspotenzial nur gering ist. Der Betrieb einer Automatenvideothek an Sonn- und Feiertagen beeinträchtigt nicht das Gefühl des Einzelnen, dass es sich um einen für alle verbindlichen Ruhetag handelt, belastet keinen Arbeitnehmer mit sonntäglicher Arbeit und löst auch keinen auf menschliche Sonntagsarbeit abzielenden Konkurrenzkampf aus. Auch ist nicht erkennbar, inwieweit von einer Automatenvideothek qualitativ oder quantitativ andere Beeinträchtigungen ausgehen sollen als von anderen Automaten, die an Sonn- und Feiertagen betrieben werden dürfen.[13]

Zudem kann man die Parallele zur Nutzung von Geldautomaten ziehen. Das Ladengeschäft ist nicht öffentlich zugänglich, sondern steht nur den Inhabern der Chip-Karte zur ergänzenden Ausleihe zur Verfügung. Diese können nur einen bestimmten Film auswählen, sie können sich nicht beraten lassen. Dabei ist es nicht so entscheidend, dass sie den Laden betreten müssen; manche Geldautomaten befinden sich auch innerhalb eines Vorraums. Gerade wenn die Kunden gesichert und diskret in das Geschäft gelangen und es alsbald wieder verlassen, kann das weniger stören als eine Auswahl vor dem Geschäft. Es ist auch nicht gesagt, dass ein entsprechender Aufenthalt im Laden so viel länger ausfallen muss als ein Aufenthalt vor dem Bankautomat. Wer einen bestimmten Film benötigt und mit dem Automaten vertraut ist, benötigt nur eine kurze Zeit und stört die Sonntagsruhe nur unwesentlich.[14]

2. Zwischenergebnis

12 Der Betrieb des Automaten an Sonn- und Feiertagen ist nicht gemäß § 3 Abs. 1 UWG unzulässig.[15]

II. Ergebnis

13 Ein Verstoß gegen § 3 UWG liegt nicht vor.

B. Werbung für den Automaten

14 Fraglich ist, ob die Werbung „Jetzt neu: DVD-Verleih rund um die Uhr – 24 Stunden 365 Tage“ wettbewerbsrechtlich zulässig ist.

I. Verstoß gegen § 3 UWG

1. Unzulässigkeit gemäß § 3 Abs. 3 UWG

15 Gemäß § 3 Abs. 3 UWG sind die im Anhang des Gesetzes aufgeführten geschäftlichen Handlungen gegenüber Verbrauchern stets unzulässig.

---

[12] *OLG Dresden* WRP 2006, 1539, 1540 f. m. w. N.

[13] *VGH München* NVwZ 2007, 1215, 1216; ähnlich *OLG Stuttgart* GRUR-RR 2008, 17, 18 f., jeweils m. w. N.

[14] *OLG Hamm* GRUR-RR 2009, 30, 31.

[15] **Hinweis:** Bei entsprechender Begründung ist die Gegenauffassung selbstverständlich gut vertretbar.

a) Geschäftliche Handlung (§ 2 Abs. 1 Nr. 1 UWG)

Die Werbung dient der Förderung des Absatzes eigener Dienstleistungen. Sie ist damit als eine geschäftliche Handlung zu qualifizieren. 16

b) Gegenüber Verbrauchern

Die Werbung erfolgt gegenüber Verbrauchern (§ 2 Abs. 2 UWG i.V.m. § 13 BGB). 17

c) Tatbestand der Nr. 9 des Anhangs zu § 3 Abs. 3 UWG

Als eine gegenüber Verbrauchern stets unzulässige geschäftliche Handlung gilt gemäß Nr. 9 des Anhangs zu § 3 Abs. 3 UWG „die unwahre Angabe oder das Erwecken des unzutreffenden Eindrucks, eine Ware oder Dienstleistung sei verkehrsfähig". Diese Bestimmung schützt vor dem Erwecken des unzutreffenden Eindrucks, „ein Produkt könne rechtmäßig verkauft werden, obgleich dies nicht der Fall ist".[16] Der Verbraucher wird dabei über die rechtliche Zulässigkeit des Verkaufs bzw. der Erbringung einer Dienstleistung getäuscht. 18

Folgt man der Auffassung, wonach der DVD-„Verleih" mit dem Automaten zulässig ist (s.o.), dann ist der Tatbestand der Nr. 9 nicht verwirklicht. Doch selbst wenn man der Gegenauffassung (oben Rn. 11) folgt, wäre Nr. 9 nicht einschlägig. Denn unzulässig wäre im Fall allenfalls der Verleih von DVDs an Sonn- und Feiertagen, nicht aber der Verleihvorgang selbst.

2. Unzulässigkeit gemäß § 3 Abs. 1 UWG

Zu prüfen bleibt daher, ob die Werbung gemäß § 3 Abs. 1 UWG unzulässig ist. 19

a) Geschäftliche Handlung (§ 2 Abs. 1 Nr. 1 UWG)

Eine geschäftliche Handlung liegt vor (s.o.). 20

b) Unlauterkeit

aa) § 4 Nr. 11 i.V.m. Art. 2 Abs. 1 FTG (Rechtsbruch)

Folgt man der oben vertretenen Rechtsauffassung, wonach ein Verstoß gegen Art. 2 Abs. 1 FTG nicht vorliegt, dann ist die Werbung nicht als Rechtsbruch gemäß § 4 Nr. 11 UWG unlauter. 21

bb) § 5 Abs. 1 S. 2 UWG (Irreführende geschäftliche Handlung)

Auch eine irreführende Werbung liegt nicht vor, wenn der Betrieb des Automaten rechtlich zulässig ist. 22

Allenfalls ist fraglich, ob bei den Kunden der unzutreffende Eindruck erweckt wird, es stehe jederzeit eine persönliche Beratung zur Verfügung. Auszugehen ist jedoch vom durchschnittlich informierten, verständigen und situationsadäquat aufmerksamen Durchschnittsverbraucher[17] (vgl. § 3 Abs. 2 S. 2 UWG). Dieser entnimmt der Werbung des A nur, dass ein DVD-„Verleih" jederzeit möglich ist, nicht aber, dass er zu jeder Zeit durch A oder dessen Mitarbeiter persönlich beraten wird.

16 Vgl. den Wortlaut der Nr. 9 des Anhangs I der UGP-Richtlinie.

17 St. Rspr. seit *BGH* GRUR 2000, 619, 621 – Orient-Teppichmuster.

Ebenfalls unbedenklich ist die Angabe „Verleih" in der Werbung. Zwar meint Leihe nach bürgerlich-rechtlicher Terminologie die unentgeltliche Gestattung des Gebrauchs einer Sache durch den Verleiher (§ 598 BGB). Tatsächlich gemeint ist aber die Vermietung von DVDs. Indessen kommt es nicht auf die rechtswissenschaftliche Fachsprache, sondern auf das durchschnittliche Verständnis der Kunden an. Diese verstehen die Angabe dahingehend, dass ihnen gegen Entgelt („Leihgebühr") der Gebrauch einer DVD ermöglicht wird. Sie unterliegen damit keiner Fehlvorstellung.

3. Zwischenergebnis

23 Die Werbung ist weder nach § 3 Abs. 3 UWG noch nach § 3 Abs. 1 UWG unzulässig.

II. Ergebnis

24 Die Werbung des A verstößt nicht gegen § 3 UWG.

C. Anbieten der Film-DVD

25 Zu prüfen ist nunmehr, ob das Anbieten der „indizierten" Film-DVD gegen § 3 UWG verstößt.

I. Verstoß gegen § 3 UWG

1. Unzulässigkeit gemäß § 3 Abs. 3 UWG

26 Gemäß § 3 Abs. 3 UWG sind die im Anhang des Gesetzes aufgeführten geschäftlichen Handlungen gegenüber Verbrauchern stets unzulässig.

a) Geschäftliche Handlung (§ 2 Abs. 1 Nr. 1 UWG)

27 Das Anbieten der Film-DVD dient der Förderung des Warenabsatzes und ist damit eine geschäftliche Handlung.

b) Gegenüber Verbrauchern

28 Das Angebot richtete sich an Verbraucher (§ 2 Abs. 2 UWG i. V. m. § 13 BGB).

c) Tatbestand der Nr. 9 des Anhangs zu § 3 Abs. 3 UWG

29 Als eine gegenüber Verbrauchern stets unzulässige geschäftliche Handlung gilt gemäß Nr. 9 des Anhangs zu § 3 Abs. 3 UWG „die unwahre Angabe oder das Erwecken des unzutreffenden Eindrucks, eine Ware oder Dienstleistung sei verkehrsfähig". Maßgeblich sind dabei die nationalen Vorschriften über die Verkehrsfähigkeit von Produkten in dem Mitgliedstaat, in dem das Produkt angeboten wird.[18]

Die mangelnde Verkehrsfähigkeit der Film-DVD kann sich aus § 15 Abs. 1 Nr. 3 JuSchG ergeben. Nach dieser Vorschrift dürfen Trägermedien, deren Aufnahme in die Liste jugendgefährdender Medien bekannt gemacht ist, nicht im Einzelhandel

[18] Götting/Nordemann/*Wirtz*, § 3 Rn. 124.

außerhalb von Geschäftsräumen, in Kiosken oder anderen Verkaufsstellen, die Kunden nicht zu betreten pflegen, im Versandhandel oder in gewerblichen Leihbüchereien oder Lesezirkeln einer anderen Person angeboten oder überlassen werden.

Trägermedien sind gemäß § 1 Abs. 2 S. 1 JuSchG Medien mit Texten, Bildern oder Tönen auf gegenständlichen Trägern, die zur Weitergabe geeignet, zur unmittelbaren Wahrnehmung bestimmt oder in einem Vorführ- oder Spielgerät eingebaut sind. Film-DVDs erfüllen diese Voraussetzungen und sind Trägermedien.

Unter Anbieten ist eine einseitige, ausdrückliche oder stillschweigende Erklärung der Bereitschaft zur Überlassung zu verstehen.[19] Durch das Einstellen des Films zum Verkauf im Internet wurde die Film-DVD angeboten. Da die DVD im Wege des Versandhandels nicht angeboten werden darf, könnte diese Ware insoweit nicht verkehrsfähig sein.

Fraglich ist jedoch, ob Nr. 9 nur Anwendung finden kann, wenn eine Ware oder Dienstleistung überhaupt nicht (also unter keinen Umständen) verkehrsfähig ist oder ob es genügt, wenn die Ware oder Dienstleistung – wie im Fall – nicht in der konkreten Form und in der konkreten Art und Weise vertrieben werden darf.

Ein Teil der Literatur spricht sich dafür aus, unter Nr. 9 nur Fälle zu fassen, in denen sich die fehlende Verkehrsfähigkeit generell auf das Produkt bezieht.[20] Ist der Vertrieb eines Produkts dagegen nicht per-se verboten, sondern von bestimmten Modalitäten abhängig (z. B. einer besonderen Fachqualifikation des Verkäufers), die nicht erfüllt sind, würde Nr. 9 hiernach nicht eingreifen.

Gegen diese Auffassung spricht indessen, dass es für die Schutzwürdigkeit des Verbrauchers keinen Unterschied macht, ob ein Produkt überhaupt nicht verkehrsfähig ist oder ob dieses Produkt jedenfalls nicht in dieser Form vertrieben werden darf. Denn in beiden Fällen unterliegt der Verbraucher gleichermaßen einer Fehlvorstellung über die Legalität des Vertriebs. Dieses weiter gehende Verständnis entspricht auch den – rechtlich unverbindlichen – Leitlinien zur Umsetzung/Anwendung der UGP-Richtlinie.[21] Danach soll Nr. 9 des Anhangs I der UGP-Richtlinie auch Fälle erfassen, in denen Produkte, die an sich nicht illegal sind, nur unter bestimmten Voraussetzungen oder unter bestimmten Einschränkungen legal beworben und verkauft werden dürfen.[22] In diesen Fällen dürfe der Gewerbetreibende nicht den Eindruck vermitteln, der Verkauf derartiger Produkte sei nicht an bestimmte rechtliche Beschränkungen oder Bedingungen geknüpft. Mithin greift Nr. 9 auch dann ein, wenn ein Produkt aus Gründen des Jugendschutzes nicht auf einem bestimmten Vertriebsweg angeboten werden darf.[23]

Das Angebot erweckte bei potenziellen Kunden den unzutreffenden Eindruck, die Film-DVD könne zulässigerweise im Versandhandel erworben werden. Mithin liegt ein Verstoß gegen die Nr. 9 des Anhangs zu § 3 Abs. 3 UWG vor.

---

19 Vgl. BGHSt 34, 94, 98.

20 Köhler/Bornkamm/*Bornkamm,* § 3 III Rn. 9.4; wohl auch Harte/Henning/*Weidert,* Anh. § 3 Abs. 3 Nr. 9 Rn. 12.

21 Arbeitspapier der Kommissionsdienststellen, SEK (2009) 1666 vom 3. 12. 2009.

22 Arbeitspapier der Kommissionsdienststellen, SEK (2009) 1666 vom 3. 12. 2009, S. 62.

23 I. E. ebenso Piper/Ohly/Sosnitza/*Sosnitza,* § 3 Rn. 25.

2. Unzulässigkeit gemäß § 3 Abs. 1 UWG

30 Des Weiteren ist zu prüfen, ob das Angebot der DVD auch gemäß § 3 Abs. 1 UWG unzulässig ist.

a) Geschäftliche Handlung (§ 2 Abs. 1 Nr. 1 UWG)

31 Das Anbieten der DVD ist eine geschäftliche Handlung (s. o.).

b) Unlauterkeit

aa) § 4 Nr. 11 UWG i.V.m. §§ 15 Abs. 1 Nr. 3, 27 Abs. 1 Nr. 1, 3 Nr. 2 JuSchG (Rechtsbruch)

32 Der Verkauf der DVD, die einen Film enthält, der „indiziert" ist, kann als Rechtsbruch unlauter sein, § 4 Nr. 11 UWG i. V. m. §§ 15 Abs. 1 Nr. 3, 27 Abs. 1 Nr. 1, 3 Nr. 2 JuSchG.

(1) Gesetzliche Vorschrift

33 Die Normen des Jugendschutzgesetzes sind gesetzliche Vorschriften i. S. v. § 4 Nr. 11 UWG.

(2) Regelung des Marktverhaltens im Interesse der Marktteilnehmer

34 Es handelt sich bei den Vorschriften des JuSchG um Marktverhaltensregeln, weil und soweit diese Vorschriften unter anderem den Verkauf von bestimmten Produkten Beschränkungen unterwerfen. Diese Beschränkungen dienen auch dem Interesse von Marktteilnehmern. Denn die Beschränkung des Versandhandels mit indizierten Medien zielt auf den Schutz von Kindern und Jugendlichen, bei denen es sich um besonders schutzwürdige Verbraucher handelt. Die erhebliche Bedeutung dieses Jugendschutzes findet Ausdruck in der strafrechtlichen Ahndung von Zuwiderhandlungen gegen das Verbot des Versand- und damit auch Internethandels mit derartigen Medien.[24]

(3) Zuwiderhandlung

35 Mit dem Online-Verkauf des Films liegt auch eine Zuwiderhandlung gegen § 15 Abs. 1 Nr. 3 JuSchG vor (s. o.).

bb) § 5 Abs. 1 S. 2 UWG (Irreführende geschäftliche Handlung)

36 Die Täuschung über die Verkehrsfähigkeit der DVD könnte eine Irreführung über die wesentlichen Merkmale eine Ware i. S. d. § 5 Abs. 1 S. 2 Nr. 1 UWG sein.[25] Obgleich der Begriff des wesentlichen Merkmals in § 5 Abs. 1 S. 2 Nr. 1 UWG unionsrechtlich geprägt ist, wird eine Berücksichtigung nationaler Besonderheiten im Hinblick auf die Verkehrsfähigkeit einer Ware oder Dienstleistung dadurch nicht ausgeschlossen. Anderenfalls wäre der Irreführungsschutz lückenhaft, was dem Zweck des § 5 UWG widerspricht. Es ist daher unerheblich, dass sich die fehlende Verkehrsfähigkeit der DVD aus nationalem Jugendschutzrecht ergibt.

---

[24] BGHZ 173, 188 Rn. 34 – Jugendgefährdende Medien bei eBay; Köhler/Bornkamm/*Köhler,* § 4 Rn. 11.35d a. E. und 11.180; MünchKomm-UWG/*Schaffert,* § 4 Nr. 11 Rn. 181; juris-PK/*Link* § 4 Nr. 11 Rn. 216f.

[25] Vgl. Köhler/Bornkamm/*Bornkamm,* § 5 Rn. 4.87; Harte/Henning/*Weidert* § 5 C Rn. 30.

Die geschäftliche Relevanz der Irreführung ist gegeben, weil eine fehlerhafte Information über die Verkehrsfähigkeit einer Ware geeignet ist, das wirtschaftliche Verhalten der Verbraucher zu beeinflussen.

c) Spürbarkeit

Die Spürbarkeit ist bei einem Verstoß gegen § 4 Nr. 11 UWG gesondert festzustellen.[26] Die Bagatellschwelle ist bei dem Verkauf „indizierter" Filme überschritten, da dem Jugendschutz von der Rechtsordnung ein besonderes Gewicht beigemessen wird und damit besonders hochrangige Interessen beeinträchtigt wurden. **37**

Allerdings könnte die Spürbarkeit ausnahmsweise ausgeschlossen sein, weil es sich nach dem Vorbringen des A bei dem Verkauf um ein einmaliges Versehen gehandelt hat. Zwar kann das häufige Begehen einer unlauteren Handlung für deren Spürbarkeit sprechen, jedoch bedeutet dies umgekehrt nicht, dass einmalige Verstöße unerheblich wären.[27] Vielmehr können auch von einmaligen Verstößen Gefahren für wettbewerbsrechtlich geschützte Interessen ausgehen. Daher ist die Spürbarkeit selbst dann zu bejahen, wenn es sich tatsächlich um einen einmaligen „Ausrutscher" gehandelt haben sollte.

Hinsichtlich des Verstoßes gegen § 5 Abs. 1 S. 2 UWG ist eine gesonderte Prüfung der Spürbarkeit entbehrlich.[28]

II. Ergebnis

Es liegt ein Verstoß gegen § 3 UWG vor. **38**

D. Wiederholungsgefahr

Für das Vorliegen einer Wiederholungsgefahr streitet eine tatsächliche, widerlegbare Vermutung. Diese kann grundsätzlich nur durch die Abgabe einer strafbewehrten Unterlassungserklärung widerlegt werden. Die Abgabe einer solchen Erklärung ist indessen von A ausdrücklich abgelehnt worden. Die Vermutung ist damit nicht widerlegt. **39**

E. Anspruchsberechtigung

Die Anspruchsberechtigung des K folgt aus § 8 Abs. 3 Nr. 1 UWG. K und A sind Mitbewerber i. S. v. § 2 Abs. 1 Nr. 3 UWG, da sie in einem konkreten Wettbewerbsverhältnis stehen. Zwar bieten sie nicht völlig gleichartige Leistungen an, dies ist für ein konkretes Wettbewerbsverhältnis jedoch nicht erforderlich. Es genügt ein gewisser Grad an Substituierbarkeit, der hier vorliegt, weil beide Unternehmer jedenfalls DVDs zum Verkauf anbieten und damit – zumindest teilweise – auch auf dem gleichen sachlich relevanten Markt tätig sind. Dass der Rechtsverstoß des A im „online"-Geschäftsverkehr geschehen ist, steht dem nicht entgegen. Es ist nach dem Sachverhalt ferner davon auszugehen, dass beide Geschäfte nah beieinander liegen und damit den gleichen räumlich relevanten Markt betreffen. **40**

---

[26] Köhler/Bornkamm/*Köhler*, § 3 Rn. 147.

[27] Köhler/Bornkamm/*Köhler*, § 3 Rn. 125.

[28] Köhler/Bornkamm/*Köhler*, § 3 Rn. 151; wohl auch Harte/Henning/*Dreyer* § 5 B Rn. 162.

F. Anspruchsverpflichtung

41 Die Anspruchsverpflichtung des A kann sich hier aus zwei Gründen ergeben: Zum einen aus der Verletzung von Überwachungs- und Kontrollpflichten, zum anderen, weil ihm das Handeln des B zuzurechnen ist.

I. Haftung des A als Verletzer

42 Es kann dahinstehen, ob A von dem Versehen des B wusste. Jedenfalls hätte A den B überwachen müssen, um Fehler der vorliegenden Art auszuschließen. Dass A geschäftlich überlastet war, mindert seine Überwachungs- und Kontrollpflichten nicht.

II. Zurechnung des Verhaltens von B

43 Dass der Verkauf nicht durch A, sondern durch B abgewickelt wurde, ändert nichts an der Verantwortlichkeit des A für den Verkauf, wenn ihm die Handlung des B nach § 8 Abs. 2 UWG zugerechnet werden kann. Das setzt allerdings voraus, dass ein Mitarbeiter oder Beauftragter tätig geworden ist. Dagegen spricht, dass B nicht als Angestellter für A gearbeitet und auch kein Entgelt erhalten hat, sondern den Verkauf im Internet nur „vorübergehend" abwickeln sollte und A damit einen Gefallen getan hat. Bei privaten Handlungen und Gefälligkeiten findet § 8 Abs. 2 UWG keine Anwendung.[29]

Allerdings müssen Sinn und Zweck des § 8 Abs. 2 UWG Beachtung finden. Nach § 8 Abs. 2 UWG werden dem Inhaber des Unternehmens Zuwiderhandlungen seiner Mitarbeiter oder Beauftragten wie eigene Handlungen zugerechnet, weil die arbeitsteilige Organisation des Unternehmens die Verantwortung für das Verhalten im Wettbewerb nicht beseitigen soll. Der Unternehmensinhaber, dem die Handlungen seiner Mitarbeiter oder Beauftragten zugute kommen, soll sich bei einer wettbewerbsrechtlichen Haftung nicht hinter den von ihm abhängigen Dritten verstecken können.[30] Hier sollte B, wenn auch nur für begrenzte Zeit, dem A bei seiner geschäftlichen Tätigkeit aushelfen. Die Tätigkeit hatte damit nicht privaten, sondern geschäftlichen Charakter, selbst wenn dies nur aus Gefälligkeit geschah. Über die Anwendbarkeit von § 8 Abs. 2 UWG kann nicht allein der subjektive Wille des Handelnden entscheiden. Daher findet § 8 Abs. 2 UWG auch im vorliegenden Fall Anwendung und A muss sich das Handeln des B ohne Entlastungsmöglichkeit zurechnen lassen.

Frage 2: Unterlassungsanspruch des K gegen B

44 B haftet als Verletzer auch persönlich auf Unterlassung. Dass er aus Gefälligkeit für A tätig geworden ist, steht seiner wettbewerbsrechtlichen Verantwortlichkeit als Täter nicht entgegen (s. o.)

Frage 3: Unterlassungsanspruch des K gegen die E-GmbH (E)

45 In Betracht kommt ein Unterlassungsanspruch nach § 8 Abs. 1 S. 1, 2. Alt. UWG.

[29] *BGH* GRUR 2009, 597 Rn. 15 – Halzband; *BGH* GRUR 2007, 994 Rn. 19 – Gefälligkeit.
[30] *BGH* GRUR 2009, 597 Rn. 15 – Halzband; *BGH* GRUR 2007, 994 – Rn. 19 – Gefälligkeit; *BGH* GRUR 2003, 453, 454 – Verwertung von Kundenlisten, m. w. N.

A. Zuwiderhandlung gegen § 3 UWG

Eine objektive Zuwiderhandlung gegen § 3 UWG liegt vor (s. o.). 46

B. Anspruchsverpflichtung

Die Besonderheit des Falles besteht darin, dass E selbst keinen Rechtsverstoß begangen hat. Denn E ermöglicht lediglich Geschäfte zwischen ihren Nutzern, ist aber selbst nicht als Vertragspartner an diesen Geschäften beteiligt. Möglicherweise ist E aber wettbewerbsrechtlich für Rechtsverletzungen ihrer Nutzer verantwortlich. 47

I. Kein Ausschluss der Haftung nach §§ 7 Abs. 2, 10 TMG

Fraglich ist zunächst, ob eine Haftung der E schon nach §§ 7 Abs. 2, 10 TMG ausgeschlossen ist. Voraussetzung hierfür wäre, dass E Diensteanbieter im Sinne des TMG ist. 48

1. Begriff des Diensteanbieters

Diensteanbieter ist gemäß § 2 Nr. 1 TMG jede natürliche oder juristische Person, die eigene oder fremde Telemedien zur Nutzung bereithält oder den Zugang zur Nutzung vermittelt. Telemedien sind nach der Legaldefinition des § 1 Abs. 1 S. 1 TMG alle elektronischen Informations- und Kommunikationsdienste, soweit sie nicht Telekommunikationsdienste nach § 3 Nr. 24 des Telekommunikationsgesetzes, die ganz in der Übertragung von Signalen über Telekommunikationsnetze bestehen, telekommunikationsgestützte Dienste nach § 3 Nr. 25 des Telekommunikationsgesetzes oder Rundfunk nach § 2 des Rundfunkstaatsvertrages sind. Bei dem Angebot der E handelt es sich um einen elektronischen Informations- und Kommunikationsdienst, der weder als Telekommunikationsdienst noch als Rundfunk anzusehen ist.[31] Da E die Informationen der Nutzer speichert, könnte § 10 TMG Anwendung finden. 49

2. Verantwortlichkeit des Diensteanbieters

Nach §§ 7 Abs. 2, 10 TMG sind Diensteanbieter für fremde Informationen nicht verantwortlich, sofern nicht Ausnahmen eingreifen. Allerdings ist fraglich, ob diese Vorschriften anwendbar sind. Zwar handelt es sich bei den von den Nutzern eingestellten Informationen für E um fremde Informationen. Allerdings regeln §§ 7–10 TMG die Verantwortlichkeit des Diensteanbieters. Diese Regelung zielt allein auf die strafrechtliche Haftung des Anbieters und auf die deliktische Verschuldenshaftung. Nicht erfasst sind dagegen Unterlassungsansprüche.[32] 50

II. Haftung der E als Täter

E könnte eine eigene unlautere Handlung als Täter begangen haben, weil sie die unlautere Handlung eines Nutzers nicht verhindert hat. Eine solche Haftung 51

[31] Vgl. BGHZ 173, 188 Rn. 20 – Jugendgefährdende Medien bei eBay.

[32] *BGH* GRUR 2004, 860, 862 – Internet-Versteigerung I; *BGH* GRUR 2007, 708 Rn. 19 – Internet-Versteigerung II; *BGH* GRUR 2007, 724 Rn. 7 – Meinungsforum; BGHZ 173, 188 Rn. 20 – Jugendgefährdende Medien bei eBay; *BGH* GRUR 2011, 152 Rn. 26 – Kinderhochstühle im Internet.

könnte sich aus dem Verstoß gegen eine wettbewerbsrechtliche Verkehrspflicht ergeben.[33]

1. Wettbewerbsrechtliche Verkehrspflicht

52 Nach den allgemeinen deliktsrechtlichen Maßstäben wäre danach zu fragen, ob eine Verkehrspflicht verletzt wurde. Der BGH hat diesen Rechtsgedanken auf das Wettbewerbsrecht übertragen. Derjenige, der durch sein Handeln im geschäftlichen Verkehr in einer ihm zurechenbaren Weise die Gefahr eröffnet, dass Dritte Interessen von Marktteilnehmern verletzen, die durch das Wettbewerbsrecht geschützt sind, kann eine unlautere Wettbewerbshandlung begehen, wenn er diese Gefahr nicht im Rahmen des Möglichen und Zumutbaren begrenzt. Der Betreiber einer Handelsplattform im Internet schafft in eigenem geschäftlichem Interesse eine allgemein zugängliche Handelsplattform, deren Nutzung in naheliegender Weise mit der Gefahr verbunden ist, schutzwürdige Interessen von Verbrauchern zu beeinträchtigen. Unlauterkeit ist anzunehmen, wenn es der Betreiber unterlässt, im Hinblick auf konkret bekannt gewordene Verstöße zumutbare Vorkehrungen zu treffen, um derartige Rechtsverletzungen künftig so weit wie möglich zu verhindern, und es infolge dieses Unterlassens entweder zu weiteren derartigen Verstößen von Versteigerern gegen das Jugendschutzrecht kommt oder derartige Verstöße ernsthaft zu besorgen sind.[34]

Zur Begründung verweist der BGH darauf, dass es sich bei der deliktischen Haftung für die Verletzung einer Verkehrspflicht um einen allgemeinen Rechtsgedanken handelt, der nicht auf das BGB zu beschränken ist, sondern auch auf sonderdeliktische Bereiche ausgedehnt werden kann. Im Bereich der deliktischen Haftung nach § 823 I BGB sind Verkehrspflichten als Verkehrssicherungspflichten in ständiger Rechtsprechung anerkannt. Verkehrspflichten hat der BGH auch bereits im Immaterialgüterrecht sowie der Sache nach im Wettbewerbsrecht angenommen. Dieser Rechtsprechung aus unterschiedlichen Rechtsbereichen ist der allgemeine Rechtsgrundsatz gemeinsam, dass jeder, der in seinem Verantwortungsbereich eine Gefahrenquelle schafft oder andauern lässt, die ihm zumutbaren Maßnahmen und Vorkehrungen treffen muss, die zur Abwendung der daraus Dritten drohenden Gefahren notwendig sind. Wer gegen eine wettbewerbsrechtliche Verkehrspflicht verstößt, ist Täter einer unlauteren geschäftlichen Handlung.[35]

2. Inhalt der Verkehrspflicht

53 Zum Inhalt dieser Verkehrspflicht gehört die Überwachung von Angeboten der Nutzer. Der Betreiber einer Handelsplattform im Internet ist nicht nur verpflichtet, ein konkretes jugendgefährdendes Angebot, von dem er Kenntnis erlangt hat, unverzüglich zu sperren. Er muss des Weiteren Vorsorge dafür treffen, dass es möglichst nicht zu weiteren gleichartigen Rechtsverletzungen kommt. Solche gleichartigen Rechtsverletzungen sind nicht nur Angebote, die mit den bekannt gewordenen Fällen identisch sind, also das Angebot des gleichen Artikels durch denselben Ver-

[33] **Hinweis:** Davon streng zu unterscheiden ist die sog. „Störerhaftung“. Diese findet im Wettbewerbsrecht keine Anwendung mehr, *BGH* GRUR 2011, 152 Rn. 48 – Kinderhochstühle im Internet.

[34] BGHZ 173, 188 Rn. 22 – Jugendgefährdende Medien bei eBay.

[35] BGHZ 173, 188 Rn. 36 – Jugendgefährdende Medien bei eBay.

steigerer betreffen. Vielmehr hat der Betreiber auch zu verhindern, dass die konkret benannten jugendgefährdenden Medien durch andere Bieter erneut über ihre Plattform angeboten werden.[36]

Legt man diese Maßstäbe der höchstrichterlichen Rechtsprechung zugrunde, ist eine täterschaftliche Haftung von E anzunehmen. Zwar handelte es sich um einen einmaligen Verstoß, von dem E keine Kenntnis hatte. Allerdings muss E sicherstellen, dass es generell nicht zu Rechtsverletzungen dieser Art kommt. Es ist nach der Lebenserfahrung keineswegs ungewöhnlich, dass im Wege von „Online-Auktionen" jugendgefährdende Produkte angeboten werden. Daher trifft E als Betreiber einer Online-Auktionsplattform die Pflicht, mögliche und zumutbare Maßnahmen zu treffen, um das Angebot solcher Produkte zu verhindern, wie z. B. durch den Einsatz von Filtersoftware.[37] Der bloße Hinweis in den AGB, dass der Verkauf solcher Waren und Dienstleistungen unzulässig ist, genügt nicht.

C. Wiederholungsgefahr

Die Wiederholungsgefahr wird widerleglich vermutet. Die Vermutung kann grund- **54**
sätzlich nur durch die Abgabe einer strafbewehrten Unterlassungserklärung widerlegt werden, was hier nicht geschehen ist.

D. Anspruchsberechtigung

K ist als Mitbewerber (§ 2 Abs. 1 Nr. 3 UWG) nach § 8 Abs. 3 Nr. 1 UWG an- **55**
spruchsberechtigt. Zwar besteht ein konkretes Wettbewerbsverhältnis nicht zwischen ihm und E, weil beide ganz unterschiedliche Leistungen anbieten. Entscheidend ist aber, dass E (auch) zugunsten des Warenabsatzes von A handelt. Zwischen K und A besteht, wie bereits geprüft wurde, ein konkretes Wettbewerbsverhältnis.

E. Ergebnis zu Frage 3

Es besteht ein Unterlassungsanspruch des K gegen E. **56**

36 BGHZ 173, 188 Rn. 43 – Jugendgefährdende Medien bei eBay.

37 Vgl. BGHZ 173, 188 Rn. 43 – Jugendgefährdende Medien bei eBay.

Fall 16. Das Probeabonnement

Sachverhalt

K betreibt einen Zeitschriftenladen, in welchem er unter anderem die Wochenzeitschrift „Star" des B-Verlages verkauft. Der B-Verlag gibt durch eine Vereinbarung mit allen Zeitschriftenhändlern, die seine Zeitschriften vertreiben, den Einzelverkaufspreis für seine Zeitschriften verbindlich vor; der Einzelverkaufspreis für „Star" beträgt 2,50 €. Neben dem Verkauf über den Einzelhandel vertreibt der B-Verlag seine Zeitschriften direkt durch Abonnements. Um mehr Kunden zu gewinnen, wirbt der B-Verlag für ein Probeabonnement des „Star", bei dem Kunden 13 Ausgaben dieser Zeitschrift zu einem Preis von 19,00 € abonnieren können. Dies entspricht einem Preis pro Heft von ca. 1,46 €. Zusätzlich erhalten die Probeabonnenten als „Geschenk" nach Wahl eine Kaffeekanne oder eine Armbanduhr im Wert von ca. 15,00 €.

K hält den niedrigen Preis für das Probeabonnement sowie das Gewähren der „Geschenke" durch den B-Verlag für missbräuchlich. Er verweist auf die vom Bundeskartellamt anerkannten Wettbewerbsregeln des Verbandes Deutscher Zeitschriftenverleger (VDZ), dem auch der B-Verlag angehört, für den Vertrieb von abonnierbaren Publikumszeitschriften. Darin heißt es:

„3. Probeabonnements. Kurzabonnements zu Erprobungszwecken („Probeabonnements") sind zulässig, wenn sie zeitlich auf maximal drei Monate begrenzt sind und nicht mehr als 35 % unter dem kumulierten Einzelheftpreis liegen. Derartige Probeabonnements sind nicht beliebig oft wiederholbar; sie dürfen nur in ein reguläres Abonnement führen, wenn dies jederzeit kündbar ist.

4. Werbegeschenke bei Werbeexemplaren und Probeabonnements. Sachgeschenke als Belohnung für die Bereitschaft zur Erprobung („Werbegeschenke") müssen in einem angemessenen Verhältnis zum Erprobungsaufwand stehen."

Nachdem K die Vertriebspraktiken des B-Verlages mehrfach in der Öffentlichkeit kritisiert hat, lehnt der B-Verlag jede weitere Belieferung des K mit Zeitschriften des Verlages ab, während alle sonstigen Betreiber von Zeitschriftenläden weiterhin beliefert werden. Der B-Verlag begründet die Verweigerung der weiteren Belieferung des K damit, dass dessen Äußerungen als geschäftsschädigend anzusehen seien. K bestreitet dies und verlangt vom B-Verlag die Fortsetzung der Belieferung zu den bisherigen Konditionen.

Vermerk für die Bearbeiter: In einem Rechtsgutachten, das auf alle aufgeworfenen Rechtsfragen eingeht, sind die folgenden Fragen zu beantworten:

1. Kann K vom B-Verlag mit Erfolg die Fortsetzung der Belieferung mit Zeitschriften verlangen?
2. Der VDZ wendet sich gegen den Vertrieb von Zeitschriften in Form von Probeabonnements zu den oben genannten Konditionen durch den B-Verlag und verlangt Unterlassung. Mit Erfolg?

Ergänzende Hinweise: Es ist davon auszugehen, dass der B-Verlag nicht marktbeherrschend ist, und dass der VDZ den Anforderungen von § 33 Abs. 2 GWB und § 8 Abs. 3 Nr. 2 UWG genügt.

Gliederung

Lösung

Frage 1: Belieferungsanspruch des K gegen den B-Verlag (B)

A. Kartellrechtlicher Belieferungsanspruch

1 Ein Belieferungsanspruch kann sich aus § 33 Abs. 1 S. 1, 1. Alt. GWB (Beseitigungsanspruch) oder aus § 33 Abs. 3 S. 1 GWB (Schadensersatzanspruch) ergeben.

Die Rechtsprechung ist bei der Behandlung vergleichbarer Fälle unterschiedlich verfahren und hat die Frage der Anspruchsgrundlage häufig offen gelassen.[1] In einigen Fällen einer rechtswidrigen Liefersperre bejahten die Gerichte einen Anspruch auf Belieferung bzw. einen Anspruch auf Abschluss eines Vertrages zu den allgemein üblichen Konditionen und griffen zur Begründung auf § 249 Abs. 1 BGB (Naturalherstellung) zurück.[2]

[1] Z.B. *BGH* WuW/E BGH 1629, 1634f. – Modellbauartikel II; *BGH* WuW/E BGH 2451, 2457 – Cartier-Uhren.

[2] Z.B. BGHZ 36, 91, 100 – Gummistrümpfe; BGHZ 41, 271, 280 – Werkmilchabzug; BGHZ 44, 279, 283ff. – Brotkrieg; BGHZ 49, 90, 98f. – Jägermeister; *BGH* GRUR 1967, 210, 211ff. – Flaschenbier; *BGH* WuW/E BGH 1238, 1245 – Registrierkassen; *BGH* WuW/E BGH 1391, 1395 – Rossignol.

Die besseren Gründe sprechen für eine Heranziehung der Abwehransprüche.[3] Denn diese Ansprüche sind zukunftsgerichtet, während Schadensersatz notwendigerweise vergangenheitsbezogenen ist. Zudem sind Belieferungsansprüche des Betroffenen oder Ansprüche auf Gleichbehandlung als Umkehrakte der maßgeblichen Verletzungshandlung anzusehen und damit taugliche Gegenstände der Störungsbeseitigung. Schließlich verlangen Abwehransprüche – was deren Durchsetzung erleichtert – keinen Nachweis des Verschuldens. Richtige Anspruchsgrundlage ist daher § 33 Abs. 1 S. 1, 1. Alt. GWB.

I. Verstoß gegen das GWB

Es muss ein Verstoß gegen das GWB vorliegen.[4] In Betracht kommt eine Zuwider- 2
handlung gegen § 20 Abs. 1 GWB.

1. § 20 Abs. 1 GWB (Unbillige Behinderung oder unsachliche unterschiedliche Behandlung)

a) B als Normadressat

Normadressaten des § 20 Abs. 1 GWB sind neben marktbeherrschenden Unter- 3
nehmen auch Unternehmen, die Preise unter anderem nach § 30 Abs. 1 S. 1 GWB binden dürfen. § 20 Abs. 1 GWB gilt gemäß § 20 Abs. 2 S. 1 GWB ferner für Unternehmen, von denen kleine oder mittlere Unternehmen als Anbieter oder Nachfrager in bestimmter Weise abhängig sind.

aa) Preisbinder

Als Unternehmen, das Zeitungen und Zeitschriften herstellt, ist B dazu berechtigt, 4
seinen Abnehmern eine Preisbindung aufzuerlegen. Dies folgt aus § 30 Abs. 1 S. 1 GWB.[5] Als Preisbinder unterliegt B den Bestimmungen des § 20 Abs. 1 GWB.

bb) Abhängigkeit des K

Es kann ferner davon ausgegangen werden, dass K als kleines oder mittleres Unter- 5
nehmen von B in der Weise abhängig ist, dass ausreichende und zumutbare Möglichkeiten, auf andere Unternehmen auszuweichen, nicht bestehen (§ 20 Abs. 2 S. 1 GWB). Im Falle des K besteht eine sog. sortimentsbedingte Abhängigkeit.[6] Denn um wettbewerbsfähig zu sein, muss K auch Zeitschriften des B anbieten, da Kunden in Zeitschriftenläden eine breite Auswahl unterschiedlicher Presseerzeugnisse verschiedener Verlage erwarten.

b) Üblicherweise zugänglicher Geschäftsverkehr

Das Tatbestandsmerkmal soll die Anwendung des Behinderungs- und Diskriminie- 6
rungsverbots auf Geschäftsbeziehungen in Märkten beschränken, in denen auch andere Unternehmen tätig sind.[7] Die Rechtsprechung ist allerdings großzügig. Sie

---

[3] Langen/Bunte/*Bornkamm*, § 33 Rn. 95; Immenga/Mestmäcker/*Markert*, § 20 Rn. 231.

[4] § 33 Abs. 1 S. 1 GWB gilt auch für Verstöße gegen EU-Kartellrecht, das jedoch im konkreten Fall nicht in Betracht kommt.

[5] Zu den Gründen dieser Regelung *Alexander*, ZWeR 2007, 289, 253 f. m. w. N.

[6] Dazu Immenga/Mestmäcker/*Markert*, § 20 Rn. 62 ff.; Langen/Bunte/*Nothdurft*, § 20 Rn. 61 ff.; vgl. auch *BGH* GRUR 2012, 84 Rn. 54 – Grossistenkündigung.

[7] *Bechtold*, § 20 Rn. 31.

lässt eine „verhältnismäßig grobe Sichtung" genügen und bejaht dieses Erfordernis, wenn die zu vergleichenden Unternehmen nach unternehmerischer Tätigkeit und wirtschaftlicher Funktion im Verhältnis zur Marktgegenseite dieselben Anforderungen erfüllen.[8] Maßgeblich ist die allgemeine Marktsituation, wobei danach zu fragen ist, ob ein Individualverhältnis vorliegt, das keiner kartellrechtlichen Kontrolle bedarf. Das ist hier nicht der Fall.

c) Unsachliche unterschiedliche Behandlung gegenüber gleichartigen Unternehmen

aa) Unterschiedlich

7 Da B nur K nicht mehr mit Zeitschriften beliefert, aber alle sonstigen Zeitschriftenhändler weiterhin mit Zeitschriften des Verlages versorgt, liegt eine ungleiche Behandlung von gleichartigen Unternehmen vor.

bb) Unsachlich

8 Die Prüfung der Unsachlichkeit bedarf einer umfassenden Interessenabwägung unter Berücksichtigung der auf die Freiheit des Wettbewerbs gerichteten Zielsetzung des GWB.[9] Auf Seiten des B besteht ein schützenswertes Interesse daran, Lieferbeziehungen nur zu Abnehmern zu unterhalten, die sich nicht geschäftsschädigend verhalten. Keinem Unternehmen ist es zuzumuten, Geschäftsbeziehungen zu einem anderen Unternehmen aufrecht erhalten zu müssen, wenn das Vertrauensverhältnis zerstört ist.[10] Auf Seiten des K ist zu bedenken, dass Zeitschriftenhändler gerade davon leben, möglichst eine große Vielfalt von Presseerzeugnissen anbieten zu können und daher eine Nichtbelieferung durch einen Verlag besonders schwerwiegende Folgen haben kann.

Die öffentliche Kritik von K an der Vertriebspraktik des B ist für diesen zwar ärgerlich, doch handelt es sich nicht um ein geschäftsschädigendes Verhalten, das die Einstellung der Belieferung sachlich rechtfertigen könnte. Vielmehr muss ein Unternehmen auch öffentlich geäußerte Kritik von seinen Geschäftspartnern hinnehmen. Dies gilt umso mehr, als sich die Kritik des K auf die Vertriebspraktik des B bezog, die bei den betroffenen Zeitschriftenhändlern möglicherweise erhebliche wirtschaftliche Einbußen zur Folge hat. Hinzu kommt, dass die Einstellung der Belieferungen nicht nur das Individualinteresse des betroffenen K, sondern auch das Allgemeininteresse an der breiten Versorgung der Bevölkerung mit Medien gefährden kann.

d) Unbillige Behinderung

9 Die Behinderung schließt die Ungleichbehandlung mit ein,[11] sodass sich die Diskriminierung zugleich als eine Erscheinungsform der Behinderung darstellt.[12] Für die Unbilligkeit ist auf die Interessenabwägung oben zu verweisen.

---

8 St. Rspr. *BGH* GRUR 2004, 351, 352 – Depotkosmetik im Internet – m. w. N.

9 St. Rspr. *BGH* WuW/E BGH 2351, 2357 – Belieferungsunwürdige Verkaufsstellen II; *BGH* WuW/E *BGH* 2479, 2482 – Reparaturbetrieb; *BGH* WuW/E BGH 2584, 2588 – Lotterievertrieb.

10 Vgl. Immenga/Mestmäcker/*Markert,* § 20 Rn. 173.

11 Vgl. *BGH* WuW/E BGH 2762, 2767 f. – Amtsanzeiger.

12 Langen/Bunte/*Nothdurft,* § 20 Rn. 109.

2. Zwischenergebnis

Es liegt ein Verstoß gegen § 20 Abs. 1 GWB vor. **10**

II. Fortdauer des Störungszustands

Ein Beseitigungsanspruch setzt weiterhin voraus, dass von dem Rechtsverstoß fortdauernde Störungen ausgehen.[13] Die Störung besteht hier in der Nichtbelieferung des K, die weiterhin andauert. **11**

III. Anspruchsberechtigung

Zur Geltendmachung des Beseitigungsanspruchs berechtigt ist der Betroffene. Betroffen ist gemäß § 33 Abs. 1 S. 3 GWB, wer als Mitbewerber oder sonstiger Marktbeteiligter durch den Verstoß beeinträchtigt ist. K ist Abnehmer und damit sonstiger Marktbeteiligter.[14] Da die Nichtbelieferung seine kartellrechtlich geschützten Interessen verletzt (s. o.), ist er beeinträchtigt und damit Betroffener. **12**

IV. Anspruchsverpflichtung

B ist als Verletzer anspruchsverpflichtet. **13**

V. Anspruchsinhalt

Der Inhalt des Beseitigungsanspruchs richtet sich nach der konkreten Verletzungsform. Die Rechtsprechung bejaht in Fällen der Liefersperre einen Anspruch auf Belieferung bzw. einen Anspruch auf Abschluss eines Vertrages zu den allgemein üblichen Bedingungen.[15] Hier kommt ein Anspruch des K gegen B auf Fortsetzung der Belieferung mit Zeitschriften des B zu den vor der Liefersperre geltenden oder zu aktuellen Konditionen[16] in Betracht (Kontrahierungszwang). **14**

B. Wettbewerbsrechtlicher Belieferungsanspruch

Ein wettbewerbsrechtlicher Belieferungsanspruch kann sich aus § 8 Abs. 1 S. 1, 1. Alt. UWG ergeben. Hinsichtlich des Beseitigungsanspruchs als „richtiger" Anspruchsgrundlage gilt das oben Gesagte. **15**

I. Anwendbarkeit des UWG

Das UWG ist grundsätzlich neben dem GWB anwendbar, weil beide Gesetze zwar Bestandteile einer einheitlichen Gesamtordnung des Wettbewerbs bilden,[17] aber im **16**

---

13 Vgl. *BGH* GRUR 2009, 685 Rn. 39 – ahd.de; Immenga/Mestmäcker/*Emmerich,* § 33 Rn. 100.

14 Vgl. Langen/Bunte/*Bornkamm,* § 33 Rn. 20; Immenga/Mestmäcker/*Emmerich,* § 33 Rn. 22.

15 Z. B. BGHZ 36, 91, 100 – Gummistrümpfe; BGHZ 41, 271, 280 – Werkmilchabzug; BGHZ 44, 279, 283 ff. – Brotkrieg; BGHZ 49, 90, 98 f. – Jägermeister; *BGH* GRUR 1967, 210, 211 ff. – Flaschenbier; *BGH* WuW/E BGH 1238, 1245 – Registrierkassen; *BGH* WuW/E BGH 1391, 1395 – Rossignol.

16 **Hinweis:** Diese Einschränkung ist notwendig, weil sich die Marktverhältnisse in der Zwischenzeit wesentlich geändert haben können und es unzumutbar wäre, wenn B nicht die Chance erhielte, die Belieferung zu den aktuellen Konditionen aufzunehmen.

17 Köhler/Bornkamm/*Köhler,* Einl. Rn. 6.11.

Einzelnen unterschiedliche Schutzziele verfolgen.[18] Allerdings können sich im Hinblick auf bestimmte Rechtsverletzungen Einschränkungen ergeben (dazu näher unten).

II. Verstoß gegen § 3 UWG

1. Unzulässigkeit gemäß § 3 Abs. 1 UWG

17 Eine Unzulässigkeit gemäß § 3 Abs. 3 UWG kommt nicht in Betracht, denn zwischen K und B besteht ein „B2B"-Verhältnis.Daher ist zu prüfen, ob die Liefersperre gemäß § 3 Abs. 1 UWG unzulässig ist.

a) Geschäftliche Handlung (§ 2 Abs. 1 Nr. 1 UWG)

18 Eine geschäftliche Handlung ist jedes Verhalten einer Person zugunsten des eigenen oder eines fremden Unternehmens vor, bei oder nach einem Geschäftsabschluss, das mit der Förderung des Absatzes oder des Bezugs von Waren oder Dienstleistungen oder mit dem Abschluss oder der Durchführung eines Vertrags über Waren oder Dienstleistungen objektiv zusammenhängt. Hierzu gehört auch die Lieferung oder Nichtbelieferung eines Unternehmens mit den eigenen Waren.

b) Unlauterkeit

19 Die Generalklausel des § 3 Abs. 1 UWG wird durch die Beispielstatbestände der §§ 4 bis 6 UWG konkretisiert. Es ist daher zu prüfen, ob diese Tatbestände verwirklicht wurden.

aa) § 4 Nr. 11 UWG i.V.m. § 20 Abs. 1 GWB (Rechtsbruch)

(1) Gesetzliche Vorschrift

20 § 20 Abs. 1 GWB ist eine Rechtsnorm und damit eine gesetzliche Vorschrift (vgl. Art. 2 EGBGB).

(2) Regelung des Marktverhaltens im Interesse der Marktteilnehmer

21 § 20 Abs. 1 GWB beinhaltet spezielle Regelungen zum Marktverhalten von bestimmten Unternehmen zum Schutze anderer Marktbeteiligter und würde damit „an sich" vom Tatbestand des § 4 Nr. 11 UWG erfasst.[19] Jedoch ist zu beachten, dass mit Hilfe des UWG nicht spezialgesetzliche Sanktionsvorschriften umgangen werden dürfen.

Das Gesetz gegen Wettbewerbsbeschränkungen enthält eine abschließende Regelung der zivilrechtlichen Ansprüche, die Mitbewerber und Wettbewerbsverbände im Falle von Verstößen gegen kartellrechtliche Verbote geltend machen können.[20] Im Zuge der 7. GWB-Novelle 2005 hat der Gesetzgeber die Anspruchsberechtigung in § 33 Abs. 1 GWB deutlich erweitert. Während der Regierungsentwurf noch an dem von der Rechtsprechung in der Vergangenheit teilweise restriktiv ausgeleg-

[18] Köhler/Bornkamm/*Köhler,* Einl. Rn. 6.13.

[19] Zum alten Recht hat die Rspr. einen „Vorsprung durch Rechtsbruch" bei Verstoß gegen kartellrechtliche Vorschriften bejaht: *BGH* WuW/E BGH 251, 259 – 4711; *BGH* WuW/E BGH 1519, 1520 – 4 zum Preis von 3; *BGH* WuW/E BGH 2819, 2820 – Zinssubvention.

[20] BGHZ 166, 154 Rn. 13 – Probeabonnement.

ten Schutzgesetzerfordernis festgehalten hatte,[21] hat der Gesetzgeber auf Grund der Beschlussempfehlung des federführenden Ausschusses für Wirtschaft[22] auf die weitergehende, generell jeden betroffenen Mitbewerber oder sonstigen Marktteilnehmer einschließende Fassung der Anspruchsberechtigung zurückgegriffen, die bereits im Referentenentwurf vorgesehen war. Diese Regelung lehnt sich zwar an § 8 Abs. 3 UWG an, geht aber über diese insofern hinaus, als sie eine Anspruchsberechtigung nicht nur der Mitbewerber, sondern auch der Marktteilnehmer auf der Marktgegenseite vorsieht. Andererseits bleibt die kartellrechtliche hinter der wettbewerbsrechtlichen Regelung zurück, als sie keine Anspruchsberechtigung der Verbraucherverbände vorsieht. Der Gesetzgeber hat damit in der Erweiterung wie in der Beschränkung eine Regelung getroffen, die bewusst von dem Modell des UWG abweicht. Er hat damit deutlich gemacht, dass es sich um eine abschließende Regelung für die zivilrechtliche Durchsetzung kartellrechtlicher Bestimmungen handelt.[23] Die kartellrechtliche Regelung unterscheidet ferner klar zwischen kartellrechtlichen Verboten, die nach § 33 Abs. 1 GWB auch zivilrechtlich durchgesetzt werden können (z.B. §§ 1, 19 Abs. 1, 20, 21 GWB), und (Missbrauchs-)Tatbeständen, die – wie § 30 Abs. 3 GWB – lediglich ein Eingreifen der Kartellbehörde ermöglichen. Diese differenzierte gesetzliche Regelung könnte umgangen werden, wenn kartellrechtliche Missbrauchstatbestände, die nicht als Verbote ausgestaltet sind, gleichwohl mit Hilfe des Wettbewerbsrechts durchgesetzt werden könnten oder wenn – ungeachtet der bewussten Beschränkung der Anspruchsberechtigung in § 33 GWB – bei Zuwiderhandlungen gegen kartellrechtliche Verbote stets auch ein wettbewerbsrechtlicher Unterlassungsanspruch unter dem Gesichtspunkt des Rechtsbruchs (§§ 3 Abs. 1, 4 Nr. 11 UWG) bejaht würde.[24] Ein Verstoß gegen kartellrechtliche Bestimmungen unterfällt damit nicht § 4 Nr. 11 UWG.

bb) § 4 Nr. 10 UWG (Gezielte Behinderung)

Eine gezielte Behinderung gemäß § 4 Nr. 10 UWG kommt schon deswegen nicht 22
in Betracht, weil K und B hinsichtlich der Belieferung in einem Vertikalverhältnis stehen, also nicht in einem konkreten Wettbewerbsverhältnis i.S.d. § 2 Abs. 1 Nr. 3 UWG,[25] und damit nicht Mitbewerber sind.

cc) § 4 Nr. 1 UWG (Unangemessener unsachlicher Einfluss)

Eine Unlauterkeit gemäß § 4 Nr. 1 UWG kommt zwar prinzipiell in Betracht, weil 23
die Vorschrift sämtliche Marktteilnehmer (§ 2 Abs. 1 Nr. 2 UWG) und damit gerade auch im Vertikalverhältnis schützt. Allerdings ist wiederum die Wertung zu beachten, dass über das UWG nicht Kartellrechtsverstöße sanktioniert werden dürfen. Der Vorrang des GWB gilt für „Fälle, in denen sich der Vorwurf der Unlauterkeit allein aus dem kartellrechtlichen Verstoß speist".[26] Da im Rahmen des § 4 Nr. 1 UWG letztlich auf die gleichen Gründe abgestellt werden müsste, wie bei der Prüfung von § 20 Abs. 1 GWB, greift insoweit die Sperrwirkung des GWB.[27]

---

21 BT-Drs. 15/3640, S. 11.
22 BT-Drs. 15/5049, S. 16.
23 BGHZ 166, 154 Rn. 14 – Probeabonnement.
24 BGHZ 166, 154 Rn. 15 – Probeabonnement.
25 **Hinweis:** Anders liegt es aber hinsichtlich des Warenabsatzes gegenüber Kunden (dazu unten).
26 BGHZ 166, 154 Rn. 17 – Probeabonnement.
27 Vgl. *Alexander,* ZWeR 2007, 239, 250.

2. Zwischenergebnis

24 Die Handlung des B ist nicht gemäß § 3 Abs. 1 UWG unzulässig.

C. Ergebnis zu Frage 1

25 Es besteht ein kartellrechtlicher Beseitigungsanspruch des K gegen B des Inhalts, dass K von B die Wiederaufnahme der Belieferung mit Zeitschriften des Verlages zu den zuletzt geltenden Konditionen oder zu den aktuellen Konditionen verlangen kann.

Frage 2: Unterlassungsanspruch des VDZ gegen B

26 Ein Unterlassungsanspruch des VDZ gegen B könnte sich aus § 33 Abs. 1 S. 1, 2. Alt. GWB oder aus § 8 Abs. 1 S. 1, 2. Alt. UWG ergeben.

A. Kartellrechtlicher Unterlassungsanspruch

27 Zu prüfen ist ein kartellrechtlicher Unterlassungsanspruch gemäß § 33 Abs. 1 S. 1, 2. Alt. GWB. Das setzt voraus, dass ein Verstoß gegen eine kartellrechtliche Norm vorliegt und Wiederholungsgefahr gegeben ist.

I. Verstoß gegen das GWB

1. § 30 Abs. 3 Nr. 1 GWB (Missbräuchliche Handhabung einer Preisbindung)

28 Es kann dahinstehen, ob die besonders vorteilhafte Preisgestaltung des Probeabonnements und die Gewährung von „Geschenken" an Probeabonnenten als missbräuchliche Handhabung einer Preisbindung anzusehen sind. Denn § 30 Abs. 3 GWB sieht bei Verletzungen lediglich eine Eingriffsbefugnis des Bundeskartellamtes vor.[28] Zivilrechtliche Ansprüche kommen deswegen nur in Betracht, wenn der, insoweit konstitutiven, Missbrauchsverfügung der Kartellbehörde zuwidergehandelt wird.[29]

2. § 20 Abs. 1 GWB (Unbillige Behinderung oder unsachliche unterschiedliche Behandlung)

29 B könnte gegen § 20 Abs. 1 GWB verstoßen haben.

a) B als Normadressat

30 B ist Normadressat des § 20 Abs. 1 GWB (s. o.).

b) Üblicherweise zugänglicher Geschäftsverkehr

31 Auch diese Voraussetzung ist gegeben (s. o.).

[28] Zudem kann das Bundeskartellamt nicht gegen das (angeblich) missbräuchliche Verhalten als solches vorgehen, sondern nur „die Preisbindung für unwirksam erklären und die Anwendung einer neuen, gleichartigen Preisbindung verbieten"; vgl. *Alexander,* ZWeR 2007, 239, 243 f.

[29] Vgl. BGHZ 166, 154 Rn. 13, 15 – Probeabonnement; Langen/Bunte/*Bornkamm,* § 33 Rn. 61 m. w. N.

c) Unsachliche unterschiedliche Behandlung

Eine Diskriminierung liegt nicht vor, weil durch die Vertriebspraktik des B alle preisgebundenen Händler gleichermaßen betroffen sind, B also nicht ungleich behandelt wird. 32

d) Unbillige Behinderung

aa) Behinderung

Der Begriff der Behinderung in § 20 Abs. 1 GWB ist weit zu verstehen und erfasst jedes Marktverhalten, das objektiv nachteilige Auswirkungen für den Betroffenen hat.[30] Eine solche Behinderung liegt hier vor, weil K durch die günstigen Konditionen des Probeabonnements Kunden verlieren kann. 33

bb) Unbillig

Ebenso wie die Prüfung der Unsachlichkeit (s. o.) bedarf die Prüfung der Unbilligkeit einer umfassenden Interessenabwägung unter Berücksichtigung der auf die Freiheit des Wettbewerbs gerichteten Zielsetzung des GWB.[31] 34

Eine unbillige Behinderung könnte in der Verletzung besonderer Rücksichtnahmepflichten zwischen dem Preisbinder und den preisgebundenen Unternehmen liegen. Der preisbindende Unternehmer darf danach nichts tun, was die Bindung der Endverkaufspreise untergräbt und dem vertragstreuen gebundenen Händler Schwierigkeiten bereiten kann.[32]

Nicht zu beanstanden ist es, wenn ein Verlag seine Zeitschriften im Abonnement zu einem günstigeren Preis anbietet als im (preisgebundenen) Einzelverkauf. Denn es liegt auf der Hand, dass für den Zeitschriftenverlag der Abonnent, der sich zur regelmäßigen Abnahme der Zeitschrift verpflichtet, ein wesentlich attraktiverer Kunde ist als derjenige, der die Zeitschrift gelegentlich im Handel erwirbt. Mit dem Abonnenten kann der Verlag auf längere Zeit rechnen, während der Erwerber eines Einzelheftes keine Gewähr dafür bietet, dass er das nächste und übernächste Heft ebenfalls erwirbt.[33]

Ebenfalls keinen Bedenken unterliegt die Praxis, nochmals günstigere Angebote für ein Probeabonnement anzubieten. Zwar ist denkbar, dass ein attraktives Probeabonnement zu Lasten des Einzelverkaufs gehen kann. Dabei ist aber zu berücksichtigen, dass für den Einzelhandel nur der Dauerabonnent „verloren" ist, nicht aber der Probeabonnent. Es ist möglich, dass bei einem besonders vorteilhaften Probeabonnement dieses allein um seiner selbst willen geschlossen wird, ohne dass es später als Dauerabonnement fortgesetzt wird.[34] Auf diese Weise können die Zeitschriftenhändler von einem Probeabonnement sogar profitieren. Denn möglicher-

---

30 BGHZ 81, 322, 327 – Original-VW-Ersatzteile II; BGHZ 116, 47, 57 – Amtsanzeigen; *BGH* GRUR 1999, 278, 280 – Schilderpräger im Landratsamt.

31 St. Rspr. *BGH* WuW/E BGH 2351, 2357 – Belieferungsunwürdige Verkaufsstellen II; *BGH* WuW/E BGH 2479, 2482 – Reparaturbetrieb; *BGH* WuW/E BGH 2584, 2588 – Lotterievertrieb; *BGH* GRUR 2012, 84 Rn. 37 – Grossistenkündigung.

32 Vgl. BGHZ 38, 90, 94 – Grote Revers; BGHZ 40, 135, 139 – Trockenrasierer; BGHZ 53, 76, 86 – Schallplatten II; BGHZ 166, 154 Rn. 23 – Probeabonnement.

33 BGHZ 166, 154 Rn. 25 – Probeabonnement.

34 BGHZ 166, 154 Rn. 26 – Probeabonnement.

weise lernt der Leser durch das Probeabonnement eine Zeitschrift kennen, die er zwar nach Ablauf der Probezeit nicht auf Dauer abonniert, aber nunmehr öfter im Zeitschriftenhandel erwirbt.

II. Ergebnis

35 Ein Verstoß gegen Kartellrechtsvorschriften liegt nicht vor. Daher besteht auch kein Unterlassungsanspruch gemäß § 33 Abs. 1, S. 1, 2. Alt GWB.

B. Wettbewerbsrechtlicher Unterlassungsanspruch

36 Möglicherweise besteht aber ein wettbewerbsrechtlicher Unterlassungsanspruch des VDZ gegen B nach § 8 Abs. 1 S. 1, 2. Alt. UWG.

I. Verstoß gegen § 3 UWG

1. Unzulässigkeit gemäß § 3 Abs. 1 UWG

a) Geschäftliche Handlung (§ 2 Abs. 1 Nr. 1 UWG)

37 B fördert durch die Werbemaßnahmen den Absatz eigener Waren (Zeitschrift „Star“). Somit liegt eine geschäftliche Handlung vor.

b) Unlauterkeit

aa) § 4 Nr. 11 UWG (Rechtsbruch)

38 Eine Unlauterkeit unter dem Aspekt des Verstoßes gegen eine Marktverhaltensregelung (Rechtsbruch) kann nicht vorliegen.

Ein Verstoß gegen Kartellrechtsvorschriften ist nicht gegeben und könnte ohnehin nicht mit Hilfe des UWG verfolgt werden (s. o.).

Ob B gegen die VDZ-Regeln verstoßen hat, kann an dieser Stelle offen bleiben, weil die VDZ-Regeln weder im formellen noch im materiellen Sinne Gesetze sind und damit nicht von § 4 Nr. 11 UWG erfasst werden. Dies gilt selbst dann, wenn das Bundeskartellamt diese Vorschriften nach den §§ 24ff. GWB anerkannt hat. Denn die Anerkennung verleiht den Wettbewerbsregeln keine Gesetzeskraft. Zwar wird die Kartellbehörde in der Regel Wettbewerbsregeln die Anerkennung versagen, die ein wettbewerbsrechtlich unbedenkliches Verhalten als unzulässig bezeichnen. Dies bedeutet indessen nicht, dass dem Richter, der in einem Zivilrechtsstreit über die wettbewerbsrechtliche Zulässigkeit eines Verhaltens zu entscheiden hat, die Entscheidung dadurch abgenommen wäre, dass die Kartellbehörde Wettbewerbsregeln nach §§ 24 Abs. 3, 26 Abs. 1 GWB anerkannt hat, die von der wettbewerbsrechtlichen Unzulässigkeit des fraglichen Verhaltens ausgehen. Vielmehr beschränkt sich die rechtliche Bedeutung der Anerkennung auf eine Selbstbindung der Kartellbehörde, die bei unveränderter Sachlage die Verabschiedung dieser Wettbewerbsregeln nicht mehr als Kartellverstoß nach § 1 GWB verfolgen kann (vgl. § 26 Abs. 1 S. 2 GWB).[35]

[35] BGHZ 166, 154 Rn. 20 – Probeabonnement.

bb) § 4 Nr. 10 UWG (Gezielte Behinderung)

(1) Mitbewerber

39 Eine gezielte Behinderung von Mitbewerbern kommt in Betracht, wenn B und die Zeitschriftenhändler in einem konkreten Wettbewerbsverhältnis stehen (§ 2 Abs. 1 Nr. 3 UWG). Soweit es um die Belieferung mit Zeitschriften geht, besteht kein konkretes Wettbewerbsverhältnis (s. o.).

Anderes gilt aber hinsichtlich des Warenabsatzes gegenüber den Käufern von Zeitschriften. Denn die Zeitschriftenhändler und B wenden sich insoweit an den gleichen Kundenkreis. Dass es sich beim Verkauf in Zeitschriftenläden und beim Abonnement bzw. Probeabonnement um unterschiedliche Vertriebswege beim Absatz von Presseerzeugnissen handelt, schließt ein konkretes Wettbewerbsverhältnis nicht aus. Dies ergibt sich schon aus der Kontrollüberlegung, dass der Absatz jeweils zu Lasten der anderen Partei geht: Wenn ein Kunde beispielsweise die Zeitschrift „Star" direkt bei B abonniert, wird er diese Zeitung nicht mehr bei einem Zeitschriftenhändler erwerben.

(2) Behinderung

40 Eine Behinderung von Mitbewerbern setzt eine Beeinträchtigung der wettbewerblichen Entfaltungsmöglichkeiten eines Mitbewerbers voraus.[36] Die Behinderung kann sich auf alle Wettbewerbsparameter des Mitbewerbers wie beispielsweise Absatz, Bezug, Werbung, Produktion, Finanzierung oder Personal beziehen. Da die Vertriebspraktik des B zu Lasten der Händler gehen kann, liegt eine Behinderung vor.

(3) Gezielt

41 Zu prüfen ist, ob die Behinderung „gezielt" erfolgte. Eine Behinderungs- oder Verdrängungsabsicht ist zwar ausreichend, andererseits aber nicht erforderlich.[37] Durch das Tatbestandsmerkmal des gezielten Handelns in § 4 Nr. 10 UWG wird klargestellt, dass eine Behinderung von Mitbewerbern als bloße Folge des Wettbewerbs nicht ausreicht, um den Tatbestand dieser Vorschrift zu verwirklichen.[38] Es ist eine Gesamtwürdigung der Umstände des jeweiligen Einzelfalls geboten, bei der die sich gegenüberstehenden Interessen der Mitbewerber, der Verbraucher, der sonstigen Marktteilnehmer sowie der Allgemeinheit gegeneinander abzuwägen sind.[39] Die Schwelle der als bloße Folge des Wettbewerbs hinzunehmenden Behinderung ist erst überschritten, wenn das betreffende Verhalten bei objektiver Würdigung der Umstände auf die Beeinträchtigung der wettbewerblichen Entfaltung des Mitbewerbers und nicht in erster Linie auf die Förderung des eigenen Wettbewerbs gerichtet ist.[40]

(a) Keine Indizwirkung der VDZ-Regeln

42 Möglicherweise könnten die VDZ-Regeln zur Konkretisierung des § 4 Nr. 10 UWG herangezogen werden. Bei diesen handelt es sich zwar, wie soeben geprüft,

36 BGHZ 148, 1, 5 – Mitwohnzentrale.de; *BGH* GRUR 2004, 877, 879 – Werbeblocker; Köhler/Bornkamm/*Köhler,* § 4 Rn. 10.6; Piper/Ohly/Sosnitza/*Ohly,* § 4 Rn. 10/8; juris-PK/*Müller-Bidinger/Seichter,* § 4 Nr. 10 Rn. 26.

37 Köhler/Bornkamm/*Köhler,* § 4 Rn. 10.10.

38 BGHZ 171, 73 Rn. 22 – Außendienstmitarbeiter.

39 *BGH* GRUR 2004, 877, 879 – Werbeblocker; BGHZ 148, 1, 5 – Mitwohnzentrale.de; *BGH* GRUR 2009, 685 Rn. 41 – ahd.de.

40 *BGH* GRUR 2008, 917 Rn. 23 – EROS.

nicht um gesetzliche Vorschriften, doch könnten diesen bei wertender Betrachtung zumindest Anhaltspunkte zu entnehmen sein, welche Verhaltensweisen als wettbewerbskonform und als wettbewerbswidrig anzusehen sind. Denn mit Wettbewerbsregeln werden im Wege der Selbstregulierung brancheneinheitliche Maßstäbe für das unternehmerische Verhalten geschaffen.

Nach h.M., der auch die *Probeabonnement*-Entscheidung folgt, bleiben Wettbewerbsregeln für die verbindliche Beurteilung der Unlauterkeit einer Handlung außer Betracht, doch sollen sie Indizwirkung entfalten können.[41] Es besteht Einigkeit darüber, dass der Wettbewerb in bedenklicher Weise beschränkt würde, wenn ein branchenübliches Verhalten zur Norm erhoben würde. Auch der Umstand, dass Wettbewerbsregeln von der Kartellbehörde anerkannt werden, verleiht ihnen keine Rechtsnormqualität (s. o.).

Im Schrifttum werden gegen eine solche Indizwirkung Bedenken erhoben.[42] Auf eine Entscheidung im Streitstand kommt es allerdings nicht an, weil den VDZ-Regeln jedenfalls im konkreten Fall keine Indizwirkung entnommen werden kann. Denn die VDZ-Regeln verbieten Verhaltensweisen, die nach der neueren Rechtsprechung des BGH als wettbewerbsrechtlich zulässig gelten müssen. Denn es bestehen keine durchgreifenden wettbewerbsrechtlichen Bedenken dagegen, dass Produkte, die nicht in einem Funktionszusammenhang stehen, zu einem gekoppelten Angebot zusammengefasst werden. Auch mit Blick auf den Wert der Zugabe stellt das beworbene Probeabonnement kein missbräuchliches Kopplungsangebot dar. Weder der günstige Preis noch die attraktive Zugabe kann den Vorwurf einer unsachlichen Beeinflussung der Verbraucher rechtfertigen.[43]

Die VDZ-Regeln konkretisieren also in der Sache nicht die Unlauterkeit von geschäftlichen Handlungen, sondern verbieten im Gegenteil wettbewerbsrechtlich zulässige Handlungen. Jedenfalls soweit Wettbewerbsregeln zu einer Beschränkung von Praktiken führen, die an sich wettbewerbsrechtlich zulässig sind, können sie keine Indizwirkung entfalten.

(b) Sonstige Aspekte

43 Sonstige Anhaltspunkte für eine gezielte Behinderung der Zeitschriftenhändler bestehen nicht. Insoweit ist auf die kartellrechtlichen Wertungen zu verweisen (s. o.), die nicht mit Hilfe des Wettbewerbsrechts umgangen werden dürfen. Das Kartellrecht entfaltet also auch insoweit eine Sperrwirkung, als danach ein bestimmtes Verhalten kartellrechtlich zulässig ist.

cc) § 4 Nr. 1 UWG (Unangemessener unsachlicher Einfluss)

44 Eine unangemessene unsachliche Einflussnahme liegt nicht vor. Es fehlt schon an der unsachlichen Einflussnahme, denn weder das Gewähren eines vorteilhaften Abonnementpreises, noch das Gewähren von Zugaben sind wettbewerbsrechtlich bedenklich.

Bei richtlinienkonformer Auslegung des § 4 Nr. 1 UWG ist danach zu fragen, ob die Entscheidungsfreiheit des Durchschnittsverbrauchers (vgl. § 3 Abs. 2 S. 2 und 3

[41] BGHZ 166, 154 Rn. 19 – Probeabonnement; *BGH* GRUR 2011, 431 Rn. 13 – FSA-Kodex I.
[42] Eingehend *Alexander,* ZWeR 2007, 289, 296 ff. m. w. N.
[43] Vgl. BGHZ 151, 84, 89 – Kopplungsangebot I; *BGH* GRUR 2002, 979, 981 – Kopplungsangebot II; *BGH* GRUR 2006, 161 Rn. 14 f. – Zeitschrift mit Sonnenbrille.

UWG) durch die fragliche Maßnahme erheblich beeinträchtigt wird.[44] Davon ist selbst bei wertvollen Zugaben nicht ohne Weiteres auszugehen. Dass ein Abonnent sich möglicherweise zum probeweisen Bezug der Zeitschrift „Star" verpflichtet, um in den Genuss der Zugabe zu kommen, ist wettbewerbsrechtlich nicht zu beanstanden. Denn es ist nicht die Aufgabe des UWG darüber zu befinden, aus welchen Motiven heraus sich ein Verbraucher zum Erwerb einer Ware oder zum Bezug einer Dienstleistung entscheidet, solange er seine Entscheidung unbeeinflusst treffen kann.

dd) § 5 Abs. 1 S. 2 UWG (Irreführende geschäftliche Handlung)

Ein missbräuchliches und damit wettbewerbsrechtlich unzulässiges Kopplungsangebot ist nach der Rechtsprechung anzunehmen, wenn über den tatsächlichen Wert des Angebots getäuscht wird oder unzureichende Informationen gegeben werden.[45] Anhaltspunkte für eine solche Täuschung bestehen jedoch nicht. **45**

ee) § 5 a Abs. 2 UWG (Irreführung durch Unterlassen)

Eine Irreführung durch Unterlassen wäre anzunehmen, wenn eine Pflicht zur Angabe des Wertes der Zugabe besteht. Die Rechtsprechung geht jedoch mit Recht davon aus, dass es eine solche Pflicht nicht gibt.[46] **46**

2. Zwischenergebnis

Es liegt keine gemäß § 3 Abs. 1 UWG unzulässige geschäftliche Handlung vor. **47**

II. Ergebnis

Ein Verstoß gegen § 3 UWG ist nicht gegeben. **48**

C. Ergebnis zu Frage 2

Es bestehen daher keine Unterlassungsansprüche des VDZ gegen B. **49**

[44] Köhler/Bornkamm/*Köhler,* § 4 Rn. 1.16 und 1.19.

[45] Vgl. BGHZ 151, 84, 89 – Kopplungsangebot I; *BGH* GRUR 2002, 979, 981 – Kopplungsangebot II; *BGH* GRUR 2006, 161 Rn. 15 – Zeitschrift mit Sonnenbrille.

[46] Vgl. BGHZ 151, 84, 69 – Kopplungsangebot I; BGHZ 154, 105, 109 – Gesamtpreisangebot; *BGH* GRUR 2006, 161 Rn. 15 – Zeitschrift mit Sonnenbrille.

Fall 17. Die Sparberatung

Sachverhalt

Die B-GmbH betreibt einen Telefonbuchverlag und gibt Telefonverzeichnisse heraus, unter anderem „Das Telefonbuch“, „Das Örtliche“ sowie „Gelbe Seiten“. Sie hat auf diesem Markt praktisch keine Wettbewerber. Die Telefonbücher enthalten auch vergütungspflichtige Anzeigen von Unternehmen. Diese wirbt die B-GmbH zum Teil durch eigene Mitarbeiter ein, die für die eingeworbenen Aufträge Provisionen erhalten. Der andere Teil der Anzeigen wird durch Werbeagenturen vermittelt, die diese Aufträge im eigenen Namen an die B-GmbH erteilen und hierfür eine Provision erhalten. K ist eine solche Werbeagentur. Ihre Spezialisierung liegt in der Beratung von „Altkunden“ der B-GmbH, die bereits Inserate in den Telefonbüchern geschaltet hatten. Das Ziel der Beratung besteht darin, die Werbekosten der Kunden zu senken und gleichzeitig den Werbeeffekt der Anzeigen zu verbessern. Zwischen der B-GmbH und K kam es zu Auseinandersetzungen, weil die B-GmbH annahm, dass K auf die Kunden einwirke, Besuche von Vertretern der B-GmbH abzulehnen. Die B-GmbH verweigerte daraufhin die Annahme von Anzeigenaufträgen der K. Vor Gericht kam es zum Abschluss eines Prozessvergleichs zwischen beiden Parteien, der folgende Regelung enthielt: „Die B-GmbH erklärt, dass die Sperre für die Annahme von Einschaltungsaufträgen für ‚amtliche' und örtliche Telefonbücher ab sofort aufgehoben ist. Ferner verpflichtet sie sich, bei Meidung einer für jeden Fall der Zuwiderhandlung zu zahlenden Vertragsstrafe von 10.000,00 €, es zu unterlassen, eine erneute Sperre einzurichten.“ K warb in der Folgezeit mit dem Text: „Wir bieten eine Sparberatung bei Telefonbucheinträgen allen Kunden an, die sich von Telefonbuchvertretern schlecht, einseitig oder gar nicht beraten fühlen.“ Außerdem unterstützt K vertraglich noch gebundene Kunden durch Kündigungshilfen in Form von vorformulierten Schreiben, um ihnen einen Vertragswechsel zu erleichtern. Aufgrund dieser Handlungen weigert sich die B-GmbH, Aufträge entgegenzunehmen. K sieht die im gerichtlichen Vergleich vereinbarte Vertragsstrafe als verwirkt an.

Vermerk für die Bearbeiter: In einem Rechtsgutachten, das auf alle aufgeworfenen Rechtsfragen eingeht, sind folgende Frage zu prüfen:

1. Hat K gegen die B-GmbH einen Anspruch auf Zahlung der Vertragsstrafe in Höhe von 10.000,00 €? Es ist davon auszugehen, dass der Vergleich ordnungsgemäß geschlossen wurde.
2. Die Parteien vereinbaren im Vergleich ein Kündigungsrecht für den Fall, dass sich eine Partei zum Nachteil der anderen Partei wettbewerbswidrig verhält. Aufgrund der Handlungen der K kündigt die B-GmbH den mit K geschlossenen Vergleich. Die B-GmbH ist der Auffassung, die Äußerungen der K seien wettbewerbswidrig. Außerdem sei sie jedenfalls zur Kündigung berechtigt, weil die Tätigkeit der K als „Sparberaterin“ für Telefonbucheinträge unzumutbar sei und Zweifel an der Bonität der K bestünden. Ist die Vereinbarung durch Kündigung wirksam beendet worden?

Gliederung

Lösung

Frage 1: Anspruch der K gegen die B-GmbH (B) auf Zahlung von 10.000,00 € gemäß § 339 S. 2 BGB

1 B könnte zur Zahlung der Vertragsstrafe nach § 339 S. 2 BGB verpflichtet sein. Dazu müssten K und B eine wirksame Vereinbarung über die Vertragsstrafe getroffen haben und die Vertragsstrafe müsste verwirkt sein.

A. Wirksamkeit des Vergleichs

2 Der Vergleich ist gemäß § 779 BGB und §§ 794 Abs. 1 Nr. 1, 160 Abs. 3 Nr. 1, 163 ZPO wirksam zustande gekommen. Ob das Verhalten der K einen wichtigen Grund zur Kündigung des Vergleichs geben könnte (dazu näher Frage 2), kann dahinstehen, denn die B-GmbH hat keine Kündigungserklärung abgegeben und das Vertragsverhältnis würde im Falle einer Kündigung nur mit Wirkung für die Zukunft (ex nunc) erlöschen.

B. Verwirkung der Vertragsstrafe

3 Die Vertragsstrafe ist verwirkt, wenn die vereinbarte Unterlassungspflicht hinreichend bestimmt ist (unter I.), wenn B dagegen verstoßen (unter II.) und dabei schuldhaft gehandelt hat (unter III.).

I. Bestimmtheit der Unterlassungspflicht

4 Der von K und B geschlossene Prozessvergleich ist hinreichend bestimmt, wenn er aus sich heraus verständlich ist. Die in dem Vergleich verwandte Formulierung („es zu unterlassen, eine erneute Sperre einzurichten") ist eindeutig und auch vollstreckungsfähig. Diese Formulierung kann im Rahmen des Vergleichs nur in dem Sinne verstanden werden, dass die B von der K akquirierte Inserate nicht allein deshalb ablehnen darf, weil sie von der K eingeworben wurden. Vielmehr muss B diese Inserate zu den allgemeinen Bedingungen bearbeiten, die sie auch anderen Werbeagenturen gewährt. Insoweit bedeutet „Sperre" die Verweigerung des typischen Geschäftskontakts zwischen einer Werbeagentur und einem Telefonbuchverlag, der darin besteht, dass die von der Werbeagentur akquirierten Inserate in den Telefonbüchern geschaltet werden. Die Annahme der von K eingeworbenen Inserate hat die B vor dem Vergleichsabschluss abgelehnt. Durch den Vergleich sollte diese Verweigerung der Zusammenarbeit beseitigt werden. Das von der B verlangte zukünftige Verhalten ist deshalb zweifelsfrei gekennzeichnet.

II. Verstoß gegen die Unterlassungspflicht

5 Der Vergleich erfasst schon den ersten Verstoß gegen die vereinbarte Unterlassungspflicht der B. Die Ablehnung der Annahme der von K eingeworbenen Anzeigen stellt eine Zuwiderhandlung der B im Sinne des Vergleichs dar, weil damit im Sinne der Vergleichsvereinbarung eine „Sperre" eingerichtet wird, zu deren Unterlassung B sich verpflichtet hat.

III. Verschulden

Obgleich dies aus dem Wortlaut des § 339 S. 1 BGB nicht ersichtlich ist, verlangt die h. M. neben der Zuwiderhandlung auch Verschulden.[1] Das Verschulden wird jedoch (entsprechend § 280 Abs. 1 S. 2 BGB) vermutet, sodass B sich entlasten muss. Anhaltspunkte für eine solche Entlastung sind indessen nicht ersichtlich. 6

C. Ergebnis zu Frage 1

Aufgrund der schuldhaften Zuwiderhandlung gegen die vereinbarte Unterlassungspflicht ist die Vertragsstrafe verwirkt und B mithin zur Zahlung von 10.000,00 € verpflichtet. 7

Frage 2: Wirksame Beendigung der Vereinbarung zwischen K und B durch Kündigung

Die ordnungsgemäß zustande gekommene und wirksame Vereinbarung zwischen K und B könnte durch eine Kündigung beendet worden sein. Das setzt voraus, dass B die Kündigung erklärt hat und ein Kündigungsgrund vorliegt. 8

A. Kündigungserklärung

Die Kündigung ist ein einseitiges Gestaltungsrecht, das durch eine Willenserklärung gegenüber der anderen Partei ausgeübt wird. Eine ausdrückliche Erklärung der Kündigung durch B liegt vor. 9

B. Kündigungsgrund

Die Kündigung kann das Vertragsverhältnis nur dann wirksam beenden, wenn ein Kündigungsgrund vorliegt. Hier ist zu unterscheiden: Ein ausdrücklich vereinbartes Kündigungsrecht besteht, wenn K zum Nachteil der B wettbewerbswidrig gehandelt hat (unter I.). Des Weiteren ist danach zu fragen, ob die Tätigkeit der K als „Sparberaterin" und deren (angeblich) mangelnde Bonität als wichtige Gründe angesehen werden können, die eine Kündigung rechtfertigen können (unter II.). 10

I. Vereinbarter Kündigungsgrund: Wettbewerbswidriges Verhalten der K

Zunächst ist zu prüfen, ob K sich zum Nachteil der B wettbewerbswidrig verhalten hat. Das wäre der Fall, wenn ein Verstoß gegen § 3 UWG vorliegt. 11

1. Verstoß gegen § 3 UWG

a) Unzulässigkeit gemäß § 3 Abs. 1 UWG

Da eine Unzulässigkeit gemäß § 3 Abs. 3 UWG nicht in Betracht kommt, ist zu prüfen, ob das Verhalten der K nach § 3 Abs. 1 UWG unzulässig ist. 12

aa) Geschäftliche Handlung (§ 2 Abs. 1 Nr. 1 UWG)

Gemäß § 2 Abs. 1 Nr. 1 UWG ist eine geschäftliche Handlung jedes Verhalten einer Person zugunsten des eigenen oder eines fremden Unternehmens vor, bei oder 13

1 *BGH* GRUR 1985, 1065, 1066 – Erfüllungsgehilfe; *BGH* GRUR 1988, 561, 562 – Verlagsverschulden I; *BGH* GRUR 1998, 963, 964 – Verlagsverschulden II.

nach einem Geschäftsabschluss, das mit der Förderung des Absatzes oder des Bezugs von Waren oder Dienstleistungen oder mit dem Abschluss oder der Durchführung eines Vertrags über Waren oder Dienstleistungen objektiv zusammenhängt. K hat zur Förderung des Absatzes des eigenen Unternehmens gehandelt. Eine geschäftliche Handlung liegt vor.

bb) Unlauterkeit

14 Die Generalklausel des § 3 Abs. 1 UWG wird durch die Beispielstatbestände der §§ 4 bis 6 UWG konkretisiert. Daher ist zu prüfen, ob das Verhalten der K gemäß den §§ 4 bis 6 UWG unlauter ist.

(1) § 6 Abs. 2 UWG (Unlautere vergleichende Werbung)

15 Es müssen die Voraussetzungen einer vergleichenden Werbung i. S. v. § 6 Abs. 1 UWG gegeben sein.

(a) Vorliegen einer vergleichenden Werbung

16 Vergleichende Werbung ist nach § 6 Abs. 1 UWG jede Werbung, die unmittelbar oder mittelbar einen Mitbewerber oder die von einem Mitbewerber angebotenen Waren oder Dienstleistungen erkennbar macht.

(aa) Werbung

17 Der Begriff der Werbung ist im UWG nicht definiert. Da § 6 UWG der Umsetzung der Richtlinie 2006/114/EG dient, ist der Begriff richtlinienkonform auszulegen. Gemäß Art. 2 lit. a der Richtlinie ist Werbung „jeder Äußerung bei der Ausübung eines Handels, Gewerbes, Handwerks oder freien Berufs mit dem Ziel, den Absatz von Waren oder die Erbringung von Dienstleistungen … zu fördern". Die Äußerung der K dient dazu, den Absatz der eigenen Dienstleistungen (Beratung bei der Anzeigengestaltung) zu fördern. Folglich handelt es sich um Werbung.

(bb) Mitbewerber

18 B und K konkurrieren um Anzeigenaufträge von Kunden und stehen in einem konkreten Wettbewerbsverhältnis. Dass zwischen beiden Unternehmen auch eine vertikale Geschäftsbeziehung besteht, steht der Annahme eines konkreten Wettbewerbsverhältnisses nicht entgegen. Daher sind B und K Mitbewerber i. S. v. § 2 Abs. 1 Nr. 3 UWG.

(cc) Erkennbarmachen

19 B wird zwar von K nicht namentlich genannt und damit nicht unmittelbar als Mitbewerber erkennbar gemacht. Aufgrund der Marktstellung der B ist aber von einer mittelbaren Erkennbarkeit auszugehen, weil B praktisch keine Wettbewerber hat und daher der Verkehr ohne Weiteres die Äußerungen über Telefonbuchvertreter auf B bezieht.

(dd) Erfordernis eines Vergleichs in der Werbeaussage?

20 Ob die vergleichende Werbung einen Vergleich erfordert, ist umstritten.[2] Die Frage kann aber dahinstehen, weil die Aussage der K gerade zum Ausdruck brin-

[2] Zum Streitstand siehe Köhler/Bornkamm/*Köhler*, § 6 Rn. 44 ff.; Piper/Ohly/Sosnitza/*Ohly*, § 6 Rn. 34 ff.; Harte/Henning/*Sack*, § 6 Rn. 73 ff.; ein Vergleichserfordernis bejahend jetzt *BGH* GRUR 2010, 74 Rn. 18 – Coaching-Newsletter.

gen soll, dass sie gegenüber den Kunden qualitativ bessere Leistungen erbringen kann als B.

(b) Unlauterkeit der vergleichenden Werbung

(aa) § 6 Abs. 2 Nr. 2 UWG (Eigenschaftsvergleich)

Gemäß § 6 Abs. 2 Nr. 2 UWG muss der Vergleich objektiv auf wesentliche, relevante, nachprüfbare und typische Eigenschaften (oder den Preis) der verglichenen Waren oder Dienstleistungen bezogen sein. Eigenschaften sind die unterschiedlichen Merkmale einer Ware oder Dienstleistung.[3] Maßgebend ist, ob der angesprochene Verkehr aus der Angabe eine nützliche Information für die Entscheidung erhalten kann, ob dem Erwerb der angebotenen Ware oder Dienstleistung nähergetreten werden soll.[4] Die Aussage der K zielt zumindest indirekt auf die Qualität der eigenen Dienstleistungen und betrifft damit eine Eigenschaft. 21

Hier könnte es an der Objektivität des Vergleichs fehlen. Nach bisherigem Verständnis wurde ein Eigenschaftsvergleich als objektiv angesehen, wenn die Auswahl der zu vergleichenden Eigenschaften und der Vergleich selbst vom Bemühen um Sachlichkeit und Richtigkeit getragen und geeignet ist, dem Verbraucher nützliche Informationen zu geben.[5] Nach Auffassung des EuGH zielt das Merkmal der Objektivität im Wesentlichen darauf ab, Vergleiche auszuschließen, die sich aus einer subjektiven Wertung ihres Urhebers und nicht aus einer objektiven Feststellung ergeben.[6] Maßgebend ist danach für das Vorliegen eines objektiven Eigenschaftsvergleichs, ob die in der vergleichenden Aussage gezogene Schlussfolgerung von den zu Grunde liegenden Tatsachenbehauptungen gedeckt und somit objektiv nachvollziehbar ist.[7] Die Werbung der K beinhaltet eine Aussage über die Qualität der Dienstleistungen der B. Allerdings stützt sich diese Äußerung nicht auf objektive Kriterien, sondern auf das subjektive Empfinden, nämlich die Bewertung der Dienstleistungen durch die Kunden. Dies wird unterstrichen durch die Formulierung „fühlen". Es fehlt damit an der Objektivität des Vergleichs.

(bb) § 6 Abs. 2 Nr. 5 UWG (Herabsetzung oder Verunglimpfung)

Die Unlauterkeit kann sich des Weiteren aus § 6 Abs. 2 Nr. 5 UWG ergeben. Es ist zu prüfen, ob der Werbetext, der Kunden anspricht, „die sich schlecht, einseitig oder gar nicht beraten fühlen", als eine Herabsetzung oder Verunglimpfung anzusehen ist. 22

Die Herabsetzung besteht in der Verringerung der Wertschätzung des Mitbewerbers, seines Unternehmens und/oder seiner Leistungen in den Augen der angesprochenen oder von der Mitteilung erreichten Verkehrskreise, soweit diese als Marktpartner des betroffenen Mitbewerbers in Betracht kommen.[8] Die Verunglimpfung ist eine gesteigerte Form der Herabsetzung und besteht in der Verächtlichmachung

---

3 Köhler/Bornkamm/*Köhler*, § 6 Rn. 104.

4 BGHZ 158, 26 ff. = GRUR 2004, 607, 611 – Genealogie der Düfte; *BGH* GRUR 2005, 172, 174 – Stresstest; Harte/Henning/*Sack*, § 6 Rn. 134.

5 MünchKomm-UWG/*Menke*, § 6 Rn. 132; Piper/Ohly/Sosnitza/*Ohly*, § 6 Rn. 50; Harte/Henning/*Sack*, § 6 Rn. 151.

6 *EuGH* Slg. 2006, I-8525 = GRUR 2007, 69 Rn. 46 – LIDL Belgium/Colruyt.

7 Köhler/Bornkamm/*Köhler*, § 6 Rn. 118.

8 Köhler/Bornkamm/*Köhler*, § 6 Rn. 166; Piper/Ohly/Sosnitza/*Ohly*, § 6 Rn. 66.

in Gestalt eines abträglichen Werturteils ohne sachliche Grundlage.[9] Ob in einer Werbeaussage eine Herabsetzung von Mitbewerbern zu sehen ist, bestimmt sich auf Grund einer Gesamtwürdigung, bei der die Umstände des Einzelfalls, insbesondere Inhalt und Form der Äußerung, ihr Anlass und der gesamte Sachzusammenhang sowie die Verständnismöglichkeit der angesprochenen Verkehrskreise, zu berücksichtigen sind. Dabei kommt es maßgeblich auf die Sicht des durchschnittlich informierten und verständigen Adressaten der Werbung an.[10]

Für einen verständigen Adressaten dieser Werbung wird deutlich, dass die K mit der Aussage den strukturellen Unterschied zwischen ihrer Beratung und derjenigen der B hervorheben will. Ein solcher Hinweis auf die unterschiedliche Zielrichtung der Beratung stellt keine Herabsetzung der B dar. Jeder verständige Adressat dieser Werbung wird davon ausgehen, dass die Mitarbeiter der B, die Provisionen erhalten, auch in Verfolgung ihrer eigenen legitimen Provisionsinteressen die Einwerbung möglichst gewinnbringender Anzeigen anstreben. Als Kernpunkt ihrer Werbung wird deshalb auch nicht eine negative Aussage über das Vertriebssystem der B angesehen werden. Entscheidend ist vielmehr der auf die K selbst hinweisende Teil ihrer Werbetexte. Darin empfiehlt sie sich dem Publikum in Fragen der Telefonbuchwerbung als kompetent und als dem Interesse ihrer Kunden verpflichtete Beraterin.[11]

(2) § 4 Nr. 7 UWG (Herabsetzung oder Verunglimpfung)

23 Da § 6 Abs. 2 UWG die Zulässigkeit vergleichender Werbung abschließend regelt, findet § 4 Nr. 7 UWG daneben keine Anwendung.[12]

(3) § 4 Nr. 1 UWG (Unangemessener unsachlicher Einfluss)

24 Die Kündigungshilfe durch K könnte als unangemessene unsachliche Beeinflussung von Marktteilnehmern angesehen werden.

Grundsätzlich gehört es jedoch zum Wesen des Wettbewerbs, dass Kunden abgeworben werden. Im Wettbewerb hat niemand Anspruch auf Erhaltung seines Kundenstamms. Kunden zur ordnungsgemäßen Vertragsauflösung unter Beachtung der gesetzlichen oder vertraglichen Kündigungsfristen zu bestimmen, ist zulässig.[13] Ebenso ist es wettbewerbskonform, Kündigungshilfe durch Hinweise auf Notwendigkeit, Frist und Form einer Kündigung zu leisten, solange dabei nicht unlautere Mittel eingesetzt werden.[14] Nach der neueren Rechtsprechung ist es unbedenklich, einem vertraglich noch anderweitig gebundenen Kunden ein vorbereitetes Kündigungsschreiben vorzulegen, das nach Einfügung des Kündigungstermins nur noch zu unterschreiben ist. Ein durchschnittlich informierter und verständiger Marktteilnehmer wird allein durch eine solche Dienstleistung nicht unsachlich zum Abschluss eines Vertrages mit einem Mitbewerber veranlasst. Anders kann zu entschei-

[9] Köhler/Bornkamm/*Köhler,* § 6 Rn. 166; Piper/Ohly/Sosnitza/*Ohly,* § 6 Rn. 66.

[10] *BGH* GRUR 2005, 609, 610 – Sparberaterin II.

[11] *BGH* GRUR 2005, 609, 610 – Sparberaterin II.

[12] Köhler/Bornkamm/*Köhler,* § 4 Rn. 7.7; Piper/Ohly/Sosnitza/*Ohly,* § 4 Rn. 7/6; Harte/Henning/*Sack,* § 6 Rn. 185.

[13] Vgl. *BGH* GRUR 2004, 704, 705 – Verabschiedungsschreiben; *BGH* GRUR 2005, 603, 604 – Kündigungshilfe.

[14] Vgl. *BGH* GRUR 2002, 548, 549 – Mietwagenkostenersatz; *BGH* GRUR 2005, 603, 604 – Kündigungshilfe.

den sein, wenn der Abwerbende dem Kunden bei der Kündigung der Vertragsbeziehung zu seinem Mitbewerber nicht nur in dieser Weise behilflich ist, sondern ihn irreführt, überrumpelt oder sonst unangemessen unsachlich in seiner Entscheidungsfreiheit beeinträchtigt. Die bloße Gefahr genügt aber nicht, um schon die Verwendung eines vorformulierten Kündigungsschreibens für sich als wettbewerbswidrig zu beurteilen.[15] Da besondere Umstände nicht ersichtlich sind, stellt eine Kündigungshilfe durch vorformulierte Kündigungsschreiben folglich keinen unangemessenen unsachlichen Einfluss dar.

(4) § 4 Nr. 10 UWG (Gezielte Behinderung)

(a) Mitbewerber

K und B sind Mitbewerber (s. o.). **25**

(b) Behinderung

Eine Behinderung von Mitbewerbern setzt eine Beeinträchtigung der wettbewerblichen Entfaltungsmöglichkeiten eines Mitbewerbers voraus.[16] Die Behinderung kann sich auf alle Wettbewerbsparameter des Mitbewerbers wie beispielsweise Absatz, Bezug, Werbung, Produktion, Finanzierung oder Personal beziehen. Das ist hier der Fall, da B durch die Handlungen der K möglicherweise Kunden verliert. **26**

(c) Gezielt

Durch das Tatbestandsmerkmal des gezielten Handelns in § 4 Nr. 10 UWG soll klargestellt werden, dass eine Behinderung von Mitbewerbern als bloße Folge des Wettbewerbs nicht ausreicht, um den Tatbestand dieser Vorschrift zu verwirklichen.[17] Es ist eine Gesamtwürdigung der Umstände des jeweiligen Einzelfalls geboten, bei der die sich gegenüberstehenden Interessen der Mitbewerber, der Verbraucher, der sonstigen Marktteilnehmer sowie der Allgemeinheit gegeneinander abzuwägen sind.[18] **27**

In Betracht kommt eine gezielte Behinderung unter dem Aspekt des Abwerbens von Kunden, da sich K gerade an Kunden wendet, die bislang vertragliche Beziehungen mit B haben. Aus wettbewerbsrechtlicher Sicht besteht jedoch grundsätzlich kein Anspruch auf den Fortbestand des Kundenstamms. Das Abwerben von Kunden gehört zum Wesen des Wettbewerbs, auch wenn die Kunden noch an den Mitbewerber gebunden sind.[19] Das Bestimmen zur ordnungsgemäßen Vertragsauflösung unter Beachtung der gesetzlichen oder vertraglichen Kündigungsfristen ist daher wettbewerbsrechtlich grundsätzlich nicht zu beanstanden. Wettbewerbswidrig wird ein Einbrechen in fremde Vertragsbeziehungen erst dann, wenn besondere Unlauterkeitsumstände hinzutreten.[20] Solche besonderen Umstände können insbe-

15 *BGH* GRUR 2005, 603, 604 – Kündigungshilfe; Köhler/Bornkamm/*Köhler*, § 4 Rn. 10.39.

16 BGHZ 148, 1, 5 – Mitwohnzentrale.de; Köhler/Bornkamm/*Köhler*, § 4 Rn. 10.6.

17 BGHZ 171, 73 Rn. 22 – Außendienstmitarbeiter.

18 *BGH* GRUR 2004, 877, 879 – Werbeblocker; BGHZ 148, 1, 5 – Mitwohnzentrale.de; *BGH* WRP 2009, 803 Rn. 41 – ahd.de.

19 Vgl. *BGH* GRUR 1966, 263, 264 – Bau-Chemie; *BGH* GRUR 1967, 104, 106 – Stubenhändler; *BGH* GRUR 2002, 548, 549 – Mietwagenkostenersatz; *BGH* GRUR 2004, 704, 705 – Verabschiedungsschreiben.

20 Vgl. *BGH* GRUR 1986, 547, 548 – Handzettelwerbung; BGHZ 110, 156, 170 – HBV-Familien- und Wohnungsrechtsschutz; *BGH* GRUR 2002, 548, 549 – Mietwagenkostenersatz; *BGH* GRUR 2004, 704, 705 – Verabschiedungsschreiben.

sondere darin bestehen, dass Kunden unangemessen unsachlich beeinflusst werden. Die Wertung des § 4 Nr. 1 UWG ist zu beachten. Da aber ein Verstoß gegen § 4 Nr. 1 UWG nicht vorliegt (s. o.) und auch sonstige unlauterkeitsbegründende Umstände nicht ersichtlich sind, liegt keine gezielte Behinderung vor.

cc) Spürbarkeit

28 Ob die Spürbarkeit bei unzulässigen Handlungen nach § 6 Abs. 2 UWG gesonderter Prüfung bedarf, ist umstritten.[21] Die Frage kann jedoch offenbleiben, da aufgrund der mangelnden Objektivität des Vergleichs sowohl die Interessen der Verbraucher als auch der Mitbewerber erheblich beeinträchtigt werden.

b) Zwischenergebnis

29 Ein Verstoß gegen § 3 UWG liegt vor.

2. Ergebnis

30 Da ein wettbewerbswidriges Handeln der K zum Nachteil der B vorliegt, besteht ein vertragliches Kündigungsrecht der B.

II. Wichtiger Grund zur Kündigung

31 Neben dem vertraglich vereinbarten Kündigungsrecht könnte möglicherweise auch ein wichtiger Grund bestehen, der zur Kündigung berechtigt. Grundsätzlich können in die Zukunft gerichtete Unterlassungsverpflichtungen von dem Schuldner bei Vorliegen eines wichtigen Grundes gekündigt werden.[22] Unabhängig von dem vertraglich vereinbarten Kündigungsrecht kann sich ein Recht zur Kündigung auch aus § 314 Abs. 1 S. 1 BGB oder aus § 313 Abs. 3 S. 2 BGB ergeben.[23] Gemäß § 314 Abs. 1 S. 2 BGB ist ein zur Kündigung berechtigender wichtiger Grund gegeben, „wenn dem kündigenden Teil unter Berücksichtigung aller Umstände des Einzelfalls und unter Abwägung der beiderseitigen Interessen die Fortsetzung des Vertragsverhältnisses nicht zugemutet werden kann".[24] Zu prüfen sind zwei Gründe, die B vorbringt: die Tätigkeit der K als „Sparberaterin" und (angebliche) Zweifel an deren Bonität.

1. Tätigkeit der K als „Sparberaterin"

32 Für eine Unzumutbarkeit der Tätigkeit der K als „Sparberaterin" könnte sprechen, dass K sich darauf spezialisiert hat, vor allem „Altkunden" der B zu betreuen, nämlich solche, die bereits Inserate geschaltet haben, wodurch das eigene Absatzsystem der B durch ihre Mitarbeiter auf Provisionsbasis in Gefahr geraten könnte. Im Übrigen kann eine erfolgreiche „Sparberatung" dazu führen, dass B Umsatzrückgänge erleidet. Dagegen sprechen jedoch folgende Überlegungen: Die Tätigkeit der K war der B bereits bei Abschluss des Vergleichs bekannt und kam daher nicht überraschend. Man kann daher sogar erwägen, ob die Tätigkeit der K nicht schon zum Vergleichsinhalt gehörte oder doch zumindest dessen rechtliche und tatsächliche Grundlage bildete.

---

[21] Dazu näher Köhler/Bornkamm/*Köhler,* § 3 Rn. 152 f.; Harte/Henning/*Sack,* § 6 Rn. 215 ff.

[22] So zum alten Recht: BGHZ 133, 316, 320 – Altunterwerfung I – m. w. N.

[23] Vgl. Köhler/Bornkamm/*Bornkamm,* § 12 Rn. 1.161 f.

[24] Vgl. die ganz ähnliche Formulierung in § 626 Abs. 1 BGB.

Des Weiteren könnten kartellrechtliche Einwände gegen eine Kündigung durch B bestehen. Für Werbeagenturen ist die Möglichkeit, in den Telefonbüchern der B Anzeigen schalten zu können, von ganz entscheidender Bedeutung. Insoweit ist die K von der B abhängig i. S. d. § 20 Abs. 2 GWB.[25] Potenzielle Kunden werden die K nur dann beauftragen, wenn die K auch die Schaltung von Anzeigen in den von der B herausgegebenen Telefonbüchern bewirken kann. Damit ist B jedenfalls Normadressatin des § 20 Abs. 2 GWB. Ein Telefonbuchverlag darf als Normadressat des § 20 Abs. 2 GWB eine Sparberatung durchführende Werbeagentur im Verhältnis zu anderen Werbeagenturen nicht ungleich behandeln, was der Fall wäre, wenn B die von K eingeworbenen Aufträge ablehnt.[26] Eine sachliche Rechtfertigung hierfür ist nicht ersichtlich, weil eine solche Ungleichbehandlung letztlich allein darauf hinausliefe, nur Beratungen zuzulassen, die den kaufmännischen Interessen der B entsprechen. Damit würde aber der Beratungswettbewerb erheblich verzerrt.

2. Mangelnde Bonität der K

Es kann offen bleiben, ob die K sich tatsächlich in wirtschaftlichen Schwierigkeiten **33**
befindet oder ob ihre Bonität zweifelhaft ist. B ist es jedenfalls zuzumuten, sich gegen entsprechende Risiken durch vertragliche Sicherungen oder z. B. durch Vorkasse zu schützen.[27] Die Anerkennung eines Kündigungsrechts aus wichtigem Grund bei Zweifeln über die Bonität des Vertragspartners würde die Sicherheit des Rechtsverkehrs empfindlich beeinträchtigen.

C. Ergebnis zu Frage 2

Aufgrund des wettbewerbswidrigen Verhaltens der K besteht ein (vertraglich ver- **34**
einbartes) Kündigungsrecht der B. Dieses hat sie durch Kündigungserklärung ausgeübt, sodass die Vereinbarung beendet ist.

[25] Vgl. *BGH* GRUR 2005, 609, 611 – Sparberaterin II.
[26] Vgl. *BGH* GRUR 2005, 177 = WuW/E DE-R 1377, 1379 f. – Sparberaterin I.
[27] Vgl. *BGH* GRUR 2005, 609, 611 – Sparberaterin II.

Fall 18. Münchener Fahrschulen

Sachverhalt

F wirbt seit Anfang 2012 für seine Fahrschule in Zeitschriften-Anzeigen wie folgt: „Ausbildung Klasse B komplett für nur 999,00 €. Erfahren Sie alles Weitere zu Kursen und Anmeldung im Internet unter www.Fahrschule-F.de". Im Kleindruck am unteren Rand der Anzeige heißt es ergänzend: „Preis exkl. Prüfung und Unterlagen". Neben dem Firmenlogo des F steht des Weiteren der Satz: „Kompetenz in Sachen Fahrschulausbildung hat in München nur einen Namen: F!". Seit Februar 2012 wirbt F zusätzlich wie folgt: „Wir arbeiten mit dem Autohaus A zusammen. Ab sofort erhält jeder Fahrschüler zur bestandenen Fahrprüfung einen Gutschein in Höhe von 250,00 € für einen Fahrzeugkauf beim Autohaus A!"

Der Münchener Fahrschulbetreiber K hält diese Werbemaßnahmen für unzulässig. K meint, die Preisangabe entspreche nicht den Bestimmungen des Fahrlehrergesetzes (FahrlG), die Werbung stelle alle Konkurrenten als inkompetent dar, ein Gutschein von beträchtlichem Wert sei eine unzulässige Beeinflussung der Fahrschüler und schließlich müsse das Gewähren von Gutscheinen ohnehin stets zeitlich befristet sein. K möchte wissen, ob er von F Unterlassung der weiteren Veröffentlichung der beanstandeten Werbeanzeigen und – im Falle der Abmahnung durch einen beauftragten Rechtsanwalt – Ersatz der dafür erforderlichen Kosten verlangen kann.

Vermerk für die Bearbeiter: In einem Rechtsgutachten, das auf alle vom Sachverhalt aufgeworfenen Rechtsfragen eingeht, sind die folgenden Fragen zu beantworten:

1. Stehen K gegen F Ansprüche
   a) auf Unterlassung und
   b) auf Ersatz von Abmahnkosten

   wegen der beanstandeten Verhaltensweisen zu?
2. Erste Abwandlung: Wie ist die Rechtslage zu beurteilen, wenn F zwischenzeitlich sein Fahrschulunternehmen an die „Fahrschule D"-GmbH veräußert hat und gegenüber K geltend macht, er wolle sich endgültig aus dem Geschäftsleben zurückziehen?
3. Zweite Abwandlung: Noch vor dem ersten Erscheinen der Anzeige des F in einer Zeitschrift wird er von K abgemahnt und zur Abgabe einer strafbewehrten Unterlassungserklärung aufgefordert, weil K durch Zufall Kenntnis von dem Inhalt der Anzeige erlangt hatte. Nach der Abmahnung durch K zieht F den Auftrag zur Veröffentlichung der Anzeige zurück, verweigert aber die Abgabe einer strafbewehrten Unterlassungserklärung gegenüber K. Dieser verlangt weiterhin Unterlassung von F, der einwendet, mit dem Zurückziehen der Anzeige sei einem Unterlassungsanspruch die Grundlage entzogen.

Fahrlehrergesetz (FahrlG) – Auszug

§ 19. Unterrichtsentgelte. (1) Jeder Inhaber der Fahrschulerlaubnis bildet seine Entgelte frei, selbständig und in eigener Verantwortung; dies gilt für Gemeinschaftsfahrschulen (§ 11 Abs. 3) entsprechend. Er hat sie mit den Geschäftsbedingungen in den Geschäftsräumen durch Aushang bekanntzugeben. Dabei ist das Entgelt

1. pauschaliert für die allgemeinen Aufwendungen des Fahrschulbetriebs einschließlich des gesamten theoretischen Unterrichts, für die Vorstellung zur Prüfung und für die Aufbauseminare (§ 31) sowie
2. stundenbezogen für eine Fahrstunde im praktischen Unterricht und für die Unterweisung am Fahrzeug zu jeweils 45 Minuten

anzugeben. Das gilt auch, wenn in der Werbung außerhalb der Geschäftsräume Preise angegeben werden. Die Angaben über die Entgelte und deren Bestandteile sowie über die Geschäftsbedingungen müssen den Grundsätzen der Preisklarheit und der Preiswahrheit entsprechen.

(2) ...

Gliederung

Lösung

Frage 1 a): Unterlassungsanspruch des K gegen F

1 Ein Unterlassungsanspruch kann sich aus § 8 Abs. 1 S. 1, 2. Alt. UWG ergeben, wenn ein Verstoß gegen § 3 oder § 7 UWG vorliegt und Wiederholungsgefahr gegeben ist. Es ist zwischen drei verschiedenen Handlungen zu unterscheiden: der Preiswerbung (unter A.), der Werbeaussage (unter B.) und dem Gutschein (unter C.).

A. Preiswerbung

I. Verstoß gegen § 3 UWG

1. Unzulässigkeit gemäß § 3 Abs. 1 UWG

2 Da eine Unzulässigkeit gemäß § 3 Abs. 3 UWG i.V.m. dem Anhang nicht in Betracht kommt, ist zu prüfen, ob die Verhaltensweise nach § 3 Abs. 1 UWG unzulässig ist.

a) Geschäftliche Handlung (§ 2 Abs. 1 Nr. 1 UWG)

3 Die beanstandete Anzeige des F müsste als geschäftliche Handlung anzusehen sein. Dazu zählt „jedes Verhalten einer Person zugunsten des eigenen oder eines fremden Unternehmens vor, bei oder nach einem Geschäftsabschluss, das objektiv mit der

Förderung des Absatzes oder des Bezuges von Waren oder Dienstleistungen oder mit dem Abschluss oder der Durchführung eines Vertrages über Waren oder Dienstleistungen zusammenhängt". Die Anzeige des F dient objektiv und unmittelbar dem Absatz seiner eigenen Dienstleistungen. Daher handelt es sich um eine geschäftliche Handlung i.S.d. § 2 Abs. 1 Nr. 1 UWG.

b) Unlauterkeit

Die Generalklausel des § 3 Abs. 1 UWG wird durch die Beispielstatbestände der §§ 4 bis 6 UWG konkretisiert. Zu prüfen ist demnach, ob das beanstandete Verhalten von §§ 4 bis 6 UWG erfasst wird. 4

aa) § 4 Nr. 11 UWG i.V.m. § 19 FahrlG (Rechtsbruch)

Die Werbeanzeige „Ausbildung Klasse B komplett für nur 999,00 €" könnte als Rechtsbruch unlauter sein. In Betracht kommt ein Verstoß gegen § 19 Abs. 1 FahrlG. 5

(1) Gesetzliche Vorschrift

Bei § 19 FahrlG handelt es sich um eine gesetzliche Vorschrift im Sinne des § 4 Nr. 11 UWG. 6

(2) Regelung des Marktverhaltens im Interesse der Marktteilnehmer

Fahrschulen müssen nach § 19 Abs. 1 S. 3 Nr. 1 und 2 FahrlG pauschalierte Sätze und Stundenvergütungen angeben. Dies gilt gemäß § 19 Abs. 1 S. 4 FahrlG auch, wenn mit Preisen geworben wird. Diese Vorschriften dienen auch der Regelung des Marktverhaltens im Interesse der Marktteilnehmer. Denn § 19 Abs. 1 FahrlG soll im Interesse der Kunden von Fahrschulen die Preistransparenz für die dort angebotenen Leistungen gewährleisten.[28] 7

(3) Zuwiderhandlung

Die Werbung des F gibt entgegen § 19 Abs. 1 S. 3 FahrlG nur den Pauschalpreis von 999,00 € an. Dieser Pauschalpreis enthält aber, wie sich aus dem Kleindruck ergibt, nicht den Preis für Prüfung und Unterlagen. Des Weiteren fehlt es an der gemäß § 19 Abs. 1 S. 3 Nr. 2 FahrlG erforderlichen Angabe des Preises pro Fahrstunde. Die gesamte Gestaltung der Preisangabe widerspricht zudem den Grundsätzen der Preisklarheit und der Preiswahrheit (§ 19 Abs. 1 S. 5 FahrlG), weil für die Fahrschüler nicht klar und eindeutig erkennbar ist, welche Preise sie zu zahlen haben. Ein Verstoß gegen § 19 Abs. 1 FahrlG ist damit gegeben. 8

bb) § 5 Abs. 1 S. 2 Nr. 2 UWG (Irreführende geschäftliche Handlung)

Gemäß § 5 Abs. 1 S. 2 Nr. 2 UWG liegt eine irreführende geschäftliche Handlung u.a. dann vor, wenn sie zur Täuschung geeignete Angaben über „den Preis oder die Art und Weise, in der er berechnet wird" enthält. 9

Aufgrund des hervorgehobenen Preises und unter Berücksichtigung des § 19 Abs. 1 S. 3 Nr. 1 FahrlG ist davon auszugehen, dass der durchschnittlich informierte, aufmerksame und verständige Durchschnittsverbraucher (vgl. § 3 Abs. 2 S. 2 UWG) erwartet, dass der angegebene Preis auch die Kosten für die Unterlagen der Fahrschulausbildung und die Kosten der Prüfung enthält. Da dies nicht der Fall ist,

[28] *OLG Hamm* GRUR-RR 2008, 405, 406 – Pauschales Führerscheinentgelt.

liegt eine Täuschung durch positives Tun vor. Dass im Kleindruck auf zusätzliche Kosten hingewiesen wird, genügt nicht. Denn dieser aufklärende Hinweis hätte am „Blickfang" der hervorgehobenen Preisangabe teilhaben müssen.

Ungeschriebenes Tatbestandsmerkmal des § 5 UWG ist die geschäftliche Relevanz der Irreführung.[29] Die Täuschung ist geeignet, die Entscheidung der Verbraucher spürbar zu beeinflussen und weist damit geschäftliche Relevanz auf.

cc) § 5a Abs. 2 UWG (Irreführung durch Unterlassen)

10 Das Unterlassen der Preisangabe für den Preis pro praktischer Fahrstunde gemäß § 19 Abs. 1 S. 3 Nr. 2 FahrlG könnte des Weiteren eine Irreführung durch Unterlassen darstellen.

Gemäß § 5a Abs. 2 UWG handelt unlauter, wer einem Verbraucher eine Information vorenthält, die im konkreten Fall unter Berücksichtigung aller Umstände einschließlich der Beschränkungen des Kommunikationsmittels für seine Fähigkeit, geschäftliche Entscheidungen auf Grund von Informationen zu treffen, wesentlich ist. Welche Informationen wesentlich sind, ergibt sich aus § 5a Abs. 3 und 4 UWG.

Als wesentlich gelten u.a. die Informationen aus § 5a Abs. 3 Nr. 3 UWG, insbesondere der Endpreis und die Preisberechnung. Allerdings besteht eine Informationspflicht nur, wenn Waren und Dienstleistungen unter Hinweis auf deren Merkmale und Preis in einer dem verwendeten Kommunikationsmittel angemessenen Weise so angegeben werden, dass ein durchschnittlicher Verbraucher das Geschäft abschließen kann. Damit werden Art. 7 Abs. 4 und Art. 2 lit. i der UGP-Richtlinie umgesetzt. Diese Voraussetzungen sind hier nicht erfüllt, weil Verbraucher aufgrund der Werbeanzeige noch nicht hinreichend über das beworbene Produkt und dessen Preis informiert sind, um eine geschäftliche Entscheidung treffen zu können.[30] Vielmehr werden sie sich, bevor sie eine geschäftliche Entscheidung treffen, regelmäßig noch über weitere wichtige Umstände informieren wollen (z.B. Kurszeiten, Anmeldung usw.). Auch die Anzeige selbst bringt zum Ausdruck, dass F potenzielle Kunden noch nicht zum Kauf, d.h. zum Vertragsschluss auffordert.

Auch § 5a Abs. 4 UWG findet keine Anwendung. Danach gelten Informationen als wesentlich, die dem Verbraucher aufgrund unionsrechtlicher Vorschriften nicht vorenthalten dürfen. § 19 FahrlG beruht indessen nicht auf dem Unionsrecht.

c) Spürbarkeit

11 Der Verstoß gegen §§ 3 Abs. 1, 4 Nr. 11 UWG i.V.m. § 19 FahrlG beeinträchtigt spürbar die Interessen der Verbraucher, weil ihre Informationsinteressen verletzt werden und dadurch ihre geschäftliche Entscheidungsfreiheit beeinträchtigt wird. Hinsichtlich der Unlauterkeitstatbestände der §§ 5 und 5a UWG ist eine gesonderte Prüfung der Spürbarkeit entbehrlich.[31]

2. Zwischenergebnis

12 Die Preiswerbung ist nach § 3 Abs. 1 UWG unzulässig.

[29] Vgl. Köhler/Bornkamm/*Bornkamm,* § 5 Rn. 2.169ff.; Harte/Henning/*Dreyer,* § 5B Rn. 155ff.; *Lettl,* Rn. 447.

[30] Vgl. *EuGH* GRUR 2011, 930 Rn. 33 – Ving Sverige.

[31] Köhler/Bornkamm/*Köhler,* § 3 Rn. 151; wohl auch Harte/Henning/*Dreyer,* § 5 B Rn. 162.

II. Ergebnis

Es liegt ein Verstoß gegen § 3 UWG vor. **13**

B. Aussage über Mitbewerber

I. Verstoß gegen § 3 UWG

1. Unzulässigkeit gemäß § 3 Abs. 1 UWG

Da eine Unzulässigkeit gemäß § 3 Abs. 3 UWG i.V.m. dem Anhang nicht in Betracht kommt, ist zu prüfen, ob die Verhaltensweise nach § 3 Abs. 1 UWG unzulässig ist. **14**

a) Geschäftliche Handlung (§ 2 Abs. 1 Nr. 1 UWG)

Die Aussage dient der Förderung des Absatzes eigener Leistungen und ist damit eine geschäftliche Handlung. **15**

b) Unlauterkeit

aa) § 6 Abs. 2 (Unlautere vergleichende Werbung)

Für eine Unlauterkeit nach § 6 Abs. 2 UWG müsste die Aussage „Kompetenz in Sachen Fahrschulausbildung hat in München nur einen Namen: F!" als vergleichende Werbung anzusehen sein. **16**

Vergleichende Werbung ist gemäß § 6 Abs. 1 UWG jede Werbung, die unmittelbar oder mittelbar einen Mitbewerber oder die von einem Mitbewerber angebotenen Waren oder Dienstleistungen erkennbar macht. Ein bestimmter Mitbewerber, etwa K, wird hier durch die Aussage nicht erkennbar gemacht. Je größer der Kreis der in Betracht kommenden Mitbewerber ist, desto weniger werden die angesprochenen Nachfrager eine allgemein gehaltene Werbeaussage auf einzelne Mitbewerber beziehen.[32] Zielt die Aussage auf mehrere Mitbewerber, dann kommt es darauf an, ob der Kreis der Mitbewerber noch überschaubar ist.[33] Zahlenmäßige „Grenzwerte" lassen sich insoweit kaum festlegen. Es ist aber davon auszugehen, dass es in München eine große Vielzahl von Fahrschulen gibt, sodass von einem überschaubaren Kreis von Mitbewerbern nicht auszugehen ist. Es liegt daher keine vergleichende Werbung vor.

bb) § 4 Nr. 7 UWG (Herabsetzung oder Verunglimpfung)

In Betracht kommt allerdings eine Herabsetzung von Mitbewerbern gemäß § 4 Nr. 7 UWG. Hierfür kommt es, im Gegensatz zu § 6 Abs. 2 UWG, auf eine Erkennbarkeit der Mitbewerber nicht an.[34] Vielmehr wird auch die Herabsetzung aller Mitbewerber erfasst.[35] **17**

Die Herabsetzung besteht in der Verringerung der Wertschätzung des Mitbewerbers, seines Unternehmens und/oder seiner Leistungen in den Augen der angespro-

---

32 *BGH* GRUR 2001, 752, 753 – Eröffnungswerbung; *BGH* GRUR 2002, 982, 983 – DIE „STEINZEIT" IST VORBEI!

33 Köhler/Bornkamm/*Köhler,* § 6 Rn. 80; ähnlich Harte/Henning/*Sack,* § 6 Rn. 66: individualisierende Erkennbarmachung.

34 Köhler/Bornkamm/*Köhler,* § 4 Rn. 7.11; Fezer/*Nordemann,* § 4–7 Rn. 16.

35 Kritisch Piper/Ohly/Sosnitza/*Ohly,* § 4 Rn. 7/10.

chenen oder von der Mitteilung erreichten Verkehrskreise, soweit diese als Marktpartner des betroffenen Mitbewerbers in Betracht kommen.[36] Sie kann sowohl durch wahre oder unwahre Tatsachenbehauptungen als auch durch Werturteile erfolgen. Die Verunglimpfung ist eine gesteigerte Form der Herabsetzung und besteht in der Verächtlichmachung in Gestalt eines abträglichen Werturteils ohne sachliche Grundlage.[37] Im Hinblick auf die Gleichstellung von Herabsetzung und Verunglimpfung ist eine genaue Unterscheidung der Begriffe entbehrlich.

Die Werbeaussage ist aus der Sicht eines durchschnittlich informierten, verständigen und situationsadäquat aufmerksamen Durchschnittsverbrauchers (vgl. § 3 Abs. 2 S. 2 UWG) zu beurteilen. Danach enthält die Werbeaussage zunächst einmal einen Hinweis auf die Kompetenz des F. Dies wäre für sich genommen nicht zu beanstanden. Durch das Wort „nur" wird jedoch konkurrierenden Fahrschulen pauschal die Kompetenz zu einer ordentlichen Fahrschulausbildung abgesprochen. Zudem ist nicht erkennbar, auf welchen Sachkriterien der behauptete Kompetenzvorsprung des F beruht. Darin liegt eine sachlich nicht gerechtfertigte Herabwürdigung der Konkurrenz. Der Tatbestand des § 4 Nr. 7 UWG ist daher erfüllt.

cc) § 4 Nr. 8 UWG (Anschwärzung)

18 Voraussetzung für eine Anschwärzung ist eine nicht erweislich wahre Tatsachenbehauptung. Die Aussage des F enthält jedoch nur eine allgemeine Bewertung der eigenen und der fremden Kompetenz, ohne dass ersichtlich wäre, auf welchen tatsächlichen Umständen (z.B. besondere Erfahrenheit der Ausbilder, besonders umfassende Ausbildung der Fahrschüler usw.) diese Behauptung beruht. Eine Anschwärzung liegt daher nicht vor.

c) Spürbarkeit

19 Eine gesonderte Prüfung der Spürbarkeit ist bei Verstößen gegen § 4 Nr. 7 UWG entbehrlich, weil der Tatbestand bereits eine „vertypte" Spürbarkeitsschwelle enthält.[38]

2. Zwischenergebnis

20 Die Werbeaussage ist gemäß § 3 Abs. 1 UWG unzulässig.

II. Ergebnis

21 Es liegt ein Verstoß gegen § 3 UWG vor.

C. Gutschein für Autokauf bei Autohaus A

I. Verstoß gegen § 3 UWG

1. Unzulässigkeit gemäß § 3 Abs. 1 UWG

22 Da wiederum eine Unzulässigkeit gemäß § 3 Abs. 3 UWG i.V.m. dem Anhang nicht in Betracht kommt, ist zu prüfen, ob die Verhaltensweise nach § 3 Abs. 1 UWG unzulässig ist.

---

[36] Köhler/Bornkamm/*Köhler*, § 4 Rn. 7.12; Piper/Ohly/Sosnitza/*Ohly*, § 4 Rn. 7/13.

[37] Köhler/Bornkamm/*Köhler*, § 4 Rn. 7.12; Piper/Ohly/Sosnitza/*Ohly*, § 4 Rn. 7/13; kritisch zu dieser Formel Fezer/*Nordemann*, § 4–7 Rn. 47.

[38] Köhler/Bornkamm/*Köhler*, § 3 Rn. 143.

a) Geschäftliche Handlung (§ 2 Abs. 1 Nr. 1 UWG)

Die Verteilung des Gutscheins dient sowohl der Förderung des Absatzes eigener Leistungen als auch der Förderung des Absatzes von Waren des Autohauses A und ist damit als geschäftliche Handlung zu qualifizieren. **23**

b) Unlauterkeit

aa) § 4 Nr. 4 UWG (Transparenzgebot bei Verkaufsförderungsmaßnahmen)

Gemäß § 4 Nr. 4 UWG liegt eine unlautere Handlung vor, wenn bei Verkaufsförderungsmaßnahmen, wie Preisnachlässen, Zugaben oder Geschenken, die Bedingungen für ihre Inanspruchnahme nicht klar und eindeutig angegeben sind. **24**

Der Gutschein im Wert von 250,00 € stellt eine Verkaufsförderungsmaßnahme dar, weil dem Verbraucher ein geldwerter Vorteil geboten wird. Ob es sich dabei um einen Preisnachlass (hinsichtlich des Autokaufs), eine Zugabe (hinsichtlich der Fahrlehrerdienstleistung) oder um beides zugleich handelt,[39] kann dahinstehen, da es sich jedenfalls um eine Verkaufsförderungsmaßnahme i. S. v. § 4 Nr. 4 UWG handelt.

Zu den Bedingungen der Inanspruchnahme gehören die Voraussetzungen, die erfüllt sein müssen, damit der Kunde die versprochene Vergünstigung erlangen kann.[40] Der Begriff ist weit zu verstehen und bezieht sich nicht nur auf die Berechtigung der Inanspruchnahme, sondern auch auf die Modalitäten.[41] Die Werbung besagt klar und eindeutig, dass alle Fahrschüler den Gutschein erhalten, die die Fahrprüfung bei F erfolgreich bestehen. Insoweit ist dem Transparenzgebot des § 4 Nr. 4 UWG Rechnung getragen.

Nach der Werbung wird der Gutschein „ab sofort" gewährt wird. Es ist aber nicht angegeben, wie lange diese Aktion dauern wird. Sollte daher dem § 4 Nr. 4 UWG das Gebot zu entnehmen sein, einen festen Zeitraum für die Gewährung des Vorteils anzugeben, wäre insoweit das Transparenzgebot verletzt. Nach der Rechtsprechung ist indessen dem § 4 Nr. 4 UWG kein Gebot zu entnehmen, Vergünstigungen nur zeitlich befristet anzubieten. Eine solche Verpflichtung widerspräche auch der Absicht des Gesetzgebers, der mit der UWG-Reform 2004 gerade alle einschränkenden Bedingungen für die Durchführung von Sonderveranstaltungen beseitigen wollte.[42]

bb) § 4 Nr. 1 UWG (Unangemessener unsachlicher Einfluss)

Weiter ist zu prüfen, ob das Gewähren des Gutscheins nach § 4 Nr. 1 UWG unlauter ist. Das Gewähren von wirtschaftlichen Vorteilen ist für sich genommen rechtlich unbedenklich. Denn der Verbraucher ist an Preisnachlässe, Gutscheine und sonstige Vergünstigungen gewöhnt. Die mit dem Gutschein verbundene Anlockwirkung ist nicht wettbewerbswidrig, sondern eine gewollte Folge des Wettbewerbs.[43] **25**

---

[39] Zur Abgrenzung der Begriffe Köhler/Bornkamm/*Köhler,* § 4 Rn. Rn. 1.100 und 1.122.

[40] *BGH* GRUR 2010, 649 Rn. 18 – Preisnachlass für Vorratsware.

[41] *BGH* GRUR 2010, 649 Rn. 18 – Preisnachlass für Vorratsware; Köhler/Bornkamm/*Köhler,* § 4 Rn. 4.9; juris-PK/*Seichter,* § 4 Nr. 4 Rn. 22.

[42] *BGH* GRUR 2008, 1114 Rn. 13 – Räumungsfinale.

[43] Vgl. *BGH* GRUR 2010, 1022 Rn. 15 – Ohne 19% Mehrwertsteuer.

Die Schwelle zur wettbewerbsrechtlichen Unlauterkeit ist überschritten, wenn die geschäftliche Handlung geeignet ist, in der Weise unangemessenen unsachlichen Einfluss auszuüben, dass die freie Entscheidung der Verbraucher beeinträchtigt zu werden droht.[44] Diese Voraussetzung ist bei der gebotenen richtlinienkonformen Auslegung der Vorschrift erfüllt, wenn ein Fall einer aggressiven Geschäftspraktik i. S. d. Art. 8 und 9 der UGP-Richtlinie vorliegt. Die Vorschrift des Art. 8 der UGP-Richtlinie verlangt für die Annahme einer aggressiven Geschäftspraktik, dass der Verbraucher durch die unzulässige Beeinflussung tatsächlich oder voraussichtlich erheblich beeinträchtigt wird und dadurch tatsächlich oder voraussichtlich dazu veranlasst wird, eine geschäftliche Entscheidung zu treffen, die er andernfalls nicht getroffen hätte. Eine unzulässige Beeinflussung erfordert nach Art. 2 lit. j der UGP-Richtlinie die Ausnutzung einer Machtposition gegenüber dem Verbraucher zur Ausübung von Druck, auch ohne die Anwendung oder Androhung von körperlicher Gewalt, in einer Weise, die die Fähigkeit des Verbrauchers zu einer informationsgeleiteten Entscheidung wesentlich einschränkt. Bei der Feststellung, ob im Rahmen einer Geschäftspraktik das Mittel einer unzulässigen Beeinflussung eingesetzt wird, sind die in Art. 9 der UGP-Richtlinie beschriebenen Umstände heranzuziehen.[45]

Für die Annahme einer unangemessenen unsachlichen Beeinflussung i. S. d. § 4 Nr. 1 UWG müssen daher besondere Unlauterkeitsumstände hinzutreten, die die Fähigkeit des Verbrauchers zu einer informationsgeleiteten Entscheidung wesentlich zu beeinträchtigen drohen.[46] Hierbei ist insbesondere zu berücksichtigen, welche Bedeutung dem Wert des Gutscheins zukommt. Immerhin beträgt der Gutscheinwert ein Viertel des Preises der Fahrschulausbildung. Gegen eine unangemessene unsachliche Beeinflussung spricht jedoch, dass für die angesprochenen Fahrschüler die für die Auswahl einer Fahrschule maßgeblichen Kriterien – Höhe der Grundgebühr, Preis einer einzelnen Fahrstunde, Dauer und Effektivität der Ausbildung – im Hinblick auf den in Aussicht gestellten Gutschein nicht vollständig in den Hintergrund treten. Vielmehr sind die angesprochenen Interessenten darüber informiert, dass für den erfolgreichen Abschluss einer Fahrprüfung erhebliche Kosten aufzuwenden sind. Schon in Anbetracht dieses finanziellen Aufwands liegt es erfahrungsgemäß eher fern, dass der von der Werbung angesprochene Adressat seine Entscheidung vorrangig von dem Wert des versprochenen Gutscheins beeinflussen lässt. Zudem mindert der versprochene Gutschein nicht den finanziellen Aufwand für den Fahrunterricht selbst, sondern lässt lediglich den eine eigene Kaufentscheidung voraussetzenden Erwerb eines Wagens bei einem bestimmten Autohändler als „vergünstigt" erscheinen.[47] Daher ist der Wert des Gutscheins nicht im Verhältnis zum Preis der Fahrschulausbildung zu beurteilen, sondern im Verhältnis zum Preis eines Kraftfahrzeugs. Angesichts der Preise für Kraftfahrzeuge fällt ein Vorteil von 250,00 € nur geringfügig ins Gewicht. Aus der Höhe des Gutscheins ist daher nicht auf eine unangemessene unsachliche Einflussnahme auf die Verbraucher zu schließen.

---

[44] *BGH* GRUR 2009, 875 Rn. 12 – Jeder 100. Einkauf gratis; *BGH* GRUR 2010, 1022 Rn. 16 – Ohne 19% Mehrwertsteuer.

[45] *BGH* GRUR 2010, 1022 Rn. 16 – Ohne 19% Mehrwertsteuer.

[46] Vgl. *BGH* GRUR 2010, 1022 Rn. 17 – Ohne 19% Mehrwertsteuer.

[47] *BGH* GRUR 2004, 960, 961 – 500 DM-Gutschein für Autokauf.

2. Zwischenergebnis

Die Werbung mit dem Gutschein ist nicht gemäß § 3 Abs. 1 UWG unzulässig. **26**

II. Ergebnis

Es liegt kein Verstoß gegen § 3 UWG vor. **27**

D. Wiederholungsgefahr

Die gemäß § 8 Abs. 1 S. 1, 2. Alt. UWG erforderliche Wiederholungsgefahr wird **28** vermutet. Diese Vermutung kann grundsätzlich nur durch die Abgabe einer strafbewehrten Unterlassungserklärung widerlegt werden. Da eine solche Erklärung hier nicht abgegeben wurde, liegt Wiederholungsgefahr vor.

E. Anspruchsberechtigung

Gemäß § 8 Abs. 3 Nr. 1 UWG ist u.a. jeder Mitbewerber anspruchsberechtigt. Es **29** sind dies Unternehmer, die in einem konkreten Wettbewerbsverhältnis zum Verletzer stehen (§ 2 Abs. 1 Nr. 3 UWG). Ein konkretes Wettbewerbsverhältnis ist anzunehmen, wenn Unternehmer auf dem gleichen (sachlich, räumlich und ggf. zeitlich) relevanten Markt tätig werden. Da sowohl K als auch F Fahrschulen in München betreiben, stehen sie in einem konkreten Wettbewerbsverhältnis zueinander. K ist sonach anspruchsberechtigt.

F. Anspruchsverpflichtung

Der Unterlassungsanspruch richtet sich gegen F als Verletzer. **30**

G. Ergebnis zu Frage 1 a)

K steht gegen F ein Anspruch auf Unterlassung hinsichtlich der Preiswerbung und **31** der Werbeaussage zu.

Frage 1 b): Anspruch des K gegen F auf Ersatz der Abmahnkosten

A. Anspruch aus § 12 Abs. 1 S. 2 UWG

I. Voraussetzungen

Ein Anspruch auf Ersatz der Abmahnkosten aus § 12 Abs. 1 S. 2 UWG setzt vor- **32** aus, dass die Abmahnung berechtigt ist. Eine Abmahnung ist berechtigt, wenn ein Unterlassungsanspruch besteht und wenn sie erforderlich ist, um dem Schuldner einen Weg zu weisen, den Gläubiger ohne Inanspruchnahme der Gerichte klaglos zu stellen. Dies ist der Fall, soweit sich die Abmahnung auf die unlauteren geschäftlichen Handlungen (s.o.) beschränkt. Denn nur insoweit besteht ein Unterlassungsanspruch und die Abmahnung eröffnet dem F die Möglichkeit, die Streitigkeit außergerichtlich, nämlich durch Abgabe einer strafbewehrten Unterlassungserklärung, beizulegen.

II. Anspruchsinhalt

33 Ersatzfähig sind die erforderlichen Aufwendungen. Zur Höhe der für eine Abmahnung anfallenden Kosten enthält der Sachverhalt keine näheren Anhaltspunkte. Zulässig ist es jedenfalls, dass K einen Anwalt zu Rate zieht, zumal es sich um keine einfache rechtliche Bewertung handelt. Die Anwaltskosten sind daher erforderliche Aufwendungen.

B. Weitere Anspruchsgrundlagen

34 Die Abmahnkosten können nach überwiegender Ansicht auch als Schaden gemäß § 9 S. 1 UWG ersatzfähig sein.[48] Das setzt ein schuldhaftes Verhalten des F voraus. Es ist davon auszugehen, dass F zumindest fahrlässig gehandelt hat.

Frage 2 (Erste Abwandlung): Rechtslage nach Unternehmensveräußerung

35 Zwei Fragen stellen sich: Erstens, ob F nach der Veräußerung seines Unternehmens und nach dem Rückzug aus dem Geschäftsleben weiterhin auf Unterlassung haftet. Zweitens, ob die „Fahrschule D"-GmbH (im Folgenden: GmbH) als Rechtsnachfolgerin als ein weiterer Unterlassungsschuldner anzusehen ist.

A. Haftung des F

36 Grundsätzlich kann die Vermutung der Wiederholungsgefahr nur durch die Abgabe einer strafbewehrten Unterlassungserklärung ausgeräumt werden. Ausnahmsweise kann die Wiederholungsgefahr jedoch auch aus anderen Gründen entfallen.[49] Eine Änderung der tatsächlichen Umstände genügt jedoch im Allgemeinen nicht, um die Vermutung der Wiederholungsgefahr auszuräumen. Selbst die Aufgabe der Geschäftstätigkeit lässt nach ständiger Rechtsprechung die Wiederholungsgefahr nicht entfallen, solange nicht jede Wahrscheinlichkeit für eine Wiederaufnahme ähnlicher Tätigkeiten durch den Verletzer beseitigt ist.[50] F versichert, dass er sich nach der Veräußerung seines Fahrschulunternehmens aus dem Geschäftsleben zurückziehen wolle. Gleichwohl ist nicht ausgeschlossen, dass F seine geschäftliche Betätigung künftig wieder aufnimmt. Daher ist die Vermutung der Wiederholungsgefahr durch die Änderung der tatsächlichen Umstände nicht widerlegt und der Unterlassungsanspruch gegen F besteht unverändert fort.

---

[48] *BGH* GRUR 1990, 1012, 1014 – Pressehaftung I; *BGH* GRUR 2007, 631 Rn. 21 – Abmahnaktion; MünchKomm-UWG/*Fritzsche,* § 9 Rn. 74; juris-PK/*Koch,* § 9 Rn. 43 f.

[49] Köhler/Bornkamm/*Bornkamm,* § 8 Rn. 1.38 ff.

[50] *BGH* GRUR 2001, 453, 455 – TCM-Zentrum m. w. N.

B. Haftung der GmbH

Zwar haftet der Erwerber eines Handelsgeschäfts, wenn er dieses unter der bisherigen Firma mit oder ohne Beifügung eines das Nachfolgeverhältnis andeutenden Zusatzes fortführt, gemäß § 25 Abs. 1 S. 1 HGB für alle im Betrieb des Geschäfts begründeten Verbindlichkeiten des früheren Inhabers und damit auch für Ansprüche aus gesetzlichen Schuldverhältnissen. Jedoch kommt es hier nicht darauf an, ob die Voraussetzungen des § 25 HGB überhaupt erfüllt sind. Denn § 25 HGB ist auf wettbewerbsrechtliche Unterlassungsansprüche nicht anwendbar,[51] weil es sich bei der Unterlassungspflicht um eine höchstpersönliche Pflicht handelt. Eine auf Grund des persönlichen Verhaltens des Rechtsvorgängers in seiner Person begründete Wiederholungsgefahr geht als ein tatsächlicher Umstand nicht auf den Rechtsnachfolger über.[52] Da gegenüber der GmbH folglich allein aufgrund der Rechtsnachfolge kein Unterlassungsanspruch bestehen kann, haftet sie auch nicht für die Kosten der Abmahnung, denn insoweit wäre die Abmahnung nicht berechtigt. (Anders wäre nur dann zu entscheiden, wenn die GmbH die unlauteren Handlungen des F im neuen Geschäftsbetrieb fortsetzt. Dann aber haftet sie nicht als Rechtsnachfolgerin, sondern eigenständig als Verletzerin.) 37

Frage 3 (Zweite Abwandlung): Bestehen eines Unterlassungsanspruchs des K gegen F nach Zurückziehen der Anzeige

Abweichend vom Ausgangsfall kommt in der zweiten Abwandlung nur ein vorbeugender Unterlassungsanspruch des K gegen F gemäß § 8 Abs. 1 S. 2 UWG in Betracht. Denn es ist noch nicht zu einer Rechtsverletzung gekommen. 38

A. Erstbegehungsgefahr

Ein solcher Anspruch setzt voraus, dass eine Zuwiderhandlung gegen § 3 oder § 7 „droht", also bevorsteht. Im Unterschied zur Wiederholungsgefahr beim Verletzungsunterlassungsanspruch (§ 8 Abs. 1 S. 1, 2. Alt. UWG) ist beim vorbeugenden Unterlassungsanspruch eine sog. Erstbegehungsgefahr erforderlich. 39

Nach der Rechtsprechung ist Erstbegehungsgefahr anzunehmen, wenn ernsthafte und greifbare tatsächliche Anhaltspunkte für eine in naher Zukunft konkret drohende Rechtsverletzung bestehen.[53] Das kann insbesondere bei der Vorbereitung eines rechtswidrigen Verhaltens der Fall sein.[54] Aufgrund des Entwurfs der zumindest teilweise rechtswidrigen Anzeige (s. o.) und dem Auftrag zur Veröffentlichung besteht die nahe liegende Gefahr einer Rechtsverletzung. Daher ist von Erstbegehungsgefahr auszugehen.

---

51 Köhler/Bornkamm/*Köhler,* § 8 Rn. 2.31.

52 *BGH* GRUR 2006, 879 Rn. 17 – Flüssiggastank; Fezer/*Büscher,* § 8 Rn. 156; *Teplitzky,* Kap. 15 Rn. 12 f.; differenzierend MünchKomm-UWG/*Fritzsche,* § 8 Rn. 291.

53 *BGH* GRUR 2001, 1174, 1175 – Berühmungsaufgabe; *BGH* GRUR 2009, 841 Rn. 8 – Cybersky.

54 Köhler/Bornkamm/*Bornkamm,* § 8 Rn. 1.18–1.25; Fezer/*Büscher,* § 8 Rn. 99 ff.; Gloy/Loschelder/Erdmann/*Fritzsche,* § 79 Rn. 39 ff. m. w. N.

B. Wegfall der Erstbegehungsgefahr

40 Allerdings könnte die Erstbegehungsgefahr weggefallen sein, nachdem F den Auftrag zur Veröffentlichung der Anzeige zurückgezogen hat.

Nach der Rechtsprechung sind an den Wegfall der bei einer konkret drohenden Verletzungshandlung bestehenden Erstbegehungsgefahr grundsätzlich weniger strenge Anforderungen zu stellen, als an den Fortfall der durch eine bereits begangene Verletzungshandlung begründeten Wiederholungsgefahr. Anders als für die durch eine Verletzungshandlung begründete Wiederholungsgefahr besteht für den Fortbestand der Erstbegehungsgefahr keine Vermutung. Für die Beseitigung der Erstbegehungsgefahr soll daher grundsätzlich ein „actus contrarius" genügen, also ein der Begründungshandlung entgegengesetztes Verhalten, das allerdings unmissverständlich und ernst gemeint sein muss.[55]

Da die Erstbegehungsgefahr spätestens mit dem Auftrag zur Veröffentlichung begründet wird (s. o.), würde es nach der Rechtsprechung für den Wegfall der Erstbegehungsgefahr ausreichen, wenn F den „actus contrarius" vornimmt, also den Auftrag zurückzieht und dies unmissverständlich und erst gemeint ist.

In der Literatur ist die Sichtweise der Rechtsprechung jedoch auf Kritik gestoßen.[56] Das entgegengesetzte Verhalten garantiert nicht, dass die Zuwiderhandlung später unterbleibt.[57] Im Fall könnte F beispielsweise jederzeit einen neuen Auftrag auslösen. Des Weiteren besteht Rechtsunsicherheit, ob das Verhalten im konkreten Fall ausreicht, um die Erstbegehungsgefahr zu beseitigen und damit dem Unterlassungsanspruch die Grundlage zu entziehen. Diese Unsicherheit ist besonders problematisch, wenn der Schuldner bereits abgemahnt wurde.[58] Daher wird vorgeschlagen, zwischen den Zeiträumen vor und nach einer Abmahnung zu unterscheiden:[59] Ein entgegengesetztes Verhalten genügt für den Wegfall der Erstbegehungsgefahr nur vor einer Abmahnung. Denn nur dann ist das Verhalten des Schuldners freiwillig und nur dann hat der Gläubiger keinen Anlass, gegen ihn vorzugehen. Wenn dagegen der Gläubiger den Schuldner bereits abgemahnt hat, dann reicht es nicht mehr aus, dass der Schuldner ein „entgegengesetztes Verhalten" vornimmt. Vielmehr muss er in diesem Fall eine strafbewehrte Unterlassungserklärung abgeben, um die Erstbegehungsgefahr auszuräumen. Nur dies hält ihn mit ausreichender Sicherheit dazu an, alles zu tun oder zu unterlassen, damit es nicht doch noch zu einer Zuwiderhandlung kommt.[60]

Nach dieser Auffassung ist die Erstbegehungsgefahr nicht entfallen. K hat den F nämlich abgemahnt, bevor dieser den Auftrag zur Veröffentlichung der Werbeanzeige zurückgezogen hat. F hat damit nicht aus „freien Stücken" gehandelt, sondern vielmehr hat er erst auf die Abmahnung des K reagiert. Da mithin die Erstbegehungsgefahr nicht entfallen ist, steht K hiernach ein vorbeugender Anspruch auf Unterlassung gemäß § 8 Abs. 1 S. 2 UWG gegen F zu.

---

[55] *BGH* GRUR 2001, 1174, 1176 – Berühmungsaufgabe; *BGH* GRUR 2008, 912 Rn. 30 – Metrosex; *BGH* GRUR 2009, 841 Rn. 23 – Cybersky.

[56] *Köhler*, GRUR 2011, 879, 880 ff.

[57] *Köhler*, GRUR 2011, 879, 880.

[58] *Köhler*, GRUR 2011, 879, 881 ff.

[59] *Köhler*, GRUR 2011, 879, 883 f.

[60] *Köhler*, GRUR 2011, 879, 883.

Fall 19. Das Versandgeschäft

Sachverhalt

Z ist Inhaber eines Versandgeschäfts für Elektronikgeräte und Bastelzubehör. Seine Waren bietet Z ausschließlich im Internet an und versendet diese bundesweit. Die von ihm angebotenen Artikel werden überwiegend von Privatkunden nachgefragt. Die Internet-Seiten des Z sind katalogartig ausgestaltet. Die angebotenen Waren sind jeweils mit Foto in ihren Eigenschaften und Funktionen kurz beschrieben und mit einem Preis ausgezeichnet. Zudem befindet sich neben der Warenbeschreibung jeweils ein „Bestell-Button", der von Kunden angeklickt werden kann, um den Bestellvorgang zu beginnen.

Z betreibt sein Geschäft als Franchisenehmer. Franchisegeber ist die F-AG. Nach der Franchisevereinbarung überlässt die F-AG ihren Franchisenehmern das von ihr entwickelte Vertriebskonzept und gestattet ihnen die Nutzung bestimmter Kennzeichen. Über die Gestaltung der Angebote und der Werbung für die von ihnen vertriebenen Waren können die Franchisenehmer frei entscheiden.

M betreibt in der Kaufingerstraße in München einen Elektronikmarkt. Er wendet sich gegen mehrere aktuelle Angebote des Z, die seit wenigen Tagen auf den Internet-Seiten des Z freigeschaltet sind:

Z bietet Flachbild-Fernseher an. In dem dazugehörigen Beschreibungstext heißt es unter anderem: „Kaufen Sie ohne Risiko. Bei uns erhalten Sie exklusiv ein Recht zur Rückgabe innerhalb von 14 Tagen".

Zu den weiteren Angeboten des Z gehört „B-Ware". Dabei handelt es sich um besonders preisgünstige „Rückläufer". Diese Waren sind neuwertig und voll funktionsfähig, wurden aber von Kunden, z. B. nach Ausübung eines Widerrufsrechts, an Z zurückgegeben. Unter anderem gehört zu diesen Stücken auch eine Heimkino-Anlage. In den Allgemeinen Geschäftsbedingungen des Z, die dieser bereits verwendet hat, heißt es speziell zu diesen Angeboten: „Bei dem Verkauf von als ‚B-Ware'-gekennzeichneten Artikeln gewähren wir Verbrauchern sechs Monate volle Gewährleistung". In der Warenbeschreibung der Heimkino-Anlage wird hierauf nicht gesondert hingewiesen.

M hält diese Angebote für unlauter und verlangt von Z Unterlassung. Er mahnt Z ab und fordert ihn zur Abgabe einer strafbewehrten Unterlassungserklärung auf. Z lehnt dies ab: Aus technischen Gründen habe er die beiden Angebote ohnehin aus dem Internet entfernen müssen. Daher betrachte er die Angelegenheit als erledigt.

M möchte außerdem wissen, ob er auch gegen die F-AG vorgehen kann. M ist der Meinung, als Franchisegeber müsse die F-AG dafür Sorge tragen, dass sich ihre Franchisenehmer wettbewerbskonform verhalten. Eine solche Verpflichtung liege auch im Interesse der F-AG, damit nicht der gute Ruf ihres Franchisesystems gefährdet werde.

Vermerk für die Bearbeiter: In einem Rechtsgutachten, das auf alle aufgeworfenen Rechtsfragen eingeht, sind folgende Fragen zu prüfen:

1. Steht M gegen Z ein Anspruch auf Unterlassung der beanstandeten Verhaltensweisen zu?
2. Kann M in dem Fall, dass ein Unterlassungsanspruch gegen Z besteht, auch von der F-AG Unterlassung verlangen?

Gliederung

Lösung

Frage 1: Unterlassungsanspruch des M gegen den Z

M könnte gegen Z ein Unterlassungsanspruch gemäß § 8 Abs. 1 S. 1, 2. Alt. UWG zustehen. Das setzt voraus, dass eine gemäß § 3 oder § 7 UWG unzulässige geschäftliche Handlung vorliegt und Wiederholungsgefahr gegeben ist. Im Folgenden ist zwischen den von M beanstandeten Verhaltensweisen zu unterscheiden: (A.) dem Angebot des Flachbild-Fernsehers und (B.) dem Angebot der Heimkino-Anlage einschließlich der Verwendung der Allgemeinen Geschäftsbedingungen. **1**

A. Angebot des Flachbild-Fernsehers

I. Verstoß gegen § 3 UWG

1. Verstoß gegen § 3 Abs. 3 UWG

Zuerst zu prüfen ist ein Verstoß gegen § 3 Abs. 3 UWG i.V.m. dem Anhang. Die im Anhang (der „Schwarzen Liste“) aufgeführten geschäftlichen Handlungen ge- **2** genüber Verbrauchern sind stets unzulässig. In Betracht kommt ein Verstoß gegen Nr. 10 des Anhangs.

a) Geschäftliche Handlung (§ 2 Abs. 1 Nr. 1 UWG)

3 Das Angebot müsste als geschäftliche Handlung zu qualifizieren sein. Gemäß § 2 Abs. 1 Nr. 1 UWG ist eine „geschäftliche Handlung" jedes Verhalten einer Person zugunsten des eigenen oder eines fremden Unternehmens vor, bei oder nach einem Geschäftsabschluss, das mit der Förderung des Absatzes oder des Bezugs von Waren oder Dienstleistungen oder mit dem Abschluss oder der Durchführung eines Vertrags über Waren oder Dienstleistungen objektiv zusammenhängt. Hier liegt ein Fall der Förderung des eigenen Warenabsatzes vor. Mithin ist von einer geschäftlichen Handlung auszugehen.

b) Gegenüber Verbrauchern

4 Die geschäftliche Handlung muss sich zumindest auch an Verbraucher wenden. § 2 Abs. 2 UWG verweist hierfür auf den Verbraucherbegriff von § 13 BGB. Nach dieser Vorschrift ist als Verbraucher jede natürliche Person anzusehen, die ein Rechtsgeschäft zu einem Zwecke abschließt, der weder ihrer gewerblichen noch ihrer selbständigen beruflichen Tätigkeit zugerechnet werden kann.

Da § 3 Abs. 3 UWG der Umsetzung der UGP-Richtlinie dient, ist der Begriff des Verbrauchers zugleich im Lichte dieser Richtlinie auszulegen. Gemäß Art. 2 lit. a der UGP-Richtlinie ist Verbraucher jede natürliche Person, die im Geschäftsverkehr im Sinne dieser Richtlinie zu Zwecken handelt, die nicht ihrer gewerblichen, handwerklichen oder beruflichen Tätigkeit zugerechnet werden können.

Abweichungen zwischen beiden Definitionen bestehen insoweit, als § 13 BGB auf das vom Verbraucher abgeschlossene Rechtsgeschäft abstellt und die handwerkliche Tätigkeit nicht erwähnt. Für den Fall ergeben sich hieraus jedoch keine Probleme, da sich die Angebote des Z jedenfalls auch an Privatkunden richten. Dass zu seinen Kunden möglicherweise auch andere Abnehmer gehören, schließt ein Handeln gegenüber Verbrauchern nicht aus.

c) Tatbestand der Nr. 10 des Anhangs zu § 3 Abs. 3 UWG

5 Gemäß Nr. 10 des Anhangs gilt als stets unzulässige geschäftliche Handlung die unwahre Angabe oder das Erwecken des unzutreffenden Eindrucks, gesetzlich bestehende Rechte stellten eine Besonderheit des Angebots dar. Diese Vorschrift dient der Umsetzung von Nr. 10 des Anhangs I der UGP-Richtlinie. Nach Art. 5 Abs. 5 i.V.m. dem Anhang gilt es als unter allen Umständen unlautere Geschäftspraktik, wenn den Verbrauchern gesetzlich zugestandene Rechte als Besonderheit des Angebots des Gewerbetreibenden präsentiert werden.

aa) Angabe oder Erwecken des Eindrucks

6 Das Verbot der Nr. 10 richtet sich gegen unwahre Angaben, aber auch gegen das Erwecken eines unzutreffenden Eindrucks. Erfasst werden damit ausdrückliche Aussagen ebenso wie konkludente Behauptungen des Unternehmers. Hier liegt eine ausdrückliche Aussage des Z vor, indem er behauptet „Bei uns erhalten Sie exklusiv ein Recht zur Rückgabe innerhalb von 14 Tagen".

bb) Gesetzlich zugestandene Rechte

Gesetzlich zugestandene Rechte sind Rechte, die dem Verbraucher kraft Gesetzes zustehen, z. B. Kündigungs-, Anfechtungs-, Rücktritts-, Widerrufs- und Gewährleistungsrechte.[1] Vom Tatbestand nicht erfasst sind hingegen vertragliche Rechte, die dem Verbraucher vom Unternehmer eingeräumt werden. Hier gewährt Z seinen Kunden ein Recht zur Rückgabe der Ware innerhalb von 14 Tagen. **7**

(1) Widerrufs- und Rückgaberecht bei Fernabsatzgeschäften

Ein solches Recht steht Verbrauchern gemäß §§ 312d Abs. 1, 355, 356 BGB ohnehin zu, wenn es sich um Fernabsatzgeschäfte handelt. Denn bei den von Z geschlossenen Verträgen mit Verbrauchern handelt es sich um Verträge über die Lieferung von Waren, die zwischen einem Unternehmer und einem Verbraucher unter ausschließlicher Verwendung von Fernkommunikationsmitteln abgeschlossen werden. Diese Geschäfte werden auch im Rahmen eines für den Fernabsatz organisierten Vertriebs- oder Dienstleistungssystems abgeschlossen. Damit sind die Voraussetzungen für einen Fernabsatzvertrag gemäß § 312b Abs. 1 BGB erfüllt. **8**

Zwar sieht das Gesetz als verbraucherschützendes Recht ein Widerrufsrecht des Verbrauchers vor (§ 312d Abs. 1 Satz 1 BGB). Jedoch kann der Unternehmer anstelle des Widerrufsrechts auch ein Rückgaberecht einräumen (§ 312d Abs. 1 Satz 2 BGB). Hierbei handelt es sich nicht um ein zusätzliches vertragliches Recht, sondern lediglich um eine Alternative zum gesetzlich vorgesehenen Widerruf.

(2) Einschränkungen des Tatbestandes?

Es kann dahinstehen, ob der Tatbestand der Nr. 10 für alle gesetzlich zugestandenen Rechte gilt oder nur für Rechte, die dem Verbraucherschutz dienen und auf Vorgaben des Unionsrechts zurückgehen. Denn hier sind alle Voraussetzungen gegeben. Das Widerrufsrecht bei Fernabsatzgeschäften dient dem Schutz der Verbraucher. Zudem beruht es auf den Vorgaben der Richtlinien 97/7/EG[2] und 2002/65/EG.[3] **9**

Mithin handelt es sich bei dem Recht zur Rückgabe um ein gesetzlich zugestandenes Recht, das jeder Verbraucher bei Abschluss eines Fernabsatzvertrages mit Z geltend machen kann. Z räumt dabei auch keine besonderen Vorteile hinsichtlich der Frist ein. Vielmehr bleibt es bei der gesetzlichen Vorgabe von 14 Tagen.

cc) Besonderheit des Angebots

Das gesetzlich zugestandene Recht muss als Besonderheit des Angebots dargestellt werden. Hierfür genügt nicht ein bloßer Hinweis auf das Bestehen dieses Rechts.[4] Vielmehr muss den Verbrauchern durch eine besondere Herausstellung des Rechts suggeriert werden, dass es sich um eine zusätzliche Vergünstigung handelt, die vom Unternehmer gewährt wird, ohne dass er hierzu gesetzlich verpflichtet wäre.[5] Aus- **10**

---

1 Harte/Henning/*Dreyer,* Anh. § 3 Abs. 3 Nr. 10 Rn. 6.

2 Richtlinie 97/7/EG des Europäischen Parlaments und des Rates vom 20. Mai 1997 über den Verbraucherschutz bei Vertragsabschlüssen im Fernabsatz, ABl. Nr. L 144/19.

3 Richtlinie 2002/65/EG des Europäischen Parlaments und des Rates vom 23. 9. 2002 über den Fernabsatz von Finanzdienstleistungen an Verbraucher und zur Änderung der Richtlinie 90/619/EWG des Rates und der Richtlinien 97/7/EG und 98/27/EG, ABl. Nr. L 271/16.

4 Köhler/Bornkamm/*Bornkamm,* Anh. zu § 3 III Rn. 10.1.

5 Harte/Henning/*Dreyer,* Anh. § 3 Abs. 3 Nr. 10 Rn. 7; Fezer/*Peifer,* Anh. UWG Nr. 10 Rn. 10.

zugehen ist dabei vom Maßstab eines Durchschnittsverbrauchers (vgl. § 3 Abs. 2 S. 2 und 3 UWG).

Ein solcher Fall ist hier gegeben, weil Z mit der Aussage „Bei uns … exklusiv" den Eindruck vermittelt, das Rückgaberecht werde ausschließlich von seinem Unternehmen gewährt. Das ist jedoch unwahr, weil bei jedem Fernabsatzgeschäft ein Widerrufs- bzw. Rückgaberecht des Verbrauchers besteht.

c) Keine Prüfung der Spürbarkeit

11 Gemäß § 3 Abs. 3 UWG sind die im Anhang aufgeführten geschäftlichen Handlungen stets unzulässig. Eine Prüfung der Spürbarkeit im Einzelfall nach den Kriterien von § 3 Abs. 1 oder Abs. 2 UWG ist daher ausgeschlossen.[6]

2. Verstoß gegen § 3 Abs. 1 UWG

12 Verstößt eine geschäftliche Handlung gegen § 3 Abs. 3 UWG, dann ist nicht ausgeschlossen, dass die Handlung auch noch nach weiteren Vorschriften des UWG überprüft werden kann. Die Unzulässigkeit könnte sich hier auch aus § 3 Abs. 1 UWG ergeben.

a) Geschäftliche Handlung (§ 2 Abs. 1 Nr. 1 UWG)

13 Wie bereits oben geprüft wurde, handelt es sich bei dem Angebot des Fernsehers um eine geschäftliche Handlung.

b) Unlauterkeit

14 Das Merkmal der Unlauterkeit wird durch die Regelbeispiele in §§ 4 bis 6 UWG konkretisiert.

aa) § 5 Abs. 1 S. 2 Nr. 7 UWG (Irreführende geschäftliche Handlung)

15 In Betracht kommt eine Irreführung gemäß § 5 Abs. 1 S. 2 Nr. 7 UWG. Eine geschäftliche Handlung ist danach irreführend, wenn sie unwahre Angaben oder sonstige zur Täuschung geeignete Angaben enthält. Das Gesetz zählt dabei in Nr. 1 bis 7 abschließend die Umstände einer möglichen Irreführung auf. Zu diesen Umständen gehören nach § 5 Abs. 1 S. 2 Nr. 7 UWG die Rechte des Verbrauchers, insbesondere solche auf Grund von Garantieversprechen oder Gewährleistungsrechte bei Leistungsstörungen.

(1) Angabe

16 Das Gesetz schützt vor irreführenden Angaben. Dabei handelt es sich um Aussagen, die inhaltlich nachprüfbar sind.[7] Äußerungen zum Bestehen von Rechten sind nachprüfbar, auch wenn der Kunde hierzu möglicherweise erst Rechtsrat einholen muss. Folglich liegt eine Angabe vor.

(2) Rechte des Verbrauchers

17 Die Angabe muss sich auf Rechte des Verbrauchers beziehen. Beispielhaft („insbesondere") erwähnt das Gesetz Rechte auf Grund von Garantieversprechen oder

[6] Harte/Henning/*Henning-Bodewig,* Vorb. Anh. § 3 Abs. 3 Rn. 1; Köhler/Bornkamm/*Köhler,* Einf. Anh. zu § 3 III Rn. 0.10; Piper/Ohly/Sosnitza/*Sosnitza,* Anh. zu § 3 Abs. 3 Rn. 3; Götting/Nordemann/*Wirtz,* § 3 Rn. 110; anders aber Piper/Ohly/Sosnitza/*Ohly,* Einf. C Rn. 53.

[7] Köhler/Bornkamm/*Bornkamm,* § 5 Rn. 2.37; Harte/Henning/*Dreyer,* § 5 B Rn. 37.

Gewährleistungsrechte bei Leistungsstörungen. Der Tatbestand erfasst jedoch auch sonstige Rechte, die Verbrauchern zustehen können. Dazu gehören insbesondere Widerrufs- und Rückgaberechte.[8]

(3) Täuschung

Fraglich ist jedoch, ob eine Täuschung vorliegt. Denn der Aussage des Z bei der Warenbeschreibung können Verbraucher entnehmen, dass ihnen ein Rückgaberecht zusteht. Dies entspricht der Wahrheit. **18**

Das Irreführungsverbot des § 5 Abs. 1 UWG richtet sich jedoch auch gegen eine „Werbung mit Selbstverständlichkeiten". Nach der Rechtsprechung des BGH kann eine Werbung, die Selbstverständlichkeiten herausstellt, trotz objektiver Richtigkeit der Angaben gegen § 5 UWG verstoßen, sofern das angesprochene Publikum annimmt, dass mit der Werbung ein Vorzug gegenüber anderen Erzeugnissen der gleichen Gattung und den Angeboten von Mitbewerbern hervorgehoben wird.[9]

Dies steht mit der UGP-Richtlinie in Einklang, da Art. 6 Abs. 1 klarstellt, dass eine Täuschung „selbst mit sachlich richtigen Angaben" hervorgerufen werden kann. Ein solcher Fall ist hier gegeben. Die Aussage des Z weckt bei einem Durchschnittsverbraucher, auf den bei der Beurteilung abzustellen ist (vgl. § 3 Abs. 2 S. 2 und 3 UWG) die Vorstellung, bei dem Rückgaberecht handele es sich um einen besonderen Vorzug des Angebots von Z. Dies wird noch betont durch den Zusatz „Kaufen Sie ohne Risiko".

Somit liegt eine Täuschung vor.

(4) Geschäftliche Relevanz

Weiterhin ist geschäftliche Relevanz erforderlich. Dies ergibt sich nicht unmittelbar aus dem Wortlaut von § 5 UWG, sondern im Wege der richtlinienkonformen Auslegung unter Berücksichtigung von Art. 6 der UGP-Richtlinie. Diese verlangt in Art. 6 Abs. 1, dass die täuschende Verhaltensweise den Durchschnittsverbraucher „täuscht oder ihn zu täuschen geeignet ist und ihn in jedem Fall tatsächlich oder voraussichtlich zu einer geschäftlichen Entscheidung veranlasst, die er ansonsten nicht getroffen hätte". **19**

Hier könnten Verbraucher durch den vermeintlichen Zusatznutzen in Form des angeblich besonderen Rückgaberechts dazu verleitet werden, die Angebote konkurrierender Unternehmen nicht zu prüfen. Daher liegt geschäftliche Relevanz vor.

Eine gesonderte Prüfung der Spürbarkeit gemäß § 3 Abs. 1 UWG ist nicht erforderlich, wenn geschäftliche Relevanz vorliegt.[10]

bb) § 4 Nr. 1 UWG (Unangemessener unsachlicher Einfluss)

Weiterhin könnte eine unangemessene unsachliche Einflussnahme durch die Angabe des Z vorliegen. **20**

§ 4 Nr. 1 UWG schützt vor Beeinträchtigungen der Entscheidungsfreiheit. Im Anwendungsbereich der UGP-Richtlinie ist darunter die „Entscheidungs- und Verhal-

---

[8] Harte/Henning/*Weidert*, § 5 I Rn. 23.

[9] *BGH* WRP 2009, 435 Rn. 2 – Edelmetallankauf; *BGH* GRUR 1987, 916, 917 – Gratis-Sehtest.

[10] Köhler/Bornkamm/*Köhler*, § 3 Rn. 151; vgl. *BGH* GRUR 2009, 888 Rn. 18 – Thermoroll; *BGH* GRUR 2009, 788 Rn. 23 – 20% auf alles; *BGH* GRUR 2008, 186 Rn. 26 – Telefonaktion.

tensfreiheit des Durchschnittsverbrauchers" zu verstehen (Art. 8 UGP-Richtlinie). Geschützt ist die Freiheit, eine andere als die vom Handelnden angestrebte geschäftliche Entscheidung zu treffen. Eine Beeinträchtigung der Entscheidungsfreiheit des Verbrauchers i.S.d. § 4 Nr. 1 UWG liegt nach der Rechtsprechung vor, wenn der Handelnde diese Freiheit durch Belästigung oder durch unzulässige Beeinflussung i.S.d. Art. 2 lit. j der UGP-Richtlinie erheblich beeinträchtigt.[11]

Eine Täuschung durch den Unternehmer beeinträchtigt zwar die Fähigkeit des Verbrauchers, eine informierte geschäftliche Entscheidung zu treffen. Seine Entscheidungs- und Verhaltensfreiheit wird jedoch nicht eingeschränkt. Es liegt zudem kein Fall einer aggressiven Geschäftspraktik (Belästigung, Nötigung oder unzulässige Beeinflussung) vor.

Daher ist keine Unlauterkeit gemäß § 4 Nr. 1 UWG gegeben.

II. Zwischenergebnis

21 Als Zwischenergebnis ist festzuhalten, dass die Aussage des Z gemäß §§ 3 Abs. 3 i.V.m. Nr. 10 des Anhangs und nach §§ 3 Abs. 1, 5 Abs. 1 S. 2 Nr. 7 UWG unzulässig ist.

B. Angebot der Heimkino-Anlage

22 Weiterhin ist zu prüfen, wie das Angebot der Heimkino-Anlage und das Verwenden der Klauseln in den Allgemeinen Geschäftsbedingungen zu bewerten ist.

I. Verstoß gegen § 3 UWG

1. Verstoß gegen § 3 Abs. 3 UWG

23 Ein Verstoß gegen Bestimmungen der „Schwarzen Liste" ist nicht ersichtlich.

2. Verstoß gegen § 3 Abs. 1 UWG

24 In Betracht kommt aber eine Unzulässigkeit gemäß § 3 Abs. 1 UWG.

a) Geschäftliche Handlung (§ 2 Abs. 1 Nr. 1 UWG)

25 Das Warenangebot ist als eine geschäftliche Handlung anzusehen. Insoweit gelten die Ausführungen oben entsprechend.

Die Verwendung von Allgemeinen Geschäftsbedingungen ist ebenfalls als eine geschäftliche Handlung i.S.v. § 2 Abs. 1 Nr. 1 UWG zu qualifizieren. Dem steht nicht entgegen, dass die Klausel eine Verkürzung der Verjährungsfrist und damit einen teilweisen Gewährleistungsausschluss im Falle eines Vertragsschlusses beinhaltet. Ein Gewährleistungsausschluss ist geeignet, dem Unternehmer Kosten zu ersparen, indem er den Verbraucher davon abhält, seine Gewährleistungsansprüche geltend zu machen.[12] Der Unternehmer kann dadurch in die Lage versetzt werden,

[11] *BGH* GRUR 2011, 747 Rn. 26 – Kreditkartenübersendung; *BGH* GRUR 2010, 455 Rn. 17 – Stumme Verkäufer II; *BGH* GRUR 2010, 850 Rn. 13 – Brillenversorgung II.

[12] *BGH* GRUR 2010, 1117 Rn. 18 – Gewährleistungsausschluss im Internet.

günstigere Preise zu kalkulieren. Die Klausel ist deshalb geeignet, den Absatz der Waren zu fördern.

b) Unlauterkeit gemäß § 4 Nr. 11 UWG i.V.m. § 475 Abs. 2 BGB (Rechtsbruch)

Fraglich ist, ob die Klausel in den Allgemeinen Geschäftsbedingungen des Z unlauter ist. In Betracht kommt eine Unlauterkeit gemäß § 4 Nr. 11 UWG. Das setzt voraus, dass Z einer gesetzlichen Vorschrift zuwidergehandelt hat, die auch dazu bestimmt ist, im Interesse der Marktteilnehmer das Marktverhalten zu regeln. **26**

aa) Anwendbarkeit von § 4 Nr. 11 UWG

Zunächst ist zu prüfen, ob § 4 Nr. 11 UWG überhaupt anwendbar ist. Denn für geschäftliche Handlungen zwischen Unternehmern und Verbrauchern hat die UGP-Richtlinie in ihrem Anwendungsbereich zu einer vollständigen Harmonisierung des Lauterkeitsrechts geführt.[13] Sie regelt die Frage der Unlauterkeit von Geschäftspraktiken im Geschäftsverkehr zwischen Unternehmern und Verbrauchern abschließend.[14] Dementsprechend kann ein Verstoß gegen nationale Bestimmungen eine Unlauterkeit nach § 4 Nr. 11 UWG grundsätzlich nur noch begründen, wenn die betreffende Regelung eine Grundlage im Unionsrecht hat.[15] **27**

Hier kommt eine Verletzung von § 475 Abs. 2 BGB in Betracht. Nach dieser Vorschrift darf die Verjährung der in § 437 BGB bezeichneten Ansprüche vor Mitteilung eines Mangels an den Unternehmer nicht durch Rechtsgeschäft erleichtert werden, wenn die Vereinbarung zu einer Verjährungsfrist ab dem gesetzlichen Verjährungsbeginn von weniger als zwei Jahren, bei gebrauchten Sachen von weniger als einem Jahr führt.

Diese Bestimmung geht zurück auf Art. 7 Abs. 1 der Richtlinie 1999/44/EG über Verbrauchsgüterkäufe.[16] Es handelt sich also um eine Vorschrift des Unionsrechts. Die Anwendung von § 475 BGB wird durch die UGP-Richtlinie nicht berührt (Art. 3 Abs. 2).

bb) Marktverhaltensvorschrift

Bei § 475 Abs. 2 BGB müsste es sich um eine gesetzliche Vorschrift handeln, die auch dazu bestimmt ist, im Interesse der Marktteilnehmer das Marktverhalten zu regeln. **28**

§ 475 Abs. 2 BGB enthält ein Verbot der Verkürzung der Verjährungsfristen für die gesetzlichen Gewährleistungsvorschriften. Die Formulierung ist deutlicher als in § 475 Abs. 1 BGB, der vom BGH als eine Marktverhaltensvorschrift angesehen wurde.[17] Maßgeblich ist dabei, dass die Bestimmungen der Richtlinie 1999/44/EG neben der Stärkung des Vertrauens der Verbraucher und der Erreichung eines hohen Verbraucherschutzniveaus dem Abbau von Wettbewerbsverzerrungen und der besseren Nutzung der Vorzüge des Binnenmarkts und der neuen Fernkommunika-

[13] *EuGH* GRUR 2010, 244 Rn. 41 – Plus Warenhandelsgesellschaft.

[14] *EuGH* Slg. 2009, I-2949 = GRUR 2009, 599 Rn. 51 – VTB/Total Belgium und Galatea/Sanoma.

[15] *BGH* GRUR 2010, 1117 Rn. 16 – Gewährleistungsausschluss im Internet.

[16] Richtlinie 1999/44/EG des Europäischen Parlaments und des Rates vom 25. Mai 1999 zu bestimmten Aspekten des Verbrauchsgüterkaufs und der Garantien für Verbrauchsgüter, ABl. Nr. L 171/12.

[17] *BGH* GRUR 2010, 1117 Rn. 25 – Gewährleistungsausschluss im Internet.

tionstechniken dienen.[18] Diesen Zwecken dienen auch die Vorschriften, mit denen die Vorgaben der Richtlinie 1999/44/EG in das nationale Recht umgesetzt werden.[19] § 475 Abs. 2 BGB hat damit ebenso wie § 475 Abs. 1 BGB[20] eine auf die Lauterkeit des Wettbewerbs bezogene Schutzfunktion.

Es kommt hier nicht auf die umstrittene Frage an, ob die Verwendung von Klauseln in Allgemeinen Geschäftsbedingungen, die gegen §§ 307ff. BGB verstoßen, als Rechtsbruch unlauter sein kann.[21]

cc) Zuwiderhandlung

29 Eine Zuwiderhandlung liegt vor, wenn der Anwendungsbereich von § 475 Abs. 2 BGB eröffnet ist und die Klausel eine hiernach unzulässige Verkürzung der Verjährung vorsieht.

(1) Anwendungsbereich

30 Der Anwendungsbereich von § 475 Abs. 2 BGB ist eröffnet. Die Vorschrift findet Anwendung auf Kaufverträge zwischen Unternehmern und Verbrauchern über bewegliche Sachen (§ 474 Abs. 1 S. 1 BGB).

Die von Z verwendete Klausel betrifft Verträge zwischen dem Unternehmer Z (§ 14 Abs. 1 BGB) und – nach ihrem ausdrücklichen Wortlaut – Verbrauchern (§ 13 BGB). Vertragsgegenstand sind „B-Waren“ wie die angebotene Heimkino-Anlage, also bewegliche Sachen.

(2) Verkürzung der Verjährungsfrist für Gewährleistungsansprüche

31 Die Klausel enthält eine unzulässige Verkürzung der Verjährung für Gewährleistungsansprüche. Denn aus der Klausel folgt, dass Z Privatkunden nur für einen Zeitraum von sechs Monaten „volle“ Gewährleistung zugesteht. Es kann dahinstehen, ob es sich bei der „B-Ware“ um neue oder gebrauchte Sachen handelt.[22] Denn selbst wenn man die „Rückläufer“ als gebrauchte Sachen ansieht, darf die Verjährungsfrist nicht weniger als ein Jahr betragen.

c) Spürbarkeit

32 Die Spürbarkeit bedarf bei einem Verstoß gegen §§ 3 Abs. 1, 4 Nr. 11 UWG gesonderter Prüfung.[23] Sie ergibt sich hier aus der schwerwiegenden Beeinträchtigung von Verbraucherinteressen, denen gesetzliche Gewährleistungsrechte vorenthalten werden sollen.

3. Verstoß gegen § 3 Abs. 2 S. 1 UWG

33 Eine Unzulässigkeit könnte sich weiterhin aus § 3 Abs. 2 S. 1 UWG ergeben. Hier sind zwei unterschiedliche Aspekte zu unterscheiden: Die Unzulässigkeit kann zum

[18] Erw. 1 und 3 bis 5 der Richtlinie 1999/44/EG.

[19] *BGH* GRUR 2010, 1117 Rn. 29 – Gewährleistungsausschluss im Internet.

[20] *BGH* GRUR 2010, 1117 Rn. 29 – Gewährleistungsausschluss im Internet.

[21] Dazu mit Nachweisen zum Streitstand *BGH* GRUR 2010, 1117 Rn. 26ff. – Gewährleistungsausschluss im Internet; *Köhler*, NJW 2008, 177ff.

[22] Nach der Rechtsprechung kommt es darauf an, ob die Sache bereits genutzt wurde, siehe nur BGHZ 170, 31 = NJW 2007, 674 Rn. 27.

[23] Köhler/Bornkamm/*Köhler*, § 3 Rn. 147.

einen daraus folgen, dass Z den Verbrauchern wesentliche Informationen vorenthält. Zum anderen kann sich die Unzulässigkeit aus der Verwendung von unwirksamen Allgemeinen Geschäftsbedingungen ergeben.

a) Geschäftliche Handlung (§ 2 Abs. 1 Nr. 1 UWG)

Eine geschäftliche Handlung liegt, wie bereits geprüft wurde, vor. **34**

b) Vorenthalten einer wesentlichen Information (§ 5a Abs. 2, 3 Nr. 4 UWG)

Nach § 5a Abs. 2 UWG handelt unlauter, wer die Entscheidungsfähigkeit von Ver- **35** brauchern im Sinne des § 3 Abs. 2 UWG dadurch beeinflusst, dass er eine Information vorenthält, die im konkreten Fall unter Berücksichtigung aller Umstände einschließlich der Beschränkungen des Kommunikationsmittels wesentlich ist.

aa) Wesentliche Information

§ 5a Abs. 2 UWG regelt nicht, wann eine Information wesentlich ist. Näheren Auf- **36** schluss geben jedoch § 5a Abs. 3 und 4 UWG. Gemäß § 5a Abs. 4 UWG sind Informationsanforderungen wesentlich, die sich aus dem Unionsrecht ergeben. § 5a Abs. 3 UWG enthält einen Katalog wesentlicher Informationen. Diese müssen dem Verbraucher jedoch nicht in jedem Fall zur Verfügung gestellt werden. Vielmehr verpflichtet das Gesetz den Unternehmer, diese Informationen bereitzustellen, wenn Waren oder Dienstleistungen unter Hinweis auf deren Merkmale und Preis in einer dem verwendeten Kommunikationsmittel angemessenen Weise so angeboten werden, dass ein durchschnittlicher Verbraucher das Geschäft abschließen kann. Mit dieser Formulierung setzt das deutsche Recht das in Art. 7 Abs. 4 der UGP-Richtlinie enthaltene Merkmal „Aufforderung zum Kauf" um.

(1) Aufforderung zum Kauf

Es handelt sich bei der Aufforderung zum Kauf um eine besondere Form der Wer- **37** bung, die einer verstärkten Informationspflicht nach der Richtlinie 2005/29/EG unterliegt.[24] Die UGP-Richtlinie definiert das Merkmal „Aufforderung zum Kauf" in Art. 2 lit. i. Danach ist als Aufforderung zum Kauf jede kommerzielle Kommunikation anzusehen, die die Merkmale des Produkts und den Preis in einer Weise angibt, die den Mitteln der verwendeten kommerziellen Kommunikation angemessen ist und den Verbraucher dadurch in die Lage versetzt, einen Kauf zu tätigen.

Diese Voraussetzungen sind jedenfalls erfüllt, wenn eine konkrete Warenbeschreibung vorliegt und für die Ware ein Preis angegeben ist, sodass der Verbraucher einen Vertrag über diese Ware abschließen könnte.[25] Hier besteht zwischen der Beschreibung und einem möglichen Vertragsschluss zudem ein enger räumlich-zeitlicher Zusammenhang, da der Verbraucher die auf den Internet-Seiten des Z beschrieben Waren sogleich bestellen kann.

(2) Wesentliche Information gemäß § 5a Abs. 3 Nr. 4 UWG

Zu den nach § 5a Abs. 2 UWG wesentlichen Informationen gehören gemäß § 5a **38** Abs. 3 Nr. 4 UWG die Zahlungs-, Liefer- und Leistungsbedingungen sowie Verfahren zum Umgang mit Beschwerden, soweit sie von Erfordernissen der fachlichen Sorgfalt abweichen.

24 EuGH GRUR 2011, 930 Rn. 28 – *Ving Sverige.*

25 *Beater,* Rn. 1459f.; Harte/Henning/*Dreyer,* § 5a Rn. 54; jurisPK-UWG/*Seichter,* § 5a Rn. 64.

Zahlungs-, Liefer- und Leistungsbedingungen sind insbesondere die vertraglichen Bedingungen, unter denen eine Ware geliefert werden soll.[26]

Wesentlich sind diese Informationen jedoch nur unter der Voraussetzung, dass die Bedingungen von den Erfordernissen der fachlichen Sorgfalt abweichen. Das Gesetz will damit sicherstellen, dass der Verbraucher gerade über branchenunübliche und ungewöhnliche Vertragskonditionen informiert wird.

Zur fachlichen Sorgfalt gehört gemäß § 2 Abs. 1 Nr. 7 UWG der Standard an Fachkenntnissen und Sorgfalt, von dem billigerweise angenommen werden kann, dass ein Unternehmer ihn in seinem Tätigkeitsbereich gegenüber Verbrauchern nach Treu und Glauben unter Berücksichtigung der Marktgepflogenheiten einhält. Mit dieser Vorschrift wird Art. 2 lit. h der UGP-Richtlinie („berufliche Sorgfalt") umgesetzt. Eine Abweichung von der fachlichen Sorgfalt liegt jedenfalls vor, wenn der Unternehmer unwirksame Allgemeine Geschäftsbedingungen verwendet.[27] Dies folgt aus Art. 3 Abs. 1 der Richtlinie 93/13/EWG.[28] Denn mit der Verwendung unwirksamer Klauseln in Allgemeinen Geschäftsbedingungen verhält sich der Unternehmer gegenüber dem Verbraucher treuwidrig.

Hieraus folgt, dass eine Aufklärungspflicht besteht, wenn der Unternehmer Allgemeine Geschäftsbedingungen verwendet, die nach den Vorschriften des bürgerlichen Rechts unwirksam sind.[29]

bb) Vorenthalten

39 Ein Vorenthalten i.S.d. § 5a Abs. 2 UWG ist anzunehmen, wenn der Unternehmer wesentliche Informationen verschweigt oder solche Informationen unter Berücksichtigung der darin beschriebenen Einzelheiten verheimlicht oder auf unklare, unverständliche, zweideutige Weise oder nicht rechtzeitig bereitstellt oder wenn er den kommerziellen Zweck der Geschäftspraxis nicht kenntlich macht. Dies ergibt sich in richtlinienkonformer Auslegung aus § 5a Abs. 2 UWG i.V.m. Art. 7 Abs. 2 der UGP-Richtlinie. Z hat in der Warenbeschreibung der Heimkino-Anlage nicht auf die in den Allgemeinen Geschäftsbedingungen vorgesehene Verkürzung der Verjährung hingewiesen und daher eine wesentliche Information vorenthalten.

cc) Geschäftliche Relevanz

40 Fraglich ist, ob die geschäftliche Relevanz des Vorenthaltens zu prüfen ist. Der Verweis auf § 3 Abs. 2 UWG lässt die Annahme zu, dass das Verhalten des Unternehmers dazu geeignet sein muss, die Fähigkeit des Verbrauchers, sich auf Grund von Informationen zu entscheiden, spürbar zu beeinträchtigen und ihn damit zu einer geschäftlichen Entscheidung zu veranlassen, die er andernfalls nicht getroffen hätte.

Eine solche Auslegung widerspricht jedoch den Vorgaben der UGP-Richtlinie. Danach ist im Anwendungsbereich von Art. 7 Abs. 1 und 2 nur zu prüfen, ob das Vorenthalten der wesentlichen Information einen Durchschnittsverbraucher zu einer geschäftlichen Entscheidung veranlasst oder zu veranlassen geeignet ist, die er sonst

[26] Harte/Henning/*Dreyer*, § 5a Rn. 67.

[27] *Köhler*, WRP 2009, 898, 909; *ders.*, NJW 2008, 177, 180.

[28] Richtlinie 93/13/EWG des Rates vom 5. April 1993 über missbräuchliche Klauseln in Verbraucherverträgen, ABl. Nr. L 95/29.

[29] Köhler/Bornkamm/*Bornkamm*, § 5a Rn. 35; Harte/Henning/*Dreyer*, § 5a Rn. 68; *Köhler*, WRP 2009, 898, 909; *ders.*, NJW 2008, 177, 180; Fezer/*Peifer*, § 5a Rn. 61 f.

nicht getroffen hätte. Eine zusätzliche Prüfung der wesentlichen Beeinflussung des wirtschaftlichen Verhaltens des Verbrauchers gemäß Art. 5 Abs. 2 lit. b und Art. 2 lit. e der UGP-Richtlinie ist demgegenüber nicht erforderlich.

Angesichts der besonderen Bedeutung der Information für den Verbraucher ist die vorenthaltene Information dazu geeignet, den Verbraucher zu einer geschäftlichen Entscheidung zu veranlassen, die er anderenfalls nicht getroffen hätte. Geschäftliche Relevanz ist damit zu bejahen.

Eine gesonderte Prüfung der Spürbarkeit ist darüber hinaus nicht erforderlich.

c) Verstoß gegen die fachliche Sorgfalt

aa) Voraussetzungen

Das Verwenden von Allgemeinen Geschäftsbedingungen, die nach dem Vertragsrecht unwirksam sind, widerspricht dem Standard an Fachkenntnissen und Sorgfalt, von dem billigerweise angenommen werden kann, dass ein Unternehmer ihn in seinem Tätigkeitsbereich gegenüber Verbrauchern nach Treu und Glauben unter Berücksichtigung der Marktgepflogenheiten einhält. Insoweit ist auf die Ausführungen oben zu verweisen. **41**

bb) Spürbarkeit

Hier ist jedoch zusätzlich die Prüfung erforderlich, ob die geschäftliche Handlung des Z dazu geeignet ist, die Fähigkeit des Verbrauchers, sich auf Grund von Informationen zu entscheiden, spürbar zu beeinträchtigen und ihn damit zu einer geschäftlichen Entscheidung zu veranlassen, die er andernfalls nicht getroffen hätte. **42**

Da § 3 Abs. 2 S. 1 UWG der Umsetzung von Art. 5 Abs. 2 der UGP-Richtlinie dient, ist hinsichtlich des für die Spürbarkeit geltenden Maßstabs auf die Vorgaben der UGP-Richtlinie abzustellen. In richtlinienkonformer Auslegung ist gemäß Art. 5 Abs. 2 lit. b der UGP-Richtlinie eine wesentliche Beeinflussung des wirtschaftlichen Verhaltens des Verbrauchers erforderlich. Gemäß Art. 2 lit. e der UGP-Richtlinie handelt es sich dabei um die Anwendung einer Geschäftspraxis, um die Fähigkeit des Verbrauchers, eine informierte Entscheidung zu treffen, spürbar zu beeinträchtigen und damit den Verbraucher zu einer geschäftlichen Entscheidung zu veranlassen, die er andernfalls nicht getroffen hätte.

Angesichts des schwerwiegenden Verstoßes gegen eine verbraucherschützende Bestimmung, die unionsrechtlich fundiert ist, ist eine wesentliche Beeinflussung zu bejahen.

II. Zwischenergebnis

Das Angebot der Heimkino-Anlage durch Z ist gemäß §§ 3 Abs. 1, 4 Nr. 11 UWG und gemäß §§ 3 Abs. 2 S. 1, 5a Abs. 2, 3 Nr. 4 UWG unzulässig. **43**

C. Wiederholungsgefahr

Für das Vorliegen der Wiederholungsgefahr streitet eine tatsächliche widerlegbare Vermutung. Diese kann nur durch die Abgabe einer strafbewehrten Unterlassungserklärung widerlegt werden. Die Abgabe einer solchen Erklärung hat Z jedoch ab- **44** gelehnt. Die Entfernung der Angebote aus dem Internet genügt nicht, um die Vermutung der Wiederholungsgefahr zu widerlegen. Denn Z könnte die Angebote jederzeit neu einstellen. Hinsichtlich der Verwendung der unwirksamen Allgemeinen Geschäftsbedingungen hat sich durch das Löschen der Angebote an der Wiederholungsgefahr ohnehin nichts geändert.

D. Anspruchsberechtigung

I. Anspruchsberechtigung als Mitbewerber (§ 8 Abs. 3 Nr. 1 UWG)

45 M könnte als Mitbewerber gemäß § 8 Abs. 3 Nr. 1 UWG anspruchsberechtigt sein. Mitbewerber ist gemäß § 2 Abs. 1 Nr. 3 UWG jeder Unternehmer, der mit einem oder mehreren Unternehmern als Anbieter oder Nachfrager von Waren oder Dienstleistungen in einem konkreten Wettbewerbsverhältnis steht. M und Z bieten gleichartige Waren an, nämlich Elektronikgeräte. Darüber hinaus überschneidet sich der räumlich relevante Markt zumindest teilweise. Da Z seine Waren bundesweit anbietet, erreicht er auch Kunden in München und Umland, die Waren im Geschäft des M erwerben könnten.

II. Einschränkungen aufgrund des UKlaG?

46 Die Anspruchsberechtigung des M ist nicht im Hinblick auf die Verfolgung von Verstößen gegen verbraucherschützende Vorschriften gemäß § 2 UKlaG eingeschränkt. Insbesondere besteht kein Vorrang des UKlaG. Anspruchsberechtigt sind nach § 3 Abs. 1 UKlaG zwar nur die näher bestimmten Einrichtungen, Verbände oder Kammern, nicht aber Mitbewerber des in Anspruch genommenen Unternehmens. Eine ausdrückliche Vorrangregelung lässt sich jedoch weder dem UKlaG noch dem UWG entnehmen. Das Unterlassungsklagengesetz stellt kein in sich geschlossenes Rechtsschutzsystem dar. Aus ihm ergibt sich nichts dafür, dass Mitbewerber von der Bekämpfung von Verstößen gegen Verbraucherschutzgesetze, die im Zusammenhang mit Verbraucherverträgen stehen, ausgeschlossen sein sollen.[30]

E. Anspruchsverpflichtung

47 Als Inhaber des Geschäfts und Verletzer ist Z anspruchsverpflichtet.

Frage 2: Unterlassungsanspruch des M gegen die F-AG

48 Fraglich ist, ob die F-AG als Franchisegeberin wegen der wettbewerbswidrigen Handlungen des Z auf Unterlassung in Anspruch genommen werden kann. Ein Unterlassungsanspruch könnte sich aus § 8 Abs. 1 S. 1, 2. Alt. UWG ergeben. Problematisch ist hier allein die Anspruchsverpflichtung der F-AG.

A. Eigenhaftung der F-AG

49 Eine Haftung der F-AG für eigenes wettbewerbswidriges Verhalten kommt nicht in Betracht. Ein Franchisegeber kann für das Verhalten eines Dritten allein dann ver-

[30] *BGH* GRUR 2010, 1117 Rn. 31 – Gewährleistungsausschluss im Internet.

antwortlich gemacht werden, wenn es sich bei der beanstandeten Werbung auch um einen von ihm begangenen Wettbewerbsverstoß handelt.[31] Nach der Rechtsprechung setzt eine Erfolgshaftung des Betriebsinhabers für geschäftliche Handlungen Dritter voraus, dass dieser den Risikobereich in einem gewissen Umfang beherrscht und ihm ein bestimmender und durchsetzbarer Einfluss jedenfalls auf diejenige Tätigkeit eingeräumt ist, in deren Bereich das fragliche Verhalten fällt.[32]

Da die F-AG selbst die beanstandeten Maßnahmen nicht veranlasst hat, käme nur ein durch Unterlassen begangener Verstoß in Betracht. Dann müsste die F-AG hinsichtlich des Werbeverhaltens des Z eine Erfolgsabwendungspflicht treffen, die sich beispielsweise aus Gesetz oder aus einem vorangegangenen gefährdenden Tun ergeben könnte.[33] Eine solche Pflicht ist beispielsweise denkbar, wenn sich aus der Franchisevereinbarung die besondere Gefahr wettbewerbswidriger Handlungen ergibt. Dafür gibt es jedoch keine Anhaltspunkte. Vielmehr können die Franchisenehmer über die Gestaltung der Angebote und der Werbung für die von ihnen vertriebenen Waren frei entscheiden. Die F-AG nimmt also auf die Ausgestaltung der Angebote keinen Einfluss.

Eine Erfolgsabwendungspflicht besteht selbst dann nicht, wenn die F-AG ihren Franchisenehmern neben ihrem Vertriebskonzept möglicherweise „Good will" überlassen hätte. Eine derart weitreichende Rechtspflicht, ein wettbewerbswidriges Verhalten eines Vertragspartners abzuwenden, besteht nicht.[34]

Eine Haftung als Mittäter oder Teilnehmer an den wettbewerbswidrigen Handlungen des Z scheidet ebenfalls aus, da kein gemeinsamer Tatplan vorliegt und die F-AG den Z nicht in irgendeiner Weise unterstützt hat.

B. Zurechnung gemäß § 8 Abs. 2 UWG

Die F-AG müsste sich das Verhalten von Z gemäß § 8 Abs. 2 UWG zurechnen las- **50**
sen, wenn es sich bei Z und einen Mitarbeiter oder Beauftragten handelt. Das ist jedoch nicht der Fall, weil Z im Rahmen der Franchisevereinbarung Vertragspartner der F-AG ist, aber nicht im Geschäftsbereich und im Interesse der F-AG tätig wird. Zwar kann nach der Rechtsprechung Beauftragter auch ein selbstständiges Unternehmen sein kann. Doch müsste dieses dann in die betriebliche Organisation des Betriebsinhabers in der Weise eingegliedert sein, dass der Erfolg seiner Geschäftstätigkeit dem Betriebsinhaber zu Gute kommt und dieser auf das Unternehmen einen bestimmenden und durchsetzbaren Einfluss hat.[35] Daran fehlt es hier.

C. Haftung als Störer

Die F-AG haftet auch nicht als sog. Störer. Die höchstrichterliche Rechtsprechung **51**
hat in der Vergangenheit eine solche Haftung von Franchisegebern grundsätzlich

[31] *BGH* GRUR 2001, 82, 83 – Neu in Bielefeld I.

[32] *BGH* GRUR 1995, 605, 607 – Franchise-Nehmer; *BGH* GRUR 2011, 543 Rn. 13 – Änderung der Voreinstellung III.

[33] Vgl. *BGH* GRUR 2001, 82, 83 – Neu in Bielefeld I.

[34] *BGH* GRUR 2001, 82, 83 – Neu in Bielefeld I.

[35] Vgl. *BGH* GRUR 2005, 864, 865 – Meissner Dekor II; *BGH* GRUR 2009, 1167 Rn. 21 – Partnerprogramm; *BGH* GRUR 2011, 543 Rn. 11 – Änderung der Voreinstellung III.

für möglich gehalten.[36] Jedoch hat der BGH der Störerhaftung im Wettbewerbsrecht jüngst die Grundlage entzogen. Danach kommt eine Störerhaftung nicht in Fällen in Betracht, in denen – wie bei wettbewerbswidrigen Handlungen – Verhaltensunrecht verwirklicht wird.[37]

36 *BGH* GRUR 2001, 82, 83 – Neu in Bielefeld I.

37 *BGH* GRUR 2011, 152 Rn. 48 – Kinderhochstühle im Internet; zuvor bereits: BGHZ 155, 189, 194f. = GRUR 2003, 807 – Buchpreisbindung; *BGH* GRUR 2003, 969, 970 – Ausschreibung von Vermessungsleistungen; BGHZ 158, 236, 251 = GRUR 2004, 860 – Internet-Versteigerung I; *BGH* GRUR 2006, 957 Rn. 13 – Stadt Geldern; *BGH* GRUR 2010, 633 Rn. 19 – Sommer unseres Lebens.

Fall 20. Das neue Café

Sachverhalt

Weth eröffnet in Rosenheim ein Café unter der Bezeichnung „Buona Sera". Um Kunden anzulocken, wirbt er auf Plakaten mit der Angabe „Eröffnungspreis: 1 Cappuccino + 1 Croissant = 2,00 €" (und daneben rot durchgestrichen) 3,00 €". Außerdem bittet er den ihm bekannten Lokalredakteur des „Rosenheimer Volksblatts" Steiner, über sein Café einen „freundlichen Artikel" zu schreiben; er werde sich dafür mit einem Anzeigenauftrag erkenntlich zeigen. Steiner berichtet daraufhin im Lokalteil des „Rosenheimer Volksblatts" über das neu eröffnete Café. Unter anderem heißt es in dem Artikel, im „Buona Sera" gebe es den „besten Cappuccino in ganz Rosenheim" und es sei das neue „Highlight" von Rosenheim.

Moser, der in der Nachbarschaft des „Buona Sera" ebenfalls ein Café betreibt, ist darüber sehr erbost. Er sucht das „Buona Sera" auf und stellt fest, dass dort der Cappuccino nur durchschnittlich schmeckt und außerdem – was zutrifft – unbeanstandet geraucht wird. Er schreibt daraufhin unter dem Namen seines Schwiegersohns Max Hofmann, der damit einverstanden ist, einen Leserbrief an das Rosenheimer Volksblatt. In diesem alsbald veröffentlichten Leserbrief heißt es u. a., der Cappuccino im „Buona Sera" schmecke „eher wie Omas Malzkaffee" und höchst störend sei auch, dass dort „ungeniert geraucht" werde.

Vermerk für die Bearbeiter: In einem Rechtsgutachten, das auf alle vom Sachverhalt aufgeworfenen Rechtsfragen eingeht, ist zu prüfen, ob das Verhalten von Weth, Steiner und Moser gegen das UWG verstößt.

Bayerisches Gesetz zum Schutz der Gesundheit (BayGSG) vom 23. 7. 2010 – Auszug

Art. 1 Ziel. Ziel dieses Gesetzes ist der Schutz der Bevölkerung vor gesundheitlichen Gefahren durch Passivrauchen.

Art. 2 Anwendungsbereich. Dieses Gesetz findet Anwendung auf:
(…)
8. Gaststätten

Art. 3 Rauchverbot. (1) Das Rauchen ist in Innenräumen der in Art. 2 bezeichneten Gebäude, Einrichtungen, Heime, Sportstätten, Gaststätten und Verkehrsflughäfen verboten. (…)

Art. 7 Verantwortlichkeit. Verantwortlich für die Einhaltung des Rauchverbots nach Art. 3 Abs. 1 … sind: (…)
3. die Betreiberin oder der Betreiber der Gaststätte.

Bei einem Verstoß gegen das Rauchverbot haben die oder der Verantwortliche die erforderlichen Maßnahmen zu ergreifen, um eine Fortsetzung des Verstoßes oder einen neuen Verstoß zu verhindern.

Art. 9 Ordnungswidrigkeiten. (…)

(2) Mit Geldbuße kann belegt werden, wer entgegen der Verpflichtung nach Art. 7 Satz 2 nicht die erforderlichen Maßnahmen ergreift, um eine Fortsetzung des Verstoßes oder einen neuen Verstoß gegen das Rauchverbot zu verhindern.

Gliederung

Lösung

Teil 1: Wettbewerbsverstöße des W

Bei der Prüfung der Wettbewerbswidrigkeit ist zwischen den verschiedenen Handlungen des W zu unterscheiden: der Plakatwerbung (unter A.), der Veranlassung des Zeitungsartikels (unter B.) und dem Dulden des Rauchens (unter C.). 1

A. Plakatwerbung des W

I. Verstoß gegen § 3 Abs. 1 UWG

1. Geschäftliche Handlung (§ 2 Abs. 1 Nr. 1 UWG)

Die Plakatwerbung dient der Förderung des Absatzes von Waren und Dienstleistungen des W und ist damit eine geschäftliche Handlung i.S.d. § 2 Abs. 1 Nr. 1 UWG. 2

2. Unlauterkeit

a) § 4 Nr. 4 UWG (Transparenzgebot bei Verkaufsförderungsmaßnahmen)

Nach § 4 Nr. 4 UWG handelt unlauter, wer bei Verkaufsförderungsmaßnahmen wie Preisnachlässen, Zugaben oder Geschenken die Bedingungen für ihre Inanspruchnahme nicht klar und eindeutig angibt. 3

Die Werbung mit einem Eröffnungspreis, neben dem ein durchgestrichener höherer Preis angegeben ist, stellt aus der Sicht des Durchschnittsverbrauchers eine Werbung mit einem Preisnachlass auf den durchgestrichenen „Normalpreis“ dar. Daher kommt es darauf an, ob W die Bedingungen für die Inanspruchnahme des „Eröffnungspreises“ klar und eindeutig angegeben hat. Maßgebend ist auch insoweit die Sichtweise des Durchschnittsverbrauchers.

Wird in der Werbung ein Einführungspreis herausgestellt, macht der Unternehmer deutlich, dass dieser Preis nur für eine begrenzte Zeit gelten soll. Er stellt damit eine Bedingung für die Inanspruchnahme der Verkaufsförderungsmaßnahme auf. Sie ist aber für den Verbraucher hinreichend „klar und deutlich". Denn der Verbraucher erwartet zwar eine bestimmte Dauer der Aktion, er rechnet andererseits aber damit, dass der Einführungspreis nicht unbegrenzt lange gewährt wird. Vor allem muss es dem Unternehmer grundsätzlich freistehen, es von der Nachfrage oder von den Einkaufskonditionen abhängig zu machen, wie lange er den günstigen Einführungspreis gewährt. Aus diesem Grund ist der Unternehmer nicht generell verpflichtet, für einen in der Werbung herausgestellten Einführungspreis eine zeitliche Begrenzung anzugeben.[1]

Anders verhält es sich nach der Rechtsprechung,[2] wenn der Unternehmer den Einführungspreis einem durchgestrichenen Preis gegenüberstellt. Hier werde zwar der Verbraucher vermuten, dass es sich bei dem durchgestrichenen Preis um den Preis handle, den der Unternehmer nach Ende des Einführungsangebots verlange. Jedoch fehle es an der nach § 4 Nr. 4 UWG gebotenen Transparenz, wenn die Werbung keinen Hinweis enthalte, ab wann der Normalpreis gefordert werde. (Zwingend ist diese Überlegung allerdings nicht.)

b) § 5a Abs. 2 UWG (Informationsgebot)

4 Für den Verbraucher stellt im Fall einer Werbung mit einem Eröffnungspreis unter Hinweis auf einen durchgestrichenen Normalpreis die Dauer der Einführungsaktion eine wesentliche Information i.S.d. § 5a Abs. 2 UWG dar. Denn er braucht diese Information, um seine Kaufentscheidung im Vergleich zu anderen Angeboten und Ausnutzung des zeitlichen Spielraums treffen zu können. Wird ihm diese Information vorenthalten, so wird dadurch möglicherweise seine Kaufentscheidung beeinflusst. Daher erfüllt die Werbung (auch) den Tatbestand des § 5a Abs. 2 UWG.[3]

3. Spürbarkeit

5 Folgt man der Rechtsprechung, so ist zugleich die Spürbarkeit i.S.d. § 3 Abs. 1 UWG (i.V.m. § 3 Abs. 2 S. 1 UWG) zu bejahen. Denn die Werbung ist geeignet, die Verbraucher zu einem Verzehr zu veranlassen, den sie sonst nicht getätigt hätten.

II. Ergebnis

6 Die Werbung erfüllt den Tatbestand der §§ 3 Abs. 1, 5a Abs. 2 UWG.

---

[1] *BGH* WRP 2011, 1587 Rn. 21 – Original Kanchipur.

[2] *BGH* WRP 2011, 1587 Rn. 22 – Original Kanchipur.

[3] *BGH* WRP 2011, 1587 Rn. 22 – Original Kanchipur. Als weiteres Argument führt der BGH an, auf diese Weise könne auch der Gefahr begegnet werden, dass in der Werbung nicht durchsetzbare Fantasiepreise („Mondpreise") als Referenzpreise angegeben würden, die allein die Funktion hätten, über die besondere Preiswürdigkeit des aktuellen Angebots zu täuschen.

B. Veranlassung des Zeitungsartikels durch W

I. Verstoß gegen § 3 Abs. 3 UWG

1. Geschäftliche Handlung (§ 2 Abs. 1 Nr. 1 UWG)

Die Bitte des W, S möge einen freundlichen Artikel schreiben, ist ein Verhalten, das darauf gerichtet ist, mittels des Artikels die Leser und damit die potentiellen Kunden auf das Lokal aufmerksam zu machen und sie zum Besuch des Lokals und damit zum Verzehr von Speisen und Getränken zu veranlassen. Dies reicht aus, um einen „objektiven Zusammenhang" i.S. des § 2 Abs. 1 Nr. 1 UWG und damit eine geschäftliche Handlung zu bejahen. 7

2. Gegenüber Verbrauchern

Die geschäftliche Handlung muss sich zumindest auch an Verbraucher wenden. Das ist hier der Fall, weil der Zeitungsartikel gerade Verbraucher als Kunden ansprechen soll. 8

3. Tatbestand der Nr. 11 des Anhangs zu § 3 Abs. 3 UWG

Nach § 3 Abs. 3 UWG i.V.m. Anhang Nr. 11 stellt es eine stets unzulässige geschäftliche Handlung dar, wenn ein Unternehmer den Einsatz redaktioneller Inhalte zu Zwecken der Verkaufsförderung finanziert, ohne dass sich dieser Zusammenhang aus dem Inhalt oder aus der Art der optischen oder akustischen Darstellung eindeutig ergibt. 9

a) Beitrag mit redaktionellem Inhalt

Ein Beitrag hat einen redaktionellen Inhalt, wenn er seiner äußeren Gestaltung nach als objektive neutrale Berichterstattung durch das Medienunternehmen erscheint. Dies ist laut Sachverhalt anzunehmen, da es sich um einen Artikel eines Redakteurs im Lokalteil einer Zeitung handelt. 10

b) Finanzierung durch Unternehmer

Fraglich ist aber, ob das Versprechen eines Anzeigenauftrags ausreicht, um eine „Finanzierung" zu Zwecken der Verkaufsförderung bejahen zu können. Dieser Begriff ist aber im Interesse eines wirksamen Verbraucherschutzes weit auszulegen. Als Finanzierung ist daher jede Gegenleistung zu verstehen, so dass auch das Versprechen eines Anzeigenauftrags darunter fällt.[4] G handelte auch zu Zwecken der Verkaufsförderung, weil es ihm darum ging, die Öffentlichkeit auf sein Café aufmerksam zu machen. 11

Ein Zusammenhang zwischen dem Beitrag und seiner Finanzierung durch einen Unternehmer ist hier für den Leser nicht erkennbar.

4. Ergebnis

Der Tatbestand der Nr. 11 ist daher erfüllt. 12

4 Vgl. *OLG Düsseldorf* WRP 2011, 1085, 1087 f.; Köhler/Bornkamm/*Köhler*, Anh. Nr. 11 zu § 3 III Rn. 11.4; a.A. Harte/Henning/*Frank*, § 4 Nr. 3 Rn. 21.

II. Verstoß gegen §§ 3 Abs. 1, 4 Nr. 3 UWG

1. Geschäftliche Handlung (§ 2 Abs. 1 Nr. 1 UWG)

13 Wie bereits oben geprüft wurde, ist eine geschäftliche Handlung gegeben.

2. § 4 Nr. 3 UWG (Verschleierung des Werbecharakters)

14 Die geschäftliche Handlung des W hat Werbecharakter. Da der Bericht nach außen als eine objektive neutrale Berichterstattung erscheint, wird der Werbecharakter der Maßnahme verschleiert.

3. Spürbarkeit

15 Die Handlung muss ferner geeignet sein, die Interessen der Verbraucher (und damit auch der Mitbewerber) spürbar zu beeinträchtigen. Dies ist jedenfalls dann anzunehmen, wenn die Handlung sie veranlassen kann, eine geschäftliche Entscheidung zu treffen, die sie sonst nicht getroffen hätten (Wertungsmaßstab des § 3 Abs. 2 S. 1 UWG). Da die Leser gerade einer (scheinbar) objektiven Berichterstattung größere Bedeutung beimessen als einer Werbeanzeige, kann der Bericht sie daher zu einem Besuch des Lokals veranlassen. Spürbarkeit ist aus diesem Grund zu bejahen.

4. Ergebnis

16 Auch der Tatbestand der §§ 3 Abs. 1, 4 Nr. 3 UWG ist erfüllt. Dass gleichzeitig der Tatbestand des § 3 Abs. 3 UWG i.V. Nr. 11 des Anhangs verwirklicht ist, steht der Anwendung des § 4 Nr. 3 UWG nicht entgegen.

C. Dulden des Rauchens durch W

I. Verstoß gegen §§ 3 Abs. 1, 4 Nr. 11 UWG i.V.m. Art. 3 Abs. 1, 7 S. 2 BayGSG

17 W könnte durch das Dulden des Rauchens gegen die §§ 3 Abs. 1, 4 Nr. 11 UWG verstoßen haben.

1. Geschäftliche Handlung (§ 2 Abs. 1 Nr. 1 UWG)

18 Das Betreiben des Cafés dient der Förderung des Absatzes von Waren und Dienstleistungen und stellt daher eine geschäftliche Handlung dar.

2. Verletzung einer Marktverhaltensregelung i.S.d. § 4 Nr. 11 UWG

19 Weitere Voraussetzung ist, dass das Dulden des Rauchens im Lokal gegen eine gesetzliche Vorschrift verstößt, die auch dazu bestimmt ist, im Interesse der Marktteilnehmer das Marktverhalten zu regeln. Als derartige Marktverhaltensregelung kommen hier die Art. 3 Abs. 1, 7 S. 2 BayGSG in Betracht. Nach diesen Bestimmungen besteht für Gaststätten ein Rauchverbot und der für die Einhaltung des Rauchverbots in Gaststätten Verantwortliche hat die erforderlichen Maßnahmen zu ergreifen, um eine Fortsetzung des Verstoßes oder einen neuen Verstoß zu verhindern.

W ist Betreiber des Cafés, das eine Gaststätte i.S.d. Art. 2 S. 1 Nr. 8 BayGSG darstellt. Er ist daher verpflichtet, gegen das Rauchen im Lokal vorzugehen. Diese Vorschrift stellt eine Marktverhaltensregelung dar, da sie das Verhalten der Gaststättenbetreiber gegenüber den Gästen regelt. Sie dient auch dem Interesse der Marktteilnehmer, nämlich der Gäste des Cafés. Denn sie bezweckt ihren Schutz vor den gesundheitlichen Gefahren des Rauchens. Die Regelung ist auch mit der UGP-Richtlinie vereinbar, da diese Richtlinie nach ihrem Art. 3 Abs. 3 (Gesundheits- und Sicherheitsaspekte von Produkten) insoweit nicht anwendbar ist. Es ist daher unerheblich, dass mit der Regelung nicht der Schutz der freien und informierten Entscheidung der Verbraucher bezweckt wird.

Da laut Sachverhalt Gäste im Lokal „unbeanstandet rauchen", steht fest, dass W dagegen nicht eingeschritten ist. W hat daher gegen seine Pflichten verstoßen. Es liegt somit ein Verstoß gegen eine Marktverhaltensregelung vor.

3. Spürbarkeit

Der Verstoß ist auch geeignet, die Interessen der Verbraucher i.S.v. § 3 Abs. 1 UWG **20**
spürbar zu beeinträchtigen. Denn angesichts des hohen Stellenwerts der Gesundheit ist die Gefahr einer Gesundheitsbeeinträchtigung stets als spürbar anzusehen.[5]

II. Ergebnis

Es liegt ein Verstoß gegen die §§ 3 Abs. 1, 4 Nr. 11 UWG vor. **21**

Teil 2: Wettbewerbsverstöße des S

S könnte sich mit der Veröffentlichung des Zeitungsartikels wettbewerbswidrig ver- **22**
halten haben.

I. Beihilfe zum Wettbewerbsverstoß des W

Da S sich von W dazu missbrauchen lässt, einen angeblich redaktionellen Beitrag zu **23**
verfassen, und er um die Täuschung der Leser weiß, ist er als Mittäter, jedenfalls als Gehilfe i.S.d. § 830 Abs. 2 BGB für den Verstoß gegen § 3 Abs. 3 UWG i.V.m. Anhang Nr. 11 und gegen die §§ 3 Abs. 1, 4 Nr. 3 UWG mitverantwortlich.

II. Verstoß gegen §§ 3 Abs. 1, §§ 5 Abs. 1 S. 2 Nr. 1 UWG („Beschaffenheit")

1. Geschäftliche Handlung (§ 2 Abs. 1 Nr. 1 UWG)

S handelt zwar nicht für ein eigenes Unternehmen, wohl aber zugunsten eines **24**
fremden Unternehmens, nämlich des W. Sein Handeln ist auch objektiv darauf gerichtet, den Absatz des W zu fördern. Eine geschäftliche Handlung liegt daher vor.

2. Irreführung

Fraglich ist, ob die Äußerung „bester Cappuccino in ganz Rosenheim" eine Irrefüh- **25**
rung darstellt. Es handelt sich insoweit um eine sog. Alleinstellungswerbung. Eine

[5] Vgl. nur *BGH* GRUR 2005, 778, 780 – Atemtest.

solche fällt dann nicht unter § 5 Abs. 1 UWG, wenn der Verkehr sie nicht als objektiv nachprüfbare Tatsachenbehauptung, sondern als subjektive Meinungsäußerung ansieht. Letzteres ist bei Geschmacksurteilen anzunehmen.[6] Mangels einer „Angabe" i.S.d. § 5 Abs. 1 S. 2 UWG, greift die Vorschrift daher nicht ein.

Erst recht gilt dies für die Äußerung, es handle sich um das neue „Highlight" von Rosenheim. Auch insoweit handelt es sich lediglich um ein subjektives Werturteil.

3. Ergebnis

26 Es liegt kein Verstoß gegen das Irreführungsverbot vor.

Teil 3: Wettbewerbsverstöße des M

27 Zu prüfen ist, ob M sich mit dem Leserbrief wettbewerbswidrig verhalten hat.

I. Verstoß gegen § 3 Abs. 3 UWG

1. Geschäftliche Handlung (§ 2 Abs. 1 Nr. 1 UWG)

28 Der Leserbrief des M stellt eine Kritik an dem Unternehmen des W dar. Er kann Verbraucher veranlassen, das „Buona Sera" zu meiden und stattdessen das benachbarte Café des M aufzusuchen. Dies weiß und will M auch. Sein Verhalten hat daher letztlich das Ziel, den eigenen Absatz von Waren und Dienstleistungen zu fördern. Es liegt somit ein objektiver Zusammenhang mit der Förderung des Absatzes von Waren und Dienstleistungen zugunsten des eigenen Unternehmens i.S.d. § 2 Abs. 1 Nr. 1 UWG und damit eine geschäftliche Handlung vor.

2. Gegenüber Verbrauchern

29 Diese geschäftliche Handlung richtete sich an die Leser und somit an Verbraucher (§ 2 Abs. 2 UWG i.V.m. § 13 BGB).

3. Tatbestand der Nr. 23 des Anhangs zu § 3 Abs. 3 UWG

30 Nach § 3 Abs. 3 UWG i.V.m. Anhang Nr. 23 stellt es eine stets unzulässige geschäftliche Handlung dar, wenn ein Unternehmer die unwahre Angabe macht oder den unzutreffenden Eindruck erweckt, er sei Verbraucher oder nicht für Zwecke seines Geschäfts, Handels, Gewerbes oder Berufs tätig.

Durch die Verwendung des Pseudonyms „Max Hofmann" erweckt M beim durchschnittlichen Leser den unzutreffenden Eindruck, sein Leserbrief sei der eines Verbrauchers. Denn der durchschnittliche Leser der Zeitschrift geht davon aus, dass der Leserbrief von einem enttäuschten Lokalbesucher und somit von einem Verbraucher stamme. Darauf, dass M den Namen seines Schwiegersohns mit dessen Einwilligung verwendet, kommt es nicht an.

4. Ergebnis

31 Der Tatbestand der Nr. 23 des Anhangs ist erfüllt.

---

[6] Vgl. Köhler/Bornkamm/*Bornkamm*, § 5 Rn. 2.153.

II. Verstoß gegen § 3 Abs. 1 UWG

1. Geschäftliche Handlung (§ 2 Abs. 1 Nr. 1 UWG)

Eine geschäftliche Handlung ist gegeben (s. o.). **32**

2. Unlauterkeit

a) § 4 Nr. 3 UWG (Verschleierung des Werbecharakters)

Der Leserbrief dient nicht der Werbung für das Café des M, denn der Leser wird **33** nicht auf dieses Café hingewiesen.

Es liegt kein Verstoß gegen § 4 Nr. 3 UWG vor.

b) § 4 Nr. 7 UWG (Herabsetzung oder Verunglimpfung)

aa) Kein Fall der vergleichenden Werbung

§ 4 Nr. 7 UWG ist nur anwendbar, wenn kein Fall einer vergleichenden Werbung **34** i. S. des § 6 UWG vorliegt. Da der Leserbrief keine Werbung für das Café des M enthält, ist § 6 UWG nicht einschlägig.

bb) Mitbewerber

W ist durch Eröffnung des Cafés Mitbewerber des M i. S. d. § 2 Abs. 1 Nr. 3 UWG **35** geworden, da er gleichartige Waren und Dienstleistungen anbietet und infolge der räumlichen Nähe beider Betriebe auch auf demselben räumlich relevanten Markt tätig ist.

cc) Herabsetzung oder Verunglimpfung

Eine Herabsetzung liegt vor, wenn die Äußerung in sachlich nicht gerechtfertigter **36** Weise die Wertschätzung eines Mitbewerbers oder seiner Leistungen in den Augen der angesprochenen Verkehrskreise verringert.

Die Äußerung, der Cappuccino im „Buona Sera" schmecke „eher wie Omas Malzkaffee", stellt wohl keine Tatsachenbehauptung, sondern ein persönliches Werturteil dar. Die genaue Abgrenzung ist hier aber entbehrlich, da § 4 Nr. 7 UWG beide Formen einer Äußerung erfasst. Die Äußerung enthält keinen sachlichen Bezug, sondern erschöpft sich in einer pauschalen Herabsetzung des Cappuccino des W. Es handelt sich um eine reine Schmähkritik, die nicht mehr vom Grundrecht des Art. 5 Abs. 1 S. 1 GG gedeckt ist, zumal M im Leserbrief nicht seinen wahren Namen angibt und seine Äußerung in unangemessener Weise abwertend, ja abfällig ist. Eine Herabsetzung ist insoweit daher gegeben.

Die Äußerung, höchst störend sei, dass im Lokal „ungeniert geraucht" werde, stellt eine zwar kritische, aber wahre Tatsachenbehauptung dar. Auch wahre Tatsachenbehauptungen können den Tatbestand des § 4 Nr. 7 UWG erfüllen, wenn kein sachlich berechtigtes Informationsinteresse der angesprochenen Verkehrskreise im Hinblick auf eine Nachfrageentscheidung besteht und die Kritik sich nicht im Rahmen des Erforderlichen hält.[7] Im vorliegenden Fall ist aber von einem berechtigten Informationsinteresse der potentiellen Kunden des Tagesbistros auszugehen

[7] Vgl. Köhler/Bornkamm/*Köhler* § 4 Rn. 7.16.

und die Form der Kritik überschreitet auch nicht die Grenzen des Erforderlichen, da damit lediglich der Sachverhalt, dass der Geschäftsinhaber nicht gegen das Rauchen einschreitet, umschrieben wird. Insoweit liegt also keine Herabsetzung vor.

Der Tatbestand der §§ 3 Abs. 1, 4 Nr. 7 UWG ist daher, soweit es um die Kritik am Espresso geht, erfüllt.

c) § 4 Nr. 8 UWG (Anschwärzung)

37 Da die Äußerung, der Cappucino schmecke „eher wie Omas Malzkaffee", keine Tatsachenbehauptung darstellt (s. o.), ist der Tatbestand des § 4 Nr. 8 UWG insoweit nicht erfüllt. Die Behauptung, es werde „ungeniert geraucht", ist zwar eine Tatsachenbehauptung, sie ist aber nicht unwahr.

§ 4 Nr. 8 UWG greift nicht ein.

d) § 4 Nr. 10 UWG (Gezielte Behinderung)

38 Ein Verstoß gegen die §§ 3 Abs. 1, 4 Nr. 7 UWG stellt zugleich einen Verstoß gegen die §§ 3 Abs. 1, 4 Nr. 10 UWG dar.[8]

3. Spürbarkeit

39 Die Handlung ist geeignet, die Interessen des W spürbar zu beeinträchtigen, da viele Leser veranlasst werden können, das Café des W nicht aufzusuchen.

4. Ergebnis

40 Das Verhalten des M ist gemäß §§ 3 Abs. 1, 4 Nr. 7 und Nr. 10 UWG unlauter.

[8] Vgl. *BGH* GRUR 2010, 349 Rn. 38 – EKW-Steuerberater.

Stichwortverzeichnis

Die kursiv gesetzten Zahlen verweisen auf die Fallnummern des Buches, die geraden auf deren Randnummern.

W

Z